सलाम आख़िरी

(उपन्यास)

सलाम आख़िरी

मधु काँकरिया

राजकमल प्रकाशन

ISBN : 978-81-267-0447-7

मूल्य : ₹ 350

पहला संस्करण : 2002
तीसरा संस्करण : 2016

प्रकाशक : राजकमल प्रकाशन प्रा. लि.
1-बी, नेताजी सुभाष मार्ग, दरियागंज
नई दिल्ली-110 002

शाखाएँ : अशोक राजपथ, साइंस कॉलेज के सामने, पटना-800 006
पहली मंजिल, दरबारी बिल्डिंग, महात्मा गांधी मार्ग, इलाहाबाद-211 001
36 ए, शेक्सपियर सरणी, कोलकाता-700 017

वेबसाइट : www.rajkamalprakashan.com
ई-मेल : info@rajkamalprakashan.com

मुद्रक : बी.के. ऑफसेट
नवीन शाहदरा, दिल्ली-110 032

SALAM AAKHIRI
by Madhu Kankariya

पुरुषों के लिए

आभार

संलाप की निर्देशिका इन्द्राणी दी का, संलाप की सहायिका तप्ती दी का, मणिमाला राय, सम्पा दी और सभी स्टॉफ का।

कुसुम जैन, प्रमोश शाह, जय और द्वारिका जी का।

आत्मकथ्य

इस विवेक-सम्पन्न समाज की निरन्तर बहती चेतना के प्रवाह में एक दीप की-सी आस्था के साथ प्रवाहित मेरा यह एक और उपन्यास—सलाम आख़िरी।

पिछले उपन्यास में मुझे आत्मकथ्य देने की जरूरत ही नहीं पड़ी क्योंकि वहाँ कोई द्वन्द्व न था, लेखनी में कहीं कोई अटकाव न था, कोई उलझन न थी, पर इस उपन्यास के दौरान लेखनी जैसे हाथों से छूट-छूट जाती थी। यहाँ पग-पग पर चनौतियाँ थीं। प्रश्नों की नुकीली नोकें थीं। श्लीलता-अश्लीलता का चाबुक था। संस्कार और संस्कृति के कठघरे थे। भाषा की अनावृति का सवाल था। एक आत्मसंघर्ष निरन्तर चलता रहा—क्या रहे लेखिका की लक्ष्मण रेखा ? वेश्याओं की जो दुनिया परत-दर-परत मेरी आँखों के समक्ष खुलती जा रही थी—उस दुनिया की कुरूपता, कुत्सा और भयानकता का चित्रण करने में लेखिका स्वयं को कितना डि-क्लास करे ? उन्हीं दिनों यह आत्मबोध हुआ कि क्यों कई विदेशी लेखकों तक ने इस विषय पर छद्म नाम से लिखा; पर इसके साथ ही एक वृहत्तर सत्य भी भीतर उतरता गया—'जो बचेगा कैसे रचेगा'—(श्रीकांत वर्मा)। खैर...सभी किन्तु-परन्तु के उपरान्त इस दुनिया के सत्य के हर छोर और सीमांतों को पकड़ने की कोशिश जारी रही।

उन्हीं दिनों किसी मित्र ने सुझाया कि मैं वेश्याओं के जीवन पर लिखी कुप्रिन की विश्वप्रसिद्ध कृति—'गाड़ीवालों का कटरा' के हिन्दी अनुवाद की भूमिका अवश्य पढ़ लूँ। अनुवादक श्री चन्द्रभान जौहरी ने अपनी भूमिका में लिखा है कि भारत की स्थितियाँ भी उतनी ही भयावह और लगभग एक जैसी ही हैं जैसी कि कुप्रिन ने अपने उपन्यास में रूसी चकलाघरों की चित्रित की है। मैं यह बात जोर देकर कहना चाहूँगी कि भारत में लालबत्ती इलाकों की स्थितियाँ कुप्रिन के चित्रण से न केवल भिन्न वरन् कहीं ज्यादा यांत्रिक, भयावह, कुत्सित एवं कुरूप हैं। बहुत संभव है कि श्री चन्द्रभान जौहरी पुरुष होने के कारण इस दुनिया की उन एकदम निचली तहों एवं बजबजाती हकीकतों तक नहीं पहुँच पाए हों, जहाँ स्त्री होने पर भी मुझे पहुँचने में जाने कितने शीर्षासन करने पड़े। रूस में ही क्यों, भारत में भी उस समय जो वेश्या-जीवन था उसमें वेश्याएँ कम और ग्राहक ज्यादा हुआ करते थे, इस कारण वेश्याओं में फिर भी कुछ दम-खम बचा था, इसके अलावा वहाँ जीवन में देह-व्यापार के अलावा संगीत और नृत्य भी जुड़ा हुआ था। थोड़ा राग-रंग एवं हास-परिहास भी था। आज स्थिति विपरीत है। वेश्यावृत्ति एवं फ्लाईंग वेश्याएँ बढ़ रही हैं। आज वेश्याएँ बहुत ज्यादा हैं, ग्राहक कम हैं, इस कारण वेश्याएँ

स्वयं को 20-20 रुपयों में मिनटों के हिसाब से नीलाम कर रही हैं। क्या कहा जाए इसे ? सभ्यता का अन्त या मनुष्यता का चरम पतन, कि आज देह की सजी दुकानों में देह एक डिपार्टमेंटल स्टोर बन गई है जहाँ नारी अपने अलग-अलग अंगों का घंटों और मिनटों के हिसाब से अलग-अलग सौदा कर रही है ! इस देह बाजार का इतना यंत्रीकरण हो चुका है कि सभी मानवीय अनुभूतियाँ और मर्यादाएँ स्वाहा हो चुकी हैं। मानव को ईश्वर की सर्वोत्तम भेंट प्रेम वहाँ सामूहिक व्यभिचार में बदल चुका है। एक कमरे में तीन-तीन पुरुषों के साथ कोई एक भाड़े पर...बारी-बारी से। खुलेआम। इन्हीं लालबत्ती इलाकों में कहीं जगह की कमी के चलते एक ही कमरे में कपड़ा टाँगकर...। कहीं पॉकेट में बीस का नोट लिए कोई स्कूली बालक इन बाजारों में। कहीं गाड़ी में बैठाकर कोई रईसजादा गाड़ी में ही...। इन सत्यों तक पहुँचने के लिए न सिर्फ परिक्रमाएँ लगानी पड़ीं, वरन् इनका विश्वास भी जीतना पड़ा जो कि कई बार बहुत ही जानलेवा साबित हुआ। वेश्याएँ अपने बारे में बताना नहीं चाहतीं, अपना सर्वस्व गँवाकर भी, अपनी इज्जत का डर अपने पेशे के खुलासा हो जाने का डर इनकी आत्मा से चिपका रहता है, विशेषकर जो आस-पास के गाँवों से आई हुई हैं, या जो पार्टटाइम या फ्लाईंग वेश्याएँ हैं।

दूसरी समस्या जो सामने आई वह थी इनकी भाषा को लेकर, कलकत्ता में प्रायः सभी वेश्याएँ, कुछेक नेपाली एवं आगरा वालियों को छोड़कर बंगालीभाषी हैं। अब इसे बंगला भाषा की समृद्धि कहा जाए, इस भूमि की तासीर कहा जाए या कि यहाँ के बंग साहित्य की अन्तर्शक्ति का कमाल कि अशिक्षित होते हुए भी यहाँ के सब्जीवाले, घरों में काम करनेवाली बाई, श्रमिक वगैरह भी आम हिन्दी भाषा से उच्च स्तर की भाषा बोलते हैं। वेश्याओं के लिए भी यही सत्य था। मुझे इनकी उच्च बंगाली को निम्न हिन्दी में रूपान्तरित करने की कवायद करनी पड़ी, पर अंततः मुझसे यह कवायद सधी नहीं। इसी बिन्दु पर एक बार राजकमल प्रकाशन के संपादकीय विभाग ने भी ऐतराज जताया कि वेश्याएँ इतनी अच्छी भाषा कैसे बोल सकती हैं? पांडुलिपि लौटा दी गई। खैर...

नारी का अर्थ यदि सृजन, प्रकृति और सम्पूर्णता है तो आज इस बाजार में तीनों नीलाम हो रहे हैं। और, यह नीलामी जीवन की नसतोड़ यंत्रणाओं और भुखमरी की कोख से उपजती है, जाने कैसे एक आम धारणा लोगों में है कि वेश्याएँ बहुत ठाट-बाट से रहने के लिए यह रास्ता अपनी इच्छा से पकड़ती हैं। यह सत्य उतना ही है जितना पहाड़ के सामने राई। 85 प्रतिशत वेश्यावृत्ति जीवन की चरम त्रासदी में भूख के मोर्चे के विरुद्ध अपनाई जाती है। 10 प्रतिशत वेश्यावृत्ति धोखाधड़ी से उपजती है, यह धोखाधड़ी प्रेम के झूठे वादे, नौकरी का प्रलोभन, शहरी चकाचौंध से लेकर एक उच्च और सम्मानित जीवन के सब्ज़बाग दिखाने तक होती है। असन्तुलित विकास, बेकारी, उजड़ते गाँव पारम्परिक शिल्प और घरेलू उद्योगों के विलुप्त हो जाने से शहरों की तरफ बढ़ता पलायन... आदि संभावनापूर्ण 'इनपुट' हैं इन लालबत्ती इलाकों के।

इन लालबत्ती इलाकों की संख्या खतरनाक गति से बढ़ रही है। पहले इने-गिने

इलाके थे और वेश्याएँ भी शाम ढले निकलना शुरू होती थीं। आज इलाके बहुत बढ़ गए हैं, और सुबह से लेकर गहराती रात तक गलियों के मुहाने पर ग्राहकों के इन्तजार में प्रतीक्षा करतीं और कमर दुःखाती जीवन से थकी-ऊबी, लिपी-पुती किशोरियाँ मिल जाएँगी। राष्ट्रीय महिला आयोग, 95-96 के अनुसार भारत के महानगरों में दस लाख से भी अधिक वेश्याएँ हैं और पिछले साल से इसमें 20 प्रतिशत इजाफा हुआ है। इस समाचार पर गम्भीर विचार करना तो दूर, सम्भ्रान्त वर्ग यह मान बैठा है कि वेश्यावृत्ति बन्द नहीं हो सकती। एक बौद्धिक से पूछा गया, 'क्या वेश्या उन्मूलन सम्भव है ? उसने जबाव दिया, 'हाँ संभव है, पर वह उसी प्रकार का होगा जिस प्रकार कि "सोसाइटी विदाउट ए गटर।" इस भावशून्यता एवं भावनात्मक क्षरण के जवाब में यही कहा जा सकता है कि जनाब कभी यही तर्क दास प्रथा के लिए भी दिये जाते थे।

भगवान बचाए इस देश को, आज वेश्या-उन्मूलन, कम से कम सेकेंड जेनरेशन वेश्यावृत्ति उन्मूलन, जीवन के दूसरे विकल्प, नयी शुरुआत की बातें तो दूर, कई नारी संगठन पुरजोर स्वरों में यह माँग उठा रहे हैं कि वेश्याओं को यौनकर्मी एवं श्रमिक का दर्जा दिया जाए और वेश्यावृत्ति को उद्योग का। कलकत्ते के साल्ट लेक स्टेडियम में फरवरी 2001 में वेश्याओं के अन्तर्राष्ट्रीय सम्मेलन में यह देखकर मैं भौंचक्क रह गई थी—इन संगठनों से मंत्र पाकर सभी वेश्याएँ अपने सीने पर 'वी आर वर्कर्स' का बैज लगाए स्वयं को गौरवान्वित कर रही थीं। यह मतिभ्रम स्वयं को ही उत्पाद बनाने की माँग, बाजार में 'कॉमोडिटी' बनने की आकांक्षा उन्हें किन अंधी सुरंगों में भटकाएगी ? इस पर गम्भीर विचार किया जाना चाहिए कि किस प्रकार ये संगठन नारी की अन्तर्निहित गरिमा एवं प्रेरणा के अन्तःस्रोतों को ही दाँव पर लगा रहे हैं !

पिछली सदी ने कई क्रांतियाँ देखीं। आम आदमी को इंसान की गरिमा देने के लिए रूस, चीन, क्यूबा और वियतनाम में क्रांतियाँ हुईं, पर इन लालबत्ती इलाकों का अँधेरा घना ही होता जा रहा है क्योंकि इन्हें आम आदमी समझा ही नहीं जाता है। महिला संगठन इन्हें उत्पाद बनाने पर तुले हैं। सरकारी खाते में ये भिखारियों के समकक्ष हैं, इनकी आय पर कोई आयकर नहीं लगाया जाता क्योंकि यह अनैतिक ढंग से कमाया जाता है। वोट देने का अधिकार होने पर भी ये वोट नहीं दे पातीं क्योंकि सरकारी कर्मचारी इन गंदी एवं बदनाम गलियों में जाकर इनके नामों को सूची में डालने की जहमत नहीं उठाते और सबसे बढ़कर भद्र समाज इन्हें बुरी औरत एवं कुल्टा के रूप में देखता है। पर यह सोचने की बात है कि अधिकांश वेश्याएँ बारह-तेरह वर्ष की उम्र में ही इन गलियों में धकेल दी जाती हैं, कुछ यहीं आँखें खोलती हैं। प्यार और संरक्षण से वंचित, अपने स्व और गहराइयों से दूर, ऐसी अर्द्धविकसित और अशिक्षित महिलाएँ, हर रात जिनकी देह का ही नहीं, आत्मा का भी चीरहरण होता हो, ऐसी महिलाएँ जीवन आस्था के आलोक-बिन्दु कहाँ से पाएँ जो स्त्री को स्त्री बनाते हैं ?

—मधु काँकरिया

प्रसंग क्रम

परिक्रमाएँ—घूँघट के पट खोल

जिन दरवाजों से आज आपको ले जाया जा रहा है, ये वे दरवाजे हैं शहर के जो खुलते ही उस दुनिया में ले जाते हैं जिसके होने एवं जीवित रहने के विधान—वे नहीं हैं जो आप अपने घरों में देखते-सुनते हैं या अपनी पुस्तकों में पढ़ते हैं। सभ्यता के अनुशासन से परे, इस दुनिया के विधान दूसरे हैं, जीने की शर्तें अलग हैं। इंसान को छोटा करने वाले इन दरवाजों से गुजरते हुए आपके पिछले तमाम अनुभव इस परिदृश्य में आकर समाप्त हो जाते हैं, और यदि आप तनिक भी सोचनेवाले जीव हुए और वक्त ने आपको पूरी तरह संवेदनाशून्य एवं आत्मविहीन नहीं बना डाला है तो न केवल आप काल, समय और जिन्दगी पर अपनी राय बदलने को मजबूर होंगे वरन् आप भी वे नहीं रहेंगे जो इन दरवाजों में प्रवेश करने के पूर्व थे...जिन्दगी के कई रंग जा चुके होंगे, बहुत कुछ बदल चुका होगा इस बीच।

यह वेश्याओं की एक रहस्यमय दुनिया है। शताब्दियों का बोझ ढोती हुई। देह के मन्दिरों और देह के पुजारियों की यह वह दुनिया है जो वितृष्णा में लिपटी एक अजीब सा सम्मोहन जगाती है। यहाँ जिन्दगी का शोर-शराबा है, हर गली के हर कमरे का अलग-अलग इतिहास...जहाँ हर रात देह ही नहीं उघड़ती है वरन् आत्माओं का भी चीर-हरण होता रहता है।

यह दुनिया कलकत्ता महानगर के विभिन्न दरवाजों—सोनागाछी, बहु बाजार, कालीघाट, बैरकपुर, खिदिरपुर आदि में खुलती है। यहाँ जीवन के कुरूप से कुरूप एवं भयंकर से भयंकर नग्न रूप मिल जाएँगे क्योंकि यहाँ संस्कृति, मर्यादा एवं परम्पराओं का कोई डर नहीं है। बन्धन नहीं है। इस रूप के बाजार का रूपविहीन जीवन अपने चरम रूप में आपके समक्ष खुलते थान की तरह बेशर्मी से खुला हुआ है। इन सभी लालबत्ती इलाकों में सबसे प्राचीन, सबसे स्थापित, बदनाम, खासी आबादीवाला इतिहास और विरासत वाला इलाका है सोनागाछी।

तो सबसे पहले लीजिए एक जाम सोनागाछी के नाम !

कोई एक गुमसुम स्पन्दनहीन दोपहरी और ऐसे में ही सुरंग के समान लम्बी सँकरी और अँधेरी गली का मुहाना। और उस मुहाने पर खड़ी आठ-नौ 'ऑन लाइन' वेश्याएँ—'बिकाऊ है' की अदृश्य तख्ती लटकाए हुए।

अँधेरे और उम्मीद के सन्धिस्थल पर।

अपने स्वाभिमान के विरुद्ध।

अपने खिलाफ !

किसी दूसरी देह का इन्तजार करती। उबकाई और उदास।

लिपी-पुती देह। आँखों में भविष्यहीनता। चेहरे पर सस्ता और भड़कीला मेकअप। रँगे होंठ। सस्ती चमक के आभूषण। चटक और सस्ती किस्म की पोशाकें। प्लास्टिक की चप्पलें। कहीं चमड़े की भी। प्रतीक्षा के लाखों कल्प। अठारह से लेकर चालीस-बयालीस की उम्र की लगभग सभी वारांगनाएँ। तरह-तरह की—बंगाली, नेपाली और आगरावाली।

एक नजर में न हुस्न के जलवे। न अदाओं का जादू। न कला। न शृंगार। न साज, न आवाज।

सिर्फ देह, मादा देह !

ईश्वर की मानव को अमूल्य भेंट प्रेम और नारी की सबसे मूल्यवान सम्पत्ति शील के खरीद-फरोख्त के ये रास्ते।

आसपास मँडराते कुछ लगुवे-भगुवे दलाल—चलता-फिरता 'पूछताछ कार्यालय' बने हुए।

"सर, सर इधर चलिए...बस थोड़ा सा आगे, पटाखा माल है, जोरदार चीज। हाँ-हाँ सर, बस गारंटी ही समझिए...बस सर, एक बार देख भर लीजिए...आप भी क्या याद रखेंगे !"

शक्ल से बदतमीज दिखते हुए भी वह बड़े तमीज से पेश आ रहा था और एकाएक उसकी गोल-गोल गुलट्टी-सी लपलपाती आँखें धूप में चौंधियाते काँच-सी चमकने लगती हैं और दूसरे ही साँस में वह बोल पड़ता है।

आवाज का गियर बदला हुआ।

"सर, सुनिए तो, अबकी—बहुत वैराइटी है। आगरावाली, नेपाली, बंगाली और सर ...मोहम्डन भी है, खालिस मुसल्ली...कसम से सर, अरे झूठ क्यूँ बोलूँगा सर, और झूठ बोल भी दूँ तो भी क्या, सोलह साल की कुड़ी तो जवान होनी ही है..."

"क्या कहा... ? मोहम्डन भी है, तब तो हम जरूर जाएँगे...उसे पवित्र करने। यही तो जीत होगी हमारे ब्राह्मणत्व की।"

और वे दोनों तेजी से उस अँधेरी सँकरी गली में घुस गए।

कुछ कदम और आगे...

एक दूसरा दृश्य...इसी से मिलता-जुलता।

पर बातचीत यहाँ एकदम डाइरेक्ट। कोई बिचौलिया नहीं। कोई दलाल नहीं।

पास से सरसराती कोई नर देह। खड़ी हुई। देहों के महत्त्वपूर्ण स्थानों का थोड़ा सूक्ष्म पर पूरे अस्तित्व का सरसरी तौर पर अवलोकन करती। कोई थुलथुल, कोई

कड़ियल, कोई श्यामा, जामुनी, कोई गौरवर्णा, कोई कम उम्र तो कोई अधेड़—जैसे ये हाड़-मांस की जीवन्त देह न होकर पशु बाजार में रखा कोई गोश्त हो।

मन ही मन चलता हिसाब नर देह का—इनमें से किसको चुने वह जो कम से कम पैसों में अधिकतम मजा दे सके उसे। रूप, रस, गन्ध, स्पर्श एवं मदभरी मौज का वह रसायन, वह तृप्ति, वह कामसुख दे सके उसे जिसकी आदिम लालसा रही है हर समय, हर युग एवं हर काल-खंड में धरती के किसी भी भू-खंड में खड़े नर की।

दूर से ही एक उड़ती एवं खाऊ निगाह फेंकते थोड़ा करीब आता है वह। करीब आते ही सभी वेश्याओं के चेहरों पर आशा-निराशा की बत्तियाँ जलने-बुझने लगती हैं। साथ ही पुरुष को अपनी ओर आकर्षित करनेवाली तमाम तरकीबों, भाव-भंगिमाओं एवं भड़काऊ अदाओं का सर्कस शुरू हो जाता है।

तमाम शालीनताओं, मर्यादाओं और सम्बन्धों के मुर्दाघरों के ये रास्ते जहाँ हर आनेवाला इस सत्य से नितान्त अनभिज्ञ है कि जीवन की तमाम आधुनिकता के बावजूद सेक्स जीवित तभी रहता है जब भावनाओं से जुड़ा हो वह। वरन् वह सिर्फ मुर्दा जिस्मों के साथ हमबिस्तर भर होना है।

और तभी वह अपनी देह के तख्तेताऊस पर बैठी इन औरतों में से किसी एक मादा देह के पास आकर खड़ा हो जाता है।

बातचीत एकदम खुली ! खुल जा सिमसिम की तरह बेपर्द !

उसका पहला सवाल।

'घरे जाबी ?' (घर में चलोगी ?)

मिचमिची आँखों से छलकती कामुकता।

अब नारी देह टोहती-टटोलती। उसके अनुभव ने समझा दिया है उसे कि हर देनेवाले की हैसियत तयशुदा निर्धारित रेखा से थोड़ी ऊपर-नीचे होती रहती है। जितना अधिक वह उस निर्धारित रेखा के ऊपर उठ सके, श्रम-साफल्य उतना ही उसका। तत्क्षण वह अपने निर्धारित रेट में कुछ बढ़ा देती है।

रेट भी यहाँ कई तरह की।

शॉर्ट रेट। लाँग रेट।

शॉर्ट रेट यानी पाँच-सात मिनट से पन्द्रह-बीस मिनट तक का समय। लाँग रेट यानी दो-तीन घंटे से लेकर पूरी रात तक का अन्तराल।

लालबत्ती इलाके की हैसियत, वेश्या के कमरे का स्तर, उम्र, देहयष्टि एवं देह के जलवे के अनुसार शॉर्ट रेट किसी भी वेश्या की बीस रुपयों से लेकर अस्सी-नब्बे, सौ-सवा सौ तक हो सकती है। लाँग रेट सौ रुपयों से लेकर पाँच सौ या हजार तक भी होती है। समृद्ध इलाकों की दोनों ही रेट इन दरों से ऊँची होती है।

इन दोनों ही प्रकार के ग्राहकों से विशेषकर यदि रेट मन माफिक नहीं मिले तो वेश्या बाहर ही मोटे तौर पर सब कुछ मौखिक रूप से तय कर लेती है। किस प्रकार...कितनी संख्या...और यदि कोई स्पष्टीकरण छूट भी जाए तो ग्राहक को अपने लिए सुरक्षित कर

वेश्या उसे कमरे में ले जाकर तय कर लेती है।

एक देह–भूख की मारी।

एक काम की मारी। एक और भाव हल्के से सिर उठाते हुए–अस्तित्व की मारी के रक्षण का निर्लज्ज भाव।

सभी तरह के ग्राहक इन गलियों में–नाकवाले, बिना नाकवाले। टायर्ड-रिटायर्ड। पत्नीवाले, बिना पत्नीवाले। लुक-छिपकर आनेवाले। खुलेआम आनेवाले। ट्रक ड्राइवर, झाकावाले, मुटिया, मजदूर एवं रिक्शा चालक–जो अपनी हड़कम्पवाली जिन्दगी में कुछ क्षणों के लिए हवा भरने चले आते। ऊबे हुए रईस एवं शिथिल पड़ी इन्द्रियोंवाले, जिन्दगी से थके अधेड़ भी अपनी अर्थहीन, खोखली एवं नीरस जिन्दगी में 'मजा तत्त्व' की लालसा लिये चले आते। दो घड़ी के लिए गम-गलत करने की आशा में आते असाध्य रोगों से ग्रस्त बूढ़े, एवं बड़ी उम्र तक रहनेवाले अविवाहित भी। एकदम नए नवेले...पहली बार स्त्री संसर्ग का जायका लेनेवाले भी।

स्त्री की दशा पर लिखनेवाले लेखक, समाज-सुधारक एवं पत्रकार भी। लुंगीवाले। टाईवाले। जींस वाले। पतलून वाले। धोती धारी, तिलकधारी, गाँधी टोपी धारी–समाज के सभी कोनों से आते लोग यहाँ–अपनी जिन्दगी में 'रस', 'वेरायटी' और झूठे प्यार' का बन्दोबस्त करने इन बदनाम गलियों में।

सौदा पटते ही वह ग्राहक को गली के भीतर ले जाती है जहाँ यदि वह उस गली की बाशिन्दा है तो उसका अपना भाड़े का कमरा उसकी प्रतीक्षा में है और यदि वह फ्लाइंग वेश्या है और महानगर के आसपास से कुछ घंटों में कमाई कर लेने के लिए आई है तो किसी और गतयौवना या मकानवाली का कुछ घंटों के लिए लिया भाड़े का एक सीलनयुक्त अँधेरा कमरा उसके स्वागत में है।

इन गलियों के लगभग हर कमरे बदबूदार, अँधेरे, चूना झड़ती दीवारोंवाले, जंग खाए जंगलोंवाले एवं टूटे फर्शवाले हैं। हर कमरे में एक ऊँचा सा कहीं-कहीं ईंटों के सहारे ऊँचा कर दिया गया एक सिंगल बेडनुमा तख्ता है जिस पर पतला-सा बिस्तर है, जिस पर पतली-सी मैली-सी एवं किसी पूर्व ग्राहक के पसीने से अटी पड़ी फुलालेन या कोई छींटदार चद्दर है। पाँवों की तरफ तह किया हुआ सस्ता मैला कम्बल है। मैल और तेल से अटे पड़े गिलाफवाला, कहीं-कहीं बिना गिलाफवाला। एकदम कम रुई का कड़ा-सा तकिया है। जंगलों पर वेश्या या आनेवाले ग्राहक की इज्जत पर पर्दा डालने के लिए डोरी से लटके, धूल से अटे गन्दे काले पर्दे हैं। अमूमन हर दीवारों पर देवी-देवताओं के चित्र हैं–कहीं कैलेंडर में तो कहीं फ्रेम में। किसी-किसी दीवार पर शृंगार का प्रतीक एक छोटा सा आईना है। कमरे के बीच या कहीं-कहीं कोने पर तिरछी बँधी एक प्लास्टिक की डोरी है जिस पर लटकी कई पोशाकें हैं। कमरे की जमीन पर बिछी आधी गृहस्थी है–स्टोव है, स्टील एवं अल्मूनियम के बर्तन हैं। मसालों के डिब्बे हैं। शीशियों से चमकता कड़ुवा तेल हैं। कहीं-कहीं कमरे के कोने में रखी पानी से भरी प्लास्टिक की बाल्टी हैं।

बची हुई आधी गृहस्थी तख्तेनुमा पलँग के नीचे या कमरे में रखी कोई रैक या दीवारों पर बने आलयों में सिमटी हुई है।

लगभग यही नजारा और साज-सज्जा है हरेक ऐसे बेरूह कमरों की। स्वर्ण से भी महँगी जगह इन इलाकों की। इस कारण प्रायः हरेक कमरा किसी कबूतर के दड़बे-सा।

और इसी वातावरण और परिवेश में सम्पन्न होता है वह 'कार्य' सौदे के मुताबिक जितनी समय-सीमा तय है उतने में ही ग्राहक को वह सब कुछ पा लेना है। यदि वह अधिक समय लेता है तो उसकी देनदारी बढ़ती जाती है।

जहाँ सौदा समय-सापेक्ष है जो कि प्रायः हर शॉर्ट रेट के सौदे होते हैं। वहाँ पर हर वेश्या की सफलता इसी में निहित है कि वह कितना अधिक समय अपने ग्राहक का व्यतीत करवाकर कितना अधिक उससे वसूल करवा पाती है।

छोटी-छोटी आकांक्षाओं की उड़ान इन वेश्याओं की, उतनी ही तंग जितनी तंग ये गलियाँ।

यदि ग्राहक एकदम नवागन्तुक नहीं है एवं इन गलियों का अनुभव सिद्ध विजिटर है और यदि वह शॉर्ट रेट पर आया है तो कमरे में घुसते ही वह फटाफट प्रेम प्रकरण के 'डाइरेक्ट ऐक्शन' पर आ जाता है। और यदि वह लाँग रेट पर है तो 'डाइरेक्ट ऐक्शन' से पूर्व कुछ 'मंगलाचरण', कुछ नाटकीय भावुकता का 'छौंक'...फिर 'टेक ऑफ' उतनी बार जितनी संख्या बाहर तय हुई थी।

शॉर्ट ग्राहक के निपटते ही वह फिर स्वयं को ठीक-ठाक कर 'आराम हराम है' की तर्ज पर 'टिल फर्दर ऑर्डर' लाइन में खड़ी हो जाती है। अगले प्रेम निवेदन...अगली देह के साथ हम-बिस्तर होने के लिए।

देह की फिलॉसफी पर टिका इनका सम्पूर्ण कर्मयोग !

आसपास मँडराते हुए लगुवे-भगुवे मार्का दलाल जिन्हें देखकर लगता है कि इस देश की सर्वकालिक और शाश्वत संस्कृति है—दलाल संस्कृति।

गहरी रात के कुछेक घंटों को छोड़कर (पुलिस रेड की आशंका के चलते) रात-दिन बेधड़क यह देह-व्यापार इन गलियों में चलता रहता है। हरि कथाओं की तरह अनन्त है इन गलियों का इतिहास, इनकी कथाएँ। इन कथाओं की मूल आत्मा वही है। गली का सत्य वही है। हर ऋतु, मौसम का सत्य वही है। कहीं बदलाव है तो सिर्फ साज-सज्जा में, आमदनी में, रेट में, कला की विलुप्ति में।

कारोबार सदियों से वही है।

वैसी ही एक जैसी सुबह !

एक जैसी शाम !

और लगभग वही हैं इनके सुख-दुःख। इनकी शब्दावलियों और मानसिकता का सिमटता आकाश। क्या खोकर वे क्या पा रही हैं, यह विवेक इस देह-व्यापार ने रफ्ता-रफ्ता छीन लिया है इनसे। सभ्यता और विकास की यात्रा, क्लोनिंग और इंटरनेट तक पहुँची है, पर औरत वहीं खड़ी है...अपनी देह को लिए, देह की भाषा के साथ।

इन गलियों में इन वेश्याओं को खुलेआम वेश्या न कहकर ढकी हुई भाषा में 'लाइनवाली' या लाइन का काम करनेवाली कहा जाता है।

वर्षों से लाइन में खड़ी इन लाइनवालियों की एकरस और ऊबभरी नारकीय दिनचर्या में भी थोड़ी देर के लिए ही सही हर शाम कोई स्वप्न फड़फड़ाता है, होंठों पर कोई मुस्कान रंगत लाती हैं कि शायद आज कुछ ऐसा हो जाए...चमत्कारिक... अद्भुत...असाधारण कि इनकी जिन्दगी पलट जाए। इन्हीं ग्राहकों में से निकल आए कोई प्रेमी...कोई कद्रदान कि कायापलट हो जाए इनकी, मुक्त हो जाएँ वे इस निकम्मी अँधेरी जिन्दगी से। पर ढलती रात तक देह के अँधेरे में सुलगती इन जिन्दगियों के साथ जब ऐसा कुछ नहीं घटता—तो बरसों से चला आ रहा उनका यह विश्वास थोड़ा और पुख्ता होता जाता है कि जो हो रहा है बस वही इनकी नियति है, कि अब इस रास्ते ही इन्हें जिन्दगी के सारे सफर तय करने हैं, कि अब रोशनी का कोई काफिला नहीं आनेवाला इन गलियों में जो इनकी जिन्दगी के राग और स्वाद को लौटा दे और वे फिर दूसरे दिन अपने बचे-खुचे दमखम के साथ ग्राहकों के स्वागत में नकली हँसी ओढ़े लाइन में बिछ जाती है।

परिवार, समाज और सभी प्रकार की मर्यादाओं से कटी, सहिष्णुता की विश्वबैंक ये लाइनवालियाँ !

अशिक्षित, अविकसित, अपरिपक्व और आत्मविहीन इन तंग गलियों के समान ही तंग दिमागवाली ऐसी हजारों लाइनवालियाँ !

सोनागाछी—देह का स्टॉक एक्सचेंज

कोई एक महिला पत्रकार सुकीर्ति एक अजीब आकर्षण-विकर्षण के बीच कई दिनों से घूम रही है, सोनागाछी स्थित अविनाश कविराज स्ट्रीट की इन गलियों में। एक अलग ही किस्म की तरंग महसूसती है वह इन गलियों में, जो आम रास्तों में गुजरने पर नहीं उठती। मन्दिरों के आसपास के वातावरण में भी कई बार महसूसी थी उसने एक अलग तरह की सात्त्विक तरंग—जो कि इन गलियों में उठनेवाली तरंग से भिन्न होती थी।

क्या कोई दुरात्मा या अपदेवता प्रवेश कर जाता है, इन गलियों से गुजरते हुए ? सोचती है वह।

एकदम शुरू में हिम्मत नहीं होती थी उसकी इन लाइनवालियों से बतियाने की। जाने कैसा खौफ, रहस्य, आतंक एवं संशय धँसा रहता था उसके अन्तर में इनको लेकर। इनकी खुदगर्जियाँ, इनका टुच्चा-लुच्चापन, सूअरपन...ये कुटनी होती हैं, बर्बाद कर देती हैं आदमियाँ को, बदनाम कर डालती हैं...। हर वक्त अन्तर में उठती रहती एक आवाज—'बी वेअर, बी वेअर !!'

दूर बचपन की एक धुँधली-सी घटना आज भी जीवित पड़ी है उसकी स्मृति के कबाड़खाने में। वह करीब तेरह वर्षीया। एक बार माँ के साथ दर्जी के पास जा रही थी वह। माँ को रास्तों का उतना ज्ञान नहीं था। वे चितपुर की जाने कौन सी गली में घुसीं कि आगे जाकर पहुँच गईं इन लालबत्ती इलाकों की गली में। एक कतार में सजी-धजी, लिपस्टिक लगाए, चमकीली साड़ियों में इतनी औरतों को देखकर वह बाल-सुलभ जिज्ञासा से मुग्ध हो उठी थी....कौन हैं ये लोग, क्यूँ खड़ी हैं, माँ से पूछा था उसने। माँ ने अपनी चाल अनायास तेज कर दी थी और अजीब उतावली दिखाते हुए उसे डपट दिया था, 'उस तरफ मत ताको, बुरी औरतें हैं यें।' आज इतने वर्षों बाद भी अपने हथेलियों के उस दर्द को महसूस कर पा रही है सुकीर्ति जिस बेदर्दी और कठोरता के साथ माँ ने उसकी नर्म हथेलियों को अपने पंजों में जकड़कर लगभग दौड़ाते हुए उसे, गली पार की थी।

शायद तभी से सम्मोहन का कोई बीज पड़ा है अवचेतन में, इन गलियों के प्रति।

पिछले कई महीनों से लगातार घूमते हुए इस दुनिया के अन्तः प्रदेशों का चप्पा-चप्पा छान डाला है उसने। कोई तीन वर्ष पूर्व, उसकी एक सहकर्मिणी गुम हो गई थी इन्हीं गलियों में और अभी-अभी कुछ ही दिनों पूर्व उसके यहाँ काम करनेवाली बाई की तेरह वर्षीया लड़की गुम हो गई है।

जब-जब समय मिलता है, आ जाती है वह इन गलियों में। वह जानना चाहती है, दृश्य के भीतर व्यक्त हो रहे इन वेश्याओं के धधकते यथार्थ को।

वह सोचती है, शायद उसकी गुम हुई सहकर्मिणी—सहेली या उसकी आया की बेटी का रहस्य मिल जाए उसे इन्हीं गलियों में और यदि ऐसा नहीं भी हुआ तो क्या ? एक नितान्त अपरिचित, सदियों से चली आई यह बदनाम दुनिया तो कम से कम खुलती किताब की तरह खुलती जाएगी, उसके सम्मुख।

और तह-दर-तह सब कुछ खुलता जा रहा है, उसके समक्ष। विस्तार पा रही है उसकी दुनिया। बिना किसी बोधिवृक्ष के ही एक वृहत्तर सत्य उतरता जा रहा है उसके भीतर।

जाने कितनी वेश्याओं के संवाद उठते बैठते परछाईं की तरह, भूत-प्रेत की तरह उसकी चेतना को हांट करते रहते हैं।

"तुम्हें डर नहीं लगता, अपनी इज्जत को इस प्रकार पराए मर्द के हवाले करते..."

"क्यों नहीं लगता है, बहुत लगता है...एकदम शुरू-शुरू में तो बोटी-बोटी अकड़ गई थी..."

"तो फिर क्यों करती हो तुम ऐसा ?"

"क्योंकि इससे भी ज्यादा डर एक और चीज है, उससे लगता है।"

"क्या है वह ?"

"भूख....!"

इन दिनों जैसे हर रात पीछा करती है उसका इन गलियों से उठती...उठान लेती,

रात के सन्नाटे में गूँजती, उसकी श्रवणेन्द्रियों से सागर की लहरों की तरह टकराती एक आवाज—पत्रकार, तुम भूल नहीं जाना इन बदनाम गलियों को...।

उसे हम कल तक के लिए टाल नहीं सकते, उसका नाम आज है।

—गेब्रिएल मिस्ट्रेल

यह सोनागाछी है। मध्य कलकत्ते का ऐतिहासिक लालबत्ती इलाका जहाँ सत्रहवीं शताब्दी के ढलते वर्षों से ही सामन्ती जमींदार, सेठ, रईस, कला प्रेमी, रसिक और बौद्धिक वर्ग कई-कई आकर्षणों में बँधे यहाँ की कामिनियों, नगर-वधुओं, सर्वभोग्या बाईजियों और वेश्याओं की महफिलों को रोशन करते रहे हैं।

इतिहास बताता है कि बंगाल में वेश्यावृत्ति अपने किसी न किसी रूप-स्वरूप में 1690 के आसपास शुरू हुई थी। अंग्रेजों के आने से भी पहले, पुर्तगाली व्यापारियों एवं यात्रियों के मनोविलास के लिए यहाँ के नवाबों ने यहाँ की पुत्रियों को बाकी ऐश्वर्य के साधनों के साथ ही भेंट करने की प्रथा की शुरुआत की। इनमें से कई विख्यात व्यापारियों एवं अंग्रेज गवर्नरों की रखैलें भी थीं। बंगाल के गवर्नर हेरी वेरेलेस्ट की रंगीनियाँ इतिहास के पन्नों पर अंकित हैं।

तो किसी समय रूप के बाजार के साथ ही कला के बाजार के रूप में विख्यात सोनागाछी की अधिकांश गलियों, दुर्गा चरण मित्रा स्ट्रीट, अविनाश कविराज स्ट्रीट, नीलमणि मित्र स्ट्रीट, इमाम बक्स लेन, मस्जिदबाड़ी स्ट्रीट आदि से कला डायनासोर की तरह धीरे-धीरे विलुप्त हो गई है और जो बचा रह गया है वह है सिर्फ जिस्म की खरीद-फरोख्त। प्यार का व्यापार। किन्हीं-किन्हीं फ्लैटों में कला के खंडहर के रूप में टेपरिकॉर्डर पर चलते फिल्मी गानों की तर्ज पर थिरकता नृत्य अपवादस्वरूप दिख भी जाता है, पर वह कला-नृत्य नहीं, उद्दाम-नृत्य ही होता है।

अविनाश कविराज स्ट्रीट की एक लम्बी सुरंग-सी गली, जिसका एक सिरा बाहर सड़क पर खुलता है, उसी के अन्तिम छोर पर स्थित एक-दो मंजिला साधारण-सा मकान। उसी की एकदम नीचे की मंजिल पर तीन छोटे-छोटे कमरों का एक साधारण-सा फ्लैट जिसका मासिक भाड़ा है बारह हजार रुपये। (लालबत्ती इलाके में होने के कारण फ्लैट का भाड़ा लगभग तिगुना है, आम इलाकों से) यह फ्लैट एक चकला है, निवर्तमान वेश्या मैडम मीना का, जहाँ से चलाती है वह अपना राजपाट। पिछले आठ-नौ वर्षों से उसने वेश्यावृत्ति छोड़ दी है और अपना स्वतन्त्र चकला चला रही है जो कि आम तौर पर हर वेश्या का सर्वाधिक महत्त्वाकांक्षी स्वप्न है, अपना स्वतन्त्र चकला।

यह इस गली का खासा समृद्ध और इज्जतदार चकला है। इसका रेट भी अपेक्षाकृत

अधिक है। मैडम मीना के अधीन छः वेश्याएँ हैं, सभी अठारह से तीस के बीच की। इन्हें दूसरी स्वतन्त्र वेश्याओं की तरह सड़क पर ग्राहकों की प्रतीक्षा में खड़े नहीं रहना पड़ता है। इनके लिए ग्राहक जुटाना मीना का काम है। लड़कियों की तरफ से वही बात भी करती है ग्राहकों से, पूरे 'कैटलॉग' के साथ। इस व्यवस्था को इन लालबत्ती इलाकों की भाषा में अधिया सिस्टम कहा जाता है, यानी—आधा-आधा, फिफ्टी-फिफ्टी। वेश्याओं को रहने की सुविधा देना एवं ग्राहक जुटाने के बदले मीना प्रत्येक वेश्या से उसकी कमाई का पचास प्रतिशत वसूल लेती है। कपड़े, साबुन, शृंगार की सामग्री एवं बाकी रोजमर्रा की जरूरतें वेश्या के निजी खाते में। हाँ, जरूरत पड़ने पर वे मालकिन से उधार ले सकती हैं जिसके लिए मालकिन खासा ब्याज वसूलती है।

खाना मैडम मीना के यहाँ सामूहिक बनता है जिसके लिए प्रत्येक वेश्या को प्रतिदिन 35 रुपया मीना को देना पड़ता है।

पिछले दो-तीन दशकों से जैसे-जैसे लालबत्ती इलाके बढ़ते जा रहे हैं, अधिया सिस्टम सिकुड़ता चला जा रहा है। अधिकांश वेश्याएँ जो स्वेच्छा से इस पेशे को अपनाती हैं, स्वतन्त्र वेश्यावृत्ति में ही आने लगी हैं।

अभी दोपहर का समय है। डेढ़ बजे के आसपास। सभी लाइनवालियाँ अपने मनमौजी मूड में हैं। मैडम मीना अपने रसिया-मनबसिया प्रेमी पार्टनर के साथ पार्टी ऑफिस में अपनी कैबिनेट चला रही है। इसी समय वह सभी लड़कियों की समस्या सुनती है और उसे धन्धे के गुर सिखाती है। जिस कमरे में ग्राहकों को बिठाया जाता है, लड़कियों को पसन्द करवाया जाता है, सौदे तय किए जाते हैं, दलालों को निपटाया जाता है उसे पार्टी ऑफिस कहा जाता है। शाम ढलते ही पार्टी ऑफिस व्यवस्थित कर दिया जाता है और इसकी सारी कार्यवाही बन्द दरवाजों के भीतर 'इन कैमरा' होती है।

अभी वही पार्टी ऑफिस डाइनिंग कम बेडरूम का काम दे रहा है।

इस पार्टी ऑफिस में तीन अलग ऊँचे तख्ते बिछे हैं, जिन पर गद्दे एवं साफ चादरें बिछी हैं। एक कोने में टी.वी. चल रहा है जिसमें स्टार प्लस चैनल पर साबुन का विज्ञापन करती एक अर्धनग्न युवती झरने के नीचे नहा रही है। दीवारों पर तैंतीस करोड़ देवी-देवताओं के जादुई संसार का एक मिनी संस्करण। सभी मुख्य-मुख्य देवी-देवता—शिव-पार्वती, हनुमान, माँ काली, दुर्गा विराजमान हैं। कोने में एक गोदरेज अलमारी। पलंग के नीचे बर्तन, कुछ जूठे, कुछ धुले हुए। दीवार पर एक बड़ा सा आईना। नीचे फर्श पर पूर्ण तृप्ति के साथ मांस-भात खाती दो लाइनवालियाँ।

उसी ऊँचे से तख्ते पर बैठी है मीना अपने प्रेमी—पार्टनर के साथ सटे हुए। गहरे हरे रंग का लखनवी सलवार कमीज। बड़ी-बड़ी आँखें। सोहिनी-मोहिनी हँसी। खुलता रंग। आभूषणों से लदा शरीर। गुदगुदे हाथों में दर्जन भर सोने की चूड़ियाँ। कान में झूलते हुए बुन्दे। नाक में पुखराज की कील। अँगुलियों में ढेर सारी अँगूठियाँ। गले में हैदराबादी मोतियों की इकलड़ी माला। आबदार चेहरा। पाँवों में आलता, पायल। बातों में रागात्मकता। आशिकाने हाव-भाव। कुल मिलाकर चालीस की छूती-ढलती उम्र में भी

हरा-भरा गुलदान।

आध्यात्मिक तल्लीनता के साथ ही भात के बड़े-बड़े गोले बना-बनाकर खा रही है मीना। बगल के तख्ते पर आराम फरमाती एक लाइनवाली। उसके करीब दीवार से सटकर बैठी कोई दूसरी लड़की हाथों की उँगलियों में नेल-पॉलिश लगाती हुई। एकदम कच्ची उम्र की ताजी, जैसे अभी-अभी अंडे से फूटी हो।

छः लाइनवालियाँ इस चकले में। अधिया सिस्टम के अन्तर्गत मीना की जी-हुजूरी में। कच्ची कचनार नूरी। झिलमिल कृष्णा। हल्ला वेश्या रमा। पुराना चावल नलिनी। तेजपत्ता जूली। दरिद्रता की तरह दयनीय चम्पा। सिवाय जूली के सभी अलसाए और आराम के मूड में।

मलिन चेहरा, सूजी आँखों के पपोटे एवं थके तन के साथ एकदम तमतमाए मूड में है जूली। कल रात चूहे की सी शक्लवाले मिनमिनाते एक ग्राहक ने विकल वासना के आवेग में उसे भरपूर साथ न देने के कारण एवं उसे मनमानी करने से रोक दिए जाने के कारण भरपूर चाँटा मार दिया था। उसने कमरे से बाहर निकलते ही शिकायत की थी मालकिन से—साले ने मुझे बाप का माल समझकर बॉक्सिंग बैग की तरह पीटा था। लेकिन इसके बावजूद मालकिन ने उस ग्राहक से कुछ नहीं कहा था, वरन् उसके साथ आँख मार-मार कर याराना तबीयत से बतियाती रही थी। यह बुरी तरह खल गया था जूली को। इस धन्धे में अपेक्षाकृत नई होने के कारण उसमें अभी थोड़ा बहुत अहं बचा हुआ था। मालकिन के याराना ढंग से बतियाने से उस ग्राहक को शह मिल गई थी, जाते वक्त वह अभद्र हँसी हँसता गया था। उसी गुस्से की आग में बेचैन विकल जूली अभी तक खाने पर भी नहीं बैठी थी। पचास प्रतिशत मालकिन और पचास प्रतिशत मासी के भावयोग से मीना उसे कभी धमकाती तो कभी समझाते हुए कह रही थी, "कैसी माथाफिरी तुम ! अभी नेई नेई हो ना...आस्ते-आस्ते सब बूझोगी। कोई भी गिराहक इस कदर ठंडी ठस्स मूरती से प्रेम नहीं करना चाहता...पैसा देता है तो मजे के लिए ही ना...खाली गोल-गोल गुलवा से बात नहीं बनती।" बोलते-बोलते वह जूली के फूले हुए गालों को चाव से नोंचने लगी कि तभी उसके चिन्तन में कुछ उभरा और वह उस 'मधुबाला' को 'कामवाला' बनाने के गुर सिखाने लगी, "थोड़ी-बहुत ऐक्टिंग तो इस लाइन में करनी ही पड़ती है...सभी कोई करती हैं। तुम भी कोई सीता-सावित्री तो हो नहीं। शुक्र मना कि तुझे चौड़ी नाक, मोटे होंठ और भौंड़ी छाती के बावजूद गिराहक मिल जाते हैं, उनकी कद्र कर। हाँ हूँ, उफ-उफ करते सिसकारी भी मारनी पड़ती है...जिससे उसका पुरुषार्थ सहला रहे। अब गिराहकों का क्या है...तुम खुश नहीं रखोगी तो दूसरी के पास चला जाएगा। अरे दुल्हन वही जो पिया मन भाए। गिराहकों को रिझाने की फनकारी जिसे आ गई वही राज करती है, बाकी को देखती नहीं, बूढ़ी हो जाती है, रास्ते में खड़ी-खड़ी पर फिक्स्ड ग्राहक नहीं बन पाते। अरे गू खाए तो हाथी का खाय !"

वह और फूट पड़ी, "साला गिद्ध था...गिद्ध, गिद्ध से भी बदतर। गिद्ध तो फिर

भी मरे हुए का मांस नोचता है पर इसने तो जिन्दा मांस ही नोच डाला, फिर भी मालकिन ने उसे कुछ नहीं कहा और वह फिर फफक पड़ी।

मन से यति तन से रति जूली किसी भी सूरत में खाने के लिए नहीं उठी। रोम-रोम से टपकता जिन्दगी का मातम आँसुओं में ढलता रहा। सिसकती रही वह, यह सोच-सोचकर कि घृणित, कीड़े लगे दाँतवाले एवं बदबू मारते आदमी के लिए भी उसे बिछ जाना पड़ा था और उस पर भी लानत यह कि उस जानवर ने भी उसे इस्तेमाल कर पीटा।

रमा उसे मनाने आई तो एक राजा को दूसरे राजा के साथ किस प्रकार व्यवहार करना चाहिए उसी ऐतिहासिक मिसाल पर उसने अपनी कलिग वेश्या रमा को धकिया दिया, "दफा हो यहाँ से मालकिन की दुम हिलाती कुतिया ! छिनाल ! जा के...चाट उसकी।"

जूली को औंधी पड़ी देख मीना थोड़ी पनीली होने लगी थी। जूली के लिए उसके आक्रोश के साथ-ही-साथ सहानुभूति का ताप भी बढ़ने लगा पर साथ ही कहीं-कहीं जूली उसे खुद के शुरुआती वेश्या जीवन की भी याद दिला रही थी। पर चकले की मालकिन के नाते वह चिन्तित भी थी कि आनेवाले दिनों में यदि वह नहीं सुधरी तो क्या भविष्य बचेगा उसका, क्योंकि उसने नोट किया था कि खूबसूरत और छोटी उम्र की होने के बावजूद कोई भी ग्राहक जो एक बार जूली को ले जाता था दोबारा उसकी...माँग नहीं करता था। एक ने तो दबंग होकर कहा था, बेजान खड़िया माटी है, न मीठी, न तीती; न हिलती, न डुलती।

मालकिन के गमगीन मुख को देख रमा मालकिन के तारीफों का उड़नखटोला उड़ाती फिर चालू हो गई थी, " बहुत अच्छी है अमारी मालकिन, खूब भालो, दूसरी मैडमों की तरह टुच्ची तो एकदम नहीं, पहले जिस चकले में मैं थी उसकी मालकिन तो पूरी 'राक्खशी' थी—चोट्टी। सभी लड़कियाँ काँपती थीं उस हरामिन से। अमें कभी भी किसी गिराहक से मेल-जोल तक नहीं बढ़ाने देती। कहती मर्द की जाति का चाटना और काटना दोनों बुरा होता है। चकले से बाहर झाँकने तक नहीं देती कि कहीं अम भाग खड़ी न हों....अपने गाँव में मैं चिट्ठी तक बड़ी मुश्किल से लिखवा पाती। हरामिन अमारे हगने-मूतने तक का हिसाब रखती।

" ये वाली मालकिन तो एकदम बूढ़ों और बच्चों को दफा कर देती है और वह तो ऐसी कमीनी लोभन थी कि बच्चों और बूढ़ों तक को नहीं बख्शती थी। हरामजादिन चुन-चुनकर सारे मर्द कलन्दरों को छाँट देती अपनी चहेतियों के लिए और सारे बदसूरत, बदबूदार और बूढ़े ग्राहकों को मेरे पास। कीड़े पड़ें उसकी देह को, खड्डुस, माँ का...! मैं तो वहाँ मूतने भी न जाऊँ। यहाँ तो फिर भी पुरानी पड़ने पर अम लोग कई बार किसी बेहद गन्दे या डरावने गिराहकों को देख मना कर देती हैं, पर वहाँ तो सवाल ही नहीं उठता था....मालकिन का यार था, पूरा जल्लाद, काले इंजन सा चेहरा। दिन-भर बस एक ही काम था—रंगबाजी झाड़ना। जरा-सी ना नुच्च की कि ढाई मन का पूरा पंजा मुँह पर। पुलिस तक भैन...से मिली हुई थी। "

रमा की कमाई बाकी रूपजीवाओं से कम होती थी और एक भारतीय आत्मा की तरह सदैव यही शाश्वत डर उसकी हड्डियों में समाए रहता था कि मालकिन कहीं दूसरी कमसिन या अधिक कमाकर देनेवाली लड़की के मिलने पर उसे कहीं दूसरे चकले में न भेज दे या निकाल ही न दे, इस कारण वह अपने काम से ज्यादा अपनी बातों की मिठास से चारण-भाट की तरह मालकिन को सन्तुष्ट करने में लगी रहती थी।

गली में घुसते वक्त सुकीर्ति ने झेंपते और मुँह चुराते हुए लम्बे-लम्बे डग भरते करीब सोलह-सत्रह वर्षीय दो स्कूली लड़कों को स्कूली यूनिफार्म में बदहवास की तरह निकलते देखा था। कौन थे वे ? यहाँ क्यों आए थे ? इन गलियों में ? क्या किसी वेश्या के लड़के थे वे ?

पर जिस प्रकार मुँह छिपाते भागते से जा रहे थे वे कि सुकीर्ति को लगा नहीं कि वे यहाँ के बाशिन्दे हो सकते हैं।

पर जैसे ही उसने पूछना शुरू किया उन दो स्कूली बच्चों के लिए, हँसी का एक फव्वारा-सा फूट पड़ा। रमा, कृष्णा, चम्पा हो-होकर हँसने लगीं। रमा मालकिन की ओर आँखें मटकाते कहने लगी, "इनी जानते चान सेई दू टा छेले केनो एच्छ छीलो एक्खाने।" (ये जानना चाहती हैं कि वे दोनों स्कूली बच्चे यहाँ क्यों आए थे ?)

मीना के चेहरे पर तरावट भरी हँसी खिलने लगी थी। बीते क्षणों की स्मृति थोड़े उदात्त भाव भी भर गई। भौंहें चढ़ाते कहने लगी, "यहाँ आए थे गिराहक बनकर। पॉकेट में दोनों के बीस-बीस रुपये। शायद पॉकेट खर्च से बचाया गया होगा। मुँह से जैसे कच्चे दूध की गन्ध भी नहीं गई थी। मैंने पूछा, क्यों आए हो ? तो दोनों एक-दूसरे का मुँह ताकने लगे। कुछ देर तक तो बोलती बन्द रही फिर उनमें से एक ने हिम्मत कर मुश्किल से पूछा...कितना लगेगा ? बाप रे, मैं तो तब समझी कि ये खुद ही ग्राहक बने बैठे हैं। दिमाग में था कि शायद अपने बाप-दादों को ढूँढ़ने ही कहीं न आ पहुँचे हों। दूध के दाँत टूटे नहीं, धोना आया नहीं और अभी से ही होने लगी औरत की तलब। मैंने डपट दिया, "जा भाग, तू तो बच्चा तोर एक्खोन कि काज ?" (जा भाग तू तो बच्चा है, तेरा यहाँ क्या काम ?)

मेरे बोलते ही जैसे मुँह में दाँत आ गए थे उसके। मरजाना कहने लगा, "आमि बच्चा नहीं, आमि चौ बच्चा।"

मैंने कहा, भागता है कि दूँ दो हाथ। और मेरे बोलने के साथ ही लौंडों की फटने लगी। भाग खड़े हुए।

और बदहवास की तरह झेंपते लम्बे-लम्बे डग भरते उन दोनों 'नौनिहालों' को याद कर फिर सभी हँसने लगीं।

पाउच से गुटका फाँकते रमा कहने लगी, "अरे पूरा चिड़ियाघर है यह जगह। कौन नहीं आता यहाँ ? पर सबसे अधिक डर मुझे बूढ़ों से लगता है। साले अस्वाभाविक विषय-भोग के मारे होते हैं—कौओं की तरह काँव-काँव कर सिर चाट जाएँगे, कुछ करने में गूदा निकलने लगेगा पर डायलॉग ऐसे-ऐसे मारेंगे कि लगेगा मजनू के बाद यही पैदा

हुए हैं। मन करता है मारूँ जूतों से सालों को। मुँह में दाँत नहीं, पेट में आँत नहीं, कमर में जोर नहीं। पर छैला बनना नहीं छूटता उनसे। एक बार एक बूढ़े का अम सभी दादू-दादू कहकर मजा लेने लगीं तो भी साला नहीं खिसका...आखिर मालकिन ने उसे विदा किया...बाबा, ऐसे बूढ़े कहीं यहीं मर-मरा जाएँ तो पुलिस केस बन जाए।''

विभिन्न कृषक संस्कृतियों की मिली-जुली छाप रमा के कस्बाई चेहरे पर, जो उस समय एकदम झीने से सस्ते एवं स्लीवलेस नाइट गाउन में लिपटी बातचीत के उत्साह से दमादम थी। पहली बार चख रही थी वह, अपनी दुनिया से बाहर की किसी महिला से अंतरंग बातचीत का स्वाद जो उसके लिए अद्भुत था। अभूतपूर्व भी। बरबस खिंची चली आती थी वह सुकीर्ति के पास, उसके आन्तरिक सम्मोहन से सम्मोहित होती हुई।

बैठे-बैठे अब सुकीर्ति की देह अकड़ने लगी थी। अपनी अकड़न को दूर करने के लिए उसने हवा में अपने हाथ लहराए और अँगुलियों के कटके बजाते पूछने लगी, ''चकले में लेते वक्त मालकिन क्या-क्या देखती हैं ?''

सुनते ही साँवली रंगतवाली रमा का चेहरा दमकने लगा। क्योंकि ऐसे मनभावन प्रश्न उसे खुलकर बोलने का मौका देते थे। समझाते हुए बताने लगी वह, ''यदि जगह खाली हो तो मालकिन को सिर्फ इससे मतलब होता है कि अम कमा कर दे पाएँगी या नहीं कि कहीं अम नखरेवाली तो नहीं हैं--हाँ, आजकल पुलिस की पकड़ा-धकड़ी से मालकिन कच्ची उमर की जो देखने में एकदम ही बच्ची लगे उनको रखने में कतराने लगी है। बाकी मालकिन को इससे कोई मतलब नहीं है कि अम कौन हैं और कहाँ से आई हैं, चम्पा जरा पीठ खुजा दे, खाज लग रही है। यूँ मालकिन चाहती है कि उन्हें अधिकांश लड़कियाँ 16-17 वर्ष के आसपास की मिल जाएँ और अधिकतर लड़कियाँ आती भी इसी उमर के आसपास की हैं। 25-26 के आसपास तक तो पहुँचते-पहुँचते वे चकले से पिंड छुड़ाकर किसी प्रकार अपने लिए कोई कमरे का जुगाड़ कर अपने रुजगार में (स्वतन्त्र वेश्यावृत्ति में) उतर जाती है। पर कई बार इक्की-दुक्की कोई छब्बीस-सत्ताईस के आसपास की भी आ जाती है, तो मालकिन उसके शरीर को अच्छी तरह टटोल लेती है कि शरीर में कोई चमड़ी रोग तो नहीं, शरीर में दम है या नहीं।''....फिर अंग विशेष की ओर इशारा कर बताती है वह, ''ये कड़क होने चाहिए। एक बार एक लड़की आई थी, देखने में भी खूबसूरत थी, कड़क भी थे, पर अत्यधिक धूप में खड़े रहने के कारण पूरे शरीर पर दाने-दाने उग आए थे, मालकिन ने नहीं लिया उसे...।''

अपने गाँव की आत्मीयता और गाँव के किनारे से बहती नदी का सौन्दर्य अपने भीतर समेटे रमा अपनी जिन्दगी की सारी गुप्त फाइलें एवं वेश्या जीवन के सारे रहस्यों को परत-दर-परत उघाड़ती धमाती चली जा रही थी सुकीर्ति को, ''जानती है पिछली रात ही मैं पाँच ग्राहकों को शॉर्ट रेट पर निपटा चुकी हूँ उनमें से दो तो एकदम पहली बार ही आए थे। उन पाँचों में से किसी एक के दिए दन्त-क्षत और नख-क्षत को वह उघाड़-उघाड़कर अपनी साथी लाइनवाली को 'मेरे जोबना का देखो हिलोर' वाली मुद्रा

में दिखा रही थी। हैरान-सी सुकीर्ति पूछ बैठी थी, "लेकिन, हर ग्राहक को बराबरी से सन्तुष्ट कर पाना तो सम्भव नहीं होता होगा तुम्हारे लिए, खासकर अन्तिम ग्राहक को।"

नाक की कील को घुमाती हुई रमा, अपनी पीठ ठोंकने के अन्दाज से मुस्कुराती कहने लगी, "अरे, पटाना और...मारना आना चाहिए। मेरे अधिकतर ग्राहक पंजाबी ड्राइवर हैं, हरेक के बस का नहीं है उन्हें खुश करना। एक बार मैं दूसरे ग्राहक के साथ थी तो मालकिन ने मेरे ग्राहक को चम्पा के पास भेज दिया तो बुरी तरह झिड़क दिया था उसने उसे...तू तो मूर्ति की तरह पड़ी रहती है, थोड़ा फुदका भी कर। सारी मेहनत मैं ही करूँ ? पैसा किस बात का लेती है, आगे से तुझे कभी नहीं बुलाएँगे...मालकिन को भी साफ मना कर दिया उसने, यह ठंडी ठीकरी नहीं चलेगी। हाँ, तो आप पूछ रही थीं कि मैं हरेक को कैसे सन्तुष्ट कर पाती हूँ, तो यूँ समझ लीजिए कि मान लो मुझे एक ही दिन में कई जगहों से खाने का न्योता मिला है तो क्या करूँगी मैं...मैं तो हर जगह थोड़ा-थोड़ा ही न खाऊँगी--अल्पो अल्पो। बस ऐसे ही होता है, हरेक ग्राहक को अपनी थोड़ी-थोड़ी देह परोस देती हूँ और मजे की बात यह है कि हर गिराहक यही समझता है कि वही मेरा खासमखास है। मैं ऐक्टिंग भी कुछ इस प्रकार की करती हूँ...भई आखिर यहाँ गिराहक आता भी क्यों है ? कुछ उफनता-उबलता पाने के लिए ही न ! और सुच्ची बात यह भी है कि शादी-शुदा मरदों में भी अधिकतर वो ही आते हैं जो औरत को या तो लात मारते हैं या लात खाते हैं, तो ऐसों का ही विशेष ध्यान रखना पड़ता है। इसीलिए वे कितना भी शराब पीएँ मैं नहीं रोकती....लेकिन मैं खुद बेहिसाब नहीं पीती।" कुछ प्रशंसा सुनने की आशा में ताकने लगती है रमा सुकीर्ति की ओर कि तभी सुकीर्ति पूछ बैठती है, "अभी थोड़ी देर पहले तुम बता रही थी कि उन पाँच ग्राहकों में से दो एकदम नए थे ? तुम्हें कैसे पता चला कि वे पहली बार ही यहाँ आए थे ?"

सुकीर्ति को लगा जैसे पिछली रात उससे चिपके उन पाँचों ग्राहकों की गन्ध रमा के शरीर से हल्के-हल्के भभके के रूप में अभी भी आ रही है।

आँखों से कीचड़ दूर करते कहने लगी वह, "मैं आपको सब कुछ समझा देती हूँ बस आपनि आमार नाम छापबेन ना...छवि तुलबेन ना।" (आप बस मेरा नाम और तस्वीर नहीं खींचिएगा।)

एक भरपूर आश्वस्ति सुकीर्ति की, "तुम खुद ही देख लो मेरे पास कोई कैमरा वगैरह नहीं है और नाम ? तुम चाहे जिससे पढ़वा लो मेरी डायरी मैंने तुम सबके नाम बदल दिए हैं, विश्वास करो। नाम क्या पूरी पहचान ही इस कदर बदल दूँगी कि तुम स्वयं नहीं पहचान पाओगी स्वयं को। हाँ, तो तुम बता रही थी कि तुमने कैसे जाना कि वे एकदम पहली बार आए थे।"

"अरे उनके ताकने-बतियाने और तो और उनके कमरे में घुसने के ढंग से ही समझ में आ जाते हैं। घुसते ही झेंपेंगे, शर्म से ऐसे लाल होंगे कि लड़कियों को भी मात करेंगे। ऐसे सहमे, डरे, सकुचाए रहेंगे जैसे सारी दुनिया इन्हें ही देख रही हो। चोर की तरह

घुसते ही बत्ती बन्द कर देंगे, जामा खूलते चाहिबेन ना (कपड़े नहीं उतारना चाहेंगे)। अरे, जो पक्के हाँडे होते हैं उनकी बात ही अलग होती है। बात करते-करते साले चोली में झाँकते रहेंगे और घुसेंगे तो ऐसे जैसे किसी सिनेमा हॉल में घुस रहे हों। न ही वे अधिक बात करते हैं। जबकि नए आनेवाले पहले बात करके वातावरण बनाना चाहते हैं, पर पुराना खिलाड़ी सीधा चालू हो जाता है। नयों के साथ अम भी फाँकी मार लेती हैं जबकि पुरानों के साथ अमें भी...।"

अपनी भाषा में समझा दिया था रमा ने कि हर वेश्या को नए-नए ग्राहकों से ज्यादा दिलचस्पी निश्चित ग्राहकों में होती है जो उन्हें फिक्स्ड डिपोजिट की तरह सुरक्षा देते हैं।

अपनी हिन्दी-बंगालीमिश्रित भाषा में काफी देर तक आकाश में उड़ती पक्षी सी चहकती जा रही थी रमा, "मैं हर महीने अपने गाँव, अपने माँ-बाप को छोटे भाई-बहनों के लिए हजार रुपये के आसपास भेजती हूँ। यह कहकर कि मैं किसी कारखाने में काम करती हूँ और अठारह सौ रुपये महीने कमाती हूँ। यदि मालूम पड़ जाए उन्हें कि मैं कैसे कारखाने में हूँ तो मेरा मुँह तक न देखें वे....पैसा लेना तो दूर...।"

दिमाग घूमने लगता है सुकीर्ति का, इतना गलीज, निकृष्ट, भयानक यातनादायक जीवन जीते हुए खुलेआम देह बेचनेवाली ये लाइनवालियाँ भी पूरी तरह से एक डर से मुक्त नहीं हो पाती हैं। आदिकाल से चला आ रहा है वह मध्यवर्गीय डर, इज्जत का डर। लगभग हर लाइनवाली भरसक चेष्टा करती है उन आत्मीयों से जिन्हें वह प्यार करती है, सम्मान करती है, अपने पेशे को—कुँवारी कन्या के गर्भ की तरह छिपाए रखना।

वंस ए प्रोस्टीच्यूट, ऑलवेज ए प्रोस्टीच्यूट

सुकीर्ति की किस्मत के वारे न्यारे कि जिस दोपहर वह घुसी मैडम मीना के चकले में वह अकेली दोपहर ही इतना मालामाल कर गई थी कि उसे कि वह हैरान थी, 'रब्बा मैंने तो एक पत्ता भर जानना चाहा था, पर यहाँ तो पूरा ब्रह्मांड ही मेरे भीतर उतर रहा है !'

रमा, कृष्णा, नलिनी से कुछ ट्रेड मार्का बातें, 'कैसी हो ? कैसा चल रहा है ?' के बाद वह उनकी निजी जिन्दगी की परिधि को छूने जा ही रही थी कि उसने सुना, मालकिन मीना कभी धमकाते तो कभी पुचकारते हुए एकदम नई-नई आई अछूती-सी कली नूरी की हथेलियों को सहलाते हुए 'वंस ए प्रोस्टीच्यूट, ऑलवेज ए प्रोस्टीच्यूट' की तर्ज पर कह रही थी, "फत्तोरानी मेरी, जब से आई हो ग्राहक को देखकर ही कभी बाथरूम तो कभी-कभी पलँग के नीचे तो कभी-कभी परदे के पीछे छिप जाती हो, जैसे ग्राहक नहीं कोई जल्लाद हो। अरी, इस धन्धे में उतरना नहीं था तो यहाँ आई ही क्यों ? कोई न्योता तो दिया नहीं था ? मैं भी आखिर कब तक तुम्हें बिठा-बिठाकर ठुँसाती रहूँगी—पर सोच लेना कि पिछले दस-बारह दिन जो तुम इस बस्ती और इस फ्लैट में

रह गई हो कि अब तुम गंगाजी में गले तक कंठ छूकर भी कहो कि मैं अछूती हूँ, सच्ची हूँ कि आमि किच्छु करी नी (मैंने कुछ नहीं किया) तो भी कोई तुम्हारी बात का विश्वास नहीं करनेवाला, यहाँ की माटी जकड़ लेती है सबको, तो इससे तो कहीं अच्छा है कि तुम कुछ करो कमाकर खाओ...घर में भुखमरी भोगते माँ-बाप को, एक-एक चीज के लिए तरसते छोटे भाई-बहनों को कुछ भेजो।''

और बोलने के साथ ही किसी जासूस की सी एक टोहती एवं टटोलती दृष्टि फेंकी थी उसने नूरी की ओर। सुकीर्ति ने भी देखा नूरी की ओर, दहशत की सिल जमी थी उन आँखों में।

भीतर उठते-गिरते तूफान ! बेनूर होता चेहरा नूरी का !

जिन्दगी की भयावहता से पहली मुठभेड़ साफ दिखती हुई।

किसे देखे ? भूख की कगार पर खड़े, उम्मीद लगाए माँ-बाप को, छोटे भाई-बहनों को कि अपनी इज्जत को ? चेहरे पर इस कदर दयनीयता, जिबह के लिए ले जाती गाय सी दहशत और जानवर की सी निरीहता कि कुटनी वेश्या भी उन लम्हों आँखें नहीं मिला सकी उससे। ओठों पर जीभ फेरते, एक भारी साँस ले, दुपट्टे को सँभालती उठ खड़ी हुई वह कि अगली सीख तभी दे वह नूरी को जब तक इस नई आबोहवा को कुछ और सोख ले नूरी। फिर धीरे-धीरे किया जाएगा हलाल।

और थोड़ी देर के लिए नूरी को अकेले छोड़ वह निकल गई बाहर। लेकिन साँस रुक गई थी सुकीर्ति की...क्षण-भर के लिए पवन जैसे थम गया था। एक अछूती कली का रूपान्तरित होना वेश्या में....क्या इसी प्रकार होता है ? क्या इसी प्रकार गिराई जाती हैं वे इंसान के दर्जे से ? क्या इसी प्रकार घेरा जाता है उन्हें...जिन्दगी का खौफ दिखाते हुए। सोलह-सत्रह वर्ष की मासूम उम्र कुछ समझती....कुछ नासमझती उम्र....भुखमरी का डर...अजनबी शहर की अजनबी गलियाँ...आसपास 'कुछ करो, कुछ करो'....देह देकर भी अर्जित करो का क्रूर माहौल, पूरी जिन्दगी के लिए वेश्या बना दी गई, की जानलेवा धमकियाँ, पीछे गाँव में छोटे-छोटे भाई-बहनों की उम्मीदों के टिमटिमाते चिराग। न सिर पर हाथ फेरते हाथ, न दिलासा देते बोल। क्या करे किसी एकदम छोटी जगह से आई एक निरीह भोली-भाली एवं बहेलियों के जाल में फँसी नौकरी की आस में लाई गई कोई लड़की ?

एकाएक फिर दृष्टि उठ गई नूरी की ओर--अब वह दशहत में अकड़े हाथ-पैर बाँधे हलाल के लिए ले जाती जानवर में तब्दील हो चुकी थी। सुन्दर वन के पास से आई थी वह। चेहरे पर स्कूली लड़कियों सा भोलापन। आँखों में झाँकती पवित्रता--पत्तियों पर गिरी ओस सी। माँ-बाप कृषक मजदूर। घर में उससे छोटे दो भाई, दो बहनें। किसी तरह रो-पीटकर गुजारा चल रहा था कि पिछली बाढ़ तबाही ले आई। बर्तन-भाड़े सब कुछ बिक गए। उन्हीं दिनों उन्हीं के पड़ोस की एक समवयस्क लड़की ने शहर से अपने माँ-बाप को धनादेश भेजा तो नूरी की संवेदना जाग उठी। आँखों में तेज लहराया, "तो मैं भी कुछ कर सकती हूँ।'' बाद में कुछ महीनों बाद जब वह लड़की गाँव आई तो

नूरी हाथ धोकर उसके पीछे ही पड़ गई कि मुझे भी नौकरी दिलवा दे। लड़की दो-एक बार थोड़ी हिचकी, पर बाद में अपनी अल्प विकसित विवेक बुद्धि से यह सोचकर कि यदि ऐसे नहीं मरेगी तो गाँव में इन हालातों में भुखमरी से मर जाएगी उसे अपने साथ ले आई।

रमा राई-रत्ती ब्यौरे के साथ बतलाती जा रही थी सुकीर्ति को, "रास्ते में उसने नूरी को भला-बुरा सब कुछ समझा दिया था, यहाँ तक कह दिया था कि चाहो तो अभी भी लौट सकती हो, भाड़ा भी मैं ही दे दूँगी, पर तब तो जोश चढ़ा था रानी भवानी को दाने-दाने को तरसते भाई-बहनों के लिए कुछ भी करने की उछाह में वहाँ से निकल आई। यहाँ आकर अब बढ़िया पहनने को एवं भरपेट भकोसने को मिलने लगा है तो अपना चरित्तर दिखा रही है।"

स्वयं भीषण अभावों से गुजरी रमा की इस संवेदना शून्य बेबाक टिप्पणी पर एक बवंडर-सा उठने लगा था सुकीर्ति के भीतर...पर जब्त करके रह गई थी वह स्वयं को—वेश्या जीवन का यह भी एक विद्रूप कि हर वेश्या किसी और को वेश्या बनती देखकर ही अपने वेश्या जीवन के हलाहल को झेल पाती है।

मंगोलियन नाक-नक्शवाली चम्पा जो अभी तक मुँह पर 'बन्द है' की पट्टी लगाए बैठी थी इस दिलचस्प वार्ता में अब और तटस्थ नहीं रह सकी। आगे बढ़कर खलनायिकाओं की भंगिमाओं को मात करती पंजे निकाल-निकाल कहने लगी, "यह तो हमारी ही मालकिन है कि जो आठ-नौ दिनों से बस समझा ही रही है नूरी को, भाग्य है जो इतने अच्छे चकले में पड़ी है, दूसरी मालकिन होती तो नानी याद आ जाती जब दो दिन बाद ही कमरे में बन्द कर जबरन गराहक को ढुकाकर नथनिया उतरवा लेती—क्या कर लेती तब वह ? आखिर कोई देखे भी तो कितने दिन ? फिर नूरी से जबरन करवाने में मालकिन को कोई डर भी नहीं है....कोई नाबालिग होती तो भी डर होता या भगाकर लाई होती तो भी बात थी...फिर भी मालकिन बस समझा ही रही है अभी तक—हाथ तक नहीं उठाया। जाने क्या समझती है खुद को....ऐसी तो कोई खपसूरत भी नहीं...।"

"तो क्या नाबालिग लड़कियाँ भी आती हैं इस चकले में ?" उसके पास मुँह ले जाकर लगभग फुसफुसाते हुए ही पूछा था सुकीर्ति ने कि कहीं कमरे से बाहर ही मँडराती मालकिन मीना सुन न ले।

जीभ निकालते उतनी ही दबी जुबान से बताने लगी चम्पा, "छुकरी (वेश्यावृत्ति के निमित्त लाई गई नाबालिग लड़की को चकले की भाषा में छुकरी कहा जाता है।) कभी अपनी इच्छा से आती नहीं हैं, चोरी से लाई जाती हैं और फिर किसी भी चकले में बेच दी जाती हैं। एक बार एक मोटी रकम में उसको खरीद लेने पर, फिर हर रोज की उसकी कमाई मालकिन की पूरी अपनी। मालकिन को बस उसे खाना-कपड़ा भर देना पड़ता है। छुकरियों का रेट बहुत 'हाई' होता है। गराहकों में उनकी माँग भी सबसे ज्यादा होती है। अरे नोट छापती हैं वे....लेकिन उनको रखने में झमेला भी उतना ही है। कानून...पुलिस...कचहरी...कोर्ट....सभी का।" फुसफुसाते बताती है वह, छुकरी

पालना गैर कानूनी है। इसीलिए हमारी मालकिन नहीं रखती छुकरी को। कहती है कि होटे ओतो लालच कोरे दरकार नहीं (क्या जरूरत है इतना लोभ करने की)।

श्याम वर्ण, सींकिया, मुँहासों से भरा लम्बा चेहरा एवं सामान्य से भी नीचे रूप रंग वाली चम्पा पहले पार्क स्ट्रीट के किसी फ्लैटनुमा चकले में किसी और मालकिन के अधीन थी। वहाँ पर किसी की हत्या हो जाने के बाद वह चकला बन्द हो गया था, उसके बाद से ही पिछले दस-बारह सालों से वह मीना के साथ है।

रमा की तरह चम्पा की बातें सुकीर्ति को डुबो नहीं पा रहीं थीं इस कारण उधर से सुनते रहने का भान करते हुए भी इस बीच अपने ही भीतर बहने लगी थी वह, जैसी कि इन दिनों उसकी आदत बन चुकी थी। इस वक्त भी मालकिन को बाँहों में घेरे रमा और कृष्णा को देख खासी वितृष्णा हो गई थी सुकीर्ति को--कैसा व्यक्तित्व खोई मालकिन की पाँवपोंछ बनी ये लड़कियाँ ! भेड़ों की तरह एक ही 'हम बोध' से ग्रस्त ! बात-बात पर मिमियाती ! हमारी मालकिन, हमारी मालकिन। पूरी तरह आत्मविहीन। जिस किसी के साथ भी भेज दें मालकिन--रोगी, भोगी, कुरूप, अस्वाभाविक विषय भोग चाहनेवाला...उसी के साथ तैयार, जे विधि राखे राम, से विधि रहियो। कोई विरोध नहीं, सिवाय जूली के। पर कब तक बचा रहेगा जूली का भी यह विद्रोही तेवर। विरोधों की नुकीली नोंक पर क्या घिसते-घिसते सपाट सड़क नहीं बन जाएगी एक दिन। जीवन की अपर्याप्तताएँ शीघ्र ही सुखा डालेंगी भीतर हलहलाते विरोध की बारूद को।

अन्तिम सीमा तक आत्मक्षरण कर चुकी किसी भी जीवन स्वप्न से वंचित ये लड़कियाँ ! क्या होगा इनका ?

सुकीर्ति ने फिर एक निगाह फेंकी उधर--टोहती एवं अन्वेषण करती। फिर कुरेदा रमा को, "आगे क्या करना चाहोगी ?"

एकदम सपाट-सा जवाब था, "अम तो अब खराब हो ही चुकी है, अम लोगों का अब क्या होगा ? बस मालकिन खुश रहें, ग्राहक मिलते रहें। आजकल धन्धा उतना अच्छा नहीं रहा...इस रास्ते में खड़ी रहनेवालियों ने रेट भयंकर रूप से गिरा दिए हैं...और हिन्दुस्तानी आदमी सस्ते में पहले मुँह मारेगा। कभी-कभी यह सोचकर परेशान जरूर हो जाती हूँ कि मालकिन ने यदि निकाल दिया तो क्या होगा...ग्राहकों के लिए सड़क पर सस्ती रेट पर खड़े रहना पड़ेगा...या फिर दलालों से निपटना होगा...अम लोगों की आदतें अब ऐसी ही रईस हो चुकी हैं कि अम अब सड़क पर नहीं खड़ी रह सकतीं...अम उतनी बेशर्म नहीं हो सकतीं। अभी तो फिर भी एक खूँटा है इज्जत का।"

एकाएक सुकीर्ति को लगा जैसे वह बेहद थक गई हो। टूटता स्नायुतन्त्र, हथौड़े मारता शब्द 'खराब हो चुकी'। जैसे वह मात्र शब्द नहीं इनका कवच बन गया था या कोई चौखट जहाँ पर अपने को पटककर अपने सभी अपराधबोध, नैतिकबोध और आत्मबोध, उच्च जीवन जीने के संघर्ष और तनावों से दूर, आत्म-चुभन से मुक्त गन्दगी के कचरे में लोटते तृप्त तिलचट्टे की तरह वे जी सकें। जीवन की तमाम अच्छी चीजों से वंचित ये कई हजार औरतें !

क्या होगा इनका ?

तिनका-तिनका बिखरा मन सुकीर्ति का। हर तिनका मिनमिनाता जैसे मरी हुई छिपकलियों के बीच बैठी हो वह। भीतर कोई निरन्तर भागो-भागो की रट लगाता हुआ। जबर्दस्त तबीयत हुई कि उठकर चल दे। पास ही पाइप फटे बहते खुले नाले की गन्ध जो अब तक सह्य थी अब असह्य होने लगी थी। सभी लड़कियों और मालकिनों के लिए रसोई बनानेवाला रसोइया अपनी पट्टीदार लम्बी चड्ढी और सैंडोज बनियान पर हाथ फेरते हुए डायरी और कलम के साथ बैठी सुकीर्ति को कई बार घूर चुका था। उसके बदन से आती कड़वे तेल की गन्ध जर्दे और पसीने की बदबू, आसपास भिनभिनाती मक्खियाँ...सब कुछ उसमें वितृष्णा जगा रहे थे।

'बाकी फिर कभी' सोचती वह उठी कि तभी उसने दो चीजें एक साथ नोट कीं। एक तो गली के बाहर, उस पूरे वातावरण से असम्पृक्त एक हैंडसम कुत्ता उधर से गुजर रहा था जिस पर किसी खाँटी फुरसतिए हिन्दुस्तानी ने अपने मन बहलाव एवं टाइमपास के लिए जोर से एक पत्थर फेंका था और वह कें-कें कर चीख उठा था। और दूसरी चीज यह थी कि परम फुरसती मुद्रा में चरम सन्तोषी भाव से किसी भरी-पूरी गृहस्थिन की तरह मीना सरौता से सुपारी काट रही थी। 'आज मौका है' वाले भाव तत्क्षण उसके भीतर की लेखिका पर तारी हो गए। पिछले कई चक्करों में यह पहली बार हुआ कि मैडम मीना उसे इस प्रकार फुरसत में दिखी। पिछली बार तो उसने देखते-देखते मीना के भीतर से पार्टी ऑफिस को इस तरह बन्द कर लिया था जैसे युद्ध सम्बन्धी किसी मन्त्रणा पर दो देशों में वार्ता चल रही हो...। आज मौका नहीं छोड़ना चाहिए सोचा उसने और मन को फिर ठेला—हो जाओ तैयार, जनाबेआली ! पत्रकार मूड का नहीं, मौके का गुलाम होता है।

माँझी न बजाओ वंशी कि मेरा मन डोलता

जिस समय मीना नूरी को समझा रही थी कि अब वह चाहे तो भी यहाँ से नहीं निकल सकती, उस समय सुकीर्ति को वह पूरी कुटनी ही नजर आ रही थी...पर वही मीना पास आने पर जब भरपूर मुस्कुराई तो उसे वह कुछ-कुछ रहस्यमयी और आकर्षक नजर आने लगी थी। एक ही नारी के कितने नारीत्व ! बात-बात पर भौंहें चढ़ाना, आँखें मटकाना, कटाक्ष फेंकना, अपने उभारों पर हाथ फेरने जैसी अदाओं, लटके-झटके एवं भाव-भंगिमाओं ने जहाँ उसे आम गृहस्थिनों से न केवल अलग पाँत में खड़ा कर दिया था, वहीं ये अवशेष इस बात की भी गवाही दे रहे थे कि वेश्यावृत्ति छोड़ने के पूर्व ही वह यहाँ की आबोहवा को काफी कुछ सोख चुकी थी।

'धन्धा छूट जाए पर संस्कार नहीं छूटते' जैसी उक्ति के पीछे कदाचित् यही तथ्य

काम करता है। सुकीर्ति ने सोचा और दिमाग को तत्काल ही धकेलकर वापस मीना की ओर केन्द्रित कर लिया।

टी.वी. पर अब चैनल बदल गया था। टंगाइल की साड़ी में लिपटी सोनिया गाँधी अपने भाषण के अन्त में भावुक होकर नम आँखों से कह रही थी, "बारत (भारत) मेरा बटन (वतन) है।"

हँसी आ गई सुकीर्ति को सोनिया गाँधी की हिन्दी पर। लेकिन टी.वी. उसकी एकाग्रता भंग न करे इसलिए जोर-शोर करती टी.वी. को कुछ धीमा करवाया और पूरी तरह एकाग्र होने के इरादे से, बाहर के शोर को अन्दर आने से रोकने के लिए जैसे ही कमरे का दरवाजा बन्द करने लगी, नीचे फर्श पर दरी बिछाकर लेटी हुई कृष्णा ने रोक दिया, बन्द दरवाजा देखकर कहीं पहली बार आया कोई ग्राहक लौटकर नहीं चला जाए।

और बोलने के साथ ही हँस पड़ी वह—एक उज्ज्वल हँसी।

इस बार ध्यान से देखा सुकीर्ति ने—लगभग नूरी जितनी ही छोटी, मासूम-सी कृष्णा। फर्क इतना ही कि जहाँ नूरी रूप रंग में सामान्य थी, कृष्णा खासी खूबसूरत थी। वेश्या की प्रचलित छवि से अब किसी प्रकार तालमेल नहीं बैठा पाई वह तो हठात् मुँह से निकल गया उसके, "यह बच्ची...यहाँ ?"

मीना, चम्पा, रमा—सब हँस पड़ीं, "जिसे आप बच्ची समझ रही हैं वह खुद एक बच्ची की माँ है, हर महीने हजार रुपए भेजती है उसे। यह खुद इक्कीस वर्ष की है। चकले में सबसे अधिक यही कमाती है। एक-एक रात का पाँच सौ रुपयों से हजार रुपये तक का रेट है इसका। शॉर्ट रेट भी सबसे अधिक हैं इसके—100 से 110 तक की। फिर अपनी ठेठ चकले की मालकिन की मुद्रा में उसे तौलती-परखती उसके अंग विशेषों पर गौर फरमाती पास बैठी रमा से कहने लगी, जैसे वह लड़की नहीं कोई मुलायम सुरक्षित बोटी हो, पाँच वर्ष होए गिएछे एक्खाने ऐछे...एक्खुन तो भालो ही आच्छे। (पाँच वर्ष हो गए आए...अभी तक तो अच्छी ही है। इतना मेकअप करती है फिर भी चेहरे की खाल कड़ी नहीं पड़ी है।)"

बातचीत की दिशा कहीं बदल न जाए, इस कारण बातों के रुख को अपनी ओर मोड़ते पहली बात यहीं से आरम्भ की सुकीर्ति ने, "बहुत तारीफ करती हैं ये लड़कियाँ आपकी।"

अपनी प्रशंसा से अभिभूत हँस दी थी वह, एक शर्मीली-नर्म हँसी। तभी नीचे सोई हुई नलिनी भी उठकर बैठ गई।

"जा...तू घुमा।" (जाओ, तुम सो जाओ।) पान की गिलौरी को दाएँ से घुमाते हुए थोड़ा-थोड़ा लड़ियाते मीना उसे सोने के लिए धकेल देती है। सुकीर्ति की ओर मुखातिब होते हुए उबासी लेते फाँ फूँ की भाषा में फिर कहने लगी, "यही टैम है जबकि थोड़ा आराम मिल जाता है इन लड़कियों को...बाकी चार बजे से तो फिर तैयारियाँ शुरू....।"

सिर्फ पेटीकोट और स्लीवलेस लो-कट ब्लाउज में लिपटी नलिनी टस्स से मस्स नहीं हुई। अलबत्ता उसे इस कदर सहज और निस्संकोच देख सुकीर्ति को समझ में आ रहा था कि देह के रहते हुए भी देहातीत किस प्रकार हुआ जा सकता है। नलिनी को मालकिन के पास बैठे देख रमा जो थोड़ी देर पहले सुकीर्ति को छोड़ बगल के तख्ते पर सोने चली गई थी, फिर आ बिराजी मालकिन के पास, उसे दूसरी तरफ से घेरे हुए।

"बोलून कि जानते चान...।" (बोलिए क्या जानना चाहती हैं।)

मुद्दे की बात पर आ गई थी मीना।

हँस देती है सुकीर्ति...एक उदास हँसी। क्या जवाब दे वह मीना को...कह दे वह कि वह उसके उस भयानक और गलीज-भरे इतिहास का चप्पा-चप्पा जानना चाहती है जो इन रास्तों पर लाया उसे।

पर कुछ भी नहीं बोलना पड़ता है सुकीर्ति को। सुकीर्ति की आँखों में उभरी जिज्ञासा मूर्तिमन्त हो उठती है। स्वयं समझ जाती है मीना, मूक भाषा उन आँखों की। सामने आई बालों की झूमती लट को अदा के साथ पीछे की ओर धकेलती अपने अतीत में डूबने-उतराने लगती है वह। धीमे-धीमे, खूब सलीके से कोई पवित्र एवं गहन दुःख–उदासी के सौन्दर्य में लिपटा, तरल हो छा जाता है उसकी आँखों में, ओठों के प्रकम्पन में, आवाज की थरथराहट में।

कुछ खामोश पल !

एक मौन, दूर दृष्टि। अतीत के सागर में उठती कुछ लहरें...झिलमिलाती हैं कई तस्वीरें....कोई अधूरी, कोई पूरी।

बंगाल के तलहटी गाँव में हम चार बहनें और तीन भाई थे। मैं सबसे बड़ी, हाथ को ऊँचा कर बताती है, कितनी बड़ी, तकरीबन–साढ़े दस-ग्यारह वर्ष की। खपरैल की छतवाला कच्चा-पक्का हमारा छोटा सा घर था। अच्छे से याद है जब कभी जोर-जोर से आँधी चलती, माँ को पहली चिन्ता यही सताती कि उसे घर फिर से बनाना पड़ेगा।

घर में सदैव चिक-चिक मची रहती। हर चीज का टोटा–आए दिन मार-पीट। चौबीस घंटे की हाय ! हाय ! खानेवाले इतने जन और कमानेवाला सिर्फ बाप। एक बार बाबा (पिता) के दोस्त ने मुझे पास के ही गाँव में किसी घर में चौका-बर्तन का काम धरा दिया। जी, ठीक याद नहीं पर वह फ्रॉक पहनने की उम्र थी। मैंने एक साथ तीन-तीन घर में काम पकड़ लिया क्योंकि एक घर की पगार से पूरा नहीं पड़ता था। मैं तड़के चार बजे उठती, बिना मुँह-हाथ धोए ही निकल पड़ती क्योंकि पानी के लिए मुझे लगभग एक कोस चलना होता...बीच रास्ते में ही नीम चबाती मुँह-हाथ धो लेती। एक-एक करके तीनों घरों में चौका-बर्तन करती, कपड़े धोती, एक घर में एक छोटा बच्चा भी था। मुझे घिन लगती थी उसके गू-मूत को उठाने में, फिर भी मुझे वह सब करना पड़ता। लगभग दस-साढ़े दस बजे मुझे एक घर में सुबह की बची हुई चाय को गरम कर दे दिया जाता, साथ में रात की बासी रोटी। दोपहर का खाना साढ़े तीन और चार तक मिलता–ढेले-सा भात और पानी मिली दाल और उस पर भी भारी चिक-चिक

मालकिन की। एक बार एक प्याली टूट गई तो मालकिन ने झोंटा पकड़ लिया, कान मरोड़ दिया और मेरे पैसे काट लिए। मैं रोती हुई बाबा के पास पहुँची तो बाबा भी मुँह ढाँपकर मेरे साथ-ही-साथ रोने लगे, बोले, अब तुम्हें वहाँ नहीं जाना होगा। कुछ दिन मैं घर पर ही रही कि तभी एक जनानी आई, उसने कहा कि मैं तुम्हें ऐसा काम दिलवा दूँगी, जिसमें तुम्हें कम-से-कम खटनी पड़ेगी। पगार और खुराकी भी अच्छी मिलेगी, बस तुम्हें एक पाँच-छः बरस की एक बच्ची की देखभाल करनी होगी। लेकिन इसके लिए तुम्हें कलकत्ता रहना होगा। मैंने माँ-बाबा से पूछा तो कलकत्ते का नाम सुनते ही माँ-बाबा दोनों ही रोने लगे, उन्हें रोते देख मेरे भाई-बहन भी रोने लगे। बाद में बाबा ने जी कड़ा कर, माथे पर हाथ फेरते हुए कहा, "एक्खाने हो तो तोमाके भालो करे राखते पारछी ना, ओखाने तुमि तो भालो करे खेते पारबे...जेओ, परे जदि पारो पुतुल (छोटी बहन) केओ नीये जाओ।" (यहाँ तो तुमको मैं अच्छे से रख नहीं सकता, तुम जाओ, बाद में यदि सम्भव हो तो पुतुल को भी लेती जाना।)

मैं उस जनानी के साथ कलकत्ता चली आई। आते वक्त पिता ने गाँव का पता कई बार बुला-बुलाकर मुझे रटवा दिया, वहाँ तीन गाँवों के बीच एक डाकखाना था। बुखार में भी बाबा अढ़ाई कोस चलकर तीन पोस्टकार्ड खरीदकर लाए और मुझे पकड़ाया कि मैं बीच-बीच में अपनी खबर देती रहूँ। माँ के पास एक छिपाकर रखी हुई चप्पल थी, माँ ने मुझे दे दी। पुतुल के पास एक बढ़िया फूल कढ़ी फ्रॉक थी, जिसे वह हमेशा मुझसे छिपाकर रखती कि कहीं मैं पहन न लूँ, उसने वह मुझे दे दी।

सबको रोते-बिलखते छोड़ मैं उस जनानी के साथ कलकत्ता चली आई। अपने वादे के मुताबिक उस जनानी ने मुझे काम दिलवा दिया। यहाँ मैं सचमुच आराम में थी। बस एक बच्ची के साथ खेलना, उसे नहलाना और खिलाना। लेकिन फिर भी मन खराब रहता, अपना गाँव खींचता था हर पल। बढ़िया खाना सामने आते ही गाँव में दाने-दाने को तरसते भाई-बहन की शक्ल आँखों में घूम जाती। जाने कितनी बार मैंने अपनी पेटी में पावरोटी को सुखा-सुखाकर रखा एवं मुझको मिलनेवाले बिस्कुट को बचाकर रखा कि जब गाँव जाऊँगी अपनी छोटी बहन को दूँगी। गाँव की, टोले की, मुहल्ले की, होली-दीवाली त्योहारों की, घाट की, पेड़-पौधों की, मोर, गिलहरी, कोयल, कबूतर यहाँ तक कि गिद्ध और सूअरों की भी मुझे हरदम याद सताती। कई बार मैं आँखें मूँदकर धियान करती कि मैं उनके साथ गाँव की गलियों में घूम रही हूँ। इस धियान से मुझे कुछ देर शान्ति मिलती पर फिर कुछ समय बाद मैं बेचैन हो उठती...मैं बस इन्तजार करती रहती कि कब वह जनानी आए और मुझे अपने माँ-बाप से मिलवा दे। लेकिन वह मुई नहीं आई तो एक बार मैंने हिम्मत करके अपने मालिक से कहा कि वह मेरे गाँव के ठिकाने पर मेरे माँ-बाप को चिट्ठी लिख दे...वह शायद लिखने का नाटक करता रहा...क्योंकि मैं इन्तजार करती रही पर कोई चिट्ठी मेरे पास नहीं आई जो मुझे बता पाती कि मेरे भाई-बहन कैसे हैं। इस शहर ने खा लिया मुझे, छीन लिया मेरा सब कुछ। और बोलने के साथ ही भावनाओं का जाने कैसा भूचाल उठा मीना के अन्तर में कि

अड़तीस वर्षीया वह युवती बुक्का फाड़कर किसी बच्चे की तरह बिलख-बिलखकर घुटनों में मुँह ढाँपे रोने लगी।

पारिवारिक स्मृतियों के दंश...एवं विकल भावनाओं का आवेग उसे कँपकँपा रहा था, जाने कितने तूफान गुजर रहे थे उसके भीतर से। उन तूफानों को थामकर रख पाने की चेष्टा में कुछ क्षणों तक स्थिर हो गई थी वह।

स्तब्धता...शान्ति....मौन....!

और भावों की उस आधी आँधी के गुजर जाने के बाद फिर स्वस्थ हो गई थी वह। और अब वह फिर चालू हो गई थी, शायद उस भूचाल से पूरी तरह गुजरे बिना उसे भी शान्ति नहीं मिलनेवाली थी।

"बस तक्खुन पर्यन्त ही आमि भालो छिलाम।" (बस तभी तक मैं अच्छी थी।) चकलेवालियों का पेटेंट जुमला 'भालो छिलाम' (अच्छी थी) या 'खराब होए गियेछी' (खराब हो गई) का व्यवहार देर-सवेर मीना की शब्दावली में भी आ ही गया था। सुकीर्ति सोचती जा रही थी कि तभी रमा बोल उठी नलिनी से, "जानताम, दीदी पारबे ना...." (जानती थी कि दीदी बोल नहीं पाएगी)

"सब पारबो।" (सब बोल सकूँगी) और जैसे रमा के वक्तव्य से ही कोई अदृश्य ताकत बटोरकर फिर समुद्र की लहरों पर डूबती-उतराती नौका की तरह भाव लहरियों पर डूबने-उतराने लगी थी वह।

मुझे घर की खासकर पुतुल, जया और ननकू की बेहद याद सताती। मैंने ही रखे थे उनके नाम।

एक दोपहर खाना बहुत बढ़िया था, खाते-खाते मेरे गले में कौर अटक गया, हमारे घर में जब भी ऐसा होता, मेरी माँ कहती, अलूझ आई है, यानी कोई याद कर रहा है। मुझे लगा कि मेरे परिवारवाले बेहद परेशान हो रहे होंगे। मैं बेहद बेचैन होने लगी, और तभी मैं फिर वही नुस्खा आजमाने लगी, जमीन पर आँख मूँद बैठकर कल्पना करने का कि तभी मैंने महसूसा कोई हाथ मेरी पीठ को टटोल रहा है। तब तक मैं कुछ भी नहीं जानती थी। उस आदमी ने मुझे अपने साथ उसके कमरे में आने के लिए कहा। मैंने सोचा कि शायद मुझसे कोई भूल हो गई है। मैं पीछे-पीछे उसके साथ उसके कमरे में चली आई। मेरे भीतर घुसते ही उस हरामजादे ने दरवाजा भीतर से बन्द कर लिया तो मैं डरी कि कहीं मुझे पीट न दे फिर भी मैं नहीं समझी कि यह बुलावा मेरी बर्बादी का बुलावा था। उसके बाद उसने मुझे एक टॉफी दी, ठीक वैसी ही टॉफी वह अपनी बच्ची के लिए भी प्रायः लाता था। टॉफी को देखकर मुझे फिर अपने भाई-बहनों की याद सताने लगी, मेरी आँखें भर आईं, रुँधे गले से मैंने कहा, मुझे कुछ दिनों के लिए अपने गाँव जाना है। उसने कहा, हाँ, कल ही तुम्हारे जाने की व्यवस्था करता हूँ बस तुम थोड़ी देर लेट जाओ और साथ में ही उसने मुझे आहिस्ता से बिस्तर पर धकेल दिया। नहीं समझते हुए भी मुझे लगा कि यह सब ठीक नहीं हो रहा है। पहली लाज मुझे उसी समय लगी थी। मैं माँ-दुर्गा, माँ-दुर्गा का जाप करती रही और वह मुझे लूटता रहा। मेरे मुँह

से सिसकारी निकली तो उसने थप्पड़ मारकर मुझे चुप करा दिया। बाद में हथेलियों से मुँह छिपाकर जब मैं रोने लगी तो उसने हँसते हुए कहा, "कुछ नहीं, बस एक खेल खेला है, शहरों का खेल ऐसा ही होता है।"

फिर तो प्रायः हर रात उसकी लड़की बगल के कमरे में सोई रहती, रसोई बनानेवाली जा चुकी रहती, तो वह मेरे साथ यही शहरीं खेल खेलता, मैं रोती, विरोध करती तो वह मुझे धमकाता कि किसी को भी कहा तो चोरी करने के आरोप में पुलिस को पकड़वा दूँगा। मैं हर शाम उसके आने के पहले ही रोने लग जाती। मेरे साथ-साथ ही उसकी पाँच वर्षीया बेटी भी रोने लगती। बहुत प्यार करती थी वह मुझे।

एक रात उसे तेज बुखार था, बस इसी का फायदा उठाकर मैं हिम्मत करके घर से भाग गई। मुझे तब तक यह भी नहीं पता था कि हर जगह के लिए अलग-अलग टिरेन होती है। मैंने सोचा कि टिरेन में बैठने भर से मैं अपने गाँव पहुँच जाऊँगी। बस मुझे स्टेशन का ध्यान रखना है। लेकिन मेरे पास टिकट नहीं था और न ही पैसे, इस कारण टी.टी. को देखते ही मेरी हवा निकलने लगी। मैं धार-धार रोने लगी। वहीं पर बैठे एक मुसाफिर ने मुझे टी.टी. से बचा लिया और अपने घर ले गया। मैंने उसे सारी आपबीती सुना दी। बाद में मुझे पता चला कि वह रेलवे कर्मचारी था एवं जहाँ वह मुझे ले गया वह रेलवे क्वार्टर था। एक रात उस नामर्द ने अपनी जाति बता ही दी और मुझपर किरपा करने की कीमत वसूल ली। उसके बाद उसने मुझसे कहा, "अब कोई भी लड़का तुमसे शादी नहीं करेगा, क्योंकि पन्द्रह वर्ष की उम्र में ही तुम वेश्या हो गई हो। अच्छा है, ई सब तुम पैसे कमाने के लिए करो और छः महीने तक मुझे पूरी तरह से भोग-भागकर, अघाकर एक रात वह भी मुझे इन्हीं अँधेरी गलियों में बेच गया। मैं चाहती तो भाग भी सकती थी, पर तब तक मैं भागते-भागते बहुत थक गई थी। कोई बढ़िया काम मुझे आता नहीं था, चौका-बर्तनवाली अपनी जिन्दगी भी मुझे भूली नहीं थी, मैं सुच्ची भी नहीं रही थी। पूरी तरह निराशा और अन्धकार में डूबा मेरा मन समझ चुका था कि ई हरामखोर दुनिया से मुझे अब कुछ मिलना नहीं है। यहाँ सभी मर्द हरामी हैं। यहाँ सबकी लँगोटी में दाग है। ऊ मेरी जिन्दगी का पहला ऐसा बड़ा दुःख था जिसे मैंने मन से कबूल लिया था और उसके बाद मैं खुद अपनी मालकिन बन गई। अपने माँ-बाबा को धियान कर उनसे मन ही मन माफी माँगकर मैंने अपनी, नई बनी चकले की मालकिन द्वारा दी गई नई साड़ी पहन ली और वेश्यावृत्ति कबूल कर ली।" और बोलते-बोलते छाती को चीरकर उसकी रुलाई फूट पड़ी थी।

कुछ समय पूर्व की कुटनी मीना अब आँसुओं में डूबी एक कँपकँपाती आवाज भर रह गई थी...एक थरथराता वजूद। रमा और नलिनी उसकी पीठ सहलाने लगी थीं।

मीना के अतीत ने रमा और नलिनी को भी स्पर्श कर दिया था। दोनों ही अपने-अपने अतीत की जलधाराओं में अलग-अलग बहने लगी थीं।

सुकीर्ति का मन ग्लानि और अपरोध-बोध में डूबने लगा था। वह जाए या बैठी रहे—निर्णय नहीं कर पा रही थी वह कि तभी मीना के भीतर दबा दुःख का ग्लेशियर

रमा और नलिनी की सहानुभूति का उत्तप्त स्पर्श पाकर फिर बहने लगा था। मीना भर्राए गले से आँसुओं के बीच फिर कहने लगी, "उस पाँच वर्षीया लड़की को मैं आज तक नहीं भुला पाई। यदि एक मिनट भी मैं नहीं दिखती तो डर के मारे चीख निकल जाती थी उसकी, जाने मेरे बिना कैसे रही होगी वह। एक बार स्वप्न में देखा कि वह जल गई है, सारे दिन उस रोज मुझसे खाना नहीं खाया गया।" बोलते-बोलते फिर दम फूल गया मीना का। दीर्घ निःश्वास लेकर कहने लगी, "छोटे भाई-बहनों को तो फिर भी किसी प्रकार भुला पाई, पर उस लड़की को आज तक नहीं भुला पाई हूँ।"

मीना, रमा, नलिनी—जैसे सभी की भावनाओं के समुद्र में ज्वार आ गया था। निजी दुःख की छोटी-छोटी धाराएँ मिलकर दुःखों का एक महासमुद्र बन गई थीं।

और कुछ पलों के लिए फ्रीज हुआ दृश्य फिर पिघलने लगा था...सभी की आँखें डबडबाईं...गला अवरुद्ध। एक ही यात्रा की सहयात्री की अनुभूति में बँधीं सब।

अपराध-बोध की अनुभूति से ग्रस्त सुकीर्ति उठने लगी ही थी कि उठते-उठते उसने हल्की-हल्की सिसकी सुनी। घुटने में मुँह छिपाए नलिनी सिसक रही थी। मीना के दुःखद इतिहास ने उसके इतिहास और संवेदनाओं के तारों को भी झंकृत कर दिया था। गुजरी यातनाएँ रेगिस्तानी आँधियों की तरह उसकी आँखों से उड़ने लगी थीं।

मीना उसके सिर पर हाथ फेरकर उसे शान्त करने लगी थी। वातावरण इस कदर बोझिल, भारी और गमगीन हो उठा था कि रमा से रहा नहीं गया था। भीगे स्वर में कहने लगी, "आप इहाँ नहीं आया करिए, अमारा मन खराब हो जाता है। अमें अपनी नंगई सहन नहीं होती। आपकी ही जैसे अम भी इज्जतवाले थे। अम भी किसी की बहन और बेटी थे। अमें ही क्यों रंडी बनना पड़ा ? आपको देखने से अमारा अपने काम में मन नहीं लगता है। देखिए, अम सभी दुखी हो गई हैं। फिर आप अमारा कुछ भी नहीं कर सकती हैं। अम तो यूँ भी खराब हो ही गई हैं।"

भारी होती हवा के साथ इस वातावरण को और नहीं झेल पाने की विवशता में रमा ने जो कुछ कहा, उसने आहत कर डाला था सुकीर्ति को...। लोग कहते हैं भंगी पैदा नहीं होते, बना दिए जाते हैं कोड़े मार-मार कर...पर क्या यही वेश्या जीवन का भी सच नहीं ? इनमें से कौन थी जिसने चाहा था ऐसा जीवन ?

जाते वक्त नहीं चाहते हुए भी सफाई देने के अन्दाज में मुँह से निकल गया था सुकीर्ति के, "तुम लोग नहीं चाहोगी तो फिर कभी नहीं आऊँगी यहाँ, पर इतना जान लो कि मैं यहाँ तुम्हें सुधारने के उद्देश्य से नहीं आती, न तो मैं कोई समाज सुधारक हूँ और न ही कोई नेता—मैं यहाँ आती हूँ कि मुझे अच्छा लगता है तुम लोगों से मिलना-जुलना, बातचीत करना। हाँ, मैं स्त्रीत्व के उस भेद को पाना चाहती थी जिसके वशीभूत होकर कोई पुरुष वेश्याओं तक आता है। एक छोटा सा कारण यह भी है कि अभी कुछ महीने पूर्व ही मेरे यहाँ काम करनेवाली बाई की लड़की घर से भाग खड़ी हुई। आज तक नहीं लौटी है वह। मुझे डर है कि कहीं कोई उसे इन्हीं गलियों में ही नहीं बेच गया हो- जिस प्रकार आजकल आए दिन पढ़ती रहती हूँ, लड़कियों को गायब

करने की खबरें।"

सुकीर्ति के इतना कहते न कहते दृश्य बदल गया। सभी का आक्रोश, क्षोभ एवं अवसाद दुम दबाकर किसी कोने में दुबक गया। सीधी सरल मनवाली सभी लाइनवालियों के अन्तर में सहानुभूति की लहरें उठने लगीं। वहीं एक खुला अधिवेशन हुआ जिसमें मीना ने तत्परता से अपने विचार रखे, "यदि लड़की कलकत्ते से ही गायब हुई है तो कोई भी दलाल उसे कलकत्ते के लालबत्ती इलाकों में बेचने की बेकूफी नहीं करेगा। बहुत चांस है कि वह या तो उसे मेदिनीपुर, मुर्शिदाबाद-नदिया, उत्तर चौबीस परगना आदि जिलों के चकलों में बेचेगा और यदि ज्यादा ही पहुँचा हुआ तो नेपाल या बांग्लादेश के लालबत्ती इलाकों में बेचेगा।" बोलते-बोलते अचानक मीना की नजर नलिनी पर गड़ गई—स्मृति में अचानक कुछ कौंधा और अनायास ही उन आँखों में ऐसा कुछ सम्प्रेषित हुआ जिसने नलिनी के मर्म को छू दिया था। भीतर जोरों से कुछ हिलने लगा था जो अतीत के तहखाने में बन्द परिन्दे की तरह फड़फड़ा उठा। बाहर आने को बेकाबू। और कुछ ऐसा ही था उन क्षणों उस वातावरण का सर्वव्यापी सर्वमैत्री भाव कि उसके ताप से नलिनी के भीतर की बर्फ भी स्वतः ही पिघलने लगी थी। और बहुत हौले-हौले बिल्ली के कदमों-सी चुप्पी से वह अपने वर्तमान से निकल अतीत की खोह में दुबकने लगी थी...आहिस्ता-आहिस्ता।

सुकीर्ति जी मेरी आपबीती भी सुनती जाइए, आपके काम आएगी।

और सुकीर्ति को लगा जैसे वह किसी लम्बी, छरहरी, गेहुँआ वर्णवाले काले मसूड़े एवं लाल-पीले दाँतोंवाली किसी युवा लड़की के पास नहीं वरन् किसी प्रेत के पास बैठी हुई है, इतिहास से बातचीत करते किसी प्रेत के समक्ष जो खंडहर में दबे इतिहास की तरह अवचेतन मन के कोने-कन्दराओं में पड़ी स्मृतियों और घटनाओं को अलीबाबा के छुपे खजाने की ही तरह खींच बाहर निकालने को बेकाबू है।

बादल बादल बरसती आँखें नलिनी की।

कुछ पल स्थिर मौन...। रेखाएँ बनतीं-बिगड़तीं, उनमें से कुछ को आकार देने की उसकी चेष्टा।

" मेरे माँ-बाप दोनों खेती में काम करते थे। छह भाई-बहन हैं हम लोग। आज भी देख सकती हूँ अम्मा को रोटियाँ गिनते हुए और हिसाब लगाते हुए। सारा दिन अम्मा का यही सोचते-सोचते बीतता कि शाम किस प्रकार गुजरेगी, सूखी या भूखी। कहीं से भी काम मिल जाने की आशा में अम्मा हरेक रास्ते आते-जाते से हँस-हँसकर बतियाती रहती थी, जिस कारण अक्सर पिता उन्हें पीट दिया करते थे।

" मैं जरा शौकीन तबीयत की थी। गाँव के ही एक चटाई मार्का स्कूल में चार कक्षाओं तक पढ़ी हुई थी। वहीं पर एक बड़ी उम्र का मर्द मुझे कभी बिन्दी, कभी लिपस्टिक, कभी चॉकलेट, कभी पायल आदि देता रहता था। बीच-बीच में समोसे और

रसगुल्ले भी खिला देता। काला चश्मा पहने वह हर दिन मेरी गली के चक्कर लगाता रहता। धीरे-धीरे मैं उससे घुलने-मिलने लगी, छुप-छुपकर। मेरे कमजोर घर के अन्दरूनी हालत को भी वह घाघ बहुत जल्दी ही जान गया था। छः महीने होते न होते मुझे लगा, उस जैसा भलामानुस संसार में दूसरा नहीं। एक दिन भी वह नहीं मिलता तो पागलों की तरह मैं रास्तों पर निकल आती। वह मिल जाता तो लगता, मुझे मेरा राम मिल गया है। एक बार उसने कहा कि इस प्रकार उससे छुप-छुपकर मिलना तो शरीफ लड़कों का काम नहीं, यदि मैं चाहती हूँ रोज मिलते रहना तो मुझे उससे मर्द-घरवाली का नाता जोड़ लेना चाहिए। उन्हीं दिनों उसने मुझे एक फिलिम दिखाई...लभ से लबालब...जिसमें हीरोइन लभ के खातिर अपने गाँव के परेमी के साथ भाग खड़ी होती है। उसने उसी शाम मेरा चुम्मा लेते हुए कहा, 'चल भाग चलें।' मेरा पसीना छूटने लगा। पेशाब रुक गया। माँ-बाप कहाँ-कहाँ खोजेंगे, मैंने मना कर दिया। उसने मिलना छोड़ दिया। तीन-चार दिन मेरे बेहद सूने बीते। पूरी-पूरी रात तड़पती रही। चौथे दिन मैं हिम्मत करके उसके डेरे पर पहुँची तो वह बेहद उदास, दाढ़ी बढ़ाए मजनूँ की तरह बैठा था...देखते ही मुझसे लिपट गया। उससे मिलकर लगा जैसे जीवन उसके बिना बेकार है। जब-जब शाम को खाली बैठती, लगता वह मुझे बुला रहा है—आओ, आओ। गुस्से में उसने अब मुझसे मिलना भी छोड़ दिया था पर मैं लतखोर कुत्ती की तरह जब-तब जाती रहती थी पर अब रोज-रोज मेरे लिए उसके डेरे पर जाना भी सम्भव नहीं था क्योंकि घर में अब मुझ पर शक किया जाने लगा था।

" आखिर फिलिम की हीरोइन की तरह मैं घर से भागने को राजी हो गई। वे जोबनवा की दीवानगी के दिन थे। मेरा लभ 'तुम्हीं मेरे मन्दिर....' वाला लभ था। हवा, चाँद, सितारे सभी मुझे 'लभ' में डूबे मिलते। मैंने सोचा, मैं भी लभ में हीरोइन की तरह—उसमें समा जाऊँ। मैंने हिम्मत बटोरी, माँ दुर्गा का नाम लिया और उसके कहे अनुसार एक पेटी में थोड़ा सा जरूरी सामान भर वीरगंज से भागकर सीधे स्टेशन पर पहुँच गई। वह पहले से ही तैयार था। दोनों टिकट उसके हाथ में। वहीं टेशन पर ही मुझे लिपटा लिया था उसने। फिर मुझे लेकर वह सीधा कलकत्ता आया और वहीं आते समय मेरे लिए लालपाड़ की एक नई साड़ी खरीदी। और कलकत्ते के कालीघाट मन्दिर में आकर उसने शादी का नाटक रचा। माँग में सिन्दूर डाला। हाथों में शाखा और पोला। कुछ दिन हम मर्द-घरवाली की तरह रहे।

" उन बाली उमरिया के दिनों मुझे लगता जैसे इससे ब्याह कर मैंने दुनिया पा ली है। ऐसी कुछेक मस्त और रंगीन रातें बीतीं न बीतीं कि वह उदास रहने लगा। मैंने पूछा तो एक रात वह जिन्दगी का, खर्चे-पानी का रोना लेकर बैठ गया। कहने लगा, पास के सारे पैसे खत्म हो गए हैं। इस कारण उसे नौकरी के लिए पास के ही किसी गाँव में जाना पड़ेगा, कुछ दिनों बाद वापस आकर वह मुझे ले जाएगा। पर इस बीच ऐसे अनजान शहर में वह मुझे कहाँ अकेली छोड़ेगा ? मैं रो पड़ी। आज भी याद है, बहुत देर तक मेरे कान साँय-साँय करते रहे थे, हे भगवान् ! इस तरफ मेरा ध्यान ही

नहीं गया था। अब क्या होगा ? एकाएक मुझे लगा मैंने उसे कितनी मुसीबत में डाल ...ना है। मैं रो पड़ी। मुझे दिलासा देता, बाँहों में भरते हुए वह कहने लगा, 'तुम्हारे लिए ही तो वह सब कर रहा हूँ, वरना गाँव में मेरे पास क्या नहीं था, खैर, तुझे मैं थोड़े दिन के लिए अपनी मामी के यहाँ छोड़ देता हूँ, बहुत ख्याल रखेगी वह तेरा...' ठीक यही शब्द थे उस भौंसड़ी के...के और वह मुझे बहुबाजार के किसी चकले में बेच गया। हरामी। आज भी जब-जब दिन के पहले ग्राहक के पास मैं जाती हूँ तो उसके नाम पर अपने उस पहले मर्द पर एक बार थूक अवश्य देती हूँ,'' बोलते-बोलते दुःख का बाँध जैसे टूट गया था और रुलाई पूरे वेग से भीतर की तलहट से फूट पड़ी थी।

सुकीर्ति के भीतर फिर विचारों का समुद्र उमड़ने-घुमड़ने लगा था। कोई भी स्त्री क्ते को कभी भी क्षमा नहीं कर पाती है, जो उसे वेश्या बनाता है। अपने के वे क्षण—उसके सीने पर आजीवन साँप की तरह लोटते रहते हैं। पर क्या इस सवनाश के लिए कुछ हद तक वे स्वयं जिम्मेदार नहीं ?

मन ही मन ईश्वर को कोसा सुकीर्ति ने—क्यों दी महिलाओं को इतनी मूर्खता-भरी भावुकता कि विकल प्रेम के उन क्षणों कोई भी उन्हें बहला-फुसलाकर प्रेम का वास्ता दिलाकर कुछ भी करवा ले इनसे। कैसा मीराबाई सा समर्पित भाव !

बहरहाल...नलिनी के व्यक्तित्व का यह सर्वाधिक नया रूप उजागर हुआ था। अचम्भित थे सभी। सदैव शान्त, गम्भीर, शिष्ट एवं खुश-खुश सी दिखनेवाली नलिनी के भीतर इतना भूचाल।

सागर के हृदय में इतनी ज्वाला ! हे भगवान् !

वहाँ से निकलते वक्त माहौल फिर चहल-पहल का हो गया था। कुछ समय पहलेवाली उदासी और अवसाद जिन्दगी के शोरगुल में बदल गए थे। निकलते वक्त सुना सुकीर्ति ने रमा को निर्णायक एवं दृढ़ स्वरों में नूरी के लिए आदेश दे रही थी मीना, ''आज समझा दो इस पतुरिया को कि तैयार होके बैठे पार्टी ऑफिस में। मूसल सी एक ही जगह नहीं पड़ी रहे...नहीं हो तो तुम्हीं तैयार कर दो। अब और नहीं चलेंगे लौंडिया के नखरे।''

बाहर निकलते-निकलते पाँवों में जैसे ब्रेक लग गया था। गर्दन घुमाकर देखा सुकीर्ति ने, मीना औरत कम बिल्ली ज्यादा नजर आ रही थी। हर लड़की को अपने पंजे में गड़ाए हुए और उसकी आँखों में उन क्षणों वही दहक रहा था जिसे कहते हैं वेश्या का कुटनीपन।

व्यापारी और फकीर

रात बेचैनी-भरी थी—सुकीर्ति के लिए, जो गीले कपड़े की तरह भारी होकर उसकी पूरी

देह और आत्मा से चिपक गई थी। सदियों से चला आ रहा वेश्या शब्द 'धरती की सबसे बुरी औरत' का रूपान्तर एक ऐसी औरत के रूप में हो चुका था जो किसी के लिए यूज एंड थ्रो, किसी के लिए उगालदान, किसी के लिए टाइम पास--किसी के लिए चूसा और थूका मार्का 'च्युंगम' तो किसी के लिए गिनी पिग थी।

गहराती रात के साथ सोचना फिर शुरू हो गया था सुकीर्ति का।

अपने स्वत्व, ऊँचाइयों और आत्मगौरव से वंचित इन नारियों में कैसे जीवन की लौ और आत्म-गौरव को रोशन किया जाए ? मरी मकड़ी की तरह दीवार पर चिपके रह गए इनके सपने। मरे हुए। कौन जीवित करे उन्हें ? आदमी उतना ही बड़ा बनता है, जितने बड़े उनके स्वप्न होते हैं। एक बच्चे भिखारी से एक पत्रकार ने पूछा, "तुम बड़े होकर क्या करोगे ?" उसने जवाब दिया, "मैं बड़ा होकर बड़ा कटोरा खरीदूँगा क्योंकि इस कटोरे में भीख कम आती है।" कोलम्बस ने दूसरी दुनिया का स्वप्न देखा था और उसे पा लिया। पर कौन जगाए स्वप्न इनके ? कौन तोड़े उनकी इस आत्महीनता, जड़ता और भीतरी तमस की बर्फ को ? अधिकांश के दिमाग में एक ही कीड़ा कि चूँकि उन्होंने स्कूल का मुँह नहीं देखा, इस कारण उनके लिए सम्मानित जीवन के सारे रास्ते बन्द हो चुके हैं।

बहुत पहले की पढ़ी इसी प्रकार की आत्म-गौरव जगानेवाली एक घटना एकाएक स्मृति में कौंध गई सुकीर्ति की।

रेलवे प्लेटफार्म पर एक भिखारी कटोरा सामने रखे भीख माँग रहा था। तभी उसके सामने से एक सूटेड-बूटेड बिजनेसमैन गुजरा। भिखारी ने उसके सामने भी कटोरा फैला दिया। उसने भिखारी के कटोरे में कुछ सिक्के डाले और चलता बना। उसकी ट्रेन के आने में थोड़ा समय बाकी था और तभी जाने क्या हुआ कि वह उलटे पैर लौट पड़ा और अपनी भिक्षा को दीक्षा में रूपान्तरित करते हुए झुककर उसने भिखारी के कटोरे में पड़े एक बिस्कुट को उठा लिया। भिखारी ने जब आश्चर्य से उसकी ओर ताका तो उसने हँसकर जवाब दिया, "तुम भी बिजनेसमैन, मैं भी बिजनेसमैन। मैंने इस बिस्कुट का मूल्य चुका दिया है।"

बिजनेसमैन के इस अद्‌भुत व्यवहार से सोया स्वाभिमान जाग उठा उस भिखारी का--बस उसी क्षण से वह बदल गया। भीतर एक संकल्प आकार लेने लगा। भीख के कटोरे को वहीं रेलवे लाइन के पास बहती हुगली में पूरे जोर के साथ फेंक दिया। आज के बाद भीख माँगूँ तो बाप का बेटा नहीं।

छः महीने के भीतर वह उसी प्लेटफार्म पर चाय का स्टॉल चलाने लग गया था।

क्या ऐसा ही कुछ कर सकती है सुकीर्ति भी कि 'हम सब खराब हो चुकीं' की तोता रटन्त की मारी एवं ठंडी पड़ चुकी कायाओं में इनके भीतर की तपिश ज्वाला और रोशनी धधक उठे। जीवन के लिए अनिवार्य उनके ख्वाब और ख्वाहिश गमक उठे। रमा, नलिनी, मीना, चम्पा, नूरी और कृष्णा...सभी की कहानियाँ एक जैसी, दुःख एक जैसे, भाषा एक जैसी।

क्या रोप सकती है वह इनके भीतर गुलाब ? क्या मिला सकती है वह इनकी जिन्दगी को जिन्दगी से ?

पर कैसे ? किस तरह ?

प्रश्न ! प्रश्न !! और प्रश्न !!!

भीतर प्रश्नों का काफिला उमड़ते-बहते एवं बेतरतीब विचारों के साथ इस कदर शोर मचा रहा था कि वह हैरान थी। थककर उसने आँखें मूँद लीं और योग की मुद्रा में अपने शरीर को ढीला छोड़ दिया था, और धीरे-धीरे वह नींद के आगोश में चली गई थी।

रात एक स्वप्न देखा था सुकीर्ति ने...अपने सुडौल कोमल चटक लाल चूड़ियों से भरे हाथों में अपने अरमानों की फूल-माला लिए खड़ी है नूरी...पूछ रही है, पत्रकार एवं लेखिका सुकीर्ति से, "बताओ, किसे पहनाऊँ अपनी अछूती भावनाओं की, अपने कुँवारे अरमानों की यह स्वप्न माला ! किस पर उड़ेलूँ अपनी आत्मा के संगीत और हृदय के अनुराग को। किस पर ? किस पर ?"

सुकीर्ति चुप। क्या कहे ? कह दे—अपने पहले ग्राहक पर। पर गले से शब्द निकलने में ही इतनी कठिनाई हुई कि उसकी आँखें खुल गई थीं।

रायंस रेंज

पूजा की छुट्टियाँ इस बीच खत्म हो चुकी थीं। करीब आठ-दस दिनों के बाद आज पहली बार ऑफिस के लिए निकल रही थी सुकीर्ति। जाने क्यों लग रहा था उसे जैसे अपनी आत्मा को उन बेरूह गलियों में ही छोड़ आई है वह। हर बार छुट्टियों के बाद ऑफिस जाने का उत्साह जैसे आज सिरे से नदारद था। इस बीच आँखों ने इतना कुछ जो देख लिया था, मन ने इतना कुछ समझ लिया था...हाथ अपना काम कर रहे थे और दिमाग अपना। क्या इतना सब देखने-सुनने के बाद वह किसी बुरी-से-बुरी औरत को भी अपमानित होते देख सकती है ? मन ही मन जैसे प्रश्नों की चकरी घूमने लगी थी, सच्चरित्रता जैसी शायद कोई चीज होती ही नहीं इस जटिल और संवेदनाविहीन दुनिया में...स्त्रियाँ तभी तक चरित्रवान हैं जब तक परिस्थितियाँ उनके अनुकूल हैं और कोई बास्टर्ड नहीं आता उनकी दुनिया में।

सोचती-सोचती चली जा रही थी वह कि तभी सामने देखा—तीन-चार महिलाओं का जमघट। दिमाग फिर घूम गया...कहीं ये भी वे तो नहीं ! फिर पास आकर ध्यान से घूरने लगी वह...पर तभी मस्तिष्क चैतन्य हुआ...हिश क्या होता जा रहा है उसे भी !

क्या मेनिया हो गया है उसे कि हर जगह उसे वारांगनाएँ ही वारांगनाएँ दिखती हैं। अवचेतन में किस कदर धँस गया है वेश्या जीवन। क्या कहे वह इसे ? जीवन के धधकते यथार्थ को जानने की प्रक्रिया में मिला एक जबर्दस्त धक्का या अपनी विषय-वस्तु से पूर्ण एकात्मता।

उसी समय एक घटना और घटी। निहायत साधारण-रोजमर्रा की घटना, पर आज जबकि सुकीर्ति के देखने का नजरिया, सोच सन्दर्भ सब कुछ बदल गया था, वह साधारण-सी घटना भी जैसे असाधारण सूत्र देने लगी।

सामने से आते ऑटो (थ्री व्हिलर) को रोका उसने। पर रुकने पर उसने देखा कि दोनों साइड की सीट पर पुरुष विराजमान। बीच की सीट खाली। थ्री व्हिलर जैसे छोटे से वाहन में इस प्रकार सैंडविच की तरह ठूँसकर बैठना उसे रुचता नहीं, वह सोच ही रही थी कि तभी उसने देखा कि एक साइड में बैठा व्यक्ति बिना उसके या चालक के अनुरोध के ही सीट खाली छोड़कर सामने आकर ड्राइवर के समक्ष बैठ गया था, उसके लिए सुविधाजनक स्थिति करते हुए।

ऐसी घटनाएँ आए दिन होती थीं उसके साथ। कभी सार्वजनिक बस में तो कभी सिनेमाहॉल में जहाँ कि पुरुष स्वयं अपनी सीटों को छोड़कर महिला को सुविधाजनक बैठ जाने देते थे। कई बार तो ऐसा भी हुआ कि वह भीड़-भरी बस में लोगों के धक्के खाते, गिरते-पड़ते खड़ी थी कि एक युवक ने स्वयं खड़े होकर उसे सीट ऑफर कर दी।

क्या कहे इसे वह ? भारतीयता या फिर नारी सम्मान ? समाज की एक यह तस्वीर और उसी समाज की दूसरी एक वह तस्वीर ! यदि वह नारी सम्मान है तो भी सिर्फ एक विशेष वर्ग के लिए। या सिर्फ उन्हीं सम्पन्न नारियों के लिए जो समाज की शक्ति और मर्यादा से सम्बद्ध हैं।

पर कहीं-कहीं यह भी लग रहा था सुकीर्ति को कि कोई भी समाज अपनी समग्रता में पूरी तरह आस्थाहीन, लम्पट एवं चरित्रहीन नहीं हो सकता है। अमेरिका ने हिरोशिमा और नागासाकी पर एटम बम गिराए, पर उसी अमेरिका में चॉम्स्की जैसे लोग भी थे जिन्होंने इस अमानवीय बर्बरता के विरुद्ध आवाज उठाई।

ऑफिस।

लिफ्ट की लाइन में खड़ी थी सुकीर्ति कि तभी देखा उसने, सीढ़ियों से जल्दी-जल्दी बन्दर की तरह कूदता-फाँदता पवन उतर रहा था। बढ़ी हुई दाढ़ी। एकदम घबराया, बदहवास एवं अव्यवस्थित, जैसे घर में कोई आसन्न मृत्यु हो चुकी हो या होनेवाली हो।

"क्या हुआ ? सब खैरियत तो...तुम स्कूल क्यों नहीं गए ?"

"पापा ने रोक दिया आज स्कूल जाने से। रात-भर सो नहीं सके पापा। स्टॉक एक्सचेंज में चालीस लाख का चेक भरना है और बैंक में सिर्फ पाँच लाख रुपये हैं...बाकी का जुगाड़ बैठाना है...शाम तक कुछ नहीं हुआ तो ब्रोकरशिप भी सस्पैंड हो सकती है।"

"अरे, तो शेयर की डिलीवरी भी तो जानेवाली होगी ना... ।"

"सुकीर्ति दी, कितनी बार तो आपको बता चुका हूँ कि जानेवाली डिलीवरी को काटकर ही तो नेट पोजीशन बनती है—आज नेट देनदारी है चालीस लाख की, उसे भरना ही होगा..." और बोलते-बोलते फिर भय और आशंका की छाया मँडराने लगी थी पवन के चेहरे पर।

माथा चकरा गया सुकीर्ति का, "कैसे पिता हैं, अपनी वित्तीय समस्याओं की खातिर पुत्र को ही स्कूल जाने से रोक दिया...उसके पहले भी कई बार कर चुके थे वे ऐसा। एक बार देखा था उसने, भारी हताशा में डूबा पवन अपने बाल नोच रहा था। पवन के चेहरे को देखकर लग रहा था जैसे संसार के सारे पहाड़ उसी पर टूट पड़े हों...कैसा डर...कितनी हताशा ! सोच नहीं पा रही थी सुकीर्ति। किसलिए इतनी हाय-तौबा ? इतनी जद्दोजहद कि सत्रह वर्षीय पुत्र के मासूम आसमान को ही इतना आतंकपूर्ण, बदरंग, सीमित और दमघोंटू बना दिया जाए... । और वह भी अस्तित्व की रक्षा के लिए नहीं, सिर्फ अपनी उच्चस्तरीय वित्तीय महत्त्वाकांक्षा के लिए।

पवन 'मदनलाल एंड सुरेका' नामक ब्रोकरशिप फर्म के मालिक मन्नालाल का सबसे छोटा पुत्र। दो वर्ष पूर्व शेयर बाजार में ग्रह-नक्षत्र खूब दमके थे मन्नालालजी के। वह उनके जीवन का स्वर्णकाल था—झमाझम ऑफिस और चमाचम कपड़ों का युग।

टाटा सूमो का युग !

इलायची और सुगन्धित सुपारियों से महकते पान के बीड़ों का युग ! दिमाग भी तब खूब चलता था फाटके में। ज्वार लेते समुद्र की तरह उठता मार्केट और उसके सबसे उत्तुंग शिखर पर फड़कती सफारी में बैठे मन्नालालजी।

सट्टे बाजार के मुगलेआजम !

शेयर उठते गए। सभी तगड़े शेयर—रिलायंस, टिस्को, टेलको, टाटा टी हिन्दुस्तान मोटर आदि को ही एक भाव में पोता करते गए वे। (खरीदते गए) टेंट में पैसा नहीं तो फाटके में उठाया बदला पर (ब्याज पर)। हिम्मत के शहजादे ! हौसला बुलन्द ! और देखते-देखते सेनसेक्स जब 4000 के अंक को छू गया तो सारा माल गगनचुम्बी दामों पर निकाला। शेयर बाजार ने जमकर लाल किया उन्हें। पूरी तरह मालामाल ! एक ही क्लियरिंग में तीस लाख समा गए अंटी में, और उस पर न हींग लगी, न फिटकरी। खुदा मेहरबान तो गधा पहलवान। बस तभी से सस्ती लक्ष्मी के दीवाने हो गए वे।

यूँ ताजिन्दगी हाड़-तोड़ मेहनत करके ही ऊपर उठे थे वे। राजस्थान के किशनगंज गाँव से आए थे, करीब तीस वर्ष पूर्व। पन्द्रह वर्ष की अवस्था में। हौसला और मेहनत एकमात्र पूँजी। अपने किसी पहले आए रिश्तेदार की गद्दी में रात को सो जाते थे। उनकी गद्दी की रखवाली हो जाती थी और इन्हें सोने के लिए ठौर मिल जाता था। यूँ भी मारवाड़ियों के कलकत्ते में तेजी से बढ़ने और पनपने का एक कारण यह भी रहा कि व्यक्तिगत समृद्धि के साथ ही साथ इनमें सामूहिकता की भावना भी रही। अपनों के बीच सहयोग और सामूहिकता की संस्कृति कोई चाहे तो सीख ले, इस कौम से।

जो भी ठीक-ठाक जम जाता इस परदेश में, उसकी भरसक चेष्टा रहती कि जैसे भी हो, अपने सम्बन्धी तो सम्बन्धी, गाँव के लड़कों को भी जमा दे इस धन्धे में। नए आए लड़के होते भी खूब मेहनती। शुरू-शुरू में कर्म-सत्य और फिर वित्त-सत्य ही इनका जीवन-सत्य बन जाता। जीवन की दूसरी रंगीनियों से दूर-संयमित रहते हुए वे अपना श्रेष्ठ अपने धन्धे में झोंक देते और सात-आठ वर्षों में अपने धन्धे के सभी गुर सीख कर अपने पाँवों पर खड़े होते-न-होते फिर उसी इतिहास को दोहराते। यही कारण था कि बीसवीं सदी के तीसरे-चौथे दशक से आने की जो शुरुआत हुई प्रवासी मारवाड़ियों की, यह काफिला आता रहा और आते ही वे छा गए, यहाँ के वाणिज्य और उद्योग पर। अपने असाधारण श्रम, लगन और वाणिज्य कौशल के चलते उन्होंने अनेक प्रतिष्ठित प्रतिष्ठानों की नींव धरी।

मन ही मन चिन्तन चल रहा था सुकीर्ति का—पर फिर भी क्या कारण था कि इतने प्रतिष्ठित औद्योगिक घरानों में से कोई भी जी.आर.डी. टाटा या टाटा प्रतिष्ठान जैसा नहीं बन सका।

सम्भवतः इसीलिए कि टाटा घराना ज्यों-ज्यों समृद्धि की ओर बढ़ता गया उसकी चैरिटी का ग्राफ भी उसी अनुपात में चढ़ता गया। आज भी इस प्रतिष्ठान की अस्सी प्रतिशत आय दान-पुण्य एवं सार्वजनिक कल्याण के खाते में जाती है। जबकि मारवाड़ी प्रतिष्ठान धन समृद्धि के विस्तार के साथ-ही-साथ अनियन्त्रित भोग एवं विलासिता में डूबकर सिकुड़ते गए।

मन ही मन सोच रही थी सुकीर्ति...पवन को ही देखो, कैसे दिन-रात एक किए रहता है, जबकि इसी उम्र का कोई बंगाली लड़का होता तो धन्धे में गोता लगाने की बजाय जीवन में गोते लगाता। शरतचन्द, टैगौर को पढ़ता, फुटबॉल खेलता। इश्क लड़ाता। मारवाड़ी लड़के अपने सारे अन्तःस्रोतों को, अपनी ऊर्जा को सिर्फ एक ही दिशा में वेगवान कर देते हैं, क्या इसीलिए कि उन्हें व्यापार मिल जाता है, उद्योग मिल जाते हैं, वित्त मिल जाता है, पर जीवन नहीं मिल पाता है। ये जीवन में खतरा उठाते भी हैं तो सिर्फ धन्धा जमाने के दृष्टिकोण से। उसका एक दोस्त मजाक में कहा करता था—जहाँ न पहुँचे गाड़ी, वहाँ पहुँचे मारवाड़ी। पर काश इस समर्पण में, इस श्रम में कुछ विराट भाव भी होते, वह आत्मकेन्द्रित न होकर व्यापक मानवता से सरोकार रखता, तो मारवाड़ी आज भारत ही नहीं विश्व की सबसे सम्मानित कौमों में से होते पर इसके लिए जीवन में भैंस की तरह नहीं वरन् गोताखोरों की तरह पैठना होता है।

अनजाने और अनायास ही सुकीर्ति मन्नालाल एंड सुरेका फर्म की तुलना अपने समय के सफल मारवाड़ी प्रतिष्ठानों से करने लगी। क्या कारण था कि यह फर्म एक समय बुलन्दियों पर पहुँचकर इस कदर धराशायी हो गई कि फिर सँभल ही नहीं पाई। क्या सिर्फ फाटकेबाजी की प्रवृत्ति के चलते ? पर फाटकेबाजी के अलावा दूसरी गतिविधियाँ

भी तो रही हैं इस फर्म की। दूसरी सेवाएँ भी तो देती रही थी वह।

'क्यों' और 'कैसे' का जवाब ढूँढ़ती उसकी तर्क बुद्धि विश्लेषण करने लगी, और तभी उसकी स्मृति में एक घटना कौंध गई। एक बार एक विदेशी शोधकर्ता किसी प्रतिष्ठित मारवाड़ी का साक्षात्कार लेने पहुँचा। वह जानना चाहता था, उसकी सफलता का रहस्य, गुर, सूत्र। नियत समय पर जब वह पहुँचा तो उसने देखा कि बत्ती गुल है और एकदम अँधेरे में सिर्फ एक मोमबत्ती की रोशनी में वह व्यापारी अपना काम कर रहा है। पूरी तरह तल्लीन होकर, काम से समरस होते हुए। आगन्तुक को देखकर उस मारवाड़ी ने अपना काम बन्द कर दिया। उसकी ओर मुखातिब हुआ और साथ ही मोमबत्ती भी बुझा दी। उस शोधकर्ता ने पूछा, "आपने मोमबत्ती क्यों बुझा दी ?" मारवाड़ी व्यापारी ने जवाब दिया, "हमें जबकि सिर्फ बातें ही करनी हैं तो उसे जलाने से क्या लाभ ?" वह शोधकर्ता उठ खड़ा हुआ, "मुझे इंटरव्यू की अब कोई आवश्यकता नहीं है, मैं जान गया, आपकी सफलता का गुर।"

क्या इस फर्म की मौजूदा दिवालिया हालत के पीछे भी यही राज नहीं है ? बर्बादी और भीषण बर्बादी। एक समय जब मेहनत का पैसा आता था यहाँ तो हर जगह किफायत थी। बीच के चार-पाँच वर्षों में फाटके का पैसा झिलमिलाता आया और सबकी आदतें शाहंशाह सी कर गया। पैसा जो आया वह तो चला गया, पर बिगड़ी आदतें धरी की धरी रह गईं। बाजार की तेजी के साथ आई नई नवाबी, नई रईसी आज भी बरकरार है। डेढ़ा स्टॉफ, हॉट लाइन, फैक्स आठ-आठ टेलीफोन के आसमान छूते बिल, हर चैम्बर में चलता एयर कंडीशनर, हर महीने लगता ऊँचा ब्याज। हर महीने मोटी रकम जाती शेयर बाजार के सलाहकारों को, भविष्यवक्ता पंडितों को। हाथी जैसा खर्च हर महीने और कमाई के नाम पर सिर्फ घाटा। माया की तरह आती तेजी, जिससे उत्साहित हो पुराने घाटे को पूरने की उम्मीद में मन्नालालजी फिर पोते कर लेते शेयरों को और इसके पूर्व कि वे अपना माल बेच सकें, माया की ही तरह अपनी झलक भर दिखाकर चली जाती तेजी और अपने पीछे छोड़ जाती एक अन्तहीन बर्बादी। पिछले साल लगा घाटा मूल रूप से सिर्फ तीस लाख का था पर उस घाटे को निपटाने के चक्कर में यह बढ़कर सत्तर लाख तक पहुँच गया। हट्टे-कट्टे हाड़वाले परिश्रमी मन्नालालजी अब इंसुलिन के इंजेक्शन खाने लगे हैं, अपने ही हाथों। जमीन बिकी, एक ऑफिस बिका, एक कम्पनी बिकी, वर्तमान फ्लैट तक गिरवी पड़ा है। इतना घाटा तो लोगों की जुबान पर है और दबी जुबान यह तक सुनने में आ रहा है कि पत्नी के जेवर तक गिरवी हैं।

ऐसे धन्धे में रहनेवालों में इतना संयम होना चाहिए कि वे समझ सकें कि सीमा रेखा क्या है, लाइन कहाँ खींचनी है ? असंयमित हो फाटका करते रहे, खुद लुढ़के सो लुढ़के, सबको लुढ़काते गए। ऑफिस के प्रांगण में घुसने के साथ ही विश्लेषण शुरू हो जाता है सुकीर्ति का। कई बार समझाती है वह स्वयं को, उसके इस प्रकार विश्लेषण करने से क्या आनी-जानी है ? कुछ हो सकता है तो तभी जब मन्नालालजी खुद

विश्लेषण करें, कारणों को खोजें और शेयर बाजार से तौबा कर लें।

कई बार काम करते-करते तनाव बुरी तरह बढ़ जाता है उसका। जाने कब तक है यह नौकरी ? कौन जाने आज का ही दिन अन्तिम हो। कई बार ऐसे में भी सोचने की दिशा सात्त्विक हो उठती है उसकी...अच्छा है छूट जाए यह नौकरी भी। आखिर किन लोगों को दे रही है वह अपनी उत्कृष्ट सेवाएँ ? इससे तो कहीं अच्छा है कि वह ट्यूशन कर खा ले।

वह पूरा दिन ही बेहद तनाव और दहशत में बीता, न सिर्फ सुकीर्ति का, वरन् मन्नालाल एंड सुरेका फर्म की एक-एक ईंट का। फर्म की व्यवस्था इतनी ढीली-ढाली और खुल्लम-खुल्ला थी कि किसी से भी कुछ छिपा नहीं था। सबकी जुबान पर एक ही प्रश्न, 'हुआ इन्तजाम?' 'कितना बाकी ?' 'अब क्या होगा ?' पिछले डेढ़ महीने से लोगों को वेतन नहीं मिला था। फर्म बची रह गई तो फिर भी मरती-जीती सी आशा है कि देर-सबेर लड़खड़ाती फर्म उठ खड़ी हो।

मन्नालालजी और उनके छोटे भाई महेन्द्र फोन से ऐसे चिपके हुए थे जैसे फोन नहीं कोई कवच हो, कोई आश्रय स्थल ! आशा का आखिरी पड़ाव ! एकदम फुसफुसाती घिघियाती, छटपटाती, दीनता में लिपटी आवाज। चेहरा एकदम पिलपिला। परम विनम्रता- 'मालिक, जैसे भी हो कुछ भिजवाइए। आज ही, घंटे-भर के भीतर।'

पवन हाथ में वी.आई.पी. ब्रीफकेस लिये ऑफिस के एकाउंटेंट दास बाबू के साथ कभी इस पार्टी तो कभी उस पार्टी के दफ्तर में परिक्रमा लगाता हुआ। सारा काम-काज ठप्प करवाके सभी सीनियर स्टॉफ को कैश कलेक्शन में लगवा दिया था मन्नालाल जी ने। जो-जो पार्टियाँ हाँ भर रही थीं, उनके यहाँ आनन-फानन दास बाबू को भेजा जा रहा था और जहाँ से मोटी रकम मिलने को थी, वहाँ स्वयं पवन या महेन्द्रजी जा रहे थे।

"साला खुद फाटका खोलेगा और हमारे घर का चूल्हा ठंडा पड़ा रहेगा," कम्प्यूटर ऑपरेटर राकेश सुकीर्ति के पास खिसक आया था, फुसफुसाते हुए, "अरे, अभी फर्म कमजोर हालत में है तो क्या, जब खूब कमाई हो रही थी, तब कौन हमको अच्छा बोनस दिया, कि इंक्रीमेंट दिया ! तब तो साला अकड़कर ऐसे चलता था जैसे खुद ही हर्षद मेहता का बाप हो। साला से जब सेलरी देने को कहेगा, लेक्चर झाड़ देगा, 'पेशेंस रखिए, फर्म का बुरा वक्त चल रहा है...' अरे हरामखोरी सीखेगा तो और क्या होगा, फिर कितना भी बुरा वक्त हो, खुद का स्तर गिरा तो भी कितना, टाटा सूमो से मारुति 2000 पर आ गया, पर हमारे यहाँ तो फाँका पड़ने की नौबत ही आ गई। पौने दो महीना हुआ पगार पाए, कैसे निकलेगा अगला महीना...।"

बोलते-बोलते चेहरा सफेद होने लगा था राकेश का। सुकीर्ति ने उसकी तरफ से मुँह घुमा लिया था। राकेश की आँखों की बेबसी, नफरत और हिंसक चमक को और झेल पाना सम्भव नहीं रह गया था उसके लिए।

यदि आज स्टॉक एक्सचेंज का चेक जमा नहीं हुआ तो फिर कोई नहीं बचा पाएगा

इस फर्म को सस्पैंड होने से। एक बार पहले भी तीन दिनों के लिए फर्म सस्पैंड हो गई थी, बोर्ड पर नाम टँग गया था। तब तो नीचे का ऑफिस, पुराने फ्लैट और कम्पनी बेचकर नाक बचाई पर अब तो बेचने को भी कुछ भी नहीं रहा। ले-देकर यही ऑफिस बचा है..."हे भगवान्, लालच ने कहाँ से कहाँ पहुँचा दिया और जाने कहाँ तक पहुँचा दे... ।" कौशिक, विकास, काशी, दुर्गाचरण, राकेश, शम्भू सब गोल-गोल घेरा बनाकर दार्शनिक अन्दाज में अपने-अपने दुःखों को उघाड़ने में लगे थे। दुःख की डोर में बँधते ही—सबके बीच ऑफिसर, क्लर्क या पिऊन जैस स्टेटस का अन्तर मिट गया था। शायद ऐसे ही जमावड़े को देखा होगा कबीर ने, तभी कह पाए थे—एक ही माटी की सब काया/ऊँच-नीच कछु नाहीं। एक ही ज्योति बले कबीरा/सबके अन्तर माहिं। पर सभी के दुःखों का स्तर अलग-अलग था, किसी का दुःख अभावजन्य था, खाएँगे क्या ? तो किसी का दुःख परिस्थितिजन्य था, अब इस उम्र में जाएँगे कहाँ ? तो किसी का चेतनाजन्य था, खेलो फाटका, पीओ जहर का बाटका।

ऑफिस छोड़ने तक कुछ भी स्पष्ट नहीं हो पाया था कि रुपये बैंक में जमा हुए या नहीं। तीनों ही भाई मन्नालालजी, महेन्द्रजी और केशवजी ऑफिस से बाहर थे। पवन तक नहीं लौटा था। नहीं जान पाने की पीड़ा—बदहजमी के अधपचे अन्न सी सबके अन्दर खदबदा रही थी।

'आज अन्तिम सलाम' मन ही मन बुदबुदाते सुकीर्ति जान-बूझकर लिफ्ट का इन्तजार न कर सीढ़ियों से उतर रही थी, इस आशा में कि कहीं पवन दिख जाए (पवन कभी लिफ्ट की लाइन में नहीं लगता, यूँ सीढ़ियों पर ही दौड़ लगाता था) और इत्तफाकन उसे पवन तो नहीं पर बनर्जी मिल गया था। बैंक का सारा काम वही देखता था। उसने बताया कि मन्नालालजी के साले ने संकटमोचन की तरह बचा लिया उनको। जितना कम पड़ा उन्होंने ही भिजवाया है। अभी तुरन्त रुपया जमा करवा के आ रहा है वह।

"पर इस वक्त ? बैंकिंग आवर्स तो बन्द हुए..."

"अरे, बैंक मैनेजर जान-पहचान का जो है, तेजी के समय खूब कमाई करवाई थी बाबू ने उसकी...उसी का ऋण चुका रहा है।"

राहत की साँस ली सुकीर्ति ने कि तभी बनर्जी बोल उठे, "लेकिन बकरे की माँ आखिर कब तक खैर मनाएगी। ऑक्सीजन पर चल रही यह फर्म कभी भी दम तोड़ सकती है। यदि आज के बाद भी बाबू ने फाटका खेलना बन्द नहीं किया तो मैं तो गाँव चला जाऊँगा...साली कोई जिन्दगी है, दिन-भर खड़े रहो, मैनेजर की जी-हुजूरी में, ऊपर से सीधे मुँह बात तक न करे। थू ऐसी जिन्दगी पर ।" और उसने वहीं सीढ़ी पर थूक दिया। ठीक उस सच्चे हिन्दुस्तानी की तरह जो कहीं भी थूकने और पेशाब करने की जगह खोज निकालता है।

हे भगवान्, अच्छी कुंडली गढ़ी मेरी ! एक तरफ देह मार्केट का स्टॉक एक्सचेंज, एक

तरफ शेयर बाजार का स्टॉक एक्सचेंज। दोनों ही तरफ सीमान्तों पर जीता हुआ जीवन !

घर लौटते हुए भी घर लौटने का मन नहीं हो रहा था सुकीर्ति का।

क्या होगा...ऐसी आवेगपूर्ण मनःस्थिति ! अस्थिर-खंडित और घबराता हुआ मन, डराती हुई ज़िन्दगी और साँय-साँय करता घर !

कई जीवन ऐसे होते हैं जो प्रारम्भ में ही इस क़दर नोच दिए जाते हैं कि फिर एक सुदीर्घ समय लग जाता है उन्हें अपना स्वाभाविक आकार पाने में। सुकीर्ति के साथ भी ऐसा ही कुछ हुआ था, पर जिन्दगी की हरेक उलटी चाल ने, विपत्ति और तिरस्कार ने कुछ इस कदर तपाया और साधा था सुकीर्ति को कि अब उसने वह कौशल, जीने की वह कला सीख ली थी जो जीवन के अमंगल को भी मंगल में बदल देती है, जो अपने ऊपर फेंके पत्थरों को भी फूल में बदल देती है।

पर इस कला-कौशल के बावजूद कई बार कुछ क्षणों के लिए ही सही वह फिर गड्ढा खा जाती है और आज भी जब-जब वह गड्ढा खाती है, वह अपने अतीत को स्मरण कर उससे आँच ले लेती है।

अतीत ने उसे दो बातें सिखाई थीं—एक तो अपने प्रारम्भिक विवाह में धोखा खा जाने के बाद एक बार उसे लगा था कि वह जीवन से ही धोखा खा गई है, करीब विक्षिप्ति तक ही पहुँच चुकी थी वह...पर अपनी चिन्तन शक्ति और जीवन के प्रति प्रेम होने के कारण बहुत शीघ्र ही उसने अनुभव किया कि जीवन हर रूप में कुछ-न-कुछ देता ही है, इस कारण जीवन के उन दुर्भाग्यों और अशुभों पर जिन पर अपना वश नहीं होता, उन्हें स्वीकार कर लेना चाहिए। दूसरी चीज उन्हीं दिनों उसने यह जानी कि जीवन का असली मजा, स्वाभाविक मौज उसकी मामूलियत से जुड़ने में है। मामूलियत बहुत बड़ी ताकत देती है। बाद के दिनों में वह साधारण से साधारण लोगों से भी घुलने-मिलने लगी थी, उनके जीवन में दिलचस्पी लेने लगी थी। इसी जुड़ाव ने उसे यह आत्म अन्वेषण दिया था। उसकी व्यक्तिगत पीड़ा अब व्यक्तिगत घेरे का अतिक्रमण कर एक प्रकार की दार्शनिक पीड़ा और उससे भी आगे जाकर एक अलग प्रकार की आध्यात्मिक जिज्ञासा में परिणत होती जा रही थी। उसने देखा, अनुभव किया कि लोगों का दुःख भी मूलतः इसी कारण है कि लोग जीते हैं, जिये जा रहे हैं, रात-दिन खटते भी हैं... जीवन से भरपूर भी हैं...पर उनमें जीवन चेतना नहीं है। देह बाजार और शेयर बाजार का सत्य भी यही पाया उसने। लोग सुखी रहना चाहते हैं, पर नहीं जानते कि सुख क्या है। लोग प्रेम करना चाहते हैं, करते भी हैं....पर बिना जाने कि प्रेम क्या है।

विचारों की तेज लहरें आ-आकर टकरा रही हैं उसके मानस-पटल से। सुकीर्ति समय की मार तो फिर भी सह लेती है, पर विचारों की नहीं। उसे आज कोई ऐसा चाहिए जिसके साथ वह अपने अनुभवों को बाँट सके। बहुत दिनों बाद महसूस हुई है आज उसे ऐसी आवश्यकता—आत्मा से उपजी एक आदिम आवश्यकता।

कौन है उसके मित्रों में ऐसा जिसके साथ बाँट सके वह अपने पिछले दिनों के अनुभव, विशेषकर लालबत्ती इलाकों के अनुभव...। सबसे पहला नाम जो आज भी बिजली गिराता है उसके जेहन में, वह है मेघेन, एक भरोसेवाला नाम ! एक ऐसा नाम जो लालबत्ती इलाकों की गलियों की ही तरह उसे सदैव आकर्षण और विकर्षण के बीच घेरे रहा।

टिरिन...टिरिन...सकुचाते...हिचकिचाते अँगुलियों से डायल किया तो क्या बात ! न रौंग नम्बर, न इंगेज। एक बार में मिल गई लाइन।

इत्तफाक कि फोन भी उसी ने उठाया। अचम्भा ! ताज्जुब ! कुछ उलाहने। कुछ ट्रेड मार्का बातें और फिर दूसरी ही शाम आने का वादा। कट्-कट्।

और उस कट के साथ ही वर्षों पीछे घूम गई सुकीर्ति की आँखें।

एक ताजमहल ! एक हरिद्वार !

मेघेन...एक ऐसा नाम जिसने सबसे पहले सुकीर्ति के बन्द-बन्द जीवन को धीरे-धीरे कमल की पंखुड़ियों की तरह खोलना शुरू किया था और अन्ततः सुकीर्ति को यह आत्मबोध दिया था कि अपनी सुख-सुविधाओं की परिधि के बाहर भी कोई धड़कता जीवन है जिसे देखने-समझने की आवश्यकता है, अपने जीवन के कैनवस को व्यापक करने के लिए।

यह तब की बात है जब अपनी रसोई और परिवार की बन्द दुनिया से सहमते-सकुचाते ही उसने विश्वविद्यालय के प्रांगण में कदम रखा था।

मेघेन उसमें कोई रस भले ही न जगा पाता हो, पर चिन्तन और बौद्धिक धरातल पर मेघेन उसे जो टॉनिक या ऑक्सीजन देता था, वह उन दिनों उसके लिए सबसे बड़ी पूँजी थी।

अपनी अन्य समवयस्कओं की तरह वह उम्र सुकीर्ति में सिर्फ यौवन की भावुकता ही नहीं जगाती थी वरन् एक किस्म की बौद्धिक छटपटाहट भी उसके अन्दर होने लगी थी और उसी के चलते वह जब-तब परिन्दे की तरह उसके इर्द-गिर्द मँडराने लगती थी जिससे कि उस दुनिया को खूब अच्छी तरह समझ ले जिसमें एक पूरी जिन्दगी गुजारनी है उसे।

मेघेन तब एक बेहद भावुक, शर्मीला, अन्तर्मुखी और तेज किस्म का लड़का था। मंगोलियन नाक-नक्श, खुलता गेहुँआ रंग। एक जोड़ी तेज पारदर्शी आँखें। बेहद बौना। लम्बाई चार फुट ग्यारह इंच।

शारीरिक सीमाओं ने मेघेन को समय पूर्व ही उन कटु सच्चाइयों से वाकिफ करा उसके अन्तर्मन को उस तपिश, उजाले, उदासी, अध्ययनशीलता, दार्शनिकता और गहराई से भर दिया था, जिसे यौवन का आवेग, उच्छृंखलता और चंचलता प्रायः दबा कर रखती है। इस कारण जब-जब मेघेन से संवाद होता वह काफी मालामाल, तृप्त और पूरेपन का अहसास लेकर लौटती। समकालीन राजनीति, विश्व राजनीति, हाल ही में हुआ देशव्यापी नक्सलवादी आन्दोलन, प. बंगाल की मार्क्सवादी सरकार, मार्क्सवाद, पूँजीवाद, गाँधी, सुभाष, विवेकानन्द सब पर गहरी पैठ थी उसकी।

उसका उत्साह बोलता रहता और सुकीर्ति की खामोशी।

और इसी दौरान जब दोनों पूरी तरह डूब जाते और सुकीर्ति को लगता कि यह संवाद एक-एक करके उसकी आत्मा के सभी अँधेरे तहखानों में दीये जला रहा है और वह मनाती कि यह संवाद अनन्त काल तक चलता रहे कि तभी गहरा पानी उथला होने लगता, लहरें सिर उठाने लगतीं और मेघेन की तरफ से व्यक्तिगत जिज्ञासाओं और दिलचस्पियों के कंकड़ उछाले जाने लगते।

"कीर्ति...क्या तुमने कभी किसी के लिए कुछ महसूसा है...आई मीन...कुछ कोमल भावनाएँ...प्यार जैसा कुछ..."

"... ... ..."

"भावी जीवन-साथी के रूप में तुम कैसे व्यक्ति की कल्पना करती हो...खूब खूबसूरत, लम्बा-चौड़ा, कद्दावर या कोई ऐसा व्यक्ति जो देखने में साधारण हो पर आन्तरिक सौन्दर्य से भरपूर हो...।"

और यही वह बिन्दु था जहाँ से मेघेन के प्रति उसमें वितृष्णा जागने लगती। जहाँ बौद्धिक संवाद ढीला पड़ता, मेघेन पर अपने बौनेपन से उपजी कुंठा हावी होने लगती, जो सुकीर्ति के मन और देह के सभी दीयों को बुझा देती।

यदि मेघेन अपनी तरफ से शुरुआत नहीं करता तो सम्भव था कि सुकीर्ति स्वयं ऐसी बातों पर आ जाती, पर मेघेन का ऐसे सवाल पूछना उसे हमेशा कुछ विशेष संकेत, कुछ छिपे हुए अर्थ देने लगता और वह चिढ़ जाती—क्या वह मुझसे जबर्दस्ती प्यार करवाएगा ? उसे लगता मेघेन जबर्दस्ती उसके भावनात्मक जीवन में सेंध मारना चाहता है। जीवन-चेतना भरते-भरते प्रेम-चेतना क्यों भरने लगा है वह ? उसकी धृष्टता उसमें वितृष्णा जगाने लगती। ऐसे क्षणों में वह उसे भीतर-बाहर सभी तरह से बौना लगता—भयंकर रूप से बौना !

और कई बार तो वह सचमुच डर जाती जब उन्मुक्त भाव से मेघेन अपनी दीवानगी और इश्क का इजहार करने लगता उस पर। "जानती हो कीर्ति (वह उसे कभी सुकीर्ति नहीं बुलाता, हमेशा कीर्ति ही कहकर बुलाता था) रात मैंने स्वप्न में देखा, एक विशालकाय गिद्ध तुम्हें अपने पंजें में गड़ाकर आकाश में उड़ा जा रहा है। मैं गुहार लगा रहा हूँ, उसका पीछा करने की कोशिश कर रहा हूँ। तुम लरजते स्वर में कह रही हो, लौट जाओ मेघेन, यह दुष्ट तुम्हें भी मार डालेगा, कम से कम तुम तो बचे रहो। मेरे

यहाँ सन्तोष बहुत रहेगा। मैं बिलखता रहा, मुझे नहीं जीना तुम्हारे बिना। मैं पीछे-पीछे भागता रहा, लहू-लुहान होता रहा," बोलते-बोलते सचमुच उसकी आवाज कँपकँपा गई थी, अपनी आर्द्र आँखों को कीर्ति के मुँह पर स्थिर कर, थोड़ा रुककर फिर कहने लगा वह, "तुम्हीं बताओ कीर्ति, क्या यह मेरे अवचेतन में बैठी किसी डर की प्रतिक्रिया थी या भविष्य का कोई सूत्र जुड़ा हुआ था इससे।" पर जिस अन्दाज से वह अपना दर्द खोलकर दिखाता, उसी तत्परता से सुकीर्ति वापस तह कर लौटा देती उसके दर्द को।

"इसका सम्बन्ध न वर्तमान से है और न भविष्य से...क्योंकि हमारे बीच ऐसा कुछ है ही नहीं...और न ही होने जा रहा है।"

और ऐसे जवाबों को सुनते ही मेघेन का सारा प्राणावेग, सारे जज्बात शून्य में तब्दील होने लगते। आँखें उस व्यक्ति की तरह रक्तिम हो उठतीं—जो अपनी ही आँख के सामने अपने प्यार को छटपटाते और मरते हुए देखता है।

वह ताजमहल !

वह हरिद्वार !

जितना ही उसके भीतर वह प्रेम-शृंगार जगाना चाहता, उतना ही अध्यात्म उसके भीतर उतरता जाता।

वह आहत हो उठता, "मैंने तो सुना था कि प्यार अन्धा होता है पर आज सोचता हूँ कि प्यार को बहरा भी होना चाहिए। वैसी बातें सुनकर अनसुना करना जरूरी है, जो उदास कर दे प्यार के जज्बे को।"

और उसकी आँखें उदासी के गहरे समुद्र में डूब जातीं। ऐसे मौकों पर हर बार वह सोचती कि अब फिर कभी भी नहीं मिला करेगी वह मेघेन से। लेकिन फिर कुछ ऐसा काम आ पड़ता, कभी किसी किताब की ही जरूरत पड़ जाती या मेघेन के नोट्स की या कभी-कभी कुछ समझने के लिए ही मेघेन के पास चला जाना पड़ता...या यह सब नहीं तो कभी मेघेन की घनीभूत उदासी ही उसे बेचैन कर डालती और अपने निर्णय से वह फिर डिग जाती। उसके पास भर आ जाने से सूर्यमुखी की तरह खिल जाता था मेघेन।

कहने का लब्बो-लुआब यही कि अपने तमाम आकर्षण-विकर्षण के बावजूद मेघेन उसके विश्वविद्यालय के जीवन का ध्रुवतारा बन गया था, जिसे उगना ही होता था, उसके जीवन के निरभ्र आकाश में।

अपने संवाद, भावों एवं विचारों से वह अपनी गहराई, विराटता और अपना चिन्तक व्यक्तित्व झलकाता भी था, पर जहाँ वह अपनी रूमानी एवं रोमांटिक भावनाओं का जलवा दिखाने का प्रयत्न करता, सब कुछ मलवा बन जाता। उसका स्वाभाविक रंग उड़ जाता और वह बदरंग एवं दयनीय हो जाता।

"तुमने सुना है वह गाना...कई बार यूँ ही देखा है/ये जो मन की सीमा रेखा है। मन दौड़ने लगता है। अनजानी चाह के पीछे। अनजानी राह के पीछे..."

"नहीं।"

"चाहोगी...सुनना !"

"नहीं।"

"तुम क्यों चाहोगी, तुम्हारे भीतर दिल नाम की कोई चीज है भी, तुम्हारे तो वहाँ भी तराजू बैठा हुआ है।"

नहीं चाहते हुए भी वह उकताकर भड़क जाती, संवादों में तल्खी आ जाती, "देखो, मैं तुम्हें कई बार कह चुकी हूँ कि तुम सिर्फ मेरे दोस्त हो, एक अच्छे दोस्त, इससे अधिक कोई भी सम्भावना हमारे बीच नहीं हो सकती...कल कॉमन रूम में भी तुम्हारे दोस्त मुझे लेकर मजाक कर रहे थे, मैंने खंडन किया उनके शक का पर तुम चुप रहे...यह गलत है।"

भीतर से आहत होते हुए भी तब मेघेन ने मुस्कुराते हुए अपनी भावनाओं को न्यायोचित ठहराया था, "जानती हैं मैडम, वेद तक में कहा गया है कि स्त्रियों से दोस्ती नहीं निभ सकती—न वै स्त्रैव्यानि, सख्यानि सन्ति !"

"तुम्हारे कहने का मतलब यही कि या तो तुम दूर रह सकते हो या प्रेम कर सकते हो।"

एक कपटी मौन ओढ़ लिया था उसने।

आँखों से निकलती अर्थपूर्ण मूक ध्वनियाँ !

अपनी ऊँचाइयों से अपदस्थ होता वह !

और उसी शाम पहली बार महसूसा सुकीर्ति ने कि मेघेन के दिमाग में चिपके प्रेम के भूत को उसे निर्ममता से उखाड़ फेंकना है और आज ही, इसी क्षण।

और पहली मर्तबा उसने मेघेन की 'होगा कि नहीं' शैली का जवाब अपने तीन—धमाकेदार 'नहीं, नहीं, हर्गिज नहीं' की तर्ज पर दिया, "मैं ऐसी ही हूँ, और अपनी इसी लय, ताल और हैसियत में रहकर दोस्ती भर कर सकती हूँ और यही इन्फ्रास्ट्रक्चर है मेरे दिमाग का भी, यदि तुम्हें यह मंजूर नहीं तो यही सही—हम अब क्लास के बाहर नहीं मिला करेंगे।"

और सचमुच ही कई दिनों तक सुकीर्ति ने उन दिशाओं ही नहीं, उन टेबलों और कुर्सियों की ओर ताका भी नहीं था जहाँ बैठा करता था वह। पहले अपने घर की पाबन्दियों की वजह से वह दूर स्थित लाइब्रेरी में नहीं जा सकती थी। मेघेन ही उसे अपने नोट्स की एक कार्बन कॉपी (तब तक जेरोक्स नहीं चले थे) बनाकर उसे दे देता था। लेकिन संवादहीनता के इन दिनों में एक बार हिम्मत करके वह घर से 25 किलोमीटर दूर स्थित लाइब्रेरी में अकेली ही चली गई थी और पहली बार उसने उस दिन अपने में अन्तर्निहित साहस और हौसला का अन्वेषण किया था। फिर तो दिन-पर-दिन कम होती गई उसकी निर्भरता मेघेन पर।

और इसका बहुत ही प्रतिकूल असर पड़ रहा था मेघेन पर। वह दिनोंदिन अन्तर्मुखी होता जा रहा था, सबसे कटा, अलग-थलग। दरअसल यह वह स्वप्निल उम्र थी जब हर

नवयुवक के अन्तर में प्रेम का सुकुमार देवता जाग उठता है और वह कोई ऐसा सुपात्र चाहता है जहाँ अपने हृदय में उठनेवाली उच्चतम एवं कोमलतर प्रेमपूर्ण भावनाओं को वह किसी पर समर्पित कर यौवन की अकुलाहट से स्वयं को मुक्त कर सके।

उन्हीं दिनों उसने सुकीर्ति को एक विस्तृत पत्र भी लिखा था जिसकी कई पंक्तियाँ आज बीस वर्षों बाद भी किसी शिलालेख की तरह उसकी स्मृति-पट पर अक्षरशः अंकित हैं।

''मैं जानता हूँ अपनी सीमाएँ। आई ऐम ए फनी लिटिल क्रियेचर ऑफ दिस अर्थ (मैं इस सृष्टि का एक हास्यापद बौना जीव हूँ)।''

... ...

... ...

''तुम्हें मैं प्रबुद्ध नजर आता हूँ पर जानती हो इस प्रबुद्ध आत्मा के भीतर एक भयानक सन्नाटा...एक अन्तहीन डर समाया हुआ है। जानना चाहती हो कैसा डर ? नहीं, यह बेकारी या पेट की रोटी का डर नहीं है। मैं जानता हूँ कि मेरा जो एकेडेमिक रिकॉर्ड है, उसके चलते मुझे कहीं भी अच्छी-खासी नौकरी मिल जाएगी, क्योंकि मैंने पता लगा लिया है कि किसी भी सरकारी (केन्द्रीय एवं राजकीय) प्रतिष्ठान में ऐसा कोई भी लिखित विधान नहीं है कि बौने लोगों को नौकरी से वंचित रखा जाए। मेरा डर है, यौवन का डर जिसका बीज शायद बचपन से ही मेरे अन्दर डाल दिया गया था। आज भी याद है, माँ ने मुझे कितने ही डॉक्टरों को दिखाया, तैरने में भर्ती करवाया कि मैं अपनी लम्बाई को पा सकूँ...माँ के प्रयासों से मुझे लम्बाई तो नहीं मिली पर एक अन्धकार मुझे तभी से घेरता गया, जिसने आज एक डर मेरे अन्तर में बैठा दिया है कि शायद मैं एक सामान्य जीवन भी न जी पाऊँ। मुझे लगता था कि मैं सिर्फ शरीर से ही नहीं वरन् मन और आत्मा से भी अपने इर्द-गिर्द की दुनिया से बहुत छोटा हूँ। थोड़े से सन्नाटे और एकान्त से ही मैं परेशान हो जाता हूँ यह सोचकर कि इतनी लम्बी यात्रा युवावस्था की...किसके सहारे काटूँगा। मित्रविहीन मैं। तुम्हारा एक स्वर मेरे भीतर की सारी जड़ता और मानसिक तमस को उखाड़ फेंकता है। तुम्हें देखने मात्र से ही जैसे मेरे भीतर सदैव छाया रहनेवाला घना कुहरा छँट जाता है, सुख और सुकून की गुनगुनी धूप मुझ पर छा जाती है, तुम्हारी विराटता में मैं अपनी लघुता को भूल जाता हूँ। 'लेट दिस बी एन ऑवर ऑफ ट्रुथ, दैट आई लव यू' (इसे सत्य का एक क्षण हो जाने दो कि मैं तुम्हें बहुत प्यार करता हूँ।)''

काफी दिनों तक मन अशान्त और डरा हुआ सा रहा था सुकीर्ति का। मेघेन ने ही बताया था उसे कि बीच-बीच में उस पर इसी प्रकार दुःख और अवसाद का दौरा पड़ता था। ऐसे में क्या जवाब देती वह उस पत्र का। पत्र एक साथ उसके भीतर सहानुभूति और आक्रोश दोनों जगा रहा था। कई बार उसे लगता, जैसे वह कोई लड़की नहीं एक चाकू है, तेज धारवाला चाकू, किसी की मासूम भावनाओं को खच्-खच् काटता चाकू। और ऐसे में खुद से ही घबराकर वह ध्यान करने बैठ जाती। (उन्हीं दिनों उसने

अपने बड़े भाई से नया-नया ही ध्यान करना सीखा था)। ध्यान से उठते ही जहाँ उसका मन शान्त होता, उसके ज्ञान-चक्षु खुल जाते और उसे लगता कि बौनापन मेघेन के कद में नहीं, वरन् उसके व्यक्तित्व में है। उसके आत्मविश्वास में है, जो उससे इस कदर प्रेम की याचना करवा रहा है। कुल मिलाकर मेघेन उसे ऐसा व्यक्ति लगता जिसे खरगोश की तरह सहलाया जा सकता था, जिस पर बैठकर सिर्फ शासन किया जा सकता था पर अपने प्रेम एवं समर्पण से उसे नवाजा नहीं जा सकता था। सुकीर्ति को ऐसा प्रेमी चाहिए था जो उसके भीतर के श्रेष्ठ को उभार दे। जो उसकी देह और आत्मा दोनों के दीयों को प्रज्वलित कर दे। जबकि मेघेन विशेषकर अपने तमस-भरे क्षणों में उसे लड़का कम कौआ ज्यादा नजर आता, अपने प्यार की चोंच से जबरन उसे घायल करता हुआ।

कई दिनों के अबोलेपन के बाद दिन पर दिन मेघेन के गिरते स्वास्थ्य, यार-दोस्तों के उसके प्रति तिरस्कारपूर्ण, उपेक्षापूर्ण एवं स्वार्थी रवैये को देखकर एक बार फिर सहानुभूति की लहर उठी सुकीर्ति के भीतर। परीक्षाएँ भी करीब आ रही थीं। सुकीर्ति को यह आशंका भी कहीं खाए जा रही थी कि इस अबोलेपन के चलते कहीं उसकी परीक्षाएँ ही न गड़बड़ा जाएँ। कहीं कैरियर ही नहीं बिगड़ जाए उसका। अपनी हैसियत के अनुसार इक्यावन रुपयों का प्रसाद बोला उसने, "देवी माँ ! यह वापस सामान्य हो जाए, अच्छे प्रतिशत इसे मिल जाएँ तो तुम्हारे मन्दिर में आकर प्रसाद चढ़ाऊँगी। उससे भी सन्तोष नहीं हुआ तो खुद ही पहल की उसने उस टूटे सम्बन्ध के बीच पुल बनाने की...और तभी एक अघोषित समझौता दोनों के बीच हो गया था कि वे सिर्फ दोस्त, अच्छे दोस्त बनकर ही मिला करेंगे।

तब से आज तक वह अघोषित समझौता बरकरार है दोनों के बीच। बीच में एक बार फिर मनौती माँगी थी सुकीर्ति ने, "देवी माँ, बस यही आखिरी फरियाद, मेघेन का ब्याह हो जाए, उसका घर बस जाए तो एक सौ इक्यावन का प्रसाद !"

और उसके बाद कायदे से उसका घर भी बस गया और आज जबकि मेघेन एक बच्चा और एक बच्ची का पिता बन गया है, कलमों से सफेदी झाँकने लगी है, तब भी उम्र के इस पड़ाव पर भी जब-जब मिलती है वह मेघेन से, जाने क्यों उसे लगता है कि उसी पुराने वक्त को जिन्दा करती वे आँखें आज भी उलाहना दे रही हैं उसे, तुमने मुझे ठुकराया क्यों ?

जिस दिन शाम को मेघेन को सुकीर्ति के यहाँ पहुँचना था, उस दिन सुबह से ही बारिश हो रही थी। कभी ताबड़-तोड़ तो कभी बूँदा-बाँदी। नीची सतह के कुछ इलाके तो चार-पाँच घंटे की मूसलाधार बारिश में ही जलमग्न हो चुके थे। घुटनों के ऊपर तक पानी भर गया था और निकासी की सुचारु व्यवस्था न होने के कारण कई बार वह अवस्था रात-रात भर रह जाती। रह-रहकर सुकीर्ति आशंकित हो उठती कि कहीं शाम

के झुटपुटे में किसी मेनहोल में ही न गिर पड़े वह। दो दिन पूर्व ही समाचार-पत्र में पढ़ा था उसने कि माँ के साथ जाती एक लड़की एक माँ की आँखों के ऐन सामने सड़क के किसी खुले मेनहोल में गिर पड़ी थी। माँ बिलखती ही रह गई थी, बाद में लड़की की लाश ही निकली थी। बड़ा मन खराब हुआ था सुकीर्ति का उस दिन। दुर्घटनाओं का यह देश ! कभी रेलें टकरा जाती हैं तो कभी आकाश में तैरते विमान ! तो कभी बिजली के तारों से शॉर्ट सर्किट हो जाता है और पूरी की पूरी बस्ती ही मलबे में बदल जाती है तो कभी तेजी से आती कोई ट्रक ही फुटपाथ पर ढ़कर फुटपाथियों को चन्द मिनटों में जीवन के दुःखों से मुक्त कर देती है। तो क .। बच्चा मेनहोल में गिर जाता है।

क्या कीमत रह गई है आदमी की यहाँ ? खाली बैठते ही अगड़म-बगड़म सभी कुछ दिमाग में मचलने लगता। आड़ी-तिरछी रेखाएँ खिंचने लगीं। यूँ बाट जोहने लगी वह मेघेन की जैसे बादलों की बाट जोहते किसान। कि तभी खूब जोरों से घंटी बजी, हँस दी मन ही मन, जनाब पधारे हैं। आज भी वैसी ही बेताबी ! पर दरवाजा खोलते ही खिसिया पड़ी, पड़ोसी का बच्चा था, उस दिन का अखबार माँगने आया था।

खुद को सँभाला उसने....थोड़ा काबू, उफ ! कितनी बेताबी है उसमें भी अपने अनुभवों को शेयर करने की। मन में कहीं यह भी बात जरूर उभरी कि पिछले कई वर्षों से उसकी सिर्फ फोन पर ही बात होती रही है। उसने तो विश्वविद्यालय छोड़ने के बाद कभी आमन्त्रित किया ही नहीं उसे, और स्वयं वह भी कभी नहीं गई उसके यहाँ। ले-देकर बस दो-तीन मुलाकातें ही हुईं विश्वविद्यालय के बाद के सोलह-सत्रह वर्षों में। कायदे से तो आज पहली बार ही आमंत्रित किया है उसने मेघेन को।

घड़ी के बढ़ते काँटों के साथ मन में मायूसी बढ़ती गई, हो सकता है न भी आए, आखिर आकर भी वह जानता है मिलना क्या है उसे, सिर्फ सूखी-शुष्क बातें ही न ?

कि तभी फिर बजी कॉलबेल। धड़कते और सशंकित मन से खोला उसने। सामने वह। आते ही ठीक उसी अन्दाज में सम्पूर्ण प्रेम भावना से सराबोर गहरी दृष्टि से छुआ उसने सुकीर्ति को। परिस्थितियाँ इतनी बदल गईं, पर उसमें बदलाव नहीं आया। मन ही मन सोचना जारी रहा सुकीर्ति का, साथ ही थोड़ी आत्म-सजगता भी उगने लगी भीतर।

चाय-नाश्ता। औपचारिक बातें। दफ्तर की दफ्तरी बातें...सभी कुछ चलता रहा एक लय और ताल में, भीतर ही भीतर उलाहना देती रहीं वे मूक बोलती आँखें—तुमने जब अपने जीवन से खारिज कर ही दिया था तो फिर क्यों बुलाया—आज उम्र के इस पड़ाव में, जीवन के जिम्मेदारीपूर्ण पड़ाव में चालीसवें साल में।

मन ही मन अटकलें लगाता रहा मेघेन कि तभी सुकीर्ति ने बर्फ तोड़ी, "मैं तुमसे कुछ जरूरी परामर्श चाहती हूँ मेघेन, कुछ असाधारण एवं भयानक से अनुभव हुए हैं मुझे। उन्हें तुमसे शेयर करना चाहती हूँ, तुम्हारे विचार जानना चाहती हूँ।..."

कुछ शान्त खामोश पल। एकटक देखता सोचता रहा मेघेन, 'अभी तक नहीं बदली,

आज बुलाया भी तो सिर्फ बौद्धिक विचार-विमर्श के लिए, कभी किसी को अपने जीवन के भीतरी वृत्त में खींचा नहीं और न ही खुद कभी खिंची...' आसपास नजर घुमाई, घर में सिवाय काम करनेवाली बाई के कोई भी नहीं था।

एक उदास मुस्कान बिखर गई चेहरे पर, कैसी जिद्दी लड़की ! न खुद जी सकी और न ही मुझे जीने दिया !

सुकीर्ति तब तक लम्बी बातचीत की खुमारी में आ चुकी थी। बात का रंग जमाने के लिए कमर में पल्लू खोंसते हुए पहली ईंट धरी, "सोच सकते हो आजकल मैं किन गलियों में घूम रही हूँ ? किस दुनिया में परत-दर-परत नीचे धँसती जा रही हूँ ?"

भौंहें चढ़ाते हुए उसने हल्की-सी खिंचाई करते हुए कहा, "जानता हूँ किस दुनिया में...शेयर बाजार की दुनिया में और किस दुनिया में....कितने पीट लिये ?"

"ओह नो, यह दुनिया तो यूँ ही मुझे घेरे बैठी है, इसके लिए मुझे घूमने की क्या दरकार है ?"

"तो...किस दुनिया की बात कर रही हो...!"

"चौंक जाओगे सुनकर," और सचमुच ही चौंका दिया था उसने, शान्त ठस्स बैठे मेघेन को।

"मैं आजकल सोनागाछी, बहुबाजार, कालीघाट और खिदिरपुर आदि लालबत्ती इलाकों की गलियों में घूम रही हूँ। बल्कि इतना घूम चुकी हूँ कि अब ये गलियाँ दिन-रात मेरे अवचेतन में घूमा करती हैं, एक परछाईं की तरह साथ चिपकी रहती हैं मुझसे, सोते-उठते-बैठते।"

"क्या.... ? यूँ हठात्...!" अन्धविश्वास भरे कौतूहल से स्प्रिंग की तरह उछल गया था वह।

मेघेन का इस कदर चौंकना पुलकित कर गया था सुकीर्ति को जैसे एक दुस्साहस भरे उसके काम को अदृश्य शाबासी मिल गई हो। भीतरी खुशी से पुलकित चौंकाती कहने लगी वह, "यूँ एकदम हठात् भी नहीं, करीब तीन वर्ष पहले मेरी एक सहकर्मिणी थी, यहीं मन्नालाल एंड सुरेका फर्म में, एकाएक उसकी छँटनी हो गई थी, पति की रोड एक्सीडेंट में पहले ही मृत्यु हो चुकी थी। दो छोटी-छोटी बच्चियाँ और एक बूढ़ी सास थी। मैंने बाद में किसी से सुना था कि किसी परिचित के द्वारा वह इन्हीं गलियों में एक बार देखी गई थी। शायद लास्ट लाइन-ऑफ डिफेंस के रूप में उसने वही शॉर्टकट रास्ता अपना लिया था बस उसी दिन बीज पड़ गया था मेरे अवचेतन में इस दुनिया के प्रति। एक डर....आतंक...रोमांच...आकर्षण सभी का मिला-जुला भाव रहता है मेरे मन में।

सुकीर्ति अपनी काम करनेवाली बाई की लड़की सुनन्दा के बारे में भी अपना सन्देह बताना चाहती थी मेघेन को, पर उस समय बाई के इर्द-गिर्द होने से वह सोच नहीं पा रही थी बताऊँ या नहीं बताऊँ कि तभी मेघेन बोल उठा, "कैसा लगा ? क्या देखा...उस दुनिया में...."

"देखो मैं गई तो थी शायद यूँ ही भटकते-भटकते ही मिल जाए मेरी कलिग... कम-से-कम एक सम्भावना तो बन ही सकती है कि शायद कुछ हो जाए...बस यही सोचकर मैं निकल गई थी इन गलियों में, पर यहाँ आकर जैसे मेरे कर्म को उद्देश्य मिल गया है। अब तो हालत यह है कि ये गलियाँ, सोते-जागते मुझे बुलाती हैं...आओ-आओ।"

और बोलते-बोलते एक उतावलापन सा आ गया था उसमें। अपनी पहली बात को जल्दी-जल्दी खत्म करने की। उसी साँस में दूसरी बात बोल गई थी वह, "मेरी छोड़ो, तुम बताओ, क्या कभी कुछ सोचा है तुमने, इन गलियों के बारे में ? इन लाइनवालियों के बारे में ?"

"लाइनवालियाँ ?"

"हाँ, इन गलियों में वेश्या को सीधा अपमानित कर वेश्या नहीं कहा जाता है, शब्दों की आड़ में उन्हें लाइन में काम करनेवाली कहा जाता है।"

सुकीर्ति का उत्साह उसे भी संक्रमित कर रहा था। वह चाहता था, कुछ ऐसा बोले कि सुकीर्ति उसी प्रकार विस्मित-विमुग्ध उसे देखती रहे, जिस प्रकार विश्वविद्यालय के दिनों में देखा करती थी। आखिर दिमाग पर ठोका लगाते हुए तौल-तौल कर बोलना शुरू किया उसने, "जिस प्रकार तुमने सोचा, उस प्रकार तो कभी मुझे सोचने की जरूरत ही नहीं पड़ी। पर हाँ दो-एक बार इन गलियों के पास से गुजरा जरूर हूँ। आजकल तो काफी दूर तक फैल गए हैं ये इलाके। पहले तो इक्की-दुक्की खड़ी रहती थीं, वो भी शाम परे, पर आजकल तो भरी दुपहरी में झुंड का झुंड खड़ा रहता है। देखते ही लपकने को तैयार ! एक मेरा कलिग है, वह बता रहा था कि एक बार जैसे ही वह घुसा इन गलियों में, दो-तीन ने घेर लिया उसे। बेचारा बड़ी मुश्किल से जान बचाकर भागा। पीछे से सुना उसने किसी वेश्या ने गाली दी उसे...नामर्द ! एक और दोस्त है, रंगीन मिजाजी और बदचलन, वह प्रायः जाता रहता है इन गलियों में। मैंने एक बार पूछा था उससे, "तुम्हें अपराध-बोध नहीं होता वहाँ जाते हुए ?"

कमीना जवाब देता है, "नहीं, बिकाज आई पे फॉर इट।" (क्योंकि मैं इसके लिए देता हूँ।)

"यूँ भी मुझे वह आदमी कम जानवर ज्यादा नजर आता है। उसके दिमाग में सिर्फ औरत ही औरत है। पर औरत के दिल और दिमाग में क्या है, उससे उसे कुछ लेना-देना नहीं है। उसे बस मादा चाहिए। और वह वहाँ भी इक्की-दुक्की के पास नहीं, घूम-घूम कर बारी-बारी से सबके पास जाता है।"

सुकीर्ति : "कभी पूछना, उससे, वह वहाँ क्यों जाता है।"

"अरे पूछना क्या है ? मैं यूँ ही जानता हूँ....।"

और बोलते-बोलते वह फिर चुप हो गया। आगे की बात को किस प्रकार रखे कि शालीनता की सीमा-रेखा का अतिक्रमण न हो, इसी मानसिक व्यायाम में फिसल गए कई पल।

धीरे-धीरे बात को ऐतिहासिक पृष्ठभूमि से जोड़ते हुए बोलने लगा वह, जैसी कि

उसकी आदत थी, किसी भी तत्कालीन समस्या के सूत्रों को उसकी जड़ों में तलाशना।

"देखो, आज से पचास-पचपन वर्ष पीछे की ओर मुड़ो तो तुम पाओगी कि पुरुष इन जगहों पर सिर्फ इसलिए नहीं जाते कि वे काम के मारे होते थे। तब की उच्चकोटि की कलावती वेश्याएँ जहाँ वासना का शमन करती थीं वहीं कला का भी उच्चकोटि का आनन्द देती थीं। शेरो-शायरी, दोहे, कवित्त, मुहावरों और कहावतों का तो अक्षय कोष ही होता था इनके पास। उनकी सम्भाषण कला, हाजिरजवाबी, रसिक मिजाजी एवं नृत्य-संगीत आदि का मजा लूटते रईस, शौकीन एवं सुसंस्कृत व्यक्ति तक जाते थे वहाँ। और वह भी बिना विशेष अपराधबोध के, खुलेआम। और सिर्फ युवक ही नहीं, प्रौढ़ और बौद्धिक कला मर्मज्ञ तक। इस कारण पश्चिम भारत में भले ही कुछ कठोरता रही हो, पर उत्तर प्रदेश, बंगाल और दक्षिणी भारत में इसे एकदम पाप या दुराचार के रूप में नहीं देखा जाता था। पर शहरी औद्योगीकरण और आधुनिकीकरण की आँधी के साथ ही कला, कला का हुनर और अदाकारी सिमटती चली गई और सिर्फ देह ही बची रह गई। एक बात और है, पहले नृत्य और संगीत पर सिर्फ वेश्याओं एवं बाईजियों का ही एकाधिकार था, पर आज बदलते सोच के चलते, नृत्य और संगीत की स्कूलों के चलते नृत्य और संगीत घर-घर तक पहुँच गए हैं। तो उस लिहाज से भी ज्यों-ज्यों इनकी कला का स्तर गिरता गया वे हीन होती गईं और धीरे-धीरे कला परिदृश्य से लगभग विलुप्त हो गई और बचा रह गया, केवल शरीर...एक स्थूल शरीर...कलाहीन, रूपहीन रूप की हाट में बिकता एक रुग्ण शरीर। तो जाहिर है कौन जाता है वेश्याओं के पास, आज के परिदृश्य में। वे ही जो क्षणिक देह-पीड़ा से पीड़ित हैं। जिन्हें अपने स्नायुतन्त्र के कसाव और तड़कती नसों के खिंचाव को सम पर लाने के लिए 'कुछ' चाहिए। परिष्कृत बोध, नैतिक विवेक या आत्मचुभन जैसी बातें इनके जेहन में मर चुकी होती हैं। रोटी के बाद इनकी सबसे बड़ी जरूरत यही है—सेक्स। ऐसे ही लोग आज के परिदृश्य में जा रहे हैं वहाँ जिनकी माँग भी एकदम दरिद्र स्तर की है—सिर्फ गोश्त, ठीक जानवर की तरह और यह भी सही है कि वे इस स्तर पर जानवर होकर ही जाते हैं, क्योंकि आदमी और जानवर में एक ही अन्तर होता है कि 'मैन कैन अवाइड इट बट एनिमल कांट।' (आदमी सेक्स से ऊपर उठ सकता है, पर जानवर नहीं।)"

सुकीर्ति इस बीच झालमूड़ी बनाकर ले आई थी उसे ही फाँकते हुए वह फिर अपनी रौ में बहने लगा, "हाँ, कई बार एकदम नए-नवेले युवक भी वहाँ मँडराते मिल जाते हैं—सिर्फ एक कौतूहल और जिज्ञासा के वशीभूत होकर...स्त्री संसर्ग का पहला अनुभव लेने.... ।"

अब पूरे चिन्तक मुद्रा में आ गया था मेघेन। यही रूप उसका बहुत भाता था सुकीर्ति को।

"जानती हो कई बार मैंने उस कमीने से, अरे उसी रेगुलर विजिटर से पूछा कि माना तुम वहाँ जाकर अच्छा पे कर देते हो फिर भी, तुम्हें कोई गिल्ट फिलिंग कोई अपराध-भावना नहीं सालती ? जानती हो क्या जवाब दिया उस हरामजादे ने। अरे

भाँगड़ा करने लगा भाँगड़ा। हाथ पर हिला-हिलाकर कहने लगा, 'आप तब से गिल्ट फिलिंग, गिल्ट फिलिंग चिल्ला रहे हैं, पर एक अकेला मैं ही नहीं जाऊँगा तो क्या होगा, कोई और जाएगा...वेश्यावृत्ति तो वैसे ही पनपती रहेगी ना !' "

नाक पर उतर आए चश्मे को ठीक करके सीधे देखते हुए पूछता है सुकीर्ति से, "बताओ है कोई जवाब तुम्हारे पास ? अब आम आदमी से यह आशा करना तो व्यर्थ है कि वह यह सोचे कि जब सभी की चादर मैली है तो भी मैं तो कम-से-कम अपनी चादर पाक-साफ रखूँ। कूड़े में और कूड़ा क्यों मिलाऊँ। कबीर की तर्ज पर ज्यों की त्यों धर दीन्हीं चदरिया।"

विषय में पूरी तरह आत्मलीन हो गया था मेघेन। कुछ याद करते हुए फिर कहने लगा, "जानती हो, मैंने उस कमीने से फिर एक बार धृष्ट होकर पूछा था, 'तुम पहली बार कब गए थे वहाँ ?' जानती हो क्या जवाब दिया उसने, एकदम खुला। सपाट। हरामी बोला, 'जब रहा नहीं गया...' उस समय तो मैंने वितृष्णा से मुँह घुमा लिया, पर उसकी बात से एक सूत्र मुझे अवश्य मिला कि जब जीवन में सचमुच काम देवता अपने पूरे प्रकोप के साथ उतर जाएँ तो उस स्थिति से कैसे बचा जाए ? स्वयं श्रीकृष्ण भगवान् एवं शिव भी तो कहाँ बच पाए थे काम के वेग से। दरअसल आदमी प्राकृतिक रूप से ही उच्छृंखल होता है, बहुआयामी होता है इसीलिए एक विख्यात व्यक्ति से जब पूछा गया कि 'सोसायटी विदाउट प्रोस्टीट्यूट' क्या नहीं हो सकती ? जानती हो उसने क्या जवाब दिया ? उसने जवाब दिया कि हाँ, हो सकती है, पर वह उसी प्रकार की होगी जिस प्रकार कि कोई सिटी विदाउट गटर।"

बात पूरी भी नहीं कर पाया था मेघेन कि सुकीर्ति बीच में ही तिलमिला पड़ी थी,

"ऐसी कोई बात नहीं है कि सेक्स दुर्निवार है। दरअसल सेक्स पीड़ित भी तभी करता है, जब आपका सारा ध्यान उसी पर केन्द्रित रहे। अब यदि युवक दिन-रात सेक्स-चिन्तन करते, 'रंगीन-रातें', 'नशीले होंठ', 'यौवन का आनन्द' और 'गरम देह' जैसी अश्लील फिल्में देखते रहें तो उन्हें मानसिक उत्तेजना से मुक्ति कैसे मिलेगी ? और यदि आप पीड़ित भी हैं तो इसका मतलब यह तो नहीं कि आप किसी को वेश्या बनने पर मजबूर करेंगे। फिर तो दुनिया में सब जगह सिर्फ अनाचार ही अनाचार रह जाएगा। फिर तो किसी के पास धन नहीं है, और धन को भोगने की उसमें अदम्य आकांक्षा जाग गई है तो क्या करेगा वह ? वह भी लूट-पाट मचाए, चोरी-डकैती करे...जनाब मुक्ति नैतिक बने रहने में ही है। संस्कृति कहती है कि हम अपना कार्य करते रहें, अपने को सार्थक एवं उपयोगी कार्यों में व्यस्त रखें और इन्तजार करें धैर्यपूर्वक। अपनी दुष्कामनाओं के वेग को नहीं सँभाल पाना और उसके लिए ऐसे विकल्प ढूँढ़ना जिसकी नींव दूसरों की बर्बादी हो, संस्कृति नहीं विकृति है। फिर तो स्कूली और कॉलेजी लड़के जो जवानी के पहले ही जवान हो वहाँ मँडराते हैं, उनका भी जाना जायज है, क्या करें बेचारा काम का मारा....जनाब दिमाग को डिकंडीशंड कीजिए, कुछ नया सोचिए..."

हो-हो कर हँस पड़ा मेघेन। "तुम्हारा वह उतावलापन, वह शॉर्ट टेम्पर्ड होना अभी

तक नहीं गया, बात भी पूरी नहीं करने दी मुझे..."

"हाँ तो मैं कह रहा था कि हमारे साथ मुश्किल यह है कि हम पूरी तरह आत्मविहीन होते जा रहे हैं। हम दूसरों के आलोक में स्वयं को जाँचते हैं, पड़तालते हैं, परखते हैं। यानी कि यदि दूसरा कोई घृणित काम में संलग्न है तो हमारा घृणित कार्य भी जायज है। हमें जैसे उस घृणित कार्य में लगे रहने का अदृश्य लाइसेंस मिल जाता है। हमारा डिफेंस मैकेनिज्म इतना लचीला है कि अपने नाजायज से नाजायज कार्यों को भी जायज ठहराने का कोई न कोई औचित्य हमें मिल ही जाता है...और हम यह भूल जाते हैं कि व्यक्ति अपनी कसौटी आप है। स्वयं में स्थिर रहना विशेषकर विपरीत परिस्थितियों में, यह कष्टसाध्य तो बहुत है पर यही मनुष्यत्व है।"

पैंट की पॉकेट से कंघी निकालकर बालों को सँवारते हुए वह फिर कुछ क्षणों के लिए खो जाता है। टेबल पर बहुत पहले रखे गिलास के पानी का घूँट भरते वह फिर बात को जारी रखते हुए कहने लगता है, दरअसल फ्रायड जैसे चिन्तकों ने मानवता का बहुत बड़ा कबाड़ा किया है जो यह मान बैठे हैं कि जो कुछ भी है वह हमारा अवचेतन है और मनुष्य मूलतः सेंसुअल प्राणी है, अतः सेक्स अर्ज का दमन नहीं करना चाहिए। जबकि ऐसा नहीं है। इतिहास गवाह है कि दमित और अतृप्त काम ने असाधारण कार्य किए हैं। व्यक्ति को विवेक, आत्म नियन्त्रण, संयम, सच्चरित्रता और नैतिकता-बोध यूँ ही नहीं दिया गया है। भारतीय चिन्तन और मनीषा की बात छोड़ दें तो कम्युनिस्ट देश चीन तक में सांस्कृतिक क्रान्ति के दौरान यह स्वीकार किया गया था कि आत्मिक उत्कर्ष व्यक्ति में निरन्तर होते रहना चाहिए और उसके लिए व्यक्ति का धार्मिक नहीं आध्यात्मिक होना जरूरी है। और जब व्यक्ति एक स्तर तक आत्मिक उत्कर्ष पर पहुँच जाता है तो अस्वाभाविक कामपिपासा स्वतः ही संयमित हो जाती है, फिर उसे अमर्यादित विषय भोग की ऊर्जा दबानी नहीं पड़ती है, वह स्वतः ही शान्त रहती है। इसे ही कहते हैं हायर इंसटिक्ट का लोअर इंसटिक्ट पर विजयी होना। सेक्स परेशान तभी करता है जब इसकी ओर ही ध्यान अटका रहे। इसी कारण सभी धर्म-ग्रन्थ इस बात पर एकमत हैं कि अस्वाभाविक विषय-भोग और अतिचार की परिणति मृत्यु में निश्चित है। महाभारत में सत्यवती के पुत्र की मृत्यु कैसे होती है, अनियन्त्रित विषय-भोग से ही न ! प्रकृति अपना हिसाब पूरा करती है। हर चीज का मूल्य चुकाना पड़ता है। इसीलिए अपने विवेक और वृहत्तर समाज के हित में यह आवश्यक है कि व्यक्ति अपनी चंचल वृत्ति एवं कामुकता पर अंकुश लगाए। ईश्वर ने विवेक इसीलिए तो दिया है। एक साधु था, वह अपने साधु जीवन की मर्यादा का पालन नहीं कर पा रहा था, आत्मग्लानि में उसने अपनी जननेन्द्रिय को ही काट डाला। मैं नहीं कहता कि सभी को उसी रास्ते पर जाना चाहिए, जीवन की पूर्णता के लिए सभी अनुभवों से गुजरना वांछनीय है, पर यह कोई बात नहीं कि समय पूर्व पैदा हुई कामेच्छा या अस्वाभाविक कामेच्छा का नियन्त्रण नहीं किया जाना चाहिए या नहीं किया जा सकता। एक बात और है, समस्या को जरा दूसरे एंगिल से देखो, सोचो, वेश्या के पास जानेवाले को

आखिर मिलता भी क्या है। उम्र भर की ग्लानि और शर्म को जाने भी दो तो इस सच्चाई से तो तुम इनकार नहीं ही कर सकती कि वहाँ जाते हुए भी यदि आपको यह आत्मचुभन न हो कि आप एक कुकर्म करने जा रहे हैं कि स्त्री जाति का अपमान आपके हाथों हो रहा है तो निश्चित मानिए कि आत्मा नाम की चीज आपके शरीर से निकल चुकी है और अब आप एक संवेदनाहीन, आत्मविहीन एवं विचार शून्य रोबोट भर रह गए हैं। क्योंकि यह प्राकृतिक नियम है कि स्वयं पशु हुए बिना आप किसी हाड़-मांस वाली स्त्री को पशु की तरह ट्रीट कर ही नहीं सकते हैं। और मेरा तो यह निश्चित मत है कि जो वहाँ जाते हैं उनके शरीर में आत्मा नाम का चैनल होता ही नहीं। और यह भी सत्य है कि स्वयं वेश्या भी अपने यहाँ आनेवाले ग्राहकों से तहेदिल से घृणा करती है। वह जानती है कि यहाँ आला दर्जे के जाहिल और गिरे हुए व्यक्ति ही आते हैं। मुझे एक ऐतिहासिक घटना याद आ रही है। एक बार कश्मीर नरेश की राज्यसभा में एक वारांगना निर्वस्त्र होकर खड़ी हो गई। सबने लानत भेजी...यह क्या ? पुरुषों की सभा में इस प्रकार आना ! वेश्या जानती थी, उनमें से अधिकांश उसके ग्राहक रह चुके थे। उसने गर्दन तानते हुए जवाब दिया, ''इस सभा में मुझे तो एक भी पुरुष नहीं नजर आता, जब तक मुझे कोई पूर्ण पुरुष नहीं मिल जाता, मैं अपनी देह ढाँकने का प्रयत्न किसलिए करूँ ?''

सुकीर्ति बेहद तृप्त और सन्तुष्ट थी। संवाद जिस सार्थक ढंग से आगे बढ़ रहा था। उसे अच्छा लग रहा था। आज करीब बीस वर्षों बाद हुआ था इतना सुदीर्घ संवाद... लेकिन समय के इतने अन्तराल के बाद भी मेघेन के चिन्तन में वही गहराई थी, वही धार थी। अपने इस बौने दोस्त के प्रति वह इस माने में सदा से ही कृतज्ञ रही थी कि उसने जो बौद्धिक आहार और जो विचार-बुलेटिन उसे दिया था वह उसे सिवाय अच्छी पुस्तकों के अन्यत्र कहीं से भी नहीं मिला था।

बहुत देर से संवाद इकतरफा चल रहा था। अतः अपनी भागीदारी दिखाते निर्णयात्मक स्वर में उसने कहा, ''देखो मेघेन, सच कहूँ तो वे सारे मर्द जो वेश्यागामी हैं, मुझे मूर्ख और नामर्द लगते हैं। नामर्द इसलिए कि उनमें इतनी कूबत नहीं होती कि वे किसी का हृदय जीतकर उसका समर्पण जीत सकें। इस कारण वे उच्छिष्ट से ही सन्तुष्ट हो जाते हैं। मूर्ख इसलिए कि ये पुरुष उनसे सेक्स की माँग करते हैं जिनका सेक्स मर चुका रहता है, रात-दिन सेक्स बेचते-बेचते। सारे आवेग, अनुभूतियाँ मर चुकी रहती हैं उनकी। देह का एक खोल भर रह जाती हैं वे।

सुकीर्ति के एक वाक्य ने, 'नामर्द इसलिए कि उनमें इतनी कूबत नहीं होती कि वे किसी का हृदय जीतकर उसका समर्पण जीत सकें...' मेघेन के किसी घाव खाए मर्म को छू दिया था। कोई तार झन्न से टूट गया था और क्षणांश में ही वह अपने वर्तमान से उखड़ अतीत के उस धरातल पर पहुँच गया था जहाँ कभी सुकीर्ति ने ठुकराया था उसे। और अब न केवल उसका धारा-प्रवाह बोलना रुक गया था वरन् सुकीर्ति की बातों का भी उसने 'हाँ हूँ' में ही जवाब दिया था

सुकीर्ति समझ नहीं पाई थी कि एकाएक यह लय-ताल कैसे टूट गई ? संवाद को फिर उसी प्रवाह और धार में लाने के लिए वह चाय बनाने चली गई और सोचती रही कि मेघेन एकाएक क्यों उखड़ गया ? चाय की तरल तरल भाप के बीच भी संवाद में फिर वह गरमाहट नहीं आ पाई। उसे बातों के प्रवाह में वापस धकेलने के प्रयास स्वरूप अपने अनुभवों में से छाँट-छाँटकर सबसे बेशकीमती अनुभवों के मोती वह उसे पकड़ाने लगी थी।

पर सदा से ही अतिसंवेदनशील और भाव प्रवण मेघेन अब और अधिक नहीं बैठ सका। सुकीर्ति ने अनजाने ही उसके मर्म को छेड़ उसे अपमान और आत्मपीड़न के दंश से बेचैन कर दिया था। अनमना हो उठ खड़ा हुआ वह।

उसको रोकने के अन्तिम प्रयासस्वरूप सुकीर्ति ने कहा, "यदि मैं तुम्हें इन लालबत्ती इलाकों में मेरे साथ घूमने को कहूँ तो घूमोगे मेरे साथ ?"

"क्या...?"

मेघेन ऐसे भड़का जैसे हजार-हजार मेगावाट का नंगा तार छू गया हो उससे। मन में कहीं यह भी आया कि कहीं फिर उसे वह किसी और बहाने प्रताड़ित न कर दे। इस कारण नहीं चाहते हुए भी वह कुंठित हो उठा और वैसा ही जवाब दिया जैसा कोई चोट खाया कुंठित व्यक्ति ही दे सकता था।

"वह क्या कोई भ्रमण की जगह है कि पिकनिक मनाने की तरह मैं भी चला चलूँ तुम्हारे साथ। फिर सोचो, किसी ने देख लिया तो क्या सोचेगा। यही समझेगा न कि मैं भी वेश्यागामी हूँ और किसी स्टाफ ने देख लिया तो क्या सोचेगा, मुझ जैसा सी. ओ. (चीफ ऑफिसर) और इन बदनाम गलियों में !"

"मैं भी तो घूम रही हूँ इन गलियों में ।"

"मैं तो तुम्हें भी यही परामर्श दूँगा कि तुम भी अब और अधिक भटकना बन्द कर दो। गन्दे में जाने पर कितना भी सँभलकर चलो, कुछ-न-कुछ गन्दा लिपट ही जाता है।"

सुकीर्ति की आँखों में तेज लहराया, "तो तुम्हें डर है कि इन गलियों में जाने से तुम्हारा 'सतीत्व' बिगड़ जाएगा। खैर...तुम ऐसा सोच सकते हो, पर मैं एक पत्रकार हूँ, मेरे लिए कोई भी अनुभव वर्जित नहीं है। सभी तरह के लोगों से मिलना और सभी तरह के अनुभवों से गुजरना मेरे लिए जरूरी है।"

"सभी तरह के ?" मेघेन ने सभी पर कुछ विशेष जोर दिया, जिसे जान-बूझकर अनसुना करते हुए, बातों का रुख मोड़ते हुए कहने लगी सुकीर्ति, "जानते हो कई बार मुझे लगता है जैसे ऐनी राइल की आत्मा घुस गई है मुझमें।"

बात को बीच में ही काटते हुए पूछा मेघेन ने, "ऐनी राइल कौन ?"

"वह औरत जिसने पहली बार अमेरिका के राष्ट्रपति का इंटरव्यू लिया था। जानते हो उन दिनों वहाँ कोई भी पत्रकार राष्ट्रपति का साक्षात्कार नहीं ले सकता था। उसने बड़ी चतुराई एवं कुशलता से यह कार्य किया। उस समय के राष्ट्रपति की एक आदत

थी—वह रोज चार बजे सुबह नदी में जाकर नहाता था। ऐनी राइल किसी प्रकार यह जान गई। एक रात नदी के तीर पर पेड़ की ओट में वह बैठ गई। प्रेसिडेंट जैसे ही नदी से नहाकर बाहर निकलने को हुए कि उन्होंने देखा, वहाँ कोई बैठी हुई है। उसी वक्त उसने प्रेसिडेंट से वादा ले लिया कि वह उनका इंटरव्यू लेगी। यह पहला इंटरव्यू था जिसे ऐनी राइल ने लिया था।''

और बोलने के साथ ही अपने लेखिका एवं पत्रकार होने पर गरूर किसी अदृश्य झंडे की तरह उसके चेहरे पर लहराया था। आवाज़ में थोड़ी और धार आ गई थी।

सुकीर्ति के आत्म गरूर को थोड़ी चोट पहुँचाने एवं उसके कद को थोड़ा संकुचित करने के अप्रत्यक्ष उद्देश्य से बोल उठा मेघेन, ''पर तुम्हारे साथ यह सुविधा है कि तुम एक स्त्री हो, तुम्हें इन इलाकों में बदनामी का वह खतरा नहीं जो हम पुरुषों को है।''

फिर हँसी सुकीर्ति। एक कसैली और फँसी-फँसी हँसी। और जो संवाद कुछ क्षणों पूर्व महज सद्भावना के तौर पर शुरू किया गया था, मेघेन के उखड़ते मूड को सीमेंट की तरह जोड़ने के प्रयास स्वरूप वही संवाद अब आरोपों एवं प्रत्यारोपों में तब्दील होने लगा था।

''पुरुष नाम के ही पुरुष होते हैं। इन गलियों में घूमते हुए स्त्री को खतरा ज्यादा होता है। सोचो जब इन गलियों में भीतर तक घुसकर मैं इनके घरों से निकलती हूँ तो कोई यह भी तो सोच सकता है कि कहीं मैं भी इसी धन्धे में....। और सच कहूँ तो पहली बार जब मैं घुसी थी तो काफी धड़कते दिल से ही कि कहीं कोई मुझ पर ही आक्रमण न कर दे...या इनका मुखिया मुझे ही इन धन्धों में न फँसा दे। उन दिनों अक्सर मैं एक घटना को स्मरण कर उससे ताकत बटोरने का प्रयास करती थी। एक फकीर था, जो किसी गाँव की सरहद पर बैठकर दिन-भर भजन-कीर्तन में रमा रहता था। एक बार उसी गाँव की एक कुँवारी कन्या गर्भवती हो गई, जैसे ही घरवालों को पता चला, उन्होंने उसे घेरा। उस लड़की ने डर के मारे उस फकीर का नाम ले लिया। ठीक समय पर जब उस कन्या ने बच्चे को जन्म दिया तो उसके घरवालों ने उसी फकीर को पकड़ा, उसे गाली-गलौज दी। मारा-पीटा और उसकी झोली में बच्चे को पटक दिया। यह तेरा है, तू ही सँभाल इसे। फकीर ने कहा, 'हूँ...यह मेरा है !' और कर्त्तव्य बनकर सामने खड़े अपने कर्म में लग गया। आसपास के घरों में वह कभी बच्चे के लिए दूध माँगने निकल जाता तो कभी कपड़े। एक बार इसी प्रकार माँगते-माँगते वह उस घर के द्वार पर भी खड़ा हो गया। उस लड़की ने फकीर को देखा और अपने बच्चे के रोने की आवाज सुनी तो आत्मग्लानि में डूब गई। वह फकीर के पैरों पर पड़ गई। फकीर से कहा उसने, 'मुझे माफ कर दे, मैंने झूठमूठ तुझ पर तोहमत लगाई, यह बच्चा तेरा नहीं।' फकीर ने कहा, 'हूँ, यह मेरा नहीं' और वापस दे दिया उसे। समझे मेघेन, लोकापवाद से इतना भयभीत होने से आप कोई रचनात्मक कार्य नहीं कर सकते। मुझे इन पुराने ऋषि-मुनियों की और फकीरों की कथाएँ बहुत बल देती हैं। उन्हीं के बल पर मैं इतना अनुभव बटोर सकी हूँ। इतना सहज भी नहीं है इस दुनिया को जानना

जनाब, इसकी भीतरी पर्तों का तह-दर-तह खोलना, इनकी पड़ताल करना, इनकी बनावट और मिट्टी को जानना। स्वयं को न केवल डि-क्लास करना पड़ता है वरन् कई बार तो ऐसी बदबू और भयानक गन्दगी के बीच रहती हैं इनकी कोठरियाँ कि उससे आपको सिर्फ एक ही अनुभूति हो सकती है, जुगुप्सा की अनुभूति। माथा भन्ना जानेवाली नफरत की, तब और उन्हीं क्षणों स्वयं को साधना पड़ता है। साधारण मानवीय संवेदनाएँ नहीं, दिव्य संवेदना ही गहराई से लिखवा सकती है इन पर।''

जाहिर था कि मेघेन का मूड जो उखड़ा, वह फिर रम नहीं सका। सुकीर्ति की हजारों कोशिशों के बावजूद। मान-मनौवल की सीमेंट भी फिर उसके मूड की उखड़ी ईंटों को जोड़ नहीं पाई। जिस आत्मीय उष्णता से मिला था वह सुकीर्ति से, अन्त तक वह बनी नहीं रह सकी। उसकी संवेदना के सबसे नर्म हिस्से को अनजाने ही आहत कर बैठी थी वह। वह चला गया था...एक गहरे अवसाद, खिन्नता और उदासी के साथ।

ये (वेश्याएँ) सर्वश्रेष्ठ पाप हैं, क्योंकि ये पुण्य की संरक्षिका हैं।

–शापेन हावर

सुकीर्ति ने कहीं पढ़ा था कि मौत की सजा पाए कैदी और वेश्या से कभी उसकी कुशलता नहीं पूछनी चाहिए, क्योंकि दोनों ही अपने जीवन पर एक्सपायरी डेट लिख चुके होते हैं। इसी तर्ज पर बहुत दिनों तक वह मृत आत्मा और जीवित शरीरवाली इन वेश्याओं से उनकी कुशलता पूछने में सकुचाती थी, पर रफ्ता-रफ्ता ज्यों-ज्य. वह इस जीवन में गहरे पैठती गई, उसने महसूसा कि हर वेश्या का सत्य ऐसा नहीं होता है, कितनी ही वेश्याएँ ऐसी थीं जो इस पेशे में रहते हुए भी अपने अन्दर वह सब कुछ बचाकर रख पाने में सक्षम थीं जिसे कहा जाता है 'आत्मा का सौन्दर्य।'

उन दिनों बहुबाजार के प्रेमचन्द बारेल स्ट्रीट में जहाँ करीब एक हजार वेश्याएँ थीं, उन्हीं वेश्याओं के बीच स्टार बन चुकी थी लाइनवाली गायत्री। कई स्थानीय अखबार वाले उसका इंटरव्यू ले चुके थे। उसने एक मासूम बारह वर्षीया बालिका को एक साथी वेश्या के चंगुल से जबरन वेश्या होने से बचा लिया था।

वह साथी वेश्या लालबानू न केवल वहाँ की रोबदार बाशिन्दा थी, वरन् अपना स्वतन्त्र चकला भी चला रही थी। उसके पास तीन-चार लड़कियाँ थीं, अधिया सिस्टम के अन्तर्गत। सभी बालिग। उन दिनों प्रायः सभी लालबत्ती इलाके पुलिस रेड के मारे रात बारह साढ़े बारह बजे तक बन्द हो जाते थे। सड़कों पर लाइन में खड़ी शान्तिप्रिय वेश्याएँ भी पुलिस झमेले से बचने के लिए आधी रात के उन घंटों में घरों के भीतर चली जाती थीं। ऐसे ही सुनसान घंटों में उसने किसी बालिका का पास के ही चकले से जोर-जोर से रोना सुना। एक बार....दो बार उसने सुना-अनसुना कर दिया। तीसरी बार वह फिर सो नहीं सकी।

खिड़की से उसने इधर-उधर झाँका तो भी कुछ नहीं दिखा। बाहर अभेद्य अन्धकार। आखिर रात के अँधेरे में ही टार्च लेकर वह सड़क पर आकर उस आवाज के उद्गम की खोज में खड़ी हो गई और उस दिशा में बढ़ी जहाँ से आवाज आ रही थी। कान लगाकर सुनते ही उसका माथा ठनका, एक बच्ची की आवाज, जबरन वेश्यावृत्ति की ओर ढकेली जा रही किसी मासूम सी लड़की का करुण क्रन्द्रन 'आमाके भालो लागे ना, एइ सब नोगरा काज, आमाके जेते दाओ...आमाके छेड़े जाओ....औ माँ....माँ गो।' (मुझे अच्छा नहीं लगता यह सब गन्दा काम, मुझे जाने दो, मुझे छोड़ दो, ओ माँ।)

लड़की की घुटी-घुटी रुलाई ने जैसे उसकी आत्मा में सुराख कर दिया था। उसकी संवेदना चीख उठी थी। यद्यपि गायत्री उस मुहल्ले की बाशिन्दा नहीं थी। वह बाहर से आकर यहाँ पर कुछ घंटों के लिए कमरा भाड़े पर लेकर वेश्यावृत्ति करती थी और यह भी एक इत्तेफाक ही था कि उस रात उसकी लोकल ट्रेन चूक गई थी और उसे वहीं रह जाना पड़ा था। फिर भी रोज आते-जाते वह मुहल्लों के कुछ लड़कों को जानने लगी थी। उस मुहल्ले की भी सबको अपनाने की भारतीय क्षमता कि उन लड़कों ने भी वेश्या द्वारा दरवाजा खटखटाए जाने को काफी गम्भीर अर्थों में लिया। पूरी निम्न मध्यमवर्गीय गली। गायत्री उन लड़कों के साथ तुरन्त पुलिस थाने पहुँची। दैवयोग से उस दिन पुलिस ने भी अविलम्ब अपना जौहर दिखाया। मामले की एफ.आई.आर. दर्ज की और पूरी तैयारी के साथ उस घर में छापा मारा तो देखा कोने में घुटनों में सिर डाले एक बारह-तेरह वर्षीय लड़की, डर के मारे थर-थर काँपती, आँख-नाक सभी से बहता पानी। पता चला कि उसे बांग्ला देश से उठाकर यहाँ बेच दिया गया था।

बाद में कोर्ट द्वारा उस लड़की को उस वेश्या के चंगुल से निकालकर लिलुया में बने गवर्नर होम में भेज दिया गया था।

खस्सी की जान जाए, खवैया को स्वाद नहीं

जिस प्रकार लालबत्ती इलाके की गलियाँ बुलाती थीं सुकीर्ति को, उसी प्रकार उसने महसूसा कि कुछ दिन पूर्व की स्टार वेश्या—गायत्री से मिले बिना इसकी मुक्ति सम्भव नहीं। गायत्री से उसका कोई पूर्व परिचय भी नहीं था क्योंकि वह न तो वहाँ की बाशिन्दा ही थी और न ही किसी चकले की मालकिन के अधीन थी। वह एक प्रकार की फ्लाइंग वेश्या थी। वह पास के ही गाँव मागराघाट से सुबह ग्यारह-बारह बजे तक आती थी और शाम ढले ही चली जाती थी।

उस दोपहर जब हिम्मत करके सुकीर्ति पहुँची उसके कमरे में तो शायद ग्रह-नक्षत्र ही कुछ उलटे थे सुकीर्ति के। गायत्री उस दोपहर बम फोड़ मूड में थी। कुछ ही देर पहले कोई ग्राहक उसके कमरे में जाकर पूरा 'मजा' ले चुका था। निर्धारित समय से

ज्यादा समय भी। लेकिन अब वह मक्कार पूरा पैसा देना नहीं चाह रहा था। उसी को लेकर काफी 'धूमधाम' मची हुई थी। गायत्री साक्षात् रणचंडिका बनी हुई थी। मुस्टिका प्रहार की शुरुआत हो चुकी थी। आगे प्रगति की सम्भावना भरपूर थी। चकले की बंगाली भाषा में चुन-चुनकर इन दिनों की देवी बनी गायत्री विशेष किस्म की हैवी वेट गालियाँ दे रही थी–खानकीर छेले, माएर खसम...असल बाप का है तो पैसा मारकर दिखा दे, यहाँ से अपना गूदा निकलवा के ही जाएगा, इस चुनौती को सुनकर ग्राहक की हवा निकलती जा रही थी–फिर भी उधार की बुलन्दी से वह चिल्ला रहा था, "मजा पेलाम ना, दो बार हो बार कथा होए छीलो," "...हूँ दो बार हो बार कथा होए छीलो, गाड़े न गू, चर-चर पाद !" भाषा की नंगई और शालीनता की धज्जियाँ उड़ती देख सुकीर्ति के समान ही पास की छोटी-मोटी दुकानें, चायवाला, बिस्कुटवाले के चेहरे का रंग भी उड़ गया था–कि यदि झगड़ा तुरन्त नहीं थमा तो गालियों का रेंज गोलियों तक न आ पहुँचे। जिन्हें यह खतरा नहीं था, उन्हें 'मजा-मजा' की सी फुरहरी हो रही थी। गायत्री गला फाड़ दाँत पीसकर आँखें निकाल-निकाल उसके पुरुषत्व पर प्रश्नचिह्न लगा रही थी। उसके अंग विशेष का उसके निजी और पवित्र माने जानेवाले सम्बन्धों के साथ सम्बन्ध जोड़ रही थी। आनन-फानन में 'हम एक हैं' की पवित्र सामूहिकता का सम्मान करती आसपास की लाइनवालियाँ भी शान्ति-स्थापना के उद्देश्य से बक-झक करते हंटरवाली की मुद्रा में उसे मारने को झपटी और जो देह उस ग्राहक को थोड़ी देर ही पहले वह सुख दे रही थी जिसकी तलाश में तमाम जलालत और अपनी आत्मा का हनन कर वह आया था उसी देह को अपने ऊपर हाथ उठाता देख उसने बड़ी तकलीफ के साथ बचे हुए रुपये भी थमा दिए।

और इस प्रकार शान्ति-स्थापना हुई।

सुकीर्ति ने वेश्या की गालियों के विषय में अनेक रोचक कहानियाँ सुनी थीं। आज महसूसा उसने कि लुटी-पिटी जिन्दगी के चीथड़े बटोरती इन औरतों की गालियों में क्यों इतनी शब्द-शक्ति होती है, क्योंकि वे इनके हृदय के हाहाकार से निकलती हैं। उस हृदय से जो परिस्थितियों के कोड़े खा-खाकर बेशर्म बना दिया गया है। इन्हीं गलियों की शक्ति के सहारे ही वे इस निर्लज्ज और मक्कार वेश्यागामी पुरुष समाज से लोहा ले पाती है और बिना मारपीट के अपनी देह की कीमत वसूल पाती है। एक वेश्या ने उससे कहा था, "यहाँ आकर बिना पैसे दिए सही-सलामत चला जाए कोई ग्राहक...किसी के बाप की ऐसी ताकत नहीं, कटवा के ही जा पाए तो जा पाए !" और ऐसे ही किसी दूसरे प्रसंग में एक नियमित ग्राहक ने कहा था, अरे लाख लड़ाका हो, झाँसी की रानी ही क्यों न हो, है तो आखिर औरत ही न !

इन अनवरत अघोषित युद्ध का ताजा नमूना अभी-अभी देख चुकी थी सुकीर्ति।

उधर गायत्री के क्रोध के आवेश में ठंडे पानी का छींटा डालने उसकी सहयात्री लाइनवाली महुआ उसके पास आ पहुँची थी। क्रोध में उफनती गायत्री के आँख से आँसू और मुँह से अभी भी फेन निकल रहा था, "माँ...., खानकीर छेले, पूरा आधा घंटा

नोच-नोच मजा लेता रहा। मार लार टपका-टपका कर गन्दा कर डाला, ऊपर से बोलता है मजा पेलाम ना...वेश्यार छेले।" और फिर वह उसका सम्बन्ध उसके पारिवारिक पवित्र सम्बन्धों से जोड़ने लगी। उनकी बातें सुनकर अब कुछ-कुछ वितृष्णा सी होने लगी थी सुकीर्ति को, कि तभी वह चौंक पड़ी। महुआ ने हठात् एक बिहारी लोकोक्ति बोल उसे इस पूरी यात्रा का सर्वाधिक सुखद लमहा दिया था। गायत्री के दुःख को आत्मसात् कर हठात् उसके मुँह से कहीं से एक लोकोक्ति फुदक पड़ी थी, 'हुँह—खस्सी की जान जाए, खवैया को स्वाद नहीं।'

बिहार से आई महुआ की भाषा सुन जहाँ उसे सुखद आश्चर्य हुआ वहीं गायत्री को इस रूप में देख, उसके लिए यह विश्वास करना मुश्किल था कि इसी गायत्री ने जान पर खेलकर (उसी वर्ष उसी मुहल्ले में एक वेश्या की हत्या इसी कारण हो गई थी उसने कई बाल वेश्याओं का धन्धा करनेवाली वेश्याओं की रिपोर्ट पुलिस में की थी) एक मासूम बच्ची को वेश्या होने से बचाया था।

पूछत स्याम कौन तू गोरी ?

गायत्री के बारे में इधर-उधर से पूछताछ कर सुकीर्ति इतना जान गई थी कि तीस वर्षीया गायत्री दो बच्चों की माँ है और पति के उकसाने पर ही वह पाँच वर्ष पूर्व इस पेशे में उतरी थी। जिस दिन पहली मर्तबा सुकीर्ति ने गायत्री को लाइन में खड़ी देखा था, सुकीर्ति के लिए यह विश्वास करना मुश्किल हो गया था कि गायत्री सचमुच लाइन में काम करनेवाली है। वेश्या शब्द अपनी परम्परा के साथ जिस बिम्ब को वहन करता है, कामुक, पतिता, कुलटा—उसके साथ गायत्री का कोई भी तालमेल वह दूर-दूर तक नहीं बैठा पाई थी।

किसी भी तड़क-भड़क से दूर एकदम सीधी-सादी वेशभूषा, उतना ही सादा शृंगार जैसे घर का काम करते-करते लाइन में खड़ी हो गई हो। पोलिएस्टर की नीली जमीन की प्रिंटेड साड़ी को भी उसने लज्जाशील घरेलू गृहिणियों की ही तरह पल्ले से पूरी पीठ ढाँपते हुए सामने लेकर पहना था। ओठ तक बिना रँगे हुए। भर हाथ चमकीले मेटल की चमचम करती चूड़ियाँ। माँग में लम्बा सा चटक लाली लिये लाल सिन्दूर। ललाट पर लाल बिन्दी। कान में प्लास्टिक के फूलनुमा टॉप्स। सब मिलाकर एक साफ-सुथरी काया का खाका। सुकीर्ति ने उस समय तक यह पहली वेश्या देखी थी जो सड़क पर वेश्याओं की संगत में खड़ी रहते हुए भी अपनी माँग में सिन्दूर द्वारा यह घोषित कर रही थी कि आज भी इस देश में ऐसे असंख्य जोड़े हैं जो विवाहित दिखते हैं पर वे ऐसे ही पासपोर्ट की ही तरह होते हैं जिनकी वेलिडिटी डेट निकल चुकी रहती है।

बहुत ही आश्चर्य हुआ था उस दिन सुकीर्ति को सिन्दूर के साथ खड़ी वेश्या को

देखकर। यह तो बाद में सुकीर्ति का यह भ्रम मिटा कि लगभग दस प्रतिशत वेश्याएँ पति के रहते वेश्यावृत्ति करने को बाध्य हैं या पति द्वारा ही इस बाजार में ठेल दी जाती हैं।

रूसी उपन्यासकार कुप्रिन के विश्व प्रसिद्ध उपन्यास 'यामा दि पिट' में (हिन्दी रूपान्तर–गाड़ीवालों का कटरा) लड़कियों को बेचनेवाला एक दलाल जो अपनी ही कई पत्नियों को चकलाघरों में बेच चुका था, चकले की मालकिन को कहता है, "मैं उससे कह चुका हूँ कि तुम मेरी ताई हो, बस मैं अपनी पत्नी को अपनी ताई के पास.... ।"

गायत्री से भी पहली बात यही पूछी थी सुकीर्ति ने, "सिन्दूर लगाकर इस धन्धे में तुम्हें कुछ असुविधा नहीं होती, अटपटा नहीं लगता ?"

एकदम सीधा सपाट सा जवाब थमा दिया था गायत्री ने, "मैं जिस गाँव से आती हूँ वहाँ सब जानते हैं कि पति ने मुझे छोड़ दिया है, फिर भी यदि मैं सिन्दूर नहीं लगाऊँगी तो लोग मुझे बदचलन समझेंगे, फब्तियाँ कसकर जीना हराम कर देंगे।...मेरी सास भी मुझसे सम्बन्ध तोड़ लेगी।"

"क्या तुम्हारी सास को पता नहीं है ?"

कंठ छूकर कहती है गायत्री, "ससुरी जेने गेले बाड़ी थेके बार करे दिवे। (सास को पता चल जाए तो घर से बाहर कर देगी।) वह तो यही जानती है कि मैं बड़े-बड़े घरों में चौका-बर्तन करती हूँ।"

सुकीर्ति ही क्या, कई ग्राहकों तक ने पूरी रामायण ही पूछ डाली थी उससे–कौन है ? पति ने क्यों छोड़ा ? कैसे बनी वेश्या ? अब जबकि पति ने छोड़ ही दिया है तो तुम क्यों उसके नाम का सिन्दूर लगाती हो ? गायत्री वही जवाब देती, जो सत्य था कि पति उसे छोड़ सकता है, पर वह नहीं क्योंकि उसके गाँव में स्त्री को इज्जत तभी मिलती है जब उसके पीछे कोई पुरुष हो। सुकीर्ति को ध्यान आया, उसने कई वेश्याओं को बिना किसी के साथ विवाह किए भी लाइन से बाहर रहते हुए सिन्दूर लगाते देखा था, शायद इसलिए कि सामाजिक यथार्थ और अनुभव ने उन्हें समझा दिया था कि अनावश्यक जिल्लत और अपमान से बचने के लिए जरूरी है कि वे किसी पुरुष के खूँटे से बँधे होने का छल करें।

सोच फिर चालू हो जाता है सुकीर्ति का–भारतीय समाज का यह एक और विरोधाभास ! जो स्त्री अपने परिवार को भुखमरी से बचाने के लिए अन्तिम विकल्प के रूप में अपनी अस्मिता तक को दाव पर लगाने का साहस कर पाती है वह भी बिन सुहाग चिह्नों के अपनी बिरादरी वालों से आँख मिलाने की हिम्मत नहीं बटोर पाती। भारत की आत्मा, ये ग्रामीण स्त्रियाँ और भारत के ये गाँव जहाँ आज भी स्त्री का आँकलन उसकी जुझारू प्रवृत्ति, उसकी कर्मठता, श्रम और परिवार के लिए किए गए उसके त्याग के आधार पर नहीं होकर उसके सतीत्व के आधार पर ही होता है।

शायद यही कारण था कि अमर कथाशिल्पी शरतचन्द्र को कहने की आवश्यकता पड़ गई थी कि नारीत्व सतीत्व से महान् है।

नौवीं जमात तक पढ़ी-लिखी गायत्री से किया गया संवाद काफी समृद्ध कर गया था सुकीर्ति को। ऊपर से नीचे तक, शरीर से प्राणों तक—आक्रोश नफरत और अवमानना से भरी गायत्री से एक बार पहल करने में बहुत डर लगा था सुकीर्ति को, क्योंकि इधर के अनुभवों ने उसे बता दिया था कि वेश्याएँ अपने बारे में बताना नहीं चाहतीं, यह डर उनके अवचेतन को दीमक की तरह चाटता रहता है कि कहीं उनका नाम, तस्वीर या कोई पहचान न छप जाए। कई वेश्याओं का अहं भी उन्हें दूसरी नारी के समक्ष अनावृत्त होने से रोकता है।

पर गायत्री चूँकि स्थानीय नहीं थी, उड़ती परिन्दा थी और अपेक्षाकृत कम समय से यहाँ थी, इस कारण वह यहाँ की आबोहवा को पूरी तरह सोख नहीं पाई थी। अपने संस्कारों को पूरी तरह कुचल नहीं पाई थी। इस कारण वह बात-बात पर उबल पड़ती थी। उसका भीतर ही भीतर बजबजाता आक्रोश निष्कासन की राह माँगता। ऐसे व्यक्तित्व से पूरा सच उगलवाया जा सकता है, इसी बारीक सोच ने कई-कई दिनों तक सुकीर्ति को गायत्री के पीछे भूत की तरह लगाए रखा। टुकड़े-टुकड़े में हुई बातचीत से वेश्या जीवन से ज्यादा वेश्याओं के पास आनेवालों ग्राहकों का मनोविज्ञान, उनका टुच्चापन उसके सम्मुख उजागर हो उठा था।

सुकीर्ति जानती थी कि लालबत्ती की इस दुनिया का सत्य इतना भयानक और निर्वसन है जितना कि ट्यूबलाइट में खेले जानेवाले, शेयर बाजार एवं डिस्को एवं फ्लड लाइट में चलनेवाले शराब बाजार, सर्राफ बाजार एवं जुआ बाजारों जैसी किसी भी दुनिया का नहीं हैं, पर वह इतना बीभत्स, लज्जाहीन और अन्तिम स्तर तक आस्थाभंजक भी है, इसका गुमान उसे न था।

गायत्री ने दो टूक बात कही थी उससे, आप इस दुनिया का भीतरी सत्य नहीं लिख पाएँगी, बहुत हुआ ऊपरी छिलका भर उतार लेंगी, अपनी खिड़की से दूसरों के आँगन में झाँक भी लिया तो क्या, इस दुनिया का भीतरी नरक यदि जान भी गईं तो क्या वैसी भाषा लिख पाएँगी आप ? दे पाएँगी वैसे शर्मनाक ब्यौरे...जिन्हें आप लिखने तक की हिम्मत नहीं कर पाती हैं, वैसे वाकया हमारे साथ हर रोज घटते हैं।

समझ में आ रहा था सुकीर्ति के कि क्यों कई विदेशी लेखकों तक ने इस विषय पर छद्म नामों से लिखा। गायत्री चालू थी, "क्या आप लिख पाएँगी कि उस दिन जो ग्राहक आया था उससे जो रेट तय हुआ था उसके अनुसार वह मेरा ऊपर का जामा नहीं खोल सकता था, जामा नहीं खोल सकता था का मतलब भी आप समझ जाइए....साला, भोंसड़ी का जो बीस का नोट थमा रखा था उसमें उसे और क्या मिल सकता था...बाहर तो राजी हो गया पर भुक्खड़ लुच्चा भीतर जाकर भूखे भेड़िए की तरह टूट पड़ा टुच्चेपन पर उतर आया, जबकि 20 रुपये सिर्फ पाँच मिनट का रेट है, सिर्फ उसी असली काम के लिए।"

"तो क्या रेट इस प्रकार भी तय होता है ? हे भगवान्, ये चीजें भी क्या इतनी यान्त्रिक ढंग से तय हो सकती हैं, प्रेम का व्यापार भी इतना मैकेनिकेली !" आश्चर्य,

विश्वास, लज्जा एवं कौतूहल के मिले-जुले भावों को वहन करती सुकीर्ति की आँखें कपाट तक चढ़ गई थीं। "कि कोरबो (क्या करूँ ?) ज्यों-ज्यों महँगाई बढ़ती जा रही है, लाइनवालियाँ बढ़ती जा रही हैं। ग्राहक भी अब उतने नहीं मिलते, आदमनी भी अब वैसी नहीं रही, पैसा देते फटती है सालों की तो मन मारकर जो कुछ वे दे दें कई बार उसी में राजी हो जाना पड़ता है," और बोलते-न बोलते गायत्री के चेहरे पर दीनता-हीनता, यतीमता और विवशता का एक नया संस्करण चिपक गया था।

"पर हम भी इतने कम पैसों में अपनी पूरी की पूरी देह नहीं सौंपती हैं। अब जब सामनेवाला टुच्चेपन पर आ जाता है तो हम भी क्या करें। वो कमीना तो हम हरामी बीस रुपये में घर के भीतर तो ले आती हैं पर साफ मना कर देती हैं, 'जामा कापड़ खूलबो ना।' (कपड़ा नहीं उतारूँगी)। अरे, सारी बातें साफ-साफ तय करने पर भी तो हरामी की औलाद, आदमी की जात, भीतर आते ही नीयत में बेईमानी आ जाती है। उस समय तो कह देते हैं, ठीक है दिए दिबो (दे दूँगा) और बाहर आते ही ना-नुच्च करने लगते हैं। मुकर जाते हैं। लाँग रेट के ग्राहक फिर भी थोड़े ठीक होते हैं पर उनसे भी एक झगड़ा आम है....साफ बात हो जाती है, एक बार कि-दो बार...उस पर भी मुकर जाते हैं—बड़ी कुतिया चीज है यह लाइन, मार झिक-झिक ! ऐसे ऐसे मरे आते हैं कि दो पैसा देकर सोचते हैं कि औरत नहीं हुई कोई खुदाई हो गई, बस खोदते जाओ, सब कुछ मिल जाएगा, प्रेम, शरीर, यारबाशा." बोलते-बोलते एक दीर्घ निःश्वास सी छोड़ी उसने। कुछ देर की चुप्पी के बाद फिर बोलने को हुई कि तभी उसका बच्चा पास में पड़ी पेंसिल को खुद की ही आँखों में खुबोकर खुद को हल्के से जख्मी कर जोर-जोर से रोने लगा था। गायत्री उसे पुचकारने लगी थी।

सुकीर्ति को एकाएक ध्यान आया, राज मिस्त्री रह चुके गायत्री के पति पिछले पाँच वर्षों से ही उसके जीवन और मन दोनों से ही निकल चुके थे। और वह जिस बच्चे को पुचकार रही थी वह मात्र डेढ़-दो वर्ष का होगा, तो कहाँ से आया वह बच्चा ?

बड़ा भारी पड़ रहा था सुकीर्ति के लिए यह प्रश्न। लेकिन गायत्री ने बड़ी ही सहजता से जवाब दिया, "यह बच्चा किसी ग्राहक का ही है, किन्तु बोल नहीं सकती है वह कि यह बच्चा किसका है...आमि बूझते पेलाम ना पाई (मैं समझ नहीं पाई)..."

बड़े ही संकोच के साथ पूछा सुकीर्ति ने..."पर मैंने तो सुना है कि आजकल अधिकांश वेश्याएँ बिना कंडोम के...।"

और पूछने के साथ ही लगा जैसे एक गहन अपराध-बोध से धरती के कुछ अन्दर तक धँस गई है वह। किसी को उसकी दरिद्रतापूर्ण वस्त्रहीनता में देखने का अपराध-बोध कुछ इस कदर गहराया सुकीर्ति पर कि गायत्री से सीधे आँखें मिलाने में भी असुविधा महसूस हो रही थी उसे।

पर गायत्री जैसे किसी उच्च दार्शनिक धरातल पर खड़ी थी—निर्वैयक्तिक और निस्संग ! वह जैसे उन दारुण क्षणों के इतिहास को सौंप देने की पूरी मानसिक तैयारी में थी।

"हाँ, आपने सही ही सुना है, कई स्वयंसेवी संस्थाओं ने भी हमें ठूँस-ठूँस कर समझाया है कि हम बिना कंडोम के ग्राहक के पास नहीं जाएँ...पर मैडम, कुत्ता जाति ग्राहकों की—कई बार साफ मना कर देते हैं, इसका उपयोग करना नहीं चाहते, मजे में खलल पड़ जाता है इनके। हम भी जब पूरे दिन खड़े-खड़े कमर अकड़ जाती है, शरीर का जोड़-जोड़ जब दुखने लगता है और कोई ग्राहक नहीं पटता है तो इस पर भी राजी हो जाती हैं कि कम से कम दिन पूरा तो फाँका नहीं जाए, आने-जाने का खर्चा तो निकले...। यह तो कमरा भाड़ा देनेवाली अच्छी है। मुझसे भाड़ा तभी लेती है जब ग्राहक मिल जाता है नहीं तो और भार पड़े। और फिर भले ग्राहकों को तो मना भी कर दूँ पर जो रंगबाज और मस्तान टाइप या पाड़े के दादा होते हैं वे साले न तो कंडोम व्यवहार करेंगें और न ही मना करने पर जाएँगे। इच्छा हो या न हो, उनके सामने तो बिछना ही पड़ता है। नहीं, फिरी नहीं।"

"कमरे का कितना भाड़ा देती हो तुम ?"

"यूँ रेट तो दिन-भर के लिए 35 रुपये से 60 रुपये तक का है। मतलब यदि सीजन का टैम है तो दिन-भर के लिए 60 रुपये और मन्दा सीजन है तो दिन-भर का 35 रुपये। यहाँ तो रेट फिर भी बहुत कम है। दूसरे इलाकों में तो एक-एक-दिन का 200 रुपयों से तीन सौ रुपये तक है। वे धनी इलाके हैं।"

"उस वक्त तुम उस कमरे में चाहे जो कुछ करो...।"

"नहीं, ऐसा नहीं है, कई बार कमरे की मालकिन उसी कमरे को दो लाइनवा[illegible] के बीच भी देकर रखती है। यहाँ जगह सोने से भी अधिक महँगी है, जिसके पास अपना एक कमरा हो गया वही शहजादा। तो कई बार जब दोनों लाइनवालियों के ग्राहक एक साथ आ जाते हैं तो बीच कमरे में ही डोरी बाँधकर पर्दा टाँगकर दोनों तरफ चटाइयाँ या दरियाँ बिछा दी जाती हैं। कमली, कह दे अन्दर जाकर अबी हमको टैम नहीं है, हाँ तो, अधिकतर दुर्गापूजा एवं कालीपूजा के समय होता है ऐसा जब ग्राहकों की भरमार रहती है। नहीं, अब शर्म-वर्म कुछ नहीं आती, शुरू-शुरू में जरूर आती थी। यहाँ बेशर्मी का खुला नाच होता है। आपको ताज्जुब होता हो पर हम अब अभ्यस्त हो चुकी हैं। नंगापन एक ही बार कचोटता है, बार-बार नहीं। हमारे लिए यह सब ऐसा ही है जैसा कि सरकारी अस्पतालों में आपने देखा होगा, आसपास दो डॉक्टर और बीच में लकड़ी का पार्टीशन। फर्क यही कि यहाँ डॉक्टर नहीं हम वेश्याएँ रहती हैं और बाहर लाइन में खड़े रहते हैं सेक्स रोगी। कई बार ऐसा भी होता है कि एक लाइनवाली भीतर है और उसी का दूसरा ग्राहक आ गया है तो वह बाहर खड़ा धैर्य के साथ अपनी बारी का इन्तजार करता रहता है।" बोलते-बोलते वह पूरी विद्रूपता एवं व्यंग्य के साथ हँस पड़ी। सुकीर्ति समझ नहीं पाई कि वह किस पर हँस रही थी, अपने पर कि इस बेशर्म और क्रूर समय पर। एकाएक उसके दिमाग में कुछ कौंधा। परमहंस रामकृष्ण की महान् उक्ति, 'लज्जा, घृणा, भय, थाकते नहीं,' का किस प्रकार इस दुनिया में अक्षरशः पालन हो रहा था।

"तो ऐसे ग्राहकों से तो कुछ भी बात नहीं हो पाती होगी।"

"नहीं, ऐसे शॉर्ट रेट पर आए ग्राहकों से क्या बात होगी। बल्कि वे करना भी चाहें तो हमी हल्ला मचाने लगती हैं।–जल्दी करो जल्दी करो !"

"सीजन के समय गिराहकों के हाथ से निकलने का डर भी रहता है। कई बार अधिक टैम लगाते हैं तो मैं चेता देती हूँ कि रेट बढ़ जाएगा, आगे वह जाने और उसका काम।"

"तकलीफ और थकावट तो बहुत होगी।"

"हाँ, शुरू-शुरू में तो खड़े-खड़े कमर टूट जाती थी, गोड़ पिराने लगता था। अन्दर घाव हो जाते थे, खुजली होने लगती थी। लेकिन बाकी वेश्याओं की तरह थकान मिटाने को मैं दारू नहीं लेती...हाँ, मेरे ग्राहक दारू पीते हैं, कई लेकर आते हैं, कई यहाँ आकर खरीदते हैं। कई-कई ग्राहक, विशेषकर शॉर्ट रेटवाले तो ऐसी दुर्गन्ध मारते हैं कि माथा भन्ना जाता है। उबकाई आने लगती है। नहीं शराब की नहीं, पसीने की दुर्गन्ध, साले, सप्ताह में एक बार तो साबुन से नहाते हैं। शराब की गन्ध भी शुरू में तो एकदम नहीं सह पाती थी। मितली आने लगती थी,' बोलते-बोलते बुरा सा मुँह बना लेती गायत्री जैसे प्रथम ग्राहक की छोड़ी प्रथम बदबू से अभी तक मुक्त नहीं हो पाई हो वह। बातों के प्रवाह को जारी रखे, हाथों की उँगलियाँ मचकाते पूछती है सुकीर्ति, "किस प्रकार के ग्राहक होते हैं वे ?"

"बहुत ही गरीब, झाकावाले, मुटिया, ठेले गाड़ीवाले, टैक्सी ड्राइवर टाइप। शॉर्ट रेट पर ऐसे ही बदबूदार, घिनौने एवं पसीने की बदबू से बजबजाते ग्राहकों के सामने बिछ जाना पड़ता है।"

"और लाँग रेट के ग्राहक ?"

"वे थोड़े ठीक होते हैं, लेकिन बातें बहुत ऊल-जलूल करते हैं। अजीब-अजीब हरकत करते हैं। कई चाहते हैं कि हम उनका सिर गोद में रखकर प्रेमिका या जोरू की तरह सहलाएँ। कई साले तो ऐसी हमदर्दी दिखाएँगे जैसे कि अभी ही सात फेरे खा लेंगे। दरअसल लाँग रेट के गिराहक थोड़े रसिया, थोड़े अमीर होते हैं। चाहते हैं कि भरपूर मजा मिले, तन को भी, मन को भी।"

मदारी की बन्दरिया की तरह नकल उतारते बताने लगी गायत्री, "बस उसी चक्कर में तमाम बकवास करेंगे...मेरी सोना, मेरी रूपा, मेरी चनरमुखी...मेरी बुलबुल तोमाके देखे खूब कष्ट होच्छे...जाबी आमार संगे, आमार रोजगार खूब भालो (तुमको देखकर खूब कष्ट होता है। मेरा धन्धा अच्छा है, चलोगी मेरे साथ हो ?)"

और बोलते-बोलते बातों की मौज में जमीन पर धम्म से आलथी-पालथी मारकर बैठ गई, "और एकटा कथा जे कि प्रत्येक देर ग्राहकेर भुखे थोक, तोर कि स्वामी छीलो, कबे थेके तूमि एई पथे ?" (और एक बात जो कि प्रत्येक ग्राहक के मुँह पर रहती है, तुम्हारा भी क्या कोई पति था ? कब से तुम इस रास्ते पर ?)

ठुड्डी पकड़े-पकड़े मुंडकी हिलाते हुए मर्दजात की परम पारखिन की तरह कहने

लगी गायत्री, "इन हरामजादों के कलेजों को इस बात से ठंडक पहुँचती है कि हमारे सिर पर किसी का हाथ नहीं, माथे में सिन्दूर नहीं, कइयों को तो जैसे सिन्दूर देखकर ही डंक मार जाता है...पिछले सप्ताह ही एक एकदम पहली-पहली बार आया था। पूरा गांडू ! बाहर घबराहट में शायद ध्यान नहीं गया था उसका. भीतर इत्मीनान से जब शुरू करने लगा वो तो माथे के सिन्दूर को देखकर जनेऊ फड़फड़ाने लगा, साले का चेहरा चूतिए की तरह बन गया, कहने लगा, सिन्दूर को देखकर लगता है जैसे कुछ गलत कर रहा हूँ।"

सुकीर्ति समझाना चाह रही थी कि यह तो सर्वकालिक भारतीय मानसिकता है, जिसमें पुरुष वेश्या तक को किसी एक के अधिकार में देखना नहीं चाहता है। एक कमीने किस्म का सन्तोष होता है उसे इससे। माथे में लगा सिन्दूर उनके इसी दबे अपराधबोध का परिणाम है जो किसी की पत्नी के बोध से जुड़ा रहता है। क्योंकि पुरुषों की अवसरवादी और अधकचरी नैतिकता में यही है कि जो सर्वभोग्या है उसका भोग कोई नैतिक अपराध नहीं।

सुकीर्ति कुछ बोलती कि गायत्री आवेग में बोल पड़ी, "मैंने उस फटे ढोल को कहा कि मियाँ अपना काम कर और चलता बन कि तभी वह फिर भौंकने लगा, अरे वही दुनिया का सबसे वाहियात सवाल जो कि हर गिराहक हर वेश्या से पूछता है कि तुम वेश्या कैसे बनीं।"

"क्या...?"

गायत्री की मुखरता, ग्राहकों के टुच्चे मनोविज्ञान को समझने की उसकी क्षमता, उनकी खोखली सहानुभूति...को जिस प्रकार प्रस्तुत कर रही थी वह कि सुकीर्ति चमत्कृत थी।

"क्या जवाब देती हो तुम ?"

"देना क्या है, वे झूठी हमदर्दी दिखाते हैं, तो हम भी गढ़ा-गढ़ाया जवाब थमा देती हैं। अब जैसे कि मैं इस लाइन में धोखे से नहीं लाई गई हूँ, मैं स्वयं सोच-समझकर और जानते-बूझते आई हूँ, पर यदि मैं ऐसा कह दूँ कि मैं यहाँ अपनी इच्छा से हूँ तो उनका मिजाज बिगड़ जाएगा, मस्ती चली जाएगी उनकी। दरअसल साले खुद कितने भी गिरे क्यों न हों, जगह-जगह की जूठन चाटे हुए हों पर चाहेंगे कि लड़की मिले तो कुँवारी कन्या या फिर सती-सावित्री। साले वेश्याओं तक से उम्मीद रखते हैं कि हम उन क्षणों में लजाएँ। उनके पुरुषार्थ का लोहा मान लें। साले पूरे के पूरे गधे होते हैं, भैन...कइयों को अच्छा लगता है—हमारा चीखना, सिसकारी भरना, नोचना...अरे मैडम पूरी अजायबघर है यह दुनिया। रक़म-रकम के लोग हैं यहाँ। कई साले ऐसे होते हैं जो बारी-बारी से सबका स्वाद लेंगे। जबकि कई ऐसे भी हैं कि जो मेरे पास आएगा तो मेरे ही पास आएगा। मैं यदि उस समय कमरे के भीतर भी रहूँ तो प्रतीक्षा करेगा...लेकिन दूसरी के पास हर्गिज नहीं जाएगा। बड़ा मजाक बनता है ऐसे गिराहक को लेकर। महुआ तो हमेशा मजाक करती थी, जा, आ गया तेरा...बाँधा गोभी। एक ऐसा ही गिराहक

बहुत दिनों तक कहता रहा, शादी कर घर बसाने की बात। अब नई से नई आई लाइनवाली भी इन झाँसों में नहीं आती। यहाँ से जो इक्की-दुक्की गईं भी तो उससे बदतर हालत में ही लौटीं। एक को तो बहादुर प्रेमी मिल भी गया था, हिम्मत करके भगाकर भी ले गया तो उसकी कटरे की मालकिन दलाल के साथ पहुँच गई, धमकी दी उस मजनूँ को कि—तू या तो लौटा दे मेरी छोकरी नहीं तो अपनी बहन को देखेगा तू इसकी भरपाई करते...वेश्या हूँ और कइयों को बना चुकी हूँ...। बहन की खैरियत चाहता है तो लौटा दे मेरी कबूतरी को...बस, बहन का नाम सुनते ही सारी प्रेम हवा निकल गई, दूसरे दिन ही लौटा गया....। तो कहने का मतलब कि हम अच्छी तरह जानती हैं कि इसके आगे सभी रास्ते बन्द हैं...तो मैंने भी उस प्रेमी गिराहक को आखिर कह दिया, मैं यह धन्धा और जमे हुए गिराहक नहीं छोड़नेवाली। यदि सच्ची-मुच्ची का प्रेम है तो मेरी यहीं सहायता कर दिया कर...ऊँट की समाई नहीं होती चूहे के बिल में। बस तब जाकर बोलना छोड़ा उसने। लेकिन अब ऐसे फिक्स्ड गिराहक दिन पर दिन कमते जा रहे हैं," बोलते-बोलते बेचारगी की एक परत चढ़ गई थी गायत्री के चेहरे पर।

गायत्री अब स्वयं ही संवाद के उस बिन्दु पर आ गई थी जहाँ उसकी वर्जनाएँ और अवरोध टूट चुके थे। उसे अब और अधिक धकेलने की जरूरत नहीं पड़ रही थी सुकीर्ति को। वह स्वयं ही खुलती जा रही थी, खुलती रील की तरह। बिना सुकीर्ति के आग्रह के ही निहायत स्वाभाविक ढंग से उबासी लेते हुए कहने लगी वह, "जानती हैं मुझे सबसे अधिक परेशानी होती है बूढ़े गिराहकों से...मरजाने आ मरेंगे, कुछ करने में गूदा निकलने लगेगा, तो बकवास पर उतर आएँगे...अजीब-अजीब माँग करेंगे। वक्ष पर हाथ फेरते रहेंगे...। एक ऐसा ही बुढ़ऊ आता था। दादू। हाथ-पैर कीर्तन करते सूअर के बच्चे के। माथा चाट जाता था...चूमता जाता और पूछता जाता 'केमेन लागछे...केमेन लागछे... (कैसा लगता है, कैसा लगता है।) एक और दादू, सिर चिकने तवे की तरह सफाचट। एक भी बाल नहीं। चेहरे की खोल झूलती हुई। हाँफते-हाँफते बैठ जाता और कहता, "कपड़े उतारकर नाच।"

इस बीच बातों की खूबसूरत लय-ताल को तड़काते गायत्री का अढ़ाई वर्षीय सोनू-मोनू बेटा कुनमुनाते उसका बाल खींचने लगा। और तभी ध्यान आया, इसके और भी दो बच्चे हैं। कौन देखता होगा उनको...किसके पास छोड़कर आती होगी...और स्वयं यह बच्चा, जब यह ग्राहकों के पास होती होगी या लाइन में खड़ी तब कौन देखता होगा इसे।

और जानने पर आस्था बढ़ गई सुकीर्ति की, तो इस समाज में अभी भी ऐसे लोग हैं जो किसी को वेश्या बनाते हैं तो किसी वेश्या की समस्या को सुलझाने की भी सोचते हैं। गायत्री बतलाती जा रही थी, "भला हो इन्द्राणी दी का, संलापवालों का इन्द्राणी दी बहुत काम कर रही हैं। हम लोगों के बच्चों के लिए...। उस दिन जो मैं उस लड़की को बचा पाई थी वेश्या के चंगुल से तो इन्द्राणी दी के ही चलते। उनके ऑफिस की

तीन-चार दीदी-मुनि तृप्ति दी, सोमा दी, मणिमाला...प्रायः महीने में दो-तीन बार यहाँ आती हैं, अब तो प्रायः कई लालबत्ती इलाकों में उन्होंने अपना एक ऑफिस ही खोल रखा है, वहीं पर हमीं में से किसी एक को नियुक्त कर रखा है उन्होंने जो हमारे बच्चों को सँभालती हैं, उन्हें पढ़ाती हैं और जो बड़े बच्चे होते हैं उन्हें हाथ की कारीगरी का काम सिखाती हैं। वे यहाँ कक्षाएँ भी लेती हैं। उस दिन जैसे ही मुझे गड़बड़ लगी कि उस बच्ची के रोने की आवाज सुनकर, मैंने सबसे पहले इन्द्राणी दी को ही फोन लगाया था, उन्होंने ही मेरा साहस बढ़ाते हुए कहा, "तुम एकदम मत डरो, लोकल लड़कों को लेकर फौरन पुलिस थाने पहुँचो...तब तक हम लोग भी पहुँचते हैं। जी, अपने दोनों बच्चों को तो मैं अपनी सास के पास छोड़कर आती हूँ। स्वामी चला गया, पर सास मेरे साथ ही रहती है। भोर चार बजे उठकर, सब खाना-बनाकर, घर-सफाई कर, खाने को ढाँक-मूँदकर दस बजेवाली लोकल में बैठकर करीब साढ़े ग्यारह बजे तक मैं यहाँ पहुँच जाती हूँ.... ।"

"आने-जाने में किराया भी खूब लग जाता होगा ?"

"हर जगह भाड़ा हम लोग नहीं देती हैं। यदि हर जगह देने लग जाएँ तो दस-बारह रुपये तो भाड़े में ही लग जाएँ...मैं क्या जितनी सब्जीवालियाँ, चावलवालियाँ...जो भी विधान नगर स्टेशन से आती हैं, कोई भाड़ा नहीं देती हैं...बस बीच-बीच में थोड़ा बहुत यूँ ही खिला-पिला देती हैं टी.टी. को। हाँ, यदि हम हावड़ा स्टेशन से आएँ तो पकड़ी जाएँगी।"

उसके बच्चे की हरकतें बढ़ती जा रही थीं और एकाएक उसने कुनमुनाना छोड़ कर जोर-जोर से चीखना शुरू कर दिया था। वह झल्ला पड़ी, 'चोप, बदजात छेले' और उसने उसे वहीं आँचल से ढाँपकर दूध पिलाना शुरू कर दिया था।

दूध पिलाती गायत्री को किसी भी कोण से देखने पर सुकीर्ति इस महिला को वेश्या के साँचे में नहीं बिठा पा रही थी। एकाएक उसके दिमाग में कौंधा, आज जबकि गर्भपात आम बात हो गई है, और बिना किसी अपराधबोध के मध्यवर्ग तो सोनियोग्राफी के जरिए धड़ल्ले से अपने भ्रूण का सफाया करता जा रहा है। हरियाणा में तो यह मध्यमवर्ग भ्रूण हत्या में इस कदर बदनाम हुआ है कि स्त्री भ्रूण की हत्या एक गम्भीर समस्या ही बन गई है और कानूनी तौर पर सोनियोग्राफी को गैर-कानूनी करार दिया गया है। भ्रूण हत्या के चलते वहाँ स्त्रियों का जन्म अनुपात धड़ल्ले से गिरा है। याद आ रहा था सुकीर्ति को, उसकी एक सहेली ने तो मात्र इस कारण अपने चार महीने का गर्भ गिरवा लिया था कि वह एकदम नव-विवाहिता थी और उसके यूरोप भ्रमण का टूर बन चुका था। काफी दौड़-धूप करके उसने बीसा का जुगाड़ करवाया था। वह नहीं चाहती थी कि यूरोप टूर को कैंसिल करना पड़े इसलिए उसने आते हुए बच्चे को 'नो एंट्री' दिखा दिया।

हिम्मत कर दबी जुबान में पूछा सुकीर्ति ने, "तुमने गर्भपात क्यों नहीं करवा लिया ?"

"नहीं, मन नहीं हुआ। सबेई तो एक रकम होते पारी ना (सब तो एक जैसी नहीं हो जातीं) मजबूरी ने वेश्या बना दिया तो क्या यह सब भी करूँ। माँ दुर्गा की कृपा हुई तो जहाँ दो पल रहे हैं, तीसरा भी पल जाएगा लेकिन अब और नहीं, ईश्वर से मनाती हूँ कि अब बाँझ बना दे," और बोलते-बोलते बेटे को आँचल से निकार उसका माथा चूम लिया उसने।

और उन्हीं क्षणों सुकीर्ति ने देखा था, गायत्री की आँखों में एक कौंध चमकी थी। कैसी थी वह कौंध, क्षणांश के लिए ही सही, पर क्या था उन आँखों में--इंसान बनकर जीने की तड़प ? जो भी हो उन आँखों में, पर उन क्षणों गायत्री उसे वेश्या नहीं, जिस्म से परे कोई तीर्थमयी नारी ज्यादा नजर आ रही थी।

प. बंगाल में बहुत सालों से एक प्रथा चली आ रही है, वह यह है कि यहाँ के सुप्रसिद्ध त्योहारों, दुर्गापूजा, धात्री पूजा, काली पूजा (दुर्गा के सभी रूप) आदि अवसरों पर जब भी देवी प्रतिमा गढ़ी जाती है तो उसके लिए जिस चिकनी माटी की जरूरत पड़ती है, वह मिट्टी सबसे पहली बार किसी वेश्या के घर से माँगकर लाई जाती है।

जाने कितने चिन्तकों एवं समाजशास्त्रियों से पूछा था सुकीर्ति ने कि ऐसा क्यों ? क्या निहितार्थ है इस परम्परा का ? बहुत बाद में किसी ने बताया था कि शायद इस परम्परा की शुरुआत के पीछे यह चिन्तन रहा होगा कि वेश्या को भी समाज के एक अंग के रूप में मान्यता मिले, इसी कारण उनके घर से भी योगदान लिया जाने लगा। एक ने बताया कि यह माटी इसलिए उनके घर से ली जाती है कि ऐसी मारक परिस्थितियों और पल-पल प्राण लेनेवाली जिल्लत और हिकारत के बीच इतना भयानक जीवन वे ही जी सकती हैं। कोई साधारण स्त्री इन हालातों में शायद आत्महत्या कर ले, तो उनके इसी हाई पावर शॉक एब्जार्बर के रूप में सलामी देने के लिए देवी प्रतिमा के निमित्त सबसे पहली माटी इन्हीं घरों से ली जाती है।

आज गायत्री से बात करते हुए सुकीर्ति को अचानक वह परम्परा याद हो आई थी--और यह तो तब की शुरुआत है जब जीवन की शर्तें इतनी कठोर नहीं थीं, लोग वेश्याओं को उनका देय खुशी-खुशी देते थे, उनके प्रति यह कृतज्ञता की भावना भी रखते थे कि कम-से-कम उन्हीं के चलते समाज की सच्चरित्रता बनी हुई है।

गायत्री बोलती जा रही थी, पर सुकीर्ति के दिमाग में दूसरा ही चैनल चालू हो गया था। कितनी महिलाएँ होंगी ऐसी, इस स्तर की मानवीय और नैतिक चेतना सम्पन्न कि जान पर खेलकर भी किसी को वेश्या होने से बचा लें, कि हर पल अस्तित्व के ख़तरे की घंटी सुनते हुए भी एक और जीव को पालने की जहमत उठाएँ इसलिए कि भ्रूण हत्या जैसे अमानवीय कृत्य से स्वयं को बचा सकें। गायत्री ने बताया था सुकीर्ति को कि वह कभी भी अपने से बहुत छोटे, विशेषकर किशोर वय के लड़कों को ग्राहक नहीं बनाती है, भले ही फाँके की नौबत आ जाए। कई बार ऐसा भी होता है कि ऐन उसकी

आँख के सामने कोई दूसरी वेश्या उसे अपने साथ ले गई, लेकिन फिर भी उसने अपना नियम नहीं तोड़ा। यह है गायत्री जिसने इतनी जिल्लत, गन्दगी और नरक के बीच भी सौन्दर्य की डोर थाम रखी है जो फिर भी वेश्या कहलाती है, क्योंकि देह की शुचिता को परिस्थितिवश वह नहीं निभा पाई।

उसी रात सुकीर्ति ने अपनी डायरी में निम्न पंक्तियाँ लिखी थीं, 'दनादन भ्रूण हत्याएँ करवाके हमारे मध्यवर्गीय समाज ने अपने संस्कारों और नैतिक चेतनाओं की पोल खोल दी है और यह सिद्ध कर दिया है कि मोरैलिटी इज नॉट लॅक ऑफ अपोरच्युनिटी।' सच्चाई यह है कि इज्जतदार कही जानेवाली महिलाओं में जाने कितनी ऐसी होंगी जिन्हें दुश्चरित्र होने का मौका ही नहीं मिला, इसी के चलते उन्हें सच्चरित्रा ही मर जाना पड़ा।

दिन-भर की थकावट उसकी ढीली पड़ती काया और मुँदती हुई आँखों में परिलक्षित होने लगी थी। चश्मा उतार उसने पास की टेबल पर रखा। एक जोरदार उबासी ली। फों-फूचा-फुच्च कहा और बिना बत्ती बुझाए ही लेट गई बिस्तर पर।

बेवा के माथे पर शिकन सरीखे दिन मन्नालालजी के। कभी जो फर्म जंगली हिरणी सी कुलाँचे भरती थी वह अब मेढक की आध इंच उछाल के लिए तरस गई—उछाल मारती और फिर अँधेरे कुएँ में गुड़प-गु। और इसीलिए महीने-भर बाद ही मन्नालाल एंड सुरेका फर्म फिर ऑक्सीजन पर आ गई थी। इस बार जो रकम भरनी थी वह पिछली रकम से यद्यपि कम थी, लेकिन अबकी फर्म के संसाधन और भी कम हो गए थे। फर्म के मालिक मन्नालालजी किसी विवेक खोए व्यक्ति की तरह फाटका पर फाटका खेले जा रहे थे। हर क्लियरिंग में सोचते कि अबकी शायद कुछ हो, ऐसा करिश्मा हो जाए कि पिछला घाटा पूरा हो जाए। एकाध बार ऐसा हुआ भी और वे दून उत्साह से सौदे करने लगे, लेकिन फिर अप्रत्याशित रूप से आई मन्दी उन्हें ले डूबती। कई बार ऐसा भी होता कि वे आशा करते कि बाजार मन्दी की गिरफ्त में जानेवाला है और उसी उम्मीद में शेयरों को अग्रिम बेचकर फाटका करते, पर हो जाता उलटा, अकस्मात् तेजी आ जाती और फिर उन्हें ले डूबती। इस बार की बर्बादी अकस्मात् आई तेजी का नतीजा थी। ऑफिस में फिर वही परिदृश्य था, जैसे किसी ने उन खास लम्हों को फ्रीज कर कैमरे में बन्द कर लिया हो और फिर उसे ही रिवाइंड कर देख रहे हों। पवन फिर ब्रीफकेस लिये निकल पड़ा था। मन्नालालजी और दोनों छोटे भाई फिर फोन से चिपक गए थे। हर दो-तीन मिनटों के बाद 'कितना मिला ?' 'कितना मिला ?' की जिज्ञासा।

उसी दोपहर सुकीर्ति ने हिम्मत बटोरकर पवन को समझाया था, "देखो पवन, इस शेयर मार्केट का इतिहास यही है। यहाँ से कभी कोई फाटका में कमाकर नहीं निकला है।"

बीच में ही तुनक पड़ा था पवन, "मैं क्या कर सकता हूँ, पापा किसी की सुनते भी तो नहीं...बस एक ही धुन है, एक ही रट...यहाँ का डूबा पैसा यहीं से वसूलना है। नशा तो ऐसा चढ़ा है कि सब कुछ डूब गया, कम्पनी बिक गई, ऊपरवाला ऑफिस बिक गया, बीकानेर की जमीन बिकी। घर तक भी गिरवी पड़ा है, फिर भी फाटके की लत नहीं गई, सब्र करके बैठा तक नहीं जाता, शुक्रवार की शाम से ही इन्तजार में रहते हैं कि कब सोमवार आए, कब बाजार खुले।"

एकाएक मुँह से निकल पड़ा सुकीर्ति के, "तुम साथ क्यों नहीं छोड़ देते पापा का !"

"क्या ? क्या कह रही हैं आप ?"

चौंक गया था पवन।

दादा-दादी बहुत कम उम्र में ही मर गए थे उसके। पिता ने अकथनीय श्रम से अपने घर और कारोबार दोनों को ही साधा था।

सुकीर्ति समझाना चाहती थी, गलत राह पर निकले पिता ही क्यों न हों, उनका साथ भी छोड़ देना चाहिए। कर्ण और भीष्म पितामह हर युग में जन्म लेते हैं और गलत आत्मीय का साथ देने के चलते ही दुर्गति को प्राप्त होते हैं।

पवन कहता जा रहा था, "घर में माँ तक की नहीं सुनते पापा। हालत ऐसी है कि आदमी तो आदमी घर की औरतें तक पापा का मुँह देखकर समझ जाती हैं कि मार्केट में तेजी चल रही है या मन्दी। मम्मी दिन में तीन-चार बार फोन करती है। हॉल में जाने के पहले फोन करती हैं यह याद दिलाने को कि कहीं पापा फिर अनाप-शनाप सौदे न कर लें। साल-भर तो ऐसा निकला है कि घर में सिवाय शेयर बाजार के और कोई बात नहीं होती। हर वक्त वातावरण गमगीन रहता है—न हँसी न मजाक। एक अदृश्य मनहूसियत सी छाई रहती है हर तरफ। पापा के दिमाग में एक ही चिन्ता जैसे-तैसे भी फाटके के बूते ही मार्केट का कर्जा चुका दूँ। पापा तो साफ कहते हैं कि देनदारी इतनी जबर्दस्त है कि उसके लिए फाटका करना जरूरी है। अब मेहनत की कमाई से तो चुकनेवाली है नहीं, 70 लाख की देनदारी...पर पापा यह नहीं समझते कि इसी के चलते आरम्भ की 30 लाख की देनदारी बढ़कर सत्तर लाख तक पहुँची है। एक राजस्थानी कहावत है कि—'जुआरी का घाटा तो बादशाह भी नहीं भर सकता, सो ही हो रहा है।'

और देखते ही देखते पवन की आँखें एक ऐसे आकाश में रूपान्तरित हो गईं जहाँ केवल गर्म लू के झोंके और धुआँ ही धुआँ था। और सुकीर्ति को लग रहा था कि सिर्फ मन्नालाल एंड सुरेका फर्म ही ऑक्सीजन पर नहीं है वरन् इससे जुड़े हरेक कर्मचारी का जीवन भी ऑक्सीजन पर चढ़ा है। जाने कब किसकी नौकरी चली जाए...यूँ भी छँटनी का दौर तो शुरू हो ही चुका है। वेतन मिलना करीब-करीब रुक सा ही गया था।

अगले दिन जब ऑफिस पहुँची सुकीर्ति तो सीढ़ियों पर कुहराम मचा हुआ था। लिफ्ट में फँसकर किसी आदमी की मृत्यु हो गई थी। सारे ऑफिस उस दिन के लिए

बन्द थे।

जैसे मन्नालालजी को सम्मोहन शेयर बाजार का वैसे ही सुकीर्ति को सम्मोहन उन सँकरी बदनाम गलियों का। नजरों में हर वक्त इन दिनों डोलता रहता, सादगी में लिपटा गायत्री का चेहरा।

ऑफिस बन्द का फायदा लेते ही वह जैसे ही वहाँ पहुँची वहाँ भी एक बुरी खबर इन्तजार कर रही थी उसका। उस दिन सुबह ग्यारह बजे गायत्री को कई वेश्याओं के साथ पुलिस पकड़कर ले गई थी। दिन-भर थाने में बिठाकर, 70 रुपये जुर्माना लेकर अब पाँच बजे छोड़ा था पुलिस ने उसे।

कानूनी रूप से संविधान यह कहता है कि अठारह वर्ष की ऊपर होने पर अपने जीवन निर्वाह के लिए आप कोई भी प्रोफेशन अपना सकते हैं। यानी वेश्यावृत्ति भी। पर खुली वेश्यावृत्ति, चकला चलाना, सड़क पर खड़े रहकर ग्राहकों को आमन्त्रित करना गैर-कानूनी है, यदि वह इलाका किसी सार्वजनिक इलाके के 200 मीटर के अन्तर्गत पड़ता हो। इस परिभाषा के अनुसार सोनागाछी, बहुबाजार, कालीघाट आदि सभी इलाके कानून की चपेट में आ जाते हैं, क्योंकि सभी सार्वजनिक स्थल के अन्तर्गत पड़ते हैं। इसी के चलते पुलिस जब तब सेक्शन 290 के अधीन किसी भी रास्ते में खड़ी वेश्या को व्यभिचार फैलाने के आरोप में या ग्राहकों के साथ मारा-मारी करने के आरोप में पकड़कर ले जाती है और दिन-भर बैठाकर वेश्या की हैसियत के अनुसार साठ-सत्तर रुपये लेकर छोड़ देती है।

बेटे को सीने से चिपकाए, बेहद खिन्न एवं लुटे-पिटे मूड में जमीन पर बैठी गायत्री से जब सुकीर्ति ने दबे स्वर में पूछा, "किस अपराध में तुम्हें पकड़ा ?" तो पूछने के साथ ही टाइम बम की तरह फूट पड़ी थी वह, "पाप करने के अपराध में" और साथ ही कँपकँपाती अधभीगी बरौनियों से टपक गए कुछ शब्द, "साली भंगियों से भी बदतर जिन्दगी हम रंडियों की। ठिकाने-ठिकाने का नरक धोकर भी उन्हें हमारी तरह पुलिस तो नहीं हड़काती, बीमारी तो नहीं दबोचती ! वहाँ मैले की दुर्गन्ध, यहाँ चाम की दुर्गन्ध !"

ताजा घाव खाए गायत्री के ठहरे क्रोध से कँपकँपाते चेहरे एवं तमतमाते जवाब को सुकीर्ति ने कुनैन की तरह गटक लिया था। इतने दिनों से लगातार इनके सम्पर्क में रहते हुए वह समझ गई थी कि ऐसा ही एक बलबलाता एवं उफनता गुस्सा हर वेश्या के अवचेतन में पुरुष मात्र के लिए बर्फ की सिला की तरह जमा रहता है जो उन्हें वेश्या बनाते हैं और वह जब तब इसी प्रकार की प्रतिक्रियाओं में बहता रहता है।

बहरहाल, उसे जाते देख गायत्री ने रोक लिया था। सुकीर्ति से जब-जब उसने बात की थी, उसे एक प्रकार की मानसिक शान्ति मिली थी। वेश्या होते हुए भी वह यहाँ की आबोहवा को सोख नहीं पाई थी, इसलिए जब तब कोई न कोई घटना उसके मस्तिष्क के चिन्तन सागर में कंकड़ फेंककर वृत्त ही वृत्त पैदा कर देती थी। आज भी उसके अन्दर भूचाल उठ रहा था क्योंकि उसे व्यभिचार फैलाने के आरोप में गिरफ्तार

किया गया था, इस कारण वह उफन रही थी, "आप तो पढ़ी-लिखी हैं, बताइए मुझे, मेरा धर्म क्या है, और यदि हम पाप कर रही हैं तो जो यहाँ आते हैं, क्यों नहीं पकड़ती पुलिस उन्हें, क्या वे पापी नहीं ?"

सुकीर्ति का हाथ पकड़कर फिर एक बार झंझोड़ डाला था उसने, "मुझे बताइए पाप क्या है ?"

किसी वेश्या के मुँह से ऐसे गूढ़ प्रश्न की उम्मीद नहीं की थी सुकीर्ति ने, इस कारण गायत्री का प्रश्न, प्रश्न नहीं था, हजारों-हजारों मेगावाट का कोई नंगा तार था, जिसे अनजाने ही छू दिया था उसने।

सुकीर्ति के लिए जीवन का सबसे बड़ा आश्चर्य था, वेश्या का यह प्रश्न। वेश्या जिसके लिए स्वयं वह सोचती थी कि सिर्फ देह के स्तर पर ही जीती हैं—जिनमें सिर्फ एक ही बोध बचा रह जाता है, देहबोध।

मूक सुकीर्ति एकटक देखती जा रही है गायत्री को—जमी बर्फ सी उदासी उन आँखों में। न अभीप्साएँ, न स्वप्न, न लालसा, बची हुई सिर्फ एक तलाश, आहार की तलाश। कभी-कभी बादलों के बीच गरजती बिजली सी कौंध भी उन आँखों में, उस समाज के लिए, बंगाल की उस शस्य श्यामला सुजला सुफला भूमि के लिए भी जो वेश्याओं के लिए इन सालों बहुत ही उर्वर रही है और जिसके चलते अकेले प. बंगाल में वेश्याओं की संख्या बढ़कर पचास हजार हो गई है।

आकाश किस पर टँगा है ?

एक बार पार्वती ने शिवजी से पूछा था, "आकाश किस पर टँगा है ?" शिवजी ने जवाब दिया, "आकाश दो खम्भों पर टिका है, विश्वास और धर्म।"

पार्वतीजी ने जिज्ञासा की, "वह कैसे ?"

प्रत्युत्तर में दोनों वेश बदलकर भू-लोक पर अवतरित हुए। घूमते-घामते दोनों एक गाँव पहुँचे। वहाँ एक खेत में एक वृद्ध दम्पति तेज धूप में काम कर रहे थे। पार्वती ने उस वृद्ध से पूछा, "इतनी तेज धूप में भी आप इतना कठिन परिश्रम क्यों कर रहे हैं ? क्या आपका परिवार बहुत बड़ा है और सिर्फ आप पर ही अवलम्बित है।"

किसान ने जवाब दिया, "नहीं, हम सिर्फ दो ही पति-पत्नी हैं, लेकिन मैं किसान हूँ और मेरा धर्म है यथाशक्ति अधिकतम अन्न उपजाना, इसीलिए हम दोनों इतना श्रम करते हैं।"

पार्वती ने फिर पूछा, "क्या आपके कोई सन्तान नहीं है ?"

किसान ने चौंकानेवाला जवाब दिया, "नहीं, हमारे कोई भी सन्तान नहीं है क्योंकि धर्म से पति-पत्नी होते हुए भी हम पति-पत्नी की तरह कभी नहीं रहे।"

पार्वती : "ऐसा क्यों ?"

किसान : "एक विश्वास की खातिर।"

पार्वती : "वह क्या ?"

अन्तरिक्ष की ओर देखते हुए किसान बताने लगा, "ऐसा हुआ कि बचपन में ही हमारा विवाह हो गया था। जिस वक्त विवाह के लिए हमें ले जाया जा रहा था, मुझे गहरी नींद आ गई। नींद के झोंकों में ही मेरा हाथ इनकी जाँघ पर पड़ गया। इन्होंने आरोप लगाया कि मैंने कामवश ऐसा किया। मैंने विश्वास दिलाना चाहा कि यह अनजाने में हुआ। ये नहीं मानी। बस अपने उसी विश्वास की खातिर मैंने आज तक इनका स्पर्श नहीं किया।"

यही पौराणिक आख्यान सुनाना चाह रही थी सुकीर्ति गायत्री को कि प्रकृति हर किसी का धर्म उसके स्व के भाव के अनुसार तय करती है। लेकिन वह सोच नहीं पा रही थी कि गायत्री को जिसने उसके विचारों के संसार में जबर्दस्त हलचल पैदा कर दी थी किस भाषा में समझाए। कभी किसी आम्रपाली ने भी तथागत बुद्ध से यही सवाल पूछा था, धर्म क्या है ?

क्या सम्भव है वेश्या की मुक्ति ?

सुकीर्ति के स्मृति पटल पर एक और ऐतिहासिक घटना शान्त नदी की धारा की तरह बहने लगी। एक साधु और वेश्या दोनों साथ रहते थे। आमने-सामने। दोनों दोनों को देखते। वेश्या सोचती, कितना त्यागपूर्ण, शान्त और सात्त्विक जीवन है ! कितना संयमित ! उच्च जीवन ! काश, मैं भी चली जाऊँ इनकी शरण तो मेरा भी बेड़ा पार हो जाए। साधु सोचता, कैसी पतिता, कितना दुराचार ! कैसा खुला व्यभिचार ! जाने क्या होगा इसका ? एक बार साधु से जबर्दस्त प्रभावित हो वह वेश्या साधु के प्रति अपनी असीम श्रद्धा के भार को झेल न सकी, और उसके चरणों पर लोट गई, "महाराज, मुझे अपने चरणों में जगह दें...आपको कुछ भी नहीं करना होगा, मैं आपकी कुटिया को स्वच्छ रखूँगी, आपके वस्त्र धो दिया करूँगी, आपके आहार की व्यवस्था कर दूँगी—बस आपका दर्शन मात्र मेरी आत्मा की कलुषता को धो डालेगा। मैं सभी विषय-वासना और विकारों से मुक्त हो जाऊँगी।"

साधु कुपित, "यह कैसे सम्भव है ? साधु और वेश्या एक ही कुटी में...मेरे तो जीवनपर्यन्त का अर्जित तप-पुण्य बह जाएगा। तुम्हें तो देखकर ही काम जागता है। पास आकर रह गई तो जाने क्या हो।"

अपमानित वेश्या लौट गई। लेकिन लौटकर भी वह नहीं लौटी। वह संन्यासी के भीतर मन-प्राणों में उतर गई। अब दिन-भर संन्यासी का चित्त वेश्या में रमा रहता। वेश्या की झलक और क्षणिक संवाद मात्र ने जीवन भर का संचित सारा राग झाड़ दिया और काम छा गया उस पर।

इधर वेश्या के भीतर भी साधु उतर गया। वह दिन-भर साधु का ध्यान लगाती हुई धीरे-धीरे सात्त्विक होती गई।

मजे की बात है कि अब ध्यान दोनों ही लगाते। पर संन्यासी के ध्यान की गहराई अब सांसारिकता के यथार्थ को छूने लगी, उसे समझ में आने लगा कि बिना देह से गुजरे देहातीत नहीं हुआ जा सकता। हर पल वह उस घड़ी को कोसता जब उसने वेश्या को लौटाया। उसकी कामुक वृत्ति अपने तर्क भी ढूँढ़ने लगी—शरीर के ऊपर कौन उठ सकता है ? शिव कि ब्रह्म ? काम से गुजरकर ही राग का रास्ता बन सकता है। काम को दबाकर नहीं।

साधु के भीतर का दबा काम स्प्रिंग की तरह दूने वेग से उछलने लगा। साधु को वह यथार्थ बोध और आत्मबोध हुआ जो वर्षों की साधना में भी नहीं हुआ था।

उधर वेश्या मुक्त आत्मा होती गई और साधु कामुक होता गया। साधु के जीवन में काम का अभाव था, वेश्या के जीवन में राम का। दोनों ने दोनों के शून्य में दबे अभाव को स्प्रिंग की तरह उछाल दिया। वेश्या की सोई पड़ी चेतना और भीतर व्यर्थ सोई ऊर्जा अग्नि में प्रज्वलित हो उसके अन्तर के सभी विकारों—क्रोध, मान, माया, अन्धकार, वासना को जलाकर उसे पूर्णतः निर्विकार बनाती गई।

इस प्रकार दिन बीतते गए और एक दिन दोनों मर गए। संन्यासी की अरथी धूमधाम से निकली। चन्दन की चिता सजाई गई। शुद्ध घी से जलाया गया। वेश्या की देह को कोई छूने भी नहीं आया। वह गिद्धों और कौओं का आहार बनी।

अब दोनों की अगली यात्रा की शुरुआत। संन्यासी को लेने आए यमदूत जब नरक की ओर पाँव बढ़ाने लगे तो वह प्रचंड क्रोध से चीख पड़ा, "यह कैसा न्याय ? जो काम-वासना से पीड़ित साक्षात् नरक थी उसे स्वर्ग मिल रहा है और मैं जो सात्त्विक, संयमित, धर्मात्मा था उसे नरक...यह कैसा न्याय है तुम्हारा ?"

जवाब आया, "आपकी देह पवित्र थी, देखिए नीचे कैसा सत्कार हो रहा है आपकी देह का...कैसी सुगन्ध उठ रही है, आपकी चिता से। वेश्या की देह अपवित्र थी, सूँघिए कितनी दुर्गन्ध उठ रही है उसकी लाश से। देह के स्तर पर आप दोनों के आवरण में जो भिन्नता थी, उसे आपकी देह भुगत रही है। लेकिन विचार मानसिकता और आत्मा के स्तर पर जो आपका स्तर था, वही दर्जा आपको दिया जा रहा है।"

गायत्री ने सुकीर्ति की ओर ताका...माथे पर हाथ धरे वह चिन्तन में डूबी थी। गायत्री नहीं जानती थी कि इन कुछ मिनटों में सुकीर्ति ने कितनी भीतरी यात्राएँ कीं... कितने इतिहास...के पृष्ठ उसके भीतर से गुजर गए। उसने अपनी सहज बुद्धि से यही सोचा कि उसने अपने प्रश्न से परेशान कर दिया है सुकीर्ति को। वह मुस्कुरा पड़ी... उदासी का अक्स भी उसमें से उभरा... "मैं जानती थी, आप भी नहीं बता पाएँगी पाप क्या है ?...मैंने तो यूँ ही पूछ लिया था, क्या इतना ही आसान है यह बताना कि पाप क्या है ?"

अगला दिन। ऑफिस।

काम विशेष था नहीं इस कारण सोचना जारी था सुकीर्ति का। मार्क्स ने कभी कहा था कि 'मैन इज दि प्रोडक्ट ऑफ हिज एन्वायरोमेंट।' (आदमी अपने वातावरण का उत्पाद होता है।) पर गायत्री को देखकर उसे लगा कि कई लोग ऐसे भी होते हैं, जो अपने वातावरण से भी ऊपर उठने की क्षमता रखते हैं। दे गो बियोन्ड देअर एन्वायरोमेंट।

रह-रहकर उसके मानस में चिलम की तरह सुलगती गायत्री की छवि कौंध रही थी। और सामने वह देख रही थी, पारदर्शी काँच के पीछे लगभग पन्द्रह फीट की दूरी पर बैठे मन्नालालजी को। उतने ही दुखी, भयभीत, बौखलाए, परेशान, तनावग्रस्त—जैसे जमाने के दुःखों का पहाड़ टूट पड़ा हो उन पर। चेहरे पर लगभग वही दैन्यभाव गायत्री के चेहरे के भावों से मिलता-जुलता।

दोनों ही अतिरेक पर जीनेवाले। दोनों ही आज की तारीख में परम दुखी। पर कितना अन्तर था दोनों दुःखों की पृष्ठभूमि में, इतिहास में, शुरुआती बिन्दुओं में। एक परम दुखी था, अल्प समय में ही न्यूनतम श्रम के सहारे शार्टकट द्वारा अपरिमित धन संचय के तिकड़मी प्रयासों की विफलता के चलते। एक चरम दुखी था अभावों के दलदल में अपनी गृहस्थी के भारी-भरकम जुए को अपने दुर्बल कन्धों द्वारा खींच न पाने की अपनी असमर्थता के चलते।

एक तरफ सट्टा बाजार एक तरफ देह बाजार। क्या दोनों का ही मूल तत्त्व एक नहीं ? दोनों जगहें अविचार। अतिरेक...एक जगह आत्मारहित, प्रेमरहित, देह भोग। दूसरी तरफ श्रम रहित, सिद्धान्त हीन अर्थ। जूआ। एक मापदंड देश की अर्थव्यवस्था का तो एक मापदंड सामाजिक सांस्कृतिक जीवन का।

बिना प्रेम देह भोग व्यभिचार है तो क्या बिना श्रम फाटके से आया पैसा व्यभिचार नहीं ? हजारों हजार सवालों के बवंडर उठते-गिरते उसके भीतर।

पिछले बारह वर्षों से देख रही है सुकीर्ति इस सट्टे बाजार को। जा़ने कितने आए करोड़पति के ख्वाब लिये और कंगाल बन चले गए। ठीक जैसे देह बाजार में कितने आते तृप्ति की आशा लिये और भयंकर बीमारियों की सौगात लेकर या देकर चले जाते। सुकीर्ति की आँखों के आगे गुजर रहे हैं—गुजरे जमाने के कुछ मुख्य दृश्य। कितने आए इस शेयर बाजार में जो स्वयं तो धनाढ्य बन गए पर हजारों दूसरों को फुटपाथ पर ले आए। इसी साल उसने देखा था एक काफी प्रतिष्ठित नाम, कोई भंसाली साधु-सन्तों के बीच भी एक इतना प्रतिष्ठित नाम कि स्वयं जैनियों के आचार्य प्रमुख ने भक्तों को परामर्श दिया कि वे उसकी कम्पनी में निवेश कर सांसारिक लाभ कमाएँ। और देखते ही देखते दस वर्षों के भीतर ही उसने आर्थिक सम्पन्नता का वह रॉकेट छोड़ा जो टेक ऑफ करता उसे पूरे देश-विदेश में 21 कम्पनियों का मालिक बना गया। जबकि उम्र अभी चालीस भी नहीं छू पाई थी। सभी वर्ग के लोगों के लिए वह एक आदर्श था। उगते हुए सूरज की तरह पूजनीय। अनुकरणीय। स्वयं आचार्य प्रमुख सहित किसी की भी दृष्टि इतनी दूर तक नहीं जा सकी कि बिना किसी असाधारण प्रतिभा या पारिवारिक

पृष्ठभूमि के जो इतने वेग से उड़ा उसका आधार कितना खोखला या कृत्रिम होगा। वह धर्म और व्यापार दोनों ही क्षेत्रों में बुलन्दियों को छू रहा था कि तभी कुछ सुगबुगाहट शुरू हुई। उन दिनों शेयर मार्केट हर्षद मेहता कांड के बाद भयंकर मंदी की चपेट में था। लोगों का जब भंसाली की कम्पनी में लगाए करोड़ों रुपयों का ब्याज तक मिलना बन्द हो गया तो उसके विरुद्ध कई शिकायतें दर्ज की गईं। और एकाएक केन्द्रीय जाँच ब्यूरो ने जब छापा मारा तो हकीकत सामने आई। लँगड़ी नींव और धोखेबाजी की बुनियाद पर खड़ा वह साम्राज्य रेत के किले की तरह ढह गया। उसकी सभी कम्पनियाँ फर्जी निकलीं।

देखते-देखते वह महाबली ध्वस्त हो गया और खलनायक बन हजारों व्यक्तियों की गाढ़े पसीने की कमाई की रकम को भी डकार गया।

क्या यह वारांगना चरित्र नहीं ? सुकीर्ति को ताज्जुब होता, जो समाज वेश्याओं को इतनी घिनौनी और तिरस्कार-भरी नजरों से देखता है, उसी समाज की चेतना इन आर्थिक अपराधियों के लिए इतनी भोथरी क्यों हो जाती है ? उद्योगपति का जामा पहने वह भंसाली क्या नई वेश्याओं को बाजार में लाने का अपराधी नहीं ? निम्न-मध्यवर्गीय परिवारों की वह गाढ़ी मेहनत की संचित पूँजी जो बच्चों की शिक्षा या स्त्रियों के विवाह के निमित्त अलग से संचित कर रखी गई थी, अब लुट जाने के बाद तन और मन से हताश हुए माँ-बाप क्या कर पाएँगे पुत्रियों की शादी ? क्या इन अविवाहित पुत्रियों में से कोई वेश्या नहीं बनेगी ? क्या गारंटी ? आँकड़े और तथ्य बताते हैं कि पंचानबे प्रतिशत वेश्यावृत्ति इस देश में दरिद्रता की कोख से उपजती, पनपती और फलती-फूलती है।

किसका पाप बड़ा ? एक वेश्या का या भंसाली का ? क्या आर्थिक अपराध दूसरे संगीन अपराधों को जन्म नहीं देते ? फिर भी क्या किसी भी धर्मगुरु ने किया भंसाली का सामाजिक बहिष्कार ? वे कर भी नहीं सकते थे क्योंकि ये सभी धर्मगुरु इस सामाजिक और आध्यात्मिक सौर मंडल के वे चाँद सितारे हैं जो ऐसे उद्योगपतियों और ब्लैक मार्केटियरों की आभा से ही दमकते हैं। ये ही मन्द पड़ जाएँ तो वे कैसे दमकेंगे ?

विचारों के सैलाब में डूबती जा रही थी सुकीर्ति कि तभी ख्याल आया उसे, पाप की भी कोई मौलिक परिभाषा अभी तक नहीं गढ़ पाई है वह।

रह-रहकर पुलिस थाना और कचहरी से अपमानित लौटी गायत्री की प्रकम्पित छवि आँखों में कौंध रही थी—आमाके बोलून पाप कि ? (मुझे बताओ, पाप क्या है ?)

दो-दो मासूम बच्चे, शराबी नकारा पति, वृद्ध सास और हर पल खतरे की घंटी बजाते अस्तित्व के बीच किन्हीं काले, कमजोर क्षणों में अपनी जीवन रेखा को मिटाने से बचाने के लिए अपनाई गई वेश्यावृत्ति क्या पाप है ? या मातृत्व का कोई उच्चतम सोपान ?

बिना राग, कामना और वासना के किया सम्भोग क्या व्यभिचार है ?

पहली बार गायत्री में उसे एक ऐसी स्त्री की आभा और अन्तर्निहित गरिमा नजर आई जो रूप और यौवन से परे सिर्फ एक ही दीप्ति से प्रदीप्त थी—मातृत्व और पर पीड़ा।

न अल्पे सुखम् अस्ति

'न अल्पे सुखम् अस्ति' (अल्प में सुख नहीं है)। कभी अपने कॉलेज में पढ़ाकू दिनों में सुकीर्ति ने उक्त पंक्ति पढ़ी थी लेकिन आज तक उसे ऐसा कोई व्यक्ति दिखाई नहीं पड़ा था, जिसने आत्मा से उपजे सुख के विस्तार की खातिर अपने व्यक्तित्व को सिकुड़ने से बचाते हुए इसके निरन्तर विस्तार में स्वयं को लगाए रखा हो।

ऐसे व्यक्ति शायद अब पैदा ही नहीं होते उसने यही सोचा था, लेकिन गायत्री के मुख से इन्द्राणी दी एवं वेश्याओं के उद्धार के लिए समर्पित संस्था संलाप के बारे में सुनकर वह स्वयं को रोक नहीं सकी थी। इन्द्राणी दी से मिलने से। और मिलते ही उसे लगा था, आज भी ऐसे व्यक्ति हैं इस दुनिया में जो जीते हैं तो सिर्फ अपने मन के स्वर्ग की खातिर।

प्रचंड मेधावी और एक के बाद एक शैक्षणिक कीर्तिमानों की ध्वजा लहराती नेशनल स्कॉलर इन्द्राणी दी उस वर्ग की पैदाइश थी जिसकी संस्कृति खुश रहने से ज्यादा खुश दिखने में विश्वास करती थी और इसी कारण एक स्वप्न जन्म से ही उनकी आँखों में डाल दिया गया था--अमेरिका की हावर्ड यूनिवर्सिटी से डॉक्टरेट की मानद उपाधि हासिल करने का और वहीं प्रोफेसरी करने का।

अपने उसी महत्त्वाकांक्षा के रंगीन आकाश की ओर दृष्टि जमाए वे दिन-रात अध्ययन में डूबी रहतीं। एक बार यादवपुर विश्वविद्यालय से एम.ए. के दौरान उन्हें किसी प्रोजेक्ट कार्य के लिए कलकत्ता के लाल बत्ती इलाकों में गश्त लगानी पड़ गई थी। शुरुआती उत्सुकता, 'कैसी होती ?', 'क्यों होती है ऐसी ?', 'क्या रहस्य इनके पास जो आम औरतों के पास नहीं...' के बाद वे ज्यूँ-ज्यूँ अपने प्रोजेक्ट कार्य में गहरे धँसती गईं, सोनागाछी, बहुबाजार, कालीघाट एवं खिदिरपुर आदि की लालबत्ती गलियाँ उन्हें गम्भीर और विरक्त करती गईं। लगभग एक जैसी ही स्थिति सब जगहों की। शत-प्रतिशत निरक्षरता। स्वास्थ्य सम्बन्धी प्राइमरी ज्ञान तक से वंचित। यौवन ढलने तक सभी संक्रामक बीमारियों, चर्मरोग एवं एस.टी.डी. की चपेट में आती हुई अधिकांश वेश्याएँ। लगभग सभी एक कमरेवाली। गन्दगी से अटा सीलन-भरा कोठरीनुमा एक कमरा। सभी का एक चालू खाता और कुछ खास दुकानदारों से ही की जानेवाली खरीदारी। मुश्किल से सत्तर-अस्सी शब्दों तक सिमट जानेवाली सभी की शब्दावलियों। कइयों के बच्चे तक उन्हीं के साथ, उसी वातावरण में रहते। समय पूर्व ही सब कुछ देखते, समझते-अनसमझते। कई रहतीं एक इलाके में तो धन्धा करने जातीं दूसरे इलाके में।

ये सारी बातें भयंकर वितृष्णा एवं जुगुप्सा के बीच नोट की थी, इन्द्राणी दी ने और जैसे-तैसे अपनी प्रोजेक्ट रिपोर्ट को पूरा कर उसे सबमिट करने जा ही रही थी तभी एकाएक एक घटना ने उन्हें इस कदर खिन्न कर डाला कि उस प्रोजेक्ट पर काम करना भी उनके लिए दुश्वार हो गया।

उन्हीं दिनों तुलसी नाम की एक तेरह वर्षीया नेपाली वेश्या बम्बई के जे.जे. अस्पताल में तीन-तीन गुप्त रोगों की शिकार पाई गई। महज तेरह वर्ष की अवस्था में ही उसका शरीर घिनौना हो चुका था। वह नेपाल से भगाई जाकर यहाँ के चकले में बेच दी गई थी। इस मसले को इंटरनेशनल हेल्थ आर्गेनाइजेशन ने संयुक्त राष्ट्र संघ में भी उठाया था कि नेपाल और बांग्लादेश की लड़कियाँ भारत में और भारत की लड़कियाँ मिडिल ईस्ट तथा यूरोप में बेची जा रही थीं।

तुलसी की हालत देख-सुन वे सिहर उठी थी, मैंने कुछ नहीं जाना, स्थिति मेरे सर्वे से कहीं अधिक कुत्सित और भयावह। और मन की जाने किस अवस्था में वे सारे प्रोजेक्ट को बीच में ही छोड़ मानसिक शान्ति के लिए कुछ दिन पुरी के समुद्र तट पर घूमने निकल गई। वहाँ भी जाने कैसी एक प्रकार की भागो-भागो की रट उनका पीछा करती रही....और संयोग से तभी उन्हें हावर्ड यूनिवर्सिटी में डॉक्टरेट करने के लिए फैलोशिप भी मिल गई।

अपने देश की लालबत्ती की गलियों की भयावहता को भुलाने के लिए वे सात समुन्दर पार विदेशी भूमि पर पहुँच गईं और वहाँ उन्होंने सचमुच अपने देश की उदासियों को केंचुल की तरह उखाड़ फेंकना चाहा पर उन्होंने देखा कि देश से दूर भागकर देश और भी ज्यादा उनके भीतर जड़ें जमाने लगा था, जैसे अपने मुल्क की सरहदें उनका पीछा करती हुई फैलती गईं और उसे वहाँ भी छूने लगी हों। घर के बाहर रहना क्या होता है, यह अनुभव तो कई बार हुआ, पर क्या होता है, देश के बाहर रहना, यह पहली बार जाना। अपनी माटी की गन्ध, आबोहवा, गीत के छन्द, भाषा का सम्मोहन...सब कुछ उन्हें हर पल अहसास कराता कि वे वहाँ विदेशी हैं। उनकी नीली आँखें, सफेद चमड़ी और मिनी स्कर्ट वाली रूममेट ने एक बार उन्हें बताया कि रात नींद में वे चिल्ला रही थी, इंडिया ! इंडिया ! आई लव इंडिया। स्वयं उन्होंने भी महसूसा था जैसे इस विदेशी भूमि पर कोई स्वाभाविक नींद नहीं, वरन् कोई सिन्थेटिक नींद उन्हें अपने में लपेट रही है, कि जीवन की स्वाभाविकता जैसे वे वहीं, उसी बिन्दु पर छोड़ आई थीं जहाँ उन्होंने विमान पर चढ़ने के लिए कदम बढ़ाए थे। और ऐसी ही आत्मिक बेचैनी और पीछा करती स्मृतियों के बीच उन्हें किसी काम से नीदरलैंड जाना पड़ गया। वहीं पर किसी ने बताया कि दुनिया का सबसे स्थापित लालबत्ती इलाका एम्सटर्डम में है जहाँ वेश्यावृत्ति को कानूनी रूप से मान्यता मिली हुई है। यह सुनना था कि कलकत्ते के जिस नरक को देख वे भाग खड़ी हुई थीं वही नरक अब यहाँ प्रतिपल नींद और स्मृतियों में उन्हें बेचैन करने लगा। जाने किस अन्तर्प्रेरणा से वे एम्सटर्डम पहुँचीं। उन्होंने देखा, वेश्याएँ यहाँ भी काफी तादाद में थीं, शायद पूँजीवादी व्यवस्था की अनिवार्य परिणति। वहीं उन्होंने जाना कि क्यों कहा जाता है इन्हें लालबत्ती इलाका। काँच के बने छोटे-छोटे कमरों की खिड़कियों पर सिर्फ दो कपड़ों में खड़ी वेश्याएँ। ग्राहक अन्दर तो लालबत्ती जली हुई अन्यथा हरी बत्ती। यह संकेत देती हुई कि वे उपलब्ध हैं। हर पखवारे उनका मेडिकल परीक्षण होता और हर महीने एस.टी.डी. टेस्ट होता है। किसी

भी हालत में तुलसी जैसी भयानक स्थिति यहाँ किसी भी वेश्या की नहीं हो सकती थी क्योंकि यहाँ अठारह वर्ष से कम की लड़की को वेश्यावृत्ति के लिए लाइसेंस नहीं दिया जा सकता था। यहाँ के चकलाघरों में सिर्फ ग्राहक घुस सकते थे। कई जगहों पर तो ग्राहक को भी क्लोज सर्किट द्वारा चकलाघरों के मैनेजर देखते और फिर उन्हें अन्दर जाने दिया जाता।

एम्सटर्डम के लालबत्ती इलाकों में घूमते हुए कलकत्ता फिर अपनी सम्पूर्णता के साथ उनके शून्य में साकार हो उठता—एक आवाज लगाता हुआ, एक प्रश्न फेंकता हुआ—किसे दे रही हैं वे अपनी श्रेष्ठ सेवाएँ ?—उन्हें जो समृद्ध और सम्पन्न हैं, जहाँ के लालबत्ती इलाके तक खुशहाल हैं, और जिन्हें इन्द्राणी दी की कोई जरूरत नहीं।

कलकत्ता से आते वक्त उनके पिता ने उन्हें कुछ पुस्तकें दे दी थीं। उन्हीं दिनों खाली समय में अनमने एवं अशान्त मन में किसी एक पुस्तक के पृष्ठों को उलट-पुलट रही थी कि एक खुले हुए पृष्ठ पर नजर जुड़ गई। लिखा हुआ था :

"भारत का किसान जैसे ही जमीन जोतने के लिए हल की मूठ पकड़ता है वैसे ही वह स्वयं को विराट से जोड़ लेता है। वह कहता है :

"हे धरती माता—तू चिड़ी कमेड़ी के भाग की,
हल चलानेवाले बैलों के भाग की,
सेवकों के भाग की, राह चलते राहगीरों के भाग्य की...फलाँ-फलाँ के भाग की।
अन्न देह जै..."

एक बार-दो बार जाने कितनी बार पढ़ा इन्द्राणी दी ने इसे। भीतर की सारी शून्यता एक सौन्दर्यमयी, सामाजिक चेतना में बदल गई—एक ऐसी चेतना जो अनन्त जीवन की महाशक्ति बनकर फूटती है।

—हे भगवान्, एक किसान में इतनी सामाजिक चेतना ! खुद के कर्म पर भी सबकी हिस्सेदारी की कामना। हिश, कहाँ वह किसान कहाँ वह। उन्हीं अद्भुत और अभूतपूर्व क्षणों में एक और घटना दिमाग में दौड़ गई। एक जापानी की डायरी का एक अंश जिसमें वह लिखता है कि मैं मर जाना पसन्द करूँगा पर ऐसी किसी दवाई का सेवन नहीं करूँगा—जिसे उसका वतन नहीं बना सकता। मन उन क्षणों झनझना देनेवाली सात्त्विक ग्लानि से भर गया। हिश ! कहाँ जीवन जैसी विराट चीज और जिन्दगी की माँग इतनी दरिद्र—अपने और अपने जायों तक ! पेट के बन्दोबस्त के लिए फिरंगियों की चाकरी ! सच, इसी देश का दुर्भाग्य कि यहाँ प्रथम कोटि की प्रतिभाओं ने सदैव ही फिरंगियों की चाकरी की और मध्य और निम्न कोटि की प्रतिभाओं ने ही चलाया इस देश को।

बस उसी क्षण उन्हें समझ में आ गया, उन्हें क्यों भेजा गया है इस धरती पर। अपने डॉक्टरेट के अध्ययन कार्य को भी अधबीच छोड़ वे उसी शाम वापसी टिकट कटवा लाईं और अगले महीने वे फिर इन्हीं गलियों में, इन्हीं वेश्याओं के बीच और तब से आज पन्द्रह वर्षों से वे इन्हीं के बीच, इन्हीं के लिए काम कर रही हैं।

धरती के शेषनाग

जिस समय सुकीर्ति पहुँची इन्द्राणी दी से मिलने वे निकल चुकी थीं।

छोटा सा सुरुचिपूर्ण ऑफिस इन्द्राणी दी का। संलाप। करीब हजार स्क्वायर फीट का घेरा। छोटे-छोटे काँच के बने केबिन। सामने की दीवार पर आकर्षक पोस्टर--सेक्स विद ए चाइल्ड बिलो सिक्स्टीन इज ए क्राइम--पोस्टर में मुँह छिपाए एक लड़की।

दाईं ओर कम्प्यूटर रूम—ढेरों तस्वीरें। कहीं आतंकित लड़की, कहीं बलात्कार की मारी। एक पोस्टर अपील करता—यदि आप किसी भी ऐसी घटना, बच्चों की खरीद-फरोख्त के रूबरू हों तो हमें अविलम्ब सूचित करें। आपकी जरा सी सक्रियता किसी की जिन्दगी बदल सकती है। पीछे की तरफ संलाप की को-आर्डिनेटर तृप्ति दी का चेम्बर। वहीं बाहर के लोगों के बैठने के लिए चार आदमियों जितनी गैलरी। पीछे आँकड़ों को दर्शाता बोर्ड--ट्रैफिकिंग इन विमैन फार प्रास्टीट्यूशन इन एशियन पैसिफिक। एक बोर्ड साथ में लगा हुआ--स्टाप चाइल्ड प्रोस्टीट्यूशन।

करीब घंटे-भर इन्तजार करके सुकीर्ति फिर निकल गई थी।

दूसरे दिन जब पहुँची सुकीर्ति तो संलाप का पूरा ऑफिस जैसे एक उत्तेजना में साँस ले रहा था। ऑफिस की पाँचों लड़कियाँ अपने-अपने केबिनों को छोड़कर रिसेप्शनिस्ट के पास उत्तेजित उत्साहित हो-होकर बतिया रही थीं :

'बाबा कि कोरेछै ....सच्ची अद्भुत !'

(बाप रे क्या किया चन्द्रिका ने...सचमुच अद्भुत।)

'सब कुछ टाइमली, एकटू देरी होए गले ओके बाचाया जेतो ना।'

(सब कुछ एकदम टाइमली, थोड़ी सी भी देरी हो जाती तो उसको बचाया नहीं जा सकता था।)

दूसरी सुर में सुर मिला रही थी।

'ठीक गेस कोरे छीलो...।'

(ठीक ही अन्दाजा लगाया था उसने।)

'भाग्य सत्ती ही खूब भालो छीलो।'

(भाग्य सचमुच ही बहुत अच्छा था।)

पूरे स्टॉफ के उत्तेजित और रोमांचित होने के कारण भी बहुत वजनदार थे। किस्सा कोताह इस प्रकार।

चन्द्रिका सोनागाछी की ही एक वेश्या थी। संलाप के द्वारा परिचालित वेश्या सुधार कार्यक्रम से जुड़कर उसका पिछले एक-दो सालों से आत्मिक उत्कर्ष होने लगा था। बालिग वेश्याओं को वह अभी भी अपना कमरा किराए पर देती थी क्योंकि वही उसकी आमदनी का एकमात्र जरिया भी था। लेकिन नाबालिग लड़की को फँसा देखकर वह हर सम्भव चेष्टा करती है कि किसी प्रकार इन्द्राणी दी तक उसकी खबर पहुँचा दे।

संस्था संलाप की वेश्याओं के बीच काम करने की यही शैली है। वे स्थानीय लोगों को ही प्रेरित करते हैं—वेश्यावृत्ति, सेकेंड जेनरेशन वेश्यावृत्ति, बाल वेश्यावृत्ति जैसी बुराइयों से भिड़ने के लिए। वे यथासम्भव स्थानीय वेश्याएँ, और स्थानीय लोगों से ही खबर लेते हैं, क्योंकि स्थानीय लोग, मुहल्ले के बाशिन्दे एवं मुहल्लों की वेश्याएँ ही यह खबर रख सकती हैं कि मुहल्ले में कौन दलाल या नया-नया दलाल घुसा है ? किस चकले में नई लड़की दिखाई पड़ी ? दलाल के साथ ग्राहक हैं या कोई उड़ाई गई लड़की या लड़कियाँ भी ? कहीं किसी चकले से कोई मारपीट-शोरगुल या गुल गपाड़ा ? दूर-स्थित संलाप के स्टाफ या इन्द्राणी दी द्वारा यह जान पाना नामुमकिन है।

लालबत्ती इलाकों की इक्की-दुक्की स्थानीय वेश्याओं को संरक्षण, उचित प्रशिक्षण एवं मूल्य-बोध पैदा करके वहाँ के इलाके की चप्पे-चप्पे की खबर रखने की चेष्टा करता है इन्द्राणी दी का नेटवर्क।

पिछले बृहस्पतिवार को बांग्लादेश की दो लड़कियाँ, अफसाना और आएशा को उसकी खाला कलकत्ता घुमाने के बहाने ले आई थी। अफसाना सत्रह वर्ष की थी और आएशा महज ग्यारह वर्ष की। अफसाना विवाहित थी। और उसके महज सात महीने की एक लड़की भी थी। उसकी पति से कुछ अनबन हो गई थी, इस कारण कुछ दिनों के लिए वह अपने पिता के यहाँ गई थी। मन इसी कारण उखड़ा हुआ था कि उसकी खाला ने प्रस्ताव रखा—'चोल कोलकाटा घूरे आसि' (चल कलकत्ता घूम आएँ)।

खाला का सुझाव दोनों बहनों को खूब रास आया। हुलसित-पुलकित वे दोनों उसके साथ कलकत्ता चली आईं। यहाँ कलकत्ता आकर उसकी खाला ने अफसान को तो हाथोहाथ किसी चकलेवाली को बेच दिया। अफसान को उसने कहा, 'तुम यहाँ रहो, ये मेरी बुआ सास हैं, मैं कुछ ही देर में आती हूँ।' आएशा को वह उसी इलाके में बेचने का साहस नहीं कर सकी। दो-दो नई लड़कियाँ किसी के भी मन में सन्देह पैदा कर सकती थीं। इस कारण अफसान को वह वहीं अपनी तथाकथित बुआ सास के पास छोड़कर और आएशा को आसपास की पूजा दिखाने के बहाने अपने साथ लेती गई। कुछ देर घुमक्कड़ी करके आएशा को वह किसी दूसरी वेश्या के पास रखवा गई। आएशा को उसने कहा कि वह कुछ ही घंटों में आकर उसे ले जाएगी। संयोग से वह दूसरी वेश्या चान्द्रिका ही थी। समान धर्म-कर्म से जुड़ी होने के कारण एक समय दोनों के बीच सिकन्दर और पोरस सा सम्मान भाव था। दोनों दोनों के कुटनीपन को सलामी देती थीं, पर इस बीच चन्द्रिका का आत्मिक परिवर्तन हो चुका था। बांग्लादेश की रहने वाली उसकी साथिन को स्वप्न में भी यह अन्देशा नहीं हो सका था कि चन्द्रिका ने नाबालिग लड़कियों की खरीद-फरोख्त का इतना फायदेमन्द धन्धा छोड़ दिया है।

दूसरे दिन भी जब आएशा की खाला लौटकर नहीं आई तो वह उदास हो गई। दरवाजे की ओर ही टकटकी बँधी रहती उसकी। रात ढलते तक वह रुआँसी हो आई। चन्द्रिका ने उसे खाने के लिए आग्रह किया तो वह सुबक पड़ी, "मेरी बड़ी बहन भी मेरे ही साथ आई है, मुझे उसके पास जाना है।"

"क्या...तुम्हारी बड़ी बहन भी आई है ?"

सुनते ही माथा ठनका चन्द्रिका का—जरूर दाल में कुछ काला है, नहीं तो बड़ी बहन की बात यूँ ही पूरी तरह गोल नहीं कर जाती उसकी खाला।

खूब धैर्य के साथ—पुचकारते-सहलाते पूछा उसने, "तुम्हारी बड़ी बहन को कहाँ छोड़ा खाला ने ?" विशेष कुछ नहीं बतला पाई आएशा सिर्फ इतना कि उसकी खाला ने किसी बन्द कमरे में किसी और खाला के साथ बातचीत की थी। हाँ, उसे इतना ध्यान रह गया था कि जैसे ही वे उस मकान में घुसीं, जिस औरत ने सबसे पहले दरवाजा खोला था, उसके बाएँ गाल पर एक बड़ा सा मस्सा था और उसने कानों में कटोरियों की डिजाइनवाले झुमके पहन रखे थे। उसने यह भी बताया कि जिस घर में वे घुसी थीं, उसके बाहर खाली जगह पर एक कुआँ भी था, जिस पर एक लड़की पानी भर रही थी। खाला ने उससे भी दो-तीन बातें की थीं।

अब तक चान्द्रका बहुत कुछ भांप चुका था। आएशा जिसकी बात कर रही थी वह ईला का चकला था।

प्रायः सिकुड़ते अधिया सिस्टम के चलते साल-भर से ईला का चकला उजड़ा पड़ा था। ईला उन गतयौवना मासियों में थी, जिनके लिए पथ्य और नेपथ्य सभी वे छुकरियाँ होती हैं जो इनके चकलों में किसी प्रकार बेच दी जाती थीं और जिनसे वह वेश्यावृत्ति कराती थी। पिछले एक-डेढ़ साल में उसका चकला उजाड़ सा पड़ा था, इस कारण वह नई लड़कियों को खरीदने की जबर्दस्त घात में थी।

चन्द्रिका ने उसी क्षण इन्द्राणी दी को पब्लिक बूथ से फोन कर सम्पर्क किया था। रात के ग्यारह बजे महिला पुलिस सहित पुलिस के दस्ते के साथ इन्द्राणी दी ने वहाँ पहुँचकर दोनों लड़कियों को छुड़ाया था।

सारी घटनाएँ सुनकर सुकीर्ति के मन में इन्द्राणी दी से मिलने की इच्छा और भी बलवती हो गई थी।

इन्द्राणी दी से मिलने की इच्छा का एक कारण और भी था। पिछले कई महीनों से लगातार जिस प्रकार परेशान करनेवाली, दिल घबरा देनेवाली और जिन्दगी से आस्था मटियामेट कर देनेवाली घटनाएँ घट रही थीं कि सुकीर्ति के मानसिक सौर मंडल में इंसान में निहित अच्छाइयों पर से विश्वास ही उठने लगा था...क्या होगा इस दुनिया का...क्या बचा रहेगा इंसान ? यह सोच उसे जब तब घेरे रहता...और उसे उदास बनाए रखता।

पर जिस शाम उसने इन्द्राणी दी और चन्द्रिका के बारे में सुना...उसे जैसे जीवन मिल गया था, जीने की महाशक्ति मिल गई थी। वह शाम एक ऐसी शाम थी जिससे बहती आस्था ने उसे वह आँच दी थी, जिसके सहारे वह जिन्दगी के आनेवाले कई वर्षों को झेल सकती थी। जिस दुनिया में इन्द्राणी दी, चन्द्रिका और गायत्री जैसे इंसान हैं, वह दुनिया बदसूरत नहीं हो सकती।

वह चलती जा रही थी और उतरती शाम की सात्त्विक लालिमा वातावरण की प्रशान्ति से एकरस होती उसे अभिभूत करती जा रही थी। महीनों बाद एक सुकून सा

मिला था उसे। भीतर खुदा जैसा कुछ महसूस होने सा।

रात उसने मन को सहलाया, कभी प्रार्थना से, कभी भरोसे से—मन मेरे निराश न हो, इंसानियत का सूर्य अभी डूबा नहीं है, क्योंकि अच्छे लोगों का पैदा होना अभी रुका नहीं है।

इन्द्राणी दी।

बाद के दो-एक महीने बेहद भाग-दौड़ में बीते थे इन्द्राणी दी के। जिन दोनों लड़कियों को चकले से छुड़ाया था इन्द्राणी दी ने उन्हें दूसरे ही दिन कोर्ट में मजिस्ट्रेट के सामने हाजिर करना पड़ा था। और अब वे कोर्ट से कुछ समय के लिए सरकारी संरक्षण संस्था—'गवर्नमेंट हाउस' में भेज दी गई थीं।

सारी दौड़-धूप इन्द्राणी दी की इस कारण थी कि वे इन दोनों लड़कियों को जल्दी से जल्दी सरकारी संरक्षण से निकाल अपने संरक्षण में ले लेना चाहती थी, जब तक कि उनके माँ-बाप उन्हें कोर्ट के ऑर्डर द्वारा छुड़वा न ले। इसी उद्देश्य के लिए उन्होंने मेदिनीपुर एवं कलकत्ता से भी 80 किलोमीटर दूर हिन्द मोटर में शेल्टर हाउस भी बनवा रखा था। वहाँ इन लड़कियों को कामचलाऊ शिक्षा एवं दूसरे कामों जैसे चटाई, बुनाई, साड़ी छपाई, खिलौने, जूट बैग आदि का प्रशिक्षण दिया जाता है।

लेकिन फिलहाल इन लड़कियों की कस्टडी से भी ज्यादा जरूरी था, उन नाबालिग लड़कियों के माँ-बाप की शिनाख्त करना। उन लड़कियों से पता-ठिकाना लेकर इन्द्राणी दी ने अपने विशाल नेटवर्क का फायदा उठाते हुए बांग्लादेश स्थित किसी ऐसे ही संगठन से सम्पर्क कर उनके माँ-बाप की पहचान करवा ली थी। माँ-बाप राजी थे अपनी लड़कियों को वापस लेने के लिए।

"तो क्या माँ-बाप उन्हें वापस पाने के लिए राजी नहीं भी हो सकते हैं ?"

सुकीर्ति के इस प्रकार ताज्जुब करने पर पीड़ा की एक गाढ़ी लकीर खिंच गई थी इन्द्राणी दी के चेहरे पर। उन्होंने देखी थी समाज के अन्तिम पायदान पर खड़े लोगों की जिन्दगियों की प्राणलेवा विवशता। सामाजिकता का खौफ। इज्जत जाने के डर से पत्तों की तरह काँपता उनका वजूद।

"हाँ, कई जगह, छोटी जगहों पर बात के बहुत फैल जाने पर सामाजिक डर के चलते भी माँ-बाप वेश्या बन चुकी अपनी लड़की को वापस नहीं ले पाते हैं कि यदि ऐसा किया तो उनके बाकी बच्चों का भविष्य, शादी-ब्याह दाँव पर लग जाएगा। लोगों के कटाक्ष, ताने उनका जीना हराम कर देंगे।"

"पर वे दोनों तो वेश्या बनाई नहीं गई थीं।"

"वे दोनों वेश्यालयों से लाई गई थीं। और फिर अफसान को तो छोड़ा नहीं था उस चुड़ैल ने। उसने कोर्ट में बताया था कि जिस रात हम लोग पहुँचे, उसी रात उसकी मैडम (चकले की मालकिन) ने जबर्दस्ती एक ग्राहक को उसके कमरे में घुसा दिया था।

इस बीच उनके माँ-बाप के पासपोर्ट इन्द्राणी दी ने अपनी चेष्टा से बनवा दिए थे। इन्द्राणी दी ने कोर्ट का ऑर्डर भी उनके माँ-बाप की तरफ से ले लिया था कि वे अपनी लड़की को अपने साथ ले जाएँ। लेकिन अब इन्द्राणी दी की नई समस्या यह थी कि यदि वे लड़कियाँ वापस अपने माँ-बाप के यहाँ चली गईं तो फिर उनकी खाला को बन्दी कैसे बनाया जाएगा ? कौन शिनाख्त करेगा खाला की, कौन देगा गवाही ?

सुकीर्ति यह जानकर हैरान रह गई थी कि कई बार वेश्यालय में छापा मारकर वेश्याओं के चंगुल से निकाल बचाई गई नाबालिग लड़कियाँ तक वापस उनके वेश्यालयों में पहुँचा दी जाती हैं।

इन्द्राणी दी का समृद्ध अनुभव संसार–"दो-तीन बार ऐसा भी हुआ था कि जिस समय छापा मारा गया, चकले की मैडम भाग खड़ी हुई। नाबालिग लड़कियों को पुलिस कस्टडी में रिमांड होम भेज दिया गया। बाद में चकले की मालकिन स्वयं ही बच्चियों की आंटी की तरह स्वयं को पेश कर उन्हें छुड़ा लाई। एक-दो नहीं ऐसे कई केस मैं देख चुकी हूँ। सबसे आश्चर्य की बात तो यह है कि कोर्ट यह भी नहीं देखता है कि चकले में पकड़ी गई लड़की उसकी बेटी भी थी तो भी तो कोर्ट को कम से कम उसे नाबालिग वेश्यावृत्ति के अपराध में ही दंडित करना चाहिए, भले ही उन पर लड़की बेचने का अपराध साबित न होता हो। कुछ कानून का ढुलमुलापन, कुछ कानून का तथ्य सापेक्ष न होकर प्रमाण सापेक्ष होना...ऐसे में अन्त तक जीतते जाना तो तभी सम्भव हो ना जब पुलिस और साक्षी भरपूर सहयोग दे। पर आज जैसी हालात है, उनमें इस जंग को जारी रखना तो स्वयं को गला-गला कर रख देना है। पर भगवान बचाए उन हालातों से जब वेश्या और पुलिस, आई.जी. और बाई जी दोनों ही मर्द और घरवाली की तरह मिले-जुले रहते हैं। और पुलिस ऐसे मामलों में एफ.आई.आर. तक दर्ज नहीं करती है। ऐसे में तो जंग को जारी रखने के लिए अमानवीय हौसले और संकल्प ही चाहिए। कई बार मन करता है...सब कुछ झमेला छोड़-छाड़कर चुपचाप बैठ जाऊँ...लेकिन तभी ईश्वर की कृपा से फिर कुछ न कुछ ऐसा घट जाता है कि भीतरी बैटरी रिचार्ज हो जाती है। लेकिन एक बात निरापद रूप से सही है और वह यह है कि इस देश में न्याय पाना ब्रह्म को पाने से भी ज्यादा मुश्किल है। पुलिस, थाना, न्यायालय साले सब के सब बड़े-बड़े मार्केट कॉम्पलेक्स हैं।

फासीवाद क्रूरता का सौन्दर्यीकरण है।

–वाल्टर बेंजामिन

सिर्फ तीन दिनों का अन्तराल और रास्ते बदले हुए। काफी चौड़े, खुले और साफ-सफा। सुकीर्ति की आँखों में एकाएक कुछ खटका। रोज फुटपाथ पर लगी हॉकरों की श्रृंखलाबद्ध फुटपाथी दुकानों को देखने की अभ्यस्त आँखों को दिमाग से सिग्नल मिलने में कुछ देरी हुई कि तभी कौंधा, दो-तीन दिन पहले ही उसने अखबार में पढ़ा था कि

ऑपरेशन सनसाईन चलाकर फुटपाथों पर डेरा जमाए हुए फुटकर दुकानदारों एवं हॉकरों को उखाड़ा जा रहा है और इस तरह शहर को सुन्दर बनाया जा रहा है। और कोई दिन होता तो शायद सुकीर्ति खुश ही होती कि कम से कम अब वह कायदे से फुटपाथ पर चल तो सकेगी, पर अब जबकि कुछ ही दिन पहले उसने सोनागाछी, बहुबाजार और कालीघाट आदि इलाकों का नरक, टके सेर बिकती औरत की अस्मिता और निर्लज्जतापूर्वक अंग-अंग के सौदों की घटनाओं को अपनी आँखों से देखा था। ऑपरेशन सनसाईन के ढोंग को देखकर चेहरे पर विद्रूपता के कैक्टस उभर आए और वह दुराग्रहपूर्वक वहीं पर ठहाका मारकर हँस पड़ी। क्या अश्लील सौन्दर्यीकरण शहर का ? क्या मुख्यमन्त्री ज्योतिबाबू को नहीं पता सोनागाछी, बहुबाजार, कालीघाट, खिदिरपुर टालीगंज आदि लालबत्ती इलाकों का धधकता, आत्मा को दागनेवाला कुरूप यथार्थ ? काश, घुमा पाती वह ज्योतिबाबू को इन गलियों में दिखा पाती तेरह वर्ष की लड़की का होता सौदा, दिन-दहाड़े। वाह, क्या बेशर्मी ! लोगों को पीने का पानी तक तो दे नहीं पाती सरकार और बात करती है शहर को सुन्दर बनाने की ! क्या यह मेकअप छुपा पाएगा लालबत्ती इलाकों का कोढ़ जो दिन-पर-दिन फैलता ही जा रहा है।

बहुत बचपन में एक तस्वीर देखी थी सुकीर्ति ने एक राक्षस की जिसका एक गाल बेहद मुलायम, लुनाई लिये, चिकना और साफ-सुथरा था, जबकि दूसरा गाल घावों से भरा रिसता गन्धाता था। आज कलकत्ता को देखकर उसे सहसा वही दो विरोधी गालों वाले राक्षस की स्मृति हो आई। एक तरफ विक्टोरिया मेमोरियल, विशाल राजभवन, नेशनल लाइब्रेरी, बड़े-बड़े चर्च, होटल बंगाल ताज, होटल ग्रांड, बिड़ला मन्दिर, फोर्ट विलियम, लाल बाजार थाना, कलकत्ता म्यूजियम, मेट्रो रेल और गगनचुम्बी अट्टालिकाएँ हैं तो दूसरी तरफ बजबजाती गन्दगी और सड़ान्ध के बीच हजारों झुग्गी-झोंपड़ियाँ, कीड़ों की तरह सड़क पर बिलबिलाती जिन्दगियाँ। सड़क पर ही मुँह अँधेरे छुपकर नित्य कर्म से निवृत्त होते लोग। कूड़ों के ढेर से अन्न बीनते भिखारी। इसी शहर में कई शहर हैं। इसी शहर में अमेरिका है और धँसा हुआ देहात है। एक तरफ मेट्रो रेल है, फोर्ड आइकोन है तो दूसरी तरफ ठेला गाड़ियाँ हैं, हाथ रिक्शे हैं। साइकिलों पर दौड़ती जिन्दगियाँ हैं। एक तरफ मुट्ठी-भर बिल गेट्स और माइकेल जेक्सन की पीढ़ी के लोग हैं तो दूसरी तरफ सन्तोषी माँ और काँवर ढोते श्रद्धालु हैं। जोरों से बजती रामधुन की गूँज यहाँ तो धड़ल्ले से बिकते काम-सूत्र यहाँ। एक तरफ कम्प्यूटर और इंटरनेट पर बैठते मुट्ठी-भर तेज-तर्रार बच्चे हैं तो दूसरी तरफ चाय की दुकानों पर स्टोव में पम्प भरते, घरों में जूठे बर्तन, कपड़े धोते ढेरों निरक्षर बच्चे हैं। एक तरफ फर्राटेदार अंग्रेजी है तो दूसरी तरफ देशज भाषाएँ हैं। अति आधुनिकता यहाँ, अतिप्राचीनता यहाँ। कॉलगेट और नीम दातुन साथ-साथ यहाँ। झालमूड़ी और फास्टफूड यहाँ। गुड मार्निंग और जै राम जी भी यहाँ। सबको निभाता कलकत्ता।

अपने अस्त-व्यस्त और बेतरतीब विचारों के शोर में भान तक न रहा सुकीर्ति को कि कब वह अपने बस स्टॉपेज से भी आगे निकल दूसरे चौराहे तक पहुँच

गई। हिश...क्या होता जा रहा है उसे भी, भावों और विचारों की दुनिया में इस कदर भी आत्मविस्मृत होता है कोई...कि स्टापेज तक आँख के आगे से निकल जाए...खुद को सँभाला उसने...बच्चू इतनी उत्तेजना ठीक नहीं। काबू...मेरे भाई !

दूसरे दिन ऑफिस में किसी काम से मन्नालालजी के चैम्बर में घुसी सुकीर्ति, तो फिर उसने एक अजूबा देखा—ऑफिस के व्यस्ततम घंटों में भी मन्नालालजी कर्म में डूबने की बजाय पंडितों एवं भविष्यवक्ताओं की टोली के बीच अपने शनि और राहु से टक्कर लेने की योजना पर चिन्तन-मनन कर रहे थे। फाटका और अध्यात्म इन विपरीत क्रियाओं को निभाते देख सुकीर्ति के मन में मन्नालालजी की समन्वय शक्ति के प्रति जहाँ भाव जागा। मन्नालालजी की शनि की दशा पिछले वर्ष से उसी वक्त से खराब चल रही थी जब एकाएक शेयर दलाल हर्षद मेहता के धोखाधड़ी कांड का भंडा फूटा और शेयर बाजार की सारी हवा गैस के गुब्बारे सी निकल गई और देखते-देखते महाबली टिस्को 450 रुपयों से सीधा 250 रुपयों पर गिरा था। उसी दिन उनके कुपित शनि ने उन्हें इकट्ठा 30 लाख का घाटा दिया था। तब से मन्नालालजी शनि को रिझाने में लगे हैं और शनि है कि मैके में बैठी रूठी बीवी की तरह मन्नालालजी के पास वापस लौटने को तैयार ही नहीं।

सोचती जा रही है सुकीर्ति—आदमी का जब लुढ़कना शुरू होता है तो फिर लुढ़कता ही चलता जाता है वह। कभी ये ही मन्नालालजी थे, सतत कर्मरत, प्रसन्न चित्त और स्वस्थ पर जब से घाटा खाया, सभी कुछ बदल गया। तो क्या भीतरी व्यक्तित्व कुछ नहीं होता ? अर्थ ही जिन्दगी की महाशक्तिशाली संचालक शक्ति है ? कि पैसा गया तो सारा आत्मविश्वास भी साथ में लेता गया। मुँह के बल औंधे गिर पड़े। हाथों की दसों अँगुलियों में से आठों अँगुलियों में एक-से बढ़कर एक ग्रह-रत्न, मूँगा, नीलम, मनी स्टोन, पन्ना, बसरा, मोती आदि चढ़ गए हैं और जो बाकी बचे हैं वे कमीज के नीचे बाँहों में बाँध दिए गए हैं। असभ्य और अशिष्ट नकुल ने तो उस दिन कह ही दिया था, "अरे सुकीर्तिजी, बाबू का पतलून उतारिए तो वहाँ भी कई ग्रह लटकते हुए मिल जाएँगे।"

मन-ही-मन हिसाब चल रहा था सुकीर्ति का। जितना पैसा ग्रहों की शान्ति के लिए खर्च हो रहा है। हर सप्ताह की भविष्यवाणी पर खर्च हो रहा है, उसमें तो कम-से-कम आधे स्टॉफ का वेतन निकल आए। इनकी इसी हरकतों से सारा स्टॉफ तक चिढ़ा रहता है इनसे। हालात जब गड़बड़ाते हैं तो चौतरफा। जिन्दगी जब छीनना शुरू करती है तो सब कुछ तेजी से झपटती जाती है। पहले यहाँ आस्थापूर्ण कर्म का उत्साह था। सारा स्टॉफ सुबह से ही उत्साहपूर्वक काम में लग जाता था। अब कोई काम करना ही नहीं चाहता। सबके दिमाग में यही घुस गया है कि जब फर्म तक का बचना सन्दिग्ध है तो क्या होगा खटकर ? वेतन हाथ में आए तो काम का भी मजा। लेकिन जब श्रम-साफल्य ही सन्दिग्ध हो तो कर्म सिर्फ औपचारिक पूर्ति भर रह जाता है। इसी कारण सारे क्रीम

स्टॉफ निकल चुके हैं। रह गए सिर्फ बूढ़े या कूड़े।

मन्नालालजी की हालत देख बार-बार सुकीर्ति के दिमाग में यही आता कि बिना श्रम आई हुई लक्ष्मी इसी प्रकार की तबाही लाती है अपने साथ।

आधी सन्त आधी वेश्या बनी गायत्री ने पूछा था सुकीर्ति से कि 'पाप क्या है ?' आज सुकीर्ति के तार्किक और तत्त्वखोजी मन में भी एक सवाल बार-बार सिर उठा रहा है कि सुख क्या है ! उसने तो देखा सभी को दुखी, मन्नालालजी दुखी, केशवजी दुखी, पवन दुखी, पवन की माँ दुखी, पिऊन दुखी, सभी के दुखों के अपने-अपने स्तर। तो सुखी कौन ? कौन ? जाने कौन भीतर से बोला—तूफानी वेग से चलायमान इस विश्व में जो अपने में स्थित है, सुबह की प्रशान्ति, शाम की पवित्रता एवं रात्रि की निस्तब्धता जिसको प्राप्त है। आत्मा का संगीत जिसको प्राप्त है, वही सुखी है। वही है जीवन का कलाकार। नहीं ?

प्रेम, कर्त्तव्य और सत्य के समीकरणों को जीवन में खोजती सुकीर्ति ने अपने जीवन में प्रेम की जाने कितनी बार कितनी ही तरह से व्याख्या की और हर बार वह इसी नतीजे पर पहुँची कि उसकी पूर्व की समझ या परिभाषा में कुछ उतावलापन या नासमझी थी। कम-से-कम वह परिपक्वता तो नहीं ही थी जो जीवन में गहरे धँसकर उसकी रगड़ से उपजती है।

कॉलेज के दिनों में प्रेम उसके लिए कोई दिव्य एवं अलौकिक अनुभूति थी...एक ईश्वरीय अंश। शरीर और वासना से परे, महज एक अहसास। एक भावना महकती हुई जिसे हृदय की पवित्रतम ऊँचाइयों पर प्रतिष्ठित किया जा सके जिसके लिए सर्वस्व त्यागा जा सके। बाद में उसने पाया कि वही नहीं, उसकी सहेलियाँ भी ऐसा ही सोचती थीं। लेकिन तब तक प्रेम उसके अनुभव का हिस्सा नहीं बना था। बाद में अपने अनुभव से उसने यह जाना कि यौवन के तूफानी आवेग-भरे प्रेम को शरीर निरपेक्ष रख पाना न केवल अव्यावहारिक है वरन् लगभग असम्भव है। शुरुआती तूफानी वेग से गुजरकर फिर चाहे प्रेम शरीर निरपेक्ष बनकर रह जाए पर प्रेम के शुरुआती उद्दाम वेग को बिना मूर्त शरीर के नहीं थामा जा सकता है। यह उद्दाम आवेग और उतावलापन शरीर की माँग के साथ ही ठहराव पाता है, विशेषकर पुरुषों के लिए। जिनकी शारीरिक और मानसिक बनावट ही प्रकृति द्वारा कुछ ऐसी ही बना दी गई है कि उनके जीवन तन्तु प्रेम और वासना में समान रूप से लिपटे रहते हैं। शायद इसी प्रकार बिठाती है प्रकृति अपना सन्तुलन कि नारी सेक्स देती रहे प्रेम पाने को और पुरुष प्रेम देता रहे सेक्स पाने को।

वेश्याओं के लिए सुकीर्ति ने सुना था कि वे प्रेम कर ही नहीं सकती हैं क्योंकि उनका उद्देश्य सिर्फ प्रेम को भुनाना होता है। वे सिर्फ प्रेम का नाटक करती हैं। जाने कितनी लोकोक्तियाँ, शायरियाँ और लोक-कथाएँ वेश्याओं की संवेदनहीनता, बेवफाई

क्रूरता और मक्कारी से अटी पड़ी हैं। कुछ दिन पूर्व ही उसने एक शेर पढ़ा था जिसमें क्रूर सियासत की तुलना तवायफ के दुपट्टे से की गई थी—'यह सियासत की तवायफ का दुपट्टा है/यह किसी के आँसुओं से तर नहीं होता।' उसका मित्र विजय कहता था कि वेश्याएँ उस मादा मकड़ी की तरह होती हैं जो सम्भोग के बाद पुरुष मकड़ी की गर्दन मरोड़कर हत्या कर देती हैं।

अपनी बात के औचित्य को सिद्ध करने के लिए वह उसे कई घटनाएँ सुनाता था। एक घटना को याद कर वह इतने गम्भीर चिन्तन के बीच भी उन्मुक्त हो हँस पड़ी। एक बार एक वणिक् पुत्र एक वेश्या के प्रेम में पड़कर आठों पहर उसी के यहाँ पड़ा रहता। लाखों रुपये उसने उस पर वार दिए। देखते-देखते उसका परवान चढ़ता कारोबार चरमराने लगा—यह देख उसके पिता ने उससे कहा, तुम दूसरे शहर में जाकर व्यापार फैलाओ, यहाँ का काम तो अब इतना कम रह गया है कि मैं ही सँभाल लूँगा। पिता के आदेश पर वह एक अच्छी खासी रकम अपने साथ लेकर परदेश के लिए रवाना हुआ। रास्ते में उसी कुटनी वेश्या का घर पड़ा। उसे परदेश जाते देख वह धाड़ें मारकर रोने लगी। उसने जी कड़ा कर उसे परे धकेल अपने रास्ते से हटा दिया—तो पहले वह वियोग की मूर्च्छना अवस्था को पहुँची, फिर उसे होश में लाया गया, पर होश में आते ही जब उसने देखा कि वणिक् पुत्र फिर उसे छोड़कर जा रहा है तो देखते-देखते उसने सामने पड़े कुएँ में छलाँग लगा दी। यह देख उस कुटनी की माँ छाती पीट-पीट उस वणिक् पुत्र को सरापने लगी। इस बंबास्टिक प्रेम प्रकटन को देख वणिक् पुत्र को विश्वास हो गया कि सच्चा प्रेम जिसे ईश्वर का वरदान कहा जाता है, किसी पूर्वजन्म के पुण्य प्रताप से उसे प्राप्त हो गया है। वह मोम की तरह पिघल गया और आनन-फानन में उसने कई तैराक को कुएँ में उतारे, और अपनी धन कमाने की महत्त्वाकांक्षा को वहीं कुएँ में डाल उसी वेश्या के यहाँ दूध-मक्खन की तरह दोनों माँ-बेटी से घुल-मिल गया। साल-सवा साल तक प्रेम की झिलमिल उसे बाँधी रही और उसे लगता कि वह सुख के हिमालय पर आसीन है। पर देखते ही देखते जब उसके पास की सारी संचित पूँजी उड़ गई तो दोनों माँ-बेटियों ने उसे धक्के मार बाहर कर दिया।

सब कुछ गँवाकर उस वणिक् पुत्र ने अन्तिम बात उस कुटनी से यही पूछी..., "तो फिर उस दिन तुमने कुएँ में छलाँग क्यों लगाई थी, वह कुआँ तो तुम्हारे प्यार की तरह नकली नहीं था, तुम्हारी जान भी जा सकती थी।"

"अरे वह तो हमारा नाटक था, कुएँ में पहले से ही जाल बिछाया हुआ था।"

वेश्याओं के बारे में जितनी भी कथाएँ, लोकोक्तियाँ प्रचलित हैं वे सब उसके इसी कुटनी रूप को उजागर करती हैं कि रंडी किसकी जोरू, भड़ुवा किसका साला !

स्वयं सुकीर्ति ने यदि इतने लालबत्ती इलाकों की परिक्रमाएँ नहीं की होतीं तो कदाचित् वह इन प्रचलित लोकोक्तियों और कथाओं पर बिना विचार किए विश्वास कर लेती। पर आज सुकीर्ति सोचने को बाध्य है कि ये लोकोक्तियाँ और कथाएँ आज के वर्तमान परिदृश्य में वेश्या के जीवन के अर्द्धसत्य को ही दर्शाती हैं। ये पूर्ण सत्य दर्शा

भी नहीं सकतीं क्योंकि ये सभी पुरुष लेखकों द्वारा लिखी गई हैं। जबकि दलालों और ग्राहकों की मक्कारी, पाशविकता, क्रूरता और कमीनेपन के बीच परकटे परिन्दे की सी वेश्या की बेबसी को स्वयं सुकीर्ति ने देखा है। सुकीर्ति क्या झुठला दे अपने अनुभवों को ? उसने तो यह देखा है कि प्रेम की ललक, देने और पाने की तीव्र लालसा इन वेश्याओं के भीतर भी बाँसुरी की तान की ही तरह गूँजती रहती है। और इसी कारण गन्दे नाले में बहते फूल की ही तरह प्रेम के फूल इन गलियों में भी खिलते और बहते रहते हैं।

परकटे परिन्दे की जुम्बिश तो देखिए...

पिंकी, माया, सोहिनी, रेशमी, गुलाबो, कमली, लालबानू प्रायः सभी में सुकीर्ति ने प्रेम के इस जलवे को देखा था और देखा था आदमी की उस आदिम लालसा को जिसे कहते हैं घर की छाँव--जिसके तले बैठकर हर वेश्या के अन्दर छिपी औरत स्वयं को पत्नी की आभा से उद्भासित करना चाहती है, और जिसे हालात की मारी ये वेश्याएँ अपने ढंग से टुकड़े-टुकड़े में पूरी करती हैं।

एक राजस्थानी लोककथा याद आ रही थी सुकीर्ति को। एक वेश्या की जबर्दस्त हसरत थी कि वह सद्गृहिणी की तरह दिखे और किसी ब्राह्मण को अपने यहाँ जिमाए। अब वेश्या का आमन्त्रण कौन स्वीकारे ? तो उस वेश्या ने अपना गाँव बदला और दूर किसी कस्बे में जाकर सद्गृहिणी की तरह रहने लगी। बहुत दिनों बाद एक परदेशी ब्राह्मण थका-माँदा उस गाँव में भिक्षा के लिए उसके द्वार पर आया। वेश्या ने उसकी बड़ी आवभगत की। सिर पर आँचल देकर भीतर से उपजती श्रद्धा से सिर नवाकर उसका चरण स्पर्श किया। पूरे जतन से रसोई बनाई। मान मनौवल से उसे जिमाया। ब्राह्मण ज्योंही जाते वक्त उस वेश्या को आशीर्वाद देने लगा, कि वेश्या का विवेक उसके कपट भाव पर हावी हो गया। ब्राह्मण महाराज के चरण स्पर्श कर वह उसके पैरों पर गिर पड़ी, "महाराज मुझे क्षमा करें, मैं एक सदाचारिणी गृहस्थिन नहीं एक कुलटा वेश्या हूँ, मेरी बड़े दिनों की साध थी, किसी ब्राह्मण को अपने घर जिमाने की, इसलिए मैंने यह वेश धरा।" ब्राह्मण ने कुछ देर मौन साधा। मन में आया कि जब वेश्या होकर इसने सत्य का साथ नहीं छोड़ा तो फिर मैं क्यों छोड़ूँ ? वह ठहाका मारकर हँस पड़ा और बोला, "तो मैं ही कौन सच्चा ब्राह्मण हूँ। मैं भी तो भाँड़ हूँ भाँड। भाँड के रूप में मुझे न भिक्षा मिलती थी और न ही न्यौता, सो इसी कारण यह रूप धरा।"

दोनों ही वह दिखने और महसूस करने के लिए लालायित थे, जो वे नहीं थे।

वेश्या जीवन का भी यही सत्य था, वे वही, यानी किसी की पत्नी दिखने को लालायित रहती, जो वे नहीं थी।

प्रायः सभी फुलटाइम वेश्याएँ जो छुकरी और अधिया सिस्टम से होती हुई अब स्वतन्त्र वेश्यावृत्ति में लगी हुई थीं या जिन्होंने इन्हीं गलियों में अपनी आँखें खोली थीं, अपने अपने भाड़े के इकलौते कमरे में अपने प्रेमी के साथ रहती थीं, जो सामाजिक विधान के अनुसार इनके पति नहीं होते हैं लेकिन फिर भी वे इन्हें पत्नी की सी ही निष्ठा एवं समर्पण के साथ 'बाबू' कहकर बुलाती हैं, ठीक उसी प्रकार जिस प्रकार मध्य युग में यूरोपियन औरतें अपने पति को माई लार्ड, माई लार्ड कहकर बुलाती थीं। बिना विवाह भी ये वेश्याएँ इनके नाम के सिन्दूर से अपनी माँग भरती हैं। कई वेश्याएँ रास्ते में खड़ी रहते वक्त सिन्दूर नहीं डालतीं, पर जिन दिनों या घंटों वे इस कर्म से मुक्त रहती हैं, घर में सिन्दूर और शाखा पोला (बंगाली सुहाग चिह्न) के साथ गृहिणी की मर्यादा के अनुसार रहती हैं।

ये बाबू प्रायः कलकत्ते से बाहर के आए दूसरे गाँव के बाशिन्दे होते हैं। टैक्सी ड्राइवर, बस ड्राइवर, रिक्शा चालक, बिजली मिस्त्री, राज मिस्त्री, दीवारों पर पोस्टर लिखनेवाले आदि। यहाँ वेश्या के पास इन्हें शहर में रहने का ठौर, देह को दूसरी देह एवं पत्नी की सी देखभाल भी मिल जाती है। इसके एवज में घर खर्चे में भी इनका भरपूर योगदान रहता है।

वेदों में वर्णित एक आदर्श गृह के पाँचों दीपकों—देवता, कुटुम्ब प्रमुख की दक्षता, गृहस्वामिनी की प्रसन्नता, बालकों का उल्लास एवं अतिथि का सन्तोष में से प्रायः सभी दीपक बुझे रहते हैं इनके बनाए नीड़ के, फिर भी इनके गृह एक घर की सम्पूर्णता का न सही, कुछ-कुछ पूर्णता का आभास देते हैं। कई बार जब वेश्या का धन्धा मन्दा चलता है, या वह बीमार पड़ जाती है या उनके गर्भकाल का समय रहता है तो ऐसे में ये 'बाबू' अकेले ही अपने घर की गाड़ी खींचते हैं। साथ-साथ रहते दोनों में धीरे-धीरे पति-पत्नी के से भाव भी जाग जाते हैं और रफ्ता-रफ्ता यहाँ देह के साथ ही साथ हार्दिकता, झुकने-झुकाने और झुमके ठुमके की दुनिया भी बस जाती है।

ये बाबू प्रायः वेश्या के ग्राहकों में ही धीरे-धीरे विशिष्ट होते-होते इनसे भावनात्मक रूप से जुड़ जाते हैं और इसके साथ ही बहुत ही शीघ्र वे वेश्या के बच्चों के गौरवशाली पिता भी बन जाते हैं। पिता बनते ही वेश्या इन्हें खुशी-खुशी पति के अधिकार भी सौंप देती है और तब वे कलकत्ते की खुली सड़कों या फुटपाथों या चौदह-पन्द्रह आदमियों को शरण देनेवाली छोटी सी दमघोंटू कोठरी से अपने खूँटे को उखाड़ वेश्या के एक कमरे की दुनिया में गाड़ देते हैं। जीवन के दोनों ही रूप साथ-साथ चलते रहते हैं, वेश्यावृत्ति और गृहस्थी भी। 'बाबू' के साथ रहनेवाली अधिकांश वेश्याएँ रात के ग्राहक नहीं लेतीं। कुछ अच्छी खाती-पीतीं वेश्याएँ दिन के समय भी 'बाबू' के रहते ग्राहक नहीं लेतीं। पर यदि हालात इतने रहमदिल न हों तो वे उसका भी रास्ता निकाल लेती हैं, बाबू बाहर ग्राहक अन्दर।

लेकिन कई बार 'मिले न फूल तो काँटों से दोस्ती कर ली' वाला उनका यह घोंसला, जीवन, परिवार और गृहस्थी के अनुभवों को बटोरने के लिए बनाया गया उनका यह

नीड़ भी असमय ही उजड़ जाता है। 'बाबू' कई बार शादीशुदा निकल जाते हैं, जिसका पता वेश्या को भी नहीं रहता है। कुछ महीनों या साल-डेढ़ साल बाद वे अपने गाँव चले जाते हैं और फिर लौटकर नहीं आते। और इस प्रकार एक खुशनुमा सीजन के बाद पक्षी फिर उड़ जाता है और वेश्या फिर एक विश्रृंखलित और उजड़ी दुनिया का सामना करती हुई पतिदेव से विपत्ति देव में रूपान्तरित हुए बाबू के बच्चों के साथ। अकेली। या फिर जिन्दगी ने यदि कुछ दम-खम और भरोसा रख छोड़ा हो तो वह अपने घर की 'पार्वती' फिर किसी नए 'शिव' की तलाश में, अपने जीवन के सत्य, शिव और सुन्दरम् को सँवारने के लिए निकल पड़ती है।

ह्वेन रेप इज इनएविटेबल...

एक राजस्थानी कहावत है, 'जणा-जणा रा तंत राखती, वेश्या हो गई बाँझ' और बहुत समय तक सुकीर्ति यही सोचती थी कि वेश्याओं की सृजनात्मकता कदाचित् मर चुकी होती है, या कि वे स्वयं ही अपनी सृजनात्मकता का गला घोंट देती हैं। पर सुकीर्ति का पिछला सारा पढ़ा-सुना शून्य होता जा रहा था और उसने हैरानी से देखा था कि प्रायः सभी वेश्याओं के दो-तीन बच्चे होते थे, जिनमें से प्रायः किसी के भी पिता का उन्हें पता नहीं रहता था, सिवाय उन वेश्याओं के जिनका जीवन सुदीर्घ समय तक अपने बाबू के साथ व्यतीत हो जाता था और जो बिना सन्तति निरोध अवरोधों के ग्राहकों को अपने पास नहीं आने देती थी, पर ऐसी आर्थिक क्षमताओंवाली इक्की-दुक्की वेश्याएँ ही मिली थीं उसे जो ग्राहकों से अपनी शर्तें मनवा पाती थीं।

सोनागाछी की पिंकी भी नहीं जानती थी कि कौन, किन क्षणों सिंचित कर गया उसकी देह की भूमि को और दो-दो बच्चे डाल गया उसकी गोद में। और इस बात का मलाल भी उसे न था, रत्ती-भर भी नहीं। और पिंकी ही क्या प्रायः सभी वेश्याओं की सन्तानें उनके किसी ग्राहक के भोगपूर्ण क्षणों की ही बाइप्रोडेक्ट थी।

बहरहाल, पिंकी की जिन्दगी में भी एक बार प्रेम और संवेदना की झिलमिल झिलमिलायी थी और वह भी अपने किसी विशिष्ट ग्राहक से प्रेमी बने अपने प्रेमी के लिए कविता बनी थी। कई वर्षों तक उसका अपने बाबू के साथ झिलमिलाता आशिकाना चलता रहा था और बाद में वह बाबू एक गहराती रात में उसके आशिकाना की अन्तिम ईंट भी उखाड़ता चलता बना था। और उसके बाद ही पिंकी ने अपने लड़के को (जो कि उसका अनुमान भर ही था कि वह सम्भवतः उस बाबू का ही था)। जो अब समझने की उम्र की तरफ बढ़ रहा था, अपने काका के पास छोड़ दिया था क्योंकि वह नहीं चाहती थी कि यहाँ की आबोहवा उसे स्पर्श भी करे। हाँ, लड़की अवश्य उसके पास रहती थी।

पिंकी न तो किसी मजबूरी में वेश्या बनी थी और न ही धोखे से उसे यहाँ बेचा गया था। वह खानदानी वेश्या थी। उसने पहली बार अपनी आँखें इसी माहौल में खोली थीं और रफ्ता-रफ्ता यहाँ रहते-रहते यहाँ की आबोहवा में उसी प्रकार घुल-मिल गई थी जैसे समुद्री हवाओं में घुलता-मिलता कोई मल्लाह।

वेश्या जीवन के संस्कार उसे अपनी माँ से विरासत में मिले थे। अतीत के तहखानों में उतरती हुई बतलाती है पिंकी, वे दिन और ही थे जब मुजरा, बाईजी, नृत्य, तबला और सारंगी की दुनिया भी जब तब आबाद हो जाया करती थी। तब की अधिकांश वेश्याएँ नचनियाँ-बजनियाँ भी रहती थीं। पिंकी के ग्यारह-साढ़े ग्यारह वर्ष की होने पर कई बार उसकी माँ अपने साथ पिंकी को भी ले जाती थी ठीक जैसे गृहस्थिन माँ पुत्री को अपने साथ कभी-कभार अपनी रसोई के छोटे-मोटे काम में सहायता के लिए ले जाती है। कई बार माँ को तैयार होकर आने में देरी लगती तो ग्राहक उससे ही दिल बहलाते थे। लाज लगने के पहले ही वह खुदरा-खुदरी देह की भाषा और देह की चुहलबाजी समझने लगी थी और रस भी लेने लगी थी। इस कारण बाकी वेश्याओं की तरह उसमें वह डर या असुरक्षा की भावना कभी नहीं रही जो ग्राहकों को झेलते वक्त हरेक नई वेश्याओं के मन में रहती है।

खुलता रंग। पानीदार चेहरा, तीखे नाक-नक्श और अभिनेत्रियों से लटके-झटके। मैला-सा सलवार-सूट, थोड़े पीले दाँत और कत्थई मसूढ़े। पूरी तरह अशिक्षित एवं तीस वर्षीया पिंकी ऊपरी तौर पर अपने प्राप्य से पूरी तरह सन्तुष्ट थी। इस कारण इस माहौल में उसे कुछ भी घुटन नहीं होती थी। किसी भी प्रकार जी पाने की हसरत ने उसके लिए यह नरक भी सह्य बना दिया था और पिंकी का सीधा जीवन दर्शन था—ह्वेन रेप इज इनएविटेबल, लाई डाउन एंड इन्ज्वॉय इट' (बलात्कार जब अपरिहार्य हो तो लेटकर इसका मजा लीजिए)। गायत्री, नूरी, रमा—या चम्पा की तरह न तो उसे अपने पेशे से घृणा थी और न ही ग्राहकों पर आक्रोश और न ही जमाने से किसी प्रकार का मिला शिकवा और न ही बातचीत में कोई दैन्य भाव। पशु के समान वह इस नारकीय जीवन में से भी रस सोख लेती थी।

नैतिकता-अनैतिकता, पाप-बोध, नारी-अस्मिता, आत्म-हनन आदि सभी सवालों से मुक्त पिंकी के क्षणजीवी मानस को चिन्ता रहती थी तो सिर्फ अपने धन्धे और ग्राहकों की। वह इस कारण भी स्वयं को सुखी मानती थी कि जहाँ अधिकांश वेश्याओं को ऊँचे भाड़े पर एक दिन या रात के हिसाब से कमरा लेना पड़ता था, वहीं उसके पास खुद का एक कमरा था अपने कर्ममय जीवन की नौका खेने के लिए। करीब सौ स्क्वायर फीट का एक ऊँचा सीलन-भरा, झड़ती दीवारोंवाला एक अँधेरा बन्द-बन्द सा कमरा। उसी एक कमरे की मल्कियत और अपने जिस्म के तख्ते-ताऊस पर बैठी पिंकी को यहाँ आनेवाले ग्राहक भी 'भले आदमी' लगते हैं।

ऊँचा तख्तेनुमा पलंग। उन पर पसीने की बदबू से गन्धाती पतली और मैली चादर में लिपटा बिस्तर। गन्दा काला कम्बल। बिन गिलाफ के चकते से भरे दो कड़े-कड़े

तकिए। धूल से अटे जंगले और उस पर लटकते पतले, मैल से तकरीबन काले हो चुके पर्दे। ऊँचे पलँग के नीचे सिमटी पिंकी की गृहस्थी का पूरा ताम-झाम। झाड़-झंखाड़। काठ-कबाड़ा सभी कुछ। स्टील और अल्युमिनियम के मिले-जुले बर्तन। कोने में प्लास्टिक की पानी भरी बाल्टी। स्टोव। कुछ डिब्बे। सिल-बट्टा। कुछ शीशियाँ। कमरे के बीच लटकती एक प्लास्टिक की डोरी, उस पर झूलती कुछ पोशाकें, कुछ सस्ते सिल्क की चमकीली, कुछ सूती। दीवार पर टँगा एक आईना। एक कोने में रात की बुझी कछुआ छाप अगरबत्ती। एक हाथ की पंखी। आईने के नीचे एक रैक। उस पर शृंगार के कुछ प्रसाधन। सनसिल्क शैम्पू की शीशी। सस्ते ब्रांड की लिपस्टिक, पाउडर। पलँग के दाईं और लकड़ी की एक अति प्राचीन अलमारी जिसका शीशा इतना दागदार हो चुका था कि उसमें कुछ भी देखा नहीं जा सकता था। कमरे के कोने में जमीन से छः इंच ऊँची सीमेंट की पाटी। उसी पाटी के अन्दर एक अधमरा सा बहता नल। वहीं कुछ जूठे बर्तन। प्लास्टिक के गमले से बाहर झाँकते हुए। एक कपड़ा पीटने की मोंगरी।

और वेश्याओं के सभी कमरों की तरह इस कमरे में भी ढेरों देवी-देवताओं की तस्वीरों के पुराने कैलेंडर एक लाइन में, यह भारतीय सत्य दर्शाते हुए कि इस देश में घर चाहे वेश्या का हो या कसाई का या कुबेरपति का, मनुष्य कहीं भी अकेला नहीं रहता, वह देवी-देवताओं के साथ, पशु-पक्षियों के साथ एवं घर के बाहर लटकते पिंजरे में बन्द तोता-मैना के साथ भी वास करता है...कि जीवन जैसा भी हो आज भी हमारे समाज की मूल चेतना आध्यात्मिक ही है।

जिस समय पहुँची सुकीर्ति, पिंकी अपनी कमर की असह्य पीड़ा से राहत पाने के लिए पैर से जन्मे बच्चे से लात लगवाने का टोटका करवा रही थी। कमरे में नीला अन्धकार पसरा पड़ा था, इस कारण पिंकी का चेहरा स्पष्ट दिखाई नहीं पड़ रहा था।

कमरे में उजास लाने के लिए सुकीर्ति ने बिजली का स्विच जैसे ही दबाया तो देखा लाइन कटी हुई थी।

"यह क्या ?"

"पिछले दो-तीन महीनों से खराब तबीयत के चलते रास्ते में खड़ी नहीं हो पाई, इस कारण बिजली का बिल भर नहीं पाने के चलते लाइन कटी हुई है," कुहनी के ऊपर के खुले हिस्से में फुदकते मच्छर को मारते हुए पिंकी सफाई देने लगी, पर इसके साथ ही अभावों का हाहाकार जैसे किसी असावधान छिद्र से आकर उसके चेहरे पर मूर्तिमय हो उठा था।

पिंकी के पूरे जिस्म में दाना-दाना निकला हुआ था।

"यह क्या ?"

जवाब आया, "माएर दया होए छे।" (माँ की दया हुई है।)

समझ नहीं पाई सुकीर्ति, यह कैसी माँ की दया ? और माँ की दया का शरीर पर निकले दानों से क्या सम्बन्ध ? बाद में ध्यान आया उसे कि बेहद अशिक्षित एवं गरीब तबके में छोटी चेचक या दानेदार कोई भी चर्म रोग को देवी माँ की कृपा समझकर इसके

कष्ट को स्वीकार कर लिया जाता है एवं इसके निदान के लिए डॉक्टरों के पास भी नहीं जाया जाता है।

"अब बिजली कब आएगी ?" बात को फिर सुकीर्ति ने उसी बिन्दु से पकड़ा। इस बीच पुरानी लय-ताल में लौट आई थी पिंकी।

"अरे ठीक होकर जैसे ही रास्ते में खड़ी होने लगूँगी, फिर आ जाएगी बिजली !"... और वह फिर हँस पड़ी थी।

बाबा मौज करेगा-नुमा जीवन दर्शन एवं सोच पिंकी का। बस्ती में भी मस्ती का अनुसन्धान करती पिंकी हँसकर अपने हरेक दुःख को नीचा कर देती थी। फिर भी अँधेरे कमरे के साथ उसे देखकर, रेड लाइट एरिया के भीतर साँस लेते उस अदना से कैंडिल लाइट एरिया को देखकर सुकीर्ति को लग रहा था जैसे विकास और विज्ञान की सारी यात्राओं के बावजूद निम्नवर्गीय जीवन घड़ी के स्थिर पेंडुलम की तरह वहीं का वहीं है—मध्य युग की अँधेरी गुफाओं में।

पिंकी ने सुकीर्ति की निराशा को हाथ भर और बढ़ा दिया था। उसमें भी अपनी सभी साथी वेश्याओं की तरह सामाजिक अन्याय, लगातार बढ़ती महँगाई, अपनी नारकीय जिन्दगी या बच्चों की असुरक्षा...कहीं भी किसी के भी प्रति कोई भी आक्रोश नहीं था। रह-रहकर सुकीर्ति सोचने को मजबूर थी कि ऐसी उजाड़ और लुटी-पिटी जिन्दगी में भी इतनी हँसी कहाँ से बटोर लाती है वह। वह फिर कुरेदने लगी उसे कि इस अँधेरी काया में कुछ तो रोशनी के बगुले फूटे...कहीं तो दिखे कोई भीतरी तपिश, कोई छोटा सा ज्वालामुखी। उसे सुलगाने की चेष्टा में फिर पूछा उसने।

इस प्रकार घंटों लाइन में खड़े-खड़े बुरा नहीं लगता तुम्हें ?

उबासी लेते-लेते फूँ-फों की भाषा में निर्विकार भाव से सफाई देने लगी वह, "यदि मैं लाइन में खड़ी नहीं रहूँगी तो लोगों को पता कैसे चलेगा कि मैं ख़राब हो गई हूँ, नहीं, मैं बीच में किसी भी प्रकार का कोई रेस्ट-वेस्ट नहीं लेती, बिना मेहनत पैसा नहीं आता इसलिए आदत ही ऐसी बना ली है। अन्दरवाले को निपटाकर बाहर देखती हूँ कि फिर कोई खड़ा है तो फौरन उसे लेकर अन्दर घुस जाती हूँ नहीं तो कोई दूसरी लाइनवाली उसे ले जाएगी।"

महीने में तीन से चार हजार तक कमा लेनेवाली पिंकी को सबसे अधिक परेशानी कम उम्र के ग्राहकों से होती है, "आ तो जाते हैं मरे, पर चेहरे पर सौ-सौ किलो की शर्म चिपकी रहती है...ठूँठ से खड़े हो जाते हैं, आगे बढ़कर ठेलना पड़ता है। नहीं बाकी ग्राहकों से मुझे कोई परेशानी नहीं होती क्योंकि मैं सब कुछ बाहर ही ठीक-ठाक कर लेती हूँ...यूँ फिक्स्ड रेट है। फिर भी थोड़ा बहुत इधर-उधर तो हमेशा ही चलता है, जैसा चेहरा वैसा टीका। अपन लफड़ाबाजी नहीं माँगता...।"

अपने पिता के बारे में पूछने पर पहली बार राख में दबी चिनगारी सी पड़ी पिंकी, "मेरा पता नहीं किसकी औलाद हूँ। औलाद का पता नहीं किस बाप से है, साला बाप नहीं कोई खुदा हुआ, बस सुना ही सुना, देखा तो आज तक नहीं....।"

अच्छा लगा सुकीर्ति को पिंकी का यूँ भड़कना।

बहुत देर से एक प्रश्न दाँत में अटके फाँस की तरह बार-बार उसे परेशान कर रहा था। आखिर पूछ ही डाला सुकीर्ति ने, "तुम जो इतने सालों से हो इस लाइन में, करीब-करीब बारह सालों से, तो क्या इतना भी तुमने नहीं बचाया कि महीने-भर नहीं कमा सकी तो बिजली का बिल तक नहीं भरा गया।"

सुनते ही एक बार बिटर-बिटर ताकने लगी। शायद इतने खुले प्रश्न की आशा नहीं की थी उसने।

"बात यह है कि मेरा गड्ढा बहुत बड़ा है सब कुछ उसी में समा जाता है। मैं जो भी कमाती हूँ खर्च कर डालती हूँ। बचाना-बचूनी मुझसे नहीं होता...अरे कल किसने देखा है ? मुझे अच्छी ड्रेस पहनने का एवं सिनेमा देखने का बड़ा चाव है। फिर ई रुजगार में खर्च भी तो कम नहीं...कई बार दलालों एवं पुलिस के लफड़े में भी बड़ा खर्च हो जाता है। दलाल यदि कोई ग्राहक लाता है तो सौ में पन्द्रह-बीस उसका बन जाता है। अरे बचाना तो दूर की बात, कई-कई बार तो उधारी में ही सब कुछ चलाना पड़ता है। एक जोतिशी ने भी मेरा हाथ देखकर कहा था कि पैसा टिकेगा नहीं मेरे पास।"

और वह फिर एक बार हँस दी थी।

एक बेमतलब सी हँसी।

पिंकी की उन्मुक्तता देख सुकीर्ति ने साहस कर एक भेद-भरी बात पूछ डाली, जिसे कहा जाता है वेश्या का भेद, "सच-सच बताना पिंकी, तुम्हें क्या सभी पुरुष जो यहाँ आते हैं, एक जैसा पसन्द करते हैं ? तुम भी उन्हें सिर्फ मजबूरी में ही या...सचमुच तुम्हें भी कभी-कभार ही सही...मन की तृप्ति या रस जैसा कुछ मिल जाता है यहाँ।"

पुरुषों की रग-रग से वाकिफ फनकार की तरह जवाब देती है पिंकी।

"पहली बात तो यह है सुकीर्तिजी कि यहाँ पूरी नौटंकी होती है। दोनों ही पार्टी नाटकबाज। चार पैसे फेंक वे यह आशा करते हैं कि हम उन्हें उबलता लभ करेंगी, प्रेम का आनन्द देंगी, उनके पुरुषार्थ को सन्तुष्ट करेंगी, उन्हें अपने वक्ष से सटाए रखेंगी। जानती हैं, सौ में से नब्बे मर्दों ने एक ही सवाल पूछा है, 'क्या मैं यहाँ आनेवाले सभी मर्दों को एक जैसा प्यार करती हूँ ?' अब तुम्हीं बताओ इन मूर्खतापूर्ण सवालों का मैं क्या जवाब दूँ। उनकी कमजोरी को समझते हुए हमें भी नाटक करना पड़ता है, कभी लिपटना, माथे पर, गाल पर हाथ फेरना, जकड़ना, चूमना, जबकि हकीकत यह है कि मन तो करता है कि ऐसे जबरिया भोग करनेवालों को दूँ दो-एक लात। बीच-बीच में एक-दो तो ऐसे बुद्धू भी फँस जाते हैं कि जितने टैम तक का सौदा हो या हुआ रहता है उतने में मैं उन्हें सिर्फ बातों में लगाकर रखती हूँ और जाते वक्त एक चुम्बन भर में ही निपटा देती हूँ उन्हें, बेशक पहले-पहल आनेवाले ही फँसते हैं, ऐसे जाल में। हाँ पूरी जिन्दगी में एक बार आया था ऐसा मस्त कलन्दर, मरजाना, अभी तक याद आता है, शायद कोई फौजी जवान था, वो जब जाते-जाते कड़े-कड़े नोट पकड़ाने लगा तो हमरे

मुँह से निकलते-निकलते बचा, 'ई हमरी तरफ से बाबू।'

बातों के प्रवाह में बहती जा रही थी पिंकी। पर सुकीर्ति की दृष्टि पिंकी के कमरे से होती हुई समाने बाईं तरफ बने कुएँ पर अटकी हुई थी। दो महिलाएँ उस कुएँ से जल खींच रही थीं। गोल बैंगन से चेहरेवाली एक महिला ने देह की असीमता और यौवन को सिर्फ पेटीकोट से ही ढकने का प्रयास किया था। पेटीकोट को ऊपर तक चढ़ाकर पेटीकोट की डोर को गर्दन से थोड़ा नीचे बाँधकर। दूसरी आम महिला जैसी थी।

शर्तिया ये सिर्फ पेटीकोटवाली महिला लाइन में काम करनेवाली है और दूसरी गृहस्थिन।

आजकल इन गलियों में घूमते हुए सुकीर्ति महिलाओं की साज-सज्जा एवं हाव-भाव को देखकर ही समझ जाती थी कि कौन क्या है। प्रायः सभी लालबत्ती इलाकों की गलियों में वेश्याओं के समुद्र के बीच-बीच द्वीपों की तरह गृहस्थिनियाँ भी रहती हैं, अधिकांश मध्यमवर्ग की।

पिंकी से पुष्टि की उसने।

उसका अनुमान सही था।

''मुझे बताओ मेघेन—ब्रह्मा की लावारिस सन्तानों की तरह इन रूप जीवाओं के बारे में मानव मुक्ति के गीत गानेवाले एवं श्रम कों सर्वप्रथम गरिमा देकर सर्वसत्तावाद की स्थापना करनेवाले, आम आदमी के हित में न्याय और समानता के आधार पर एक बेहतरीन और वर्गरहित समाज की स्थापना में विश्वास करनेवाले इन कम्युनिस्टों ने भी क्या समाधान ढूँढ़ा, अनादि काल से चली आ रही इस अनादि समस्या का !''

गदगदायमान मेघेन सोच नहीं पा रहा था क्या जवाब दे वह सुकीर्ति के इस सवाल का। निराश भी नहीं करना चाहता था वह सुकीर्ति को कि कम-से-कम इसी बहाने सुकीर्ति उससे मुलाकात तो कर रही है बार-बार।

नपे-तुले शब्दों में जवाब दिया उसने, ''नारियों के प्रति इन कम्युनिस्टों का भी कोई क्रान्तिकारी रवैया नहीं था। यद्यपि चीन में लाल क्रान्ति के दौरान क्रान्तिकारियों के लिए जो आचार संहिता बनाई गई थी उसमें एक नियम यह भी था कि वे औरतबाजी से स्वयं को दूर रखेंगे। सेक्स के मामले में भी इनका वही ढुलमुल रवैया था—एक भोग्या के ही इर्द-गिर्द। न वे पूरी तरह से उन्मुक्त समाज के हिमायती थे और न ही पूरी तरह से एक ऐसी सामाजिक स्थापना के पक्षपाती, जहाँ स्त्री-पुरुष दोनों के अधिकार बराबर हों। पारम्परिक वैवाहिक बन्धन में बँध जाने के पश्चात् भी मार्क्स ने अपनी प्रेमिका—पत्नी जेना के बीमार और कुरूप हो जाने पर अपनी नौकरानी से सम्बन्ध स्थापित किया और उससे एक अवैध सन्तान की भी उत्पत्ति की। एंजेल्स आजीवन मुक्त समागम के काम समन्दर में डूबता-उतराता रहा।

स्त्री को स्त्री की मर्यादा मार्क्सवाद भी नहीं दे पाया। हाँ, इनके नए समाज में इतना

जरूर हुआ कि एक श्रमिक के रूप में स्त्री को पुरुष के बराबर का दर्जा दिया गया।

"बस...इतना भर।"

"हाँ, इतना भर। तुमने देखा होगा, इतिहास में सती प्रथा के खिलाफ एवं विधवा विवाह के लिए भी आन्दोलन हुए, पर वेश्या-उन्मूलन के लिए आज तक भी कोई आगे नहीं आया। शायद इसलिए कि सती प्रथा और विधवा विवाह की समस्या सिर्फ कुलीन और आभिजात्य वर्ग की ही समस्या थी। या यह भी समझ सकती हो कि पुरुष वर्चस्व वाले हमारे समाज में वेश्या-समस्या को कोई समस्या ही नहीं समझा गया, वरन् इसे समाज के लिए उसी प्रकार जरूरी और अपरिहार्य समझा गया जिस प्रकार गन्दगी निष्कासन के लिए गन्दी नालियाँ।"

बहुत दिनों बाद आज दोनों बेतकल्लुफ और उन्मुक्त होकर बात करते रहे थे ढेर सारी।

पहली मुलाकात ने सुकीर्ति के भीतर अपराध-बोध और मन-मुटाव की जो एक अति बारीक लकीर पैदा की थी वह आज के इस संवाद के दौरान पूरी तरह मिट चुकी थी। दोनों की ही उस चीज को बचाने की हर सम्भव-चेष्टा समझदारी के चलते जिसे कहते हैं जीवन की गर्माहट, सम्बन्धों की उष्णता जो जीने का अनिवार्य तत्त्व है। भावनाओं का कोई हल्का-हल्का, नरम-नरम बादल फिर से उड़ने लगा था मेघेन के भीतर। अपनी उस कॉलेज की सखि-प्रेयसी के प्रति जो आज चालीसवाँ छू रही थी पर तो भी उसे उतनी ही अज़ीज थी पर जिससे वह कभी अपना प्राप्य नहीं पा सका था।

अब न रहे वो पीनेवाले, अब न रही वो साकी !

"अब ई रुजगार में वो आब नहीं रही सुकीर्तिजी। पहले लोग शौकीन किस्म के आते थे। मेरी माँ के टैम में शराब का लम्बा दौर चलता था। नाच और गाना भी चलते रहते थे। अब इस हरामी जमाने में कोई उतना देना ही नहीं चाहता। अरे नाच-गाना कोई देखना चाहेगा तो उसे रात-भर तीन-चार घंटे तो कम से कम रुकना पड़ेगा न, अब उतना पईसा कौन दे, अब तो लोग आते हैं, बस झटपट किया कराया और चलते बनते हैं। अब ई रुजगार में आमदनी एकदम सिकुड़ती जा रही है और मेहनत बढ़ती जा रही है। नाच-गाने से पहले के जमाने में मन भी खुश रहता था और ग्राहकों में भी मन बहलाव हो जाता था। पर अब तो मरे सभी एक जैसी शक्ल के नजर आते हैं।"

अतीत की याद में घुलती पिंकी इस खराब जमाने को कोसती जा रही थी। अब तो कई-कई बार सुबह उठकर, नहा-धोकर और पूजा-पाठ कर ही सीधे रास्ते में खड़ी हो जाती हूँ। भाग्य अच्छा हुआ तो किसी-किसी दिन पाँच-छः ग्राहक तक मिल जाते

हैं और भाग्य बहुत ही खराब हुआ तो एकाध दिन फाँका भी निकल जाता है। नहीं सुकीर्ति जी, अब इस धन्धे को छोड़कर कहाँ जाऊँगी। मेरी एक सहेली थी कजली, बेचारी ने अच्छी जिन्दगी जीने की ख्वाहिश में यह लाइन छोड़ घर में चौका-बर्तन का काम पकड़ा लेकिन वहाँ जो उसकी दुर्गति हुई कि फिर हमें उपदेश देना भूल गई। चौबीस घंटे तो मालकिन का हुक्म बजाती, बाँदी की तरह एक-एक आवाज पर बन्दरिया की तरह नाचती। उस पर भी घर में घुसते ही सास-बहू दोनों उस पर टूट पड़तीं। रुपया देती कुल एक सौ दस और उस पर कहतीं कि कपड़े साफ पहना करो, तुम्हारे शरीर से दुर्गन्ध आती है। घर में चौका-बर्तन से लेकर तेल मसलना, पाँव दबाना तक भी गनीमत। मालकिन इतनी कमीनी कि एक बार पूरे दिन के लिए बाहर गई तो उसे घर के अन्दर बन्द कर गई। पीछे से बन्द घर में बिजली से शार्ट-सर्किट हो गया। धुआँ उठने लगा। धुआँ उड़ते देख वह इतना घबराई कि बेतहाशा दरवाजा पीटने लगी। बाद में पड़ोसियों की सहायता से वह बाहर निकाली गई।

खुले बालों में क्लिप खोंसते हुए अपनी लय और ताल में बोलती जा रही थी पिंकी और अवचेतन में सुकीर्ति के दिमाग में मछली की तरह तैर रही थी एक ऐतिहासिक घटना। पिंकी तो पिंकी शर्विलिक जैसा धर्मानुयायी भी चोरी करने के लिए विवश होने पर सोचता था कि राजा की गुलामी से बेहतर है चोरी करना क्योंकि निन्दनीय होने पर भी यह कर्म स्वाधीन तो है। इसमें किसी की सेवा में हाथ बाँधकर तो कम से कम नहीं खड़े रहना पड़ता है।

"तो देखी सुकीर्तिजी, उसकी हालत, मैंने तो बाबा कान पकड़ लिया, अब नई लाइन नहीं पकड़ूँगी। हाँ, एक इच्छा जरूर है, मेरे पास अच्छा बड़ा सा कमरा है, चाहती हूँ किसी छुकरी को रख लूँ या अधिया सिस्टम में एक-दो लड़कियों को रख लूँ, पर उसके लिए खर्चा भी करना पड़ेगा। फर्नीचर भी बनवाने पड़ेंगे। फिर एक कमरे से भी तो नहीं चलने का काम। बगलवाले कमरे को भी लेना पड़ेगा। देखिए क्या होता है।" फिलहाल इतनी व्यावहारिक कठिनाइयों को देखते हुए अपने इन दो भावी ऐक्शन प्लान को परे सरका देती है पिंकी।

इस बीच मन में जाने क्या घटता है पिंकी के भीतर कि अनायास ही बिस्तर पर चल रहे कीड़े को हाथ की कंघी से कुचलते हुए कुछ-कुछ उत्तेजित स्वर में कह बैठती है, "एक बात पूछूँ...सुकीर्तिजी, क्या आप पूरी तरह सती-सावित्तरी हैं, कि आपने कभी अपने मरद के अलावा किसी को नहीं चाहा, न सही तन से पर मन से भी नहीं...सुकीर्ति जी सच्ची बात तो यह है कि अपने मरद की आड़ में आप सब कुछ कर सकती हैं, इसलिए भले ही तन पवित्तर रहता हो, मन तो आपका भी कइयों में बँटा ही रहता है। हमारा तन चूँकि बँटा हुआ है, इसलिए मन से हम अपने बाबू के प्रति ही सुच्ची रहती हैं। बुरा न मानें तो हममें और आपमें सिर्फ खुले और ढके का ही फर्क है। मेरी एक सहेली थी जो अपनी सौतेली माँ के जुल्म से दुखी होकर यहाँ आई थी। वह मुझे बताती थी कि चूँकि उसके पिता वृद्ध एवं बीमार थे, उसकी माँ को सन्तुष्ट नहीं कर पाते थे,

इस कारण उसकी माँ बिना राँड हुए ही साँड हो गई थी, घर में भी यारों को पेटीकोट में घुसाए रखती और पिता-पुत्री बेबस उन्हें देखते रहते थे।''

पिंकी के इस शॉक ट्रीटमेंट का कुछ भी माकूल जवाब नहीं दे पाई थी सुकीर्ति, इस बात का निकलते वक्त उसे मलाल ही रह गया था, लेकिन सुकीर्ति के चेहरे के बदले भावों को ताड़ लिया था पिंकी ने। जाते वक्त विदा के क्षणों किसी भी अपरिचित को अपनी आत्मीयता के घेरे में बाँध लेनेवाली किसी भारतीय संस्कारित, गृहस्थिन की ही तरह पिंकी ने जब स्वयं चाय बनाकर पिलाई तो चाय पीते क्षणों एवं बाद में विदा के क्षणों में आँखें भर आईं सुकीर्ति की और हृदय की गहराइयों से उठने लगी एक प्रार्थना, ''खुश रहो पिंकी, क्योंकि खुश रहना ईश्वर के निकट रहना है।'' और मन की उदासी के बावजूद पिंकी की अन्तरंगता के साथ एकात्म होते हुए उसे अपना कार्ड पकड़ा दिया, ''यह मेरा कार्ड है, कभी जरूरत पड़े तो याद करना।''

कार्ड को इस कदर सहेजकर रखा पिंकी ने जैसे कार्ड नहीं कोई सलमा-सितारा हो।

निकलते वक्त गली की लम्बी सुरंग को पार करते इधर-उधर नजर पड़ गई सुकीर्ति की। एकाएक मिले-जुले ठहाके की आवाज सुनी। ऐन गली के बीचोबीच कई अधेड़ वेश्याएँ सिर्फ पेटीकोट और ब्लाउज पर गमछा डाले अपने-अपने पुरुष मित्रों के साथ इत्मीनान से ताश के पत्ते फेंट रही थीं। किसी पुरुष मित्र ने सस्ती भाव-भंगिमाओं के साथ फिल्मी गाने की एक पैराडी सुनाई थी, ''सावन का महीना पवन करे शोर; बाहर कैसे निकलूँ चड्ढी ले गया चोर'' जिसे सुनकर सब खुशी से चहक पड़ी थी। कुछ दूरी पर एक अधमरे से नल के नीचे कोयले का मंजन करती एक तरुणी वेश्या, किसी दूसरी गृहस्थिन सी लगती, बर्तन धोती स्त्री से बतिया रही थी। नुक्कड़ पर बगल की चाय की दुकान से चाय का कुल्हड़ लेकर चाय सुड़कती एक रूपजीवा। कई लगातार खड़ी-खड़ी थककर बेदम हुई वहीं फर्श पर ही उकड़ूँ बैठी हुई। पास में ही मूँज की खटिया पर सिर्फ छापेदार लुंगी को हाफ पैंट जितनी ऊँची कर पसरा हुआ कोई फुरसतिया। पीछे एक हैंडिल टूटा ट्रांजिस्टर बजता हुआ। एक पूरी चिक-चिक, खटर-पटर, चहल-पहल और शोर-शराबे से भरपूर जीवन्त गली जिसके मुहाने पर ऊबी हुई, प्रतीक्षारत, भविष्यहीनता की मारी आठ-नौ रूपजीवाएँ। देह की भाषा बोलती हुई, ''भोगो, भोगो, मुझे भोगो।''

ध्यान से देखा सुकीर्ति ने, उनमें से कई सुन्दर होते हुए भी उसे सुन्दर नहीं लग रहीं थीं, क्यों ? क्या संस्कारवश या इसलिए कि कोई भी सुन्दर तभी दिखता है जब अपनी मर्यादा में रहता है। जैसे किनारे के भीतर बहती नदी भी जब किनारों का अतिक्रमण कर बहती है तो सुन्दर नहीं दिखती।

विचारों की एक पूरी नदी बहती जा रही थी उसके भीतर। मन में एकाएक आया कि पूछे पिंकी से, रमा से कि माना एक काले क्षण में तुम बाध्य हुई यह पेशा अपनाने को लेकिन फिर उसके बाद क्या तुमने प्राणों के पूरे जोर से, तन के पूरे दमखम से चेष्टा की थी इस नरक से बाहर निकलने की ? यदि की होती तो आज तुम सचमुच बाहर

होती...याद रखो जीवन का सारा मूल मन्त्र, उपनिषदों का सारा सत्त्व एवं वेदों का सारा निचोड़ इस एक शब्द में गुँथा हुआ है, 'कोशिश।' वह सोच रही थी कि क्या वह लौट जाए कि तभी उसने देखा कोई ग्राहक मोल-भाव कर रहा था उन रूपजीवाओं से—संस्कारवश तुरन्त तेज कदमों से आगे बढ़ गई वह। पीछे से सुना उसने, कोई अपने सीने पर हाथ मारकर कह रही थी, "कड़क चट्टान है।"

नाले में फाल्गुन

सुकीर्ति का भीतरी कोलम्बस जहाँ-तहाँ भटकाता रहता है उसे और एक ही रट लगाता रहता है निरन्तर, भागो, खोजो क्योंकि जीवन का असली मजा उसके अन्वेषण में है। बस, यही वजह है कि सुकीर्ति कभी भी चैन से बैठ नहीं पाती है। लोगों के दुःखों की तह तक पहुँचने के लिए भटकती रहती है वह इधर-उधर। लोग कहते हैं कि उसके पैरों में चक्का लगा है। लेकिन वह जानती है कि चक्का कहाँ लगा है। चक्का लगा है उसकी चेतना में। पाताल तक भटका देनेवाली बेचैनी में।

और परिणामतः लगभग एक पखवारे के बाद ही सुकीर्ति फिर कालीघाट के लालबत्ती इलाकों में।

लगभग वैसा ही दृश्य सत्य वहाँ। वैसा ही धधकता यथार्थ उस दृश्य सत्य के भीतर से झाँकता। फिर भी हर जिन्दगी दूसरी जिन्दगियों से कुछ अर्थों में भिन्न होती है। और कथा लेखिका का काम है दो जिन्दगियों की इसी भिन्नता से छनकर आते सत्य पुंजों को बटोरते जाना।

कालीघाट की प्रेम की इन्हीं गलियों में से एक गली है बड़ी गली—जहाँ न कोयल कूकती है, न फूल महकते हैं, न समीर अठखेलियाँ करता है।

यहाँ पतझड़ के ठूँठ हैं। हवा में घुटन है। बदबू है। वातावरण में है जी मिचलानेवाली सड़ान्ध। आसपास मँडराते सूअर हैं और इन सबके होने से जिन्दगी की बेचारगी अपने सबाब पर है।

गली के शुरुआती मुख पर आठ-नौ रूपजीवाएँ और लम्बी गली के भीतर प्रेम व्यापार के लिए उपलब्ध छोटे-छोटे सीलन भरे, खपरैल की छतवाले घर। कहीं-कहीं पक्की छत भी। गली के बीच की सार्वजनिक नल पर जूठे पड़े हंडे, भगोनियाँ, बाल्टियाँ। इक्के-दुक्के अपवादस्वरूप साफ-सुथरे कमरे भी। गली के अन्तिम सिरे पर गन्दगी से अटा दलदल। 'यहाँ पेशाब करना मना है' की चेतावनी के बावजूद खुली नालियों से आती पेशाब की दुर्गन्ध, सूखे पत्ते और कचरों से भरा एक बदबूदार पोखर और उसके पास ही कचरे के छोटे-मोटे हिमालय पर तल्लीनता से मँडराते खाते-घूमते लोट लगाते पाँच-छः छोटे-बड़े सूअर अपने परिवार के साथ। पोखर के पास ही एक पीपल का पेड़

और उसी पेड़ की छाँह में भिनभिनाती मक्खियों के बीच रूपजीवा—माया देवनार के साथ बैठी हुई सुकीर्ति सोच रही है कि ऐसी जी मिचला देनेवाली गन्दगी और बदबू मारती हवा के बीच कोई ग्राहक कैसे बना पाता होगा प्रेम की मानसिकता और कैसे ला पाता होगा इन सूखी, मुरझाई, बेचारी मार्का, उदास और...एवं सुदीर्घ प्रतीक्षा से उकताई इन प्राणहीन सर्वभोग्या को देह के स्तर तक। कोई जानवर ही तृप्त हो पाता होगा ऐसे परिवेश में। तभी सुकीर्ति को याद आया कि बहुत पहले उसने किसी हिन्दी साहित्यकार की एक कहानी पढ़ी थी, जिसमें एक कामुक व्यक्ति अस्पताल के मुर्दाघर में लाशों के ढेर के बीच सम्भोग करता है।

"साहित्यकार झूठ नहीं बोलता है," विचारों का पंछी फिर पंख फड़फड़ाने लगता है उसके भीतर। मन स्वीकार नहीं कर पा रहा था कि ऐसे कुरुचिपूर्ण, जुगुप्सा-भरे एवं बदबूदार माहौल में जहाँ घड़ी-भर बैठना भी दुश्वार हो रहा था उसके लिए कोई कैसे उस तृप्ति को पा सकता होगा जो ईश्वर द्वारा मानव को दी गई सर्वोत्तम भेंट है। इन उकताई ठिठरियों द्वारा। नीत्शे ने तो यहाँ तक कहा था—औरत तो तभी औरत होती है जब वह प्यार करती है...। पर अपने जिस्म को बाजार बनाकर रास्ते में खड़ी इन रूपजीवाओं को क्या औरत कहा जा सकता है ? या सिर्फ औरत का चोला !

और चुप रहा नहीं जाता है उससे इसलिए शुरुआत में ही पूछ बैठती है वह माया से, "इतनी गन्दगी और ऐसा माहौल, कैसे सम्भव हो पाती होगी यहाँ प्रेम-क्रीड़ा ?"

सुकीर्ति के ऐसे बेतुके प्रश्न को सुनते ही वह अपनी जाँघें खुजलाने लगी। यहाँ के वातावरण को पूरी तरह सोख चुकी थी वह। इस कारण जाँघ खुजलाती परमहंस के भाव से हँस पड़ी और ताजा खाए पान से भरे लाल-पीले दाँतों को दिखाती जवाब देने लगी, "आप तुरन्त बाहर से आई हैं न, और पहली दफे आई हैं, इसीलिए आपको इतनी परेशानी है, हमें लेकिन ऐसा कुछ नहीं लगता। बाकी रही गिराहक की बात तो यहाँ दोनों तरह के गिराहक आते हैं, एक तो वे जो काफी गरीब गुर्बा हैं वे तो खुद ही ऐसी गन्दगी में पड़े रहते हैं, तो उन्हें क्या तकलीफ होगी और दूसरे प्रकार के गिराहक जो थोड़ा पैसा ठनकाते हैं, वे यहाँ के कमरों में नहीं घुसते हैं, बाहर कभी आसपास के होटल वगैरह में ही जगह ठीक-ठाक कर हमें ले जाते हैं। कई बार तो एक-दो दिन के लिए कलकत्ता से भी बाहर ले जाते हैं और फिर लाकर छोड़ देते हैं।

बोलते-बोलते वह हँस पड़ी—एक बेमतलबी हँसी !

"क्या ऐसा भी होता है....?"

सुकीर्ति की अल्पज्ञता पर फिर हँस पड़ती है वह। पीठ पर छितरे बालों को हाथ से जूड़ा बनाते बोलने लगती है वह, "हाँ-हाँ, एक गिराहक तो अपनी गाड़ी मारुति लेकर आया था। नहीं, बंगाली नहीं था, साफ हिन्दी बोलता था, मारवाड़ी होना चाहिए। मुझे अपनी गाड़ी में बैठाकर ले गया था। रात बारह बजे गाड़ी को किसी गली के भीतर खड़ी करके, वहीं सीट पर ही मुझे लिटाकर हड़बा-हड़बी में ही...। एक बार तो डर भी लगा कि कहीं पुलिस की लफड़ाबाजी में नहीं फँस जाऊँ। पर हाथ आया मुर्गा कोई

छोड़ता है। हाँ, पैसा अच्छा दिया था। एक बारी का सौ रुपया।

पूरी तरह से अब प्रवाह में बह रही थी माया और सुकीर्ति के अवचेतन में वैदिक काल का एक पृष्ठ फड़फड़ाने लगा था, इस पवित्र देश के पवित्र ऋषि महर्षि वेदव्यास के पिता, जिन्होंने योगबल से अन्धकार पैदा करके नौका में रमण करती रमणी के साथ सम्भोग किया था और जिसके फलस्वरूप व्यास का जन्म हुआ था।

सुकीर्ति फिर असहज और अनमनी हो जाती है। हवा में बदबू का जोर बढ़ने लगता है। मन में आता है उस महान परम्परा के जीवाणु क्या हर युग में इसी प्रकार जन्म लेते हैं। बैठना अब दुश्वार हो जाता है।

"चलो जगह बदल लेते हैं।"

उसकी परेशानी से मनोरंजित माया उसे दूसरे नीम के पेड़ तले ले जाती है।

सुकीर्ति ध्यान से देखने लगती है उसके चेहरे को। चेहरे की एक-एक भाव-भंगिमाओं को, भौंहों के उतार-चढ़ाव को, पल-पल बदलते भावों को...नहीं, उसे नहीं लगता कि इस नारकीय जीवन की कोई भी मलिन छाया है उसके चेहरे पर...कम से कम इस घड़ी तो नहीं। वह फिर उसके चेहरे पर कुछ खोजने लगती है जिसे कहते हैं वेश्या जीवन का रहस्य।

सुकीर्ति का मौन भी हतोत्साहित नहीं कर पाता है माया को। विगत की कुछ खुशनुमा यादों में खोई माया सुकीर्ति को बोलने का मौका दिए बगैर ही फिर चालू हो जाती है, "एक बार तो एक गिराहक मुझे दीघा ले गया था, बस वही एक ही जगह है जो मैंने देखी है। पूरे दो दिन रखा मुझे वहाँ। वे तीन दोस्त थे, बारी-बारी से...सबके साथ...। हाँ, एक ही कमरा था...सब खुल्लम खुल्ला, जब एक मेरे साथ होता तो बाकी दोनों वहीं ताश फेटते रहते थे। दारू-वारू खूब चली और फिर यहीं छोड़ गया। अच्छी पार्टी थी, बिना खिचखिच-पिचपिच के एक साथ इकट्ठा हजार रुपया दिया।"

साँवली, बढ़े हुए गन्दे नाखून, थुल-थुल, गन्दे दाँत, पान रँगें होंठ जिसे देखकर सुकीर्ति को कसाई के यहाँ लटके ताजे मांस की याद आ गई थी। अव्यवस्थित एवं पैबन्द लगी एक फुग्गेदार ब्लाउज में सुरमा, चोटी, सस्ते फुदने और झुमके वाली माया को इन वेश्याओं के बीच भी बदचलन वेश्या कहा जाता था। कैसे भी ग्राहक हों, किसी भी उम्र के, उसे असुविधा नहीं होती। वह समभाव से सबके साथ यहाँ तक कि छोटे स्कूल-कॉलेज के लड़कों तक से वह मजे में खुशी-खुशी निपट लेती थी।

"ऊ तो पूरी कुतिया है, मर्द खाऊ, फटा ढोल ! जो भी, जैसा भी आ जाए बिछ जाती है। आदतें खराब हो चुकी हैं उसकी। ई सबके बिना चलता नहीं, नित्य नया चुग्गा चाहिए उसे। संसार के सारे मर्द भी कम पड़ें उसके लिए..." उसके बारे में गुपशुप स्वरों में बताती है उसकी पड़ोसन रूपजीवा कमली।

किसी के दामन से बँधने की दुर्दम्य ललक ने माया देवनार को भी कुछ वर्षों तक एक बाबू के साथ बाँधे रखा। उसके एक बच्चे की माँ भी वह बनी, लेकिन पिछले कई सालों से वह उसके आशियाने से उड़न छू हो चुका है।

सुकीर्ति ने देखा था कि कैसी भी वेश्या हो, पर जहाँ मातृत्व का प्रश्न था, अधिकांश सभी काफी ऊँचे धरातल पर खड़ी थीं। खुद की जिन्दगी चाहे कितनी भी जिल्लत में गुजरी हो पर अधिकांश अपने बच्चों को अपने अभिशप्त जीवन की छाया मात्र से भी दूर रखती थीं। प्यार और सहयोग की संस्कृति इस दुनिया से सीखी जा सकती थी। अधिकांश वेश्याएँ सहयोग स्थापित कर एक अलग व्यवस्था स्थापित कर लेती थीं कि उसे वैकल्पिक व्यवस्था में रखने पर कदाचित् उनके पुत्र-पुत्रियों को बड़े होने पर प्रतिष्ठित समाज में स्थान मिल सके। चार जमात तक पढ़ी माया देवनार भी अपनी बच्ची को अपने पास नहीं रखती थी।

बातों में चटपटी एवं हँसमुख माया की चेतना के आकाश में भी अन्य वेश्याओं की ही तरह सामान्य ज्ञान की कोई खिड़की तक नहीं थी। रोशनदान तक नहीं।

"देश का प्रधामन्त्री कौन ?"

"नहीं मालूम।"

"सोनिया गाँधी का नाम सुना है ?"

"उसकी तो हत्या हो गई न !" तभी पासवाली वेश्या सन्दिग्ध स्वर में कहती है, "नहीं, हत्या उसकी नहीं, उसकी माँ की हुई थी।"

इसके बाद हल्की सी चर्चा देश की महँगाई की, गुंडागर्दी की चल पड़ती है।

क्षणिक विराम। हल्की सी झिझक और फिर एक सवाल, "यदि बुरा न मानो तो एक बात पूछूँ ?"

पूर्ण स्वीकृति में हिलती मुंडकी।

"एक दिन में कितने ग्राहकों को झेल सकती हो ?"

"यदि मिले तो एक दिन में आठ-दस गिराहक तक निपटा सकती हूँ। इस पेशे में अब वैसी आमदनी नहीं रही, लाइनवालियाँ बढ़ गई हैं। इस कारण गिराहक भी अब उतने नहीं मिलते और मिलते भी हैं तो साले पैसा नहीं देना चाहते, कल ही की बात है एक आया...पूरा धुत्...जमकर मजा लिया पैसा देते वक्त साले की फटने लगी। कहने लगा, 'सब तो ले लिया...अब क्या लँगोट में हाथ डालेगी !' आज के जमाने में यदि भाग्य बहुत अच्छा हुआ तो दिन में दो-तीन मिल जाते हैं नहीं तो फाँका तक की नौबत आ जाती है। नहीं, खास परेशानी नहीं होती है। दुर्गापूजा-कालीपूजा के समय में जाकर कई बार खूब ज्यादा ग्राहकों को निपटाने के चक्कर में भीतर घाव हो जाते हैं, पर उसका भी इलाज है। अजी, गिराहक तो आपका सभी कुछ हड़पना चाहेंगे, पर हम अपने शरीर को दो भागों में बाँटकर रखती हैं, पूरा पैसा दोनों भाग, कम पैसा सिर्फ...। हाँ-हाँ, गिराहक कमीना हुआ, पैसा पूरा नहीं देना चाहे, सिर्फ 20-25 रुपया देने की बात करे तो हम भी साफ-साफ कह देती हैं कि...पर हाथ रखने नहीं दूँगी।" अंग विशेष पर हाथ मारकर बता देती है माया कि कम पैसे देने पर ग्राहक को किससे वंचित रहना पड़ेगा।

अपनी एकरस जिन्दगी से बेहद उकता जाने पर कभी-कभार फिल्में देखना बहुत भाता है माया को। शाहरुख खान और माधुरी दीक्षित को पहचानती है वह।

माधुरी दीक्षित की ही तरह माया भी स्वप्न देखती है कि क्या पता जैसे शाहरुख खान के दिन फिरे, उसके भी फिर जाएँ इसलिए कई ऐक्शन प्लान हैं उसकी जिन्दगी में। भविष्य के लिए कई रोमांचित एजेंडा भी।

"क्या हैं तुम्हारी भावी योजनाएँ...?"

हँस देती है वह। दूसरी वेश्याओं से वह भाग्यशाली है कि उसके पास अपना एक कमरा है, बहुत सस्ते भाड़े पर जिसमें वह चाहती है किसी छुकरी को रखना। क्योंकि वह 'कितने दिन की और जोबना कितने का है ?' हद से हद पाँच वर्ष और। उसके बाद भी तो चाहिए आमदनी का कोई जरिया।

"लेकिन छुकरी यानी—बाल-वेश्या, अरे यह तो सरासर गैर-कानूनी है, पुलिस भी पकड़कर ले जा सकती है, जेल में बन्द कर सकती है !"

नाक की कील घुमाती हुई आत्मलीन हो बताने लगती है माया, "इसीलिए तो डर लगता है, अरे जरा भी हिम्मत दिखाती तो पिछली काली पूजा में ही खासी अच्छी छुकरी आई थी। खरीद सकती थी, दाम भी कोई अधिक नहीं माँग रहा था दलाल। तोल-मोल कर पच्चीस हजार में पट जाता सौदा, पर हिम्मत नहीं जुटा पाई...अरे, इस लाइन में आगे वही बढ़ पाता है जो हिम्मत में गब्बरसिंह होता है...." और बोलते-बोलते वह सुकीर्ति को एकाएक लोमड़ी ज्यादा नजर आने लगी थी, जिसे आज भी मलाल था अपने शिकार का हाथ से निकल जाने का।

"कितने साल की छुकरी थी..."

"होगी कोई यही ग्यारह साढ़े ग्यारह साल की।"

"लेकिन इतनी कच्ची उम्र क्या प्राकृतिक रूप से अपरिपक्व नहीं, देह भोग के लिए ?"

क्षणांश के लिए जागता हल्का सा पाप-बोध—पर तत्क्षण ही लुप्त भी हो जाता है। वर्जना और प्रतिरोध की अन्तिम दीवार को ढहाती सी बोल पड़ती है वह, "उसका भी रास्ता है सुकीरतीजी।"

"क्या ?" हृदय जोरों से धड़कने लगता है सुकीर्ति का। एक-से-एक भयानक सत्य, आत्मा को दागनेवाला दृश्य देखे हैं उसने, अब जाने क्या मिले सुनने को। हे प्रभु !

सारी चेतना कानों में सिमट आती है और साँस अटक जाती है उसकी माया को सुनते हुए जो सिर्फ देह के स्तर पर जी रही थी और नहीं जानती थी कि वह क्या कहने जा रही है। अपनी सोच में किसी अक्लमन्द की ही तरह वह वेश्या जीवन की भीतरी पर्तों को तह-दर-तह खोलती जा रही थी।

"किसी भी छुकरी के उस अंग में (आँख के इशारे से समझा देती है वह कौन सा अंग) शोला (कागज का बना पदार्थ जो पानी पड़ने से ही गल जाता है, जिसे बंगाली भाषा में शोला कहा जाता है) घुसा दिया जाता है फिर उन्हें पानी के टब में बैठा दिया जाता है। जैसे-जैसे पानी में शोला फूलता है वैसे-वैसे गुप्तांगों में भी फैलाव आता जाता है। इसी प्रकार पुराने जमाने की औरतें अपने कानों के छेदों को बड़ा बनाती थीं। मोटे

जेवर घुसेड़ने के लिए। करीब पाँचवें-छठे महीने में लड़की पूरी तरह तैयार हो जाती है। कइयों को इस प्रकार तैयार कर चुकी हूँ पर यहाँ कालीघाट में इन दिनों पुलिस का जोर कुछ ज्यादा ही है इस कारण हिम्मत नहीं पड़ती।" और बोलने के साथ ही अपनी बुजदिली का अहसास तारी हो जाता है उसके चेहरे पर।

"क्या ?" अविश्वास से मुँह खुला का खुला रह गया सुकीर्ति का। एकाएक लगा जैसे आसपास की हवा प्रदूषित होकर रुक गई है, साँस लेने में भी दिक्कत होने लगी उसे। नजरों के सामने जैसे साकार दिखने लगीं...टबों में बैठी दस-ग्यारह वर्षीया, लड़कियाँ ही लड़कियाँ!

हे भगवान् गुड़ियाँ ! खेलने की उम्र और इतनी दरिन्दगी ! कैसे जीती होंगी वे ?

एक तेज आँधी पाँवों की अँगुलियों से शुरू होकर ऊपर तक कँपकँपा गई उसे।

क्या ईश्वर सचमुच मर चुका है ?

उसने तो सौन्दर्य और ईश्वर का अन्वेषण करना चाहा था। क्या कर पाएगी वह ?

उसे याद आया, उसकी माँ कहा करती थी कि दुनिया अच्छों के लिए अच्छी और बुरों के लिए बुरी है, पर क्या बुराई की होगी इन दस-ग्यारह वर्षीया बच्चियों ने।

चौदह वर्ष की उम्र में ही धोखा एवं क्रूरतापूर्वक वेश्या बना दी गई मन्द बुद्धि एवं मोटे सोचवाली क्षणजीवी माया ने अपनी रही-सही सारी बुद्धि सोचने में लगा दी, पर फिर भी वह सोच नहीं पाई कि सुकीर्ति यूँ अकस्मात् क्यों इतना भड़क गई ? उसका सारा जीवन अनुभव, सारी अर्थवत्ता, सम्पूर्ण जीवन सत्य एक ही सूत्र में पिरोया हुआ था और वह सूत्र था—ग्राहक और उसकी निरन्तरता।

बहरहाल...पान चबाने के बहाने कुछ देर वह चुप रही और कनखियों से सिर झुकाए, अडोल एवं उद्विग्न सुकीर्ति को देखती रही, फिर एक उबासी ली उसने और वहाँ से चल दी। शाम की तैयारी के लिए।

ऊपर सँवलाती शाम और अँधेरे में घिरी बैठी सुकीर्ति, लगा उसे जैसे अभी-अभी वह स्वयं एक छोटी सी मृत्यु से गुजर चुकी है और पुनर्जीवित होकर सोच रही है, क्या बच पाएगा इंसान ? या जिन्दगी से इसी प्रकार नष्ट होता रहेगा बचपन, नारीत्व, करुणा और प्रेम ?

उसने यह तो कई जगह पढ़ा था, सबसे अधिक प्राथमिकता सहित एवं विस्तार में, नवल अल साडनी (मिस्र) की पुस्तक 'द हिडेन फेस ऑफ ईव—वीमेन इन दि अरब वर्ल्ड' में कि वहाँ पर शैशव में ही कोई भी लड़की अपनी योनि के ऊपरी हिस्से को कटवाने से बच नहीं सकती थी, क्योंकि उनका विश्वास था कि इस प्रकार सुन्नत कर दिए जाने से लड़कियों को शादी की अवस्था तक पाक रखा जा सकता है। अन्यथा कामवासना का वेग उनकी पाकीजगी को खतरे में डाल सकता है। लेखिका ने अपने अनुभव के साथ ही पाया था कि मिस्र के अशिक्षित परिवारों की 97.5 प्रतिशत लड़कियाँ इस प्रथा का शिकार होती हैं लेकिन शिक्षित परिवारों में यह घटकर 66.2 प्रतिशत रह गया है।

सभी अरब देशों में यह मान्यता है कि लड़कियों की कामेच्छा के दमन का एकमात्र तरीका सुन्नत ही है और इसी के द्वारा उसके कौमार्य और इज्जत को शादी से पहले बरकरार रखा जा सकता है।

इसी प्रकार चीन में 1917 के पहले तक लड़कियों के पैरों की सारी हड्डियों को कुचलकर उनके पैरों को रात-दिन मोटे कपड़ों में बाँधकर रखा जाता था, जिससे वे बढ़ने नहीं पाएँ। उस समय चीन की औरतों के औसत पैर साढ़े तीन से चार इंच तक होते थे। अपने छोटे-छोटे कसीदेदार जूतों से ढके पैरों पर बत्तखों की तरह फुदक-फुदककर चलती औरत पुरुषों के लिए काफी उत्तेजक मानी जाती थी।

क्षण की उस महाचेतना से कँपकँपाई सुकीर्ति के समक्ष जैसे कालचक्र पूरे वेग से देशातीत हो घूम गया। चीन...अरब देश...।

पर वे इतने भावना प्रधान देश नहीं। पर यह देश ! चारों वेद, उपनिषद्, महाभारत, रामायण एवं अर्थशास्त्र की रचना करनेवाला, नैतिक एवं मानवीय प्रेम के सर्वोच्च धरातल पर खड़े कबीर, विद्यापति, सूर, तुलसी, कालिदास, तानसेन एवं भवभूति को जन्म देनेवाला यह देश ! लोगों के हृदय में रस और आत्मा में चैतन्य उँड़ेलनेवाला यह देश ! उसी देश में बच्चियों को इस प्रकार सम्पूर्ण अप्राकृतिक ढंग से बच्ची से औरत बनाया जा रहा है ! पुरुषों के भोग के लिए तैयार किया जा रहा है ! क्या कल के इतिहासकार लिखेंगे भारतीयों की इस बेशर्मी को या इसे भी फास्ट फारवर्ड कर दिया जाएगा ? कौन दंड देगा समय के इन अपराजेय शैतानों को ? हिन्दुस्तानियों की इस लज्जाहीनता को ? ठंडे पड़ चुके उनके खून को ? जंग खाई आत्मा को ? आजादी की स्वर्ण जयन्ती के अवसर पर जो इतिहास पढ़ा था उसने, उसमें तो सिर्फ इस देश की उपलब्धियों का ही जिक्र था...कौन आगे आकर तोड़े नपुंसकता के इस धनुष को ?

कहाँ है हिन्दुस्तान पर गर्व करनेवाले, भारतीयता एवं संस्कृति का नगाड़ा बजाने वाले ?

नारी पूजक-खाकी पैंट धारियों को क्या बेचैन नहीं करतीं ये सच्चाइयाँ ? क्या उन्हें दिखाई नहीं देतीं कतारों में खड़ी टके सेर बिकती औरतें ?

उस रात सुकीर्ति पलंग पर नहीं, सवालों की तीखी नोकों पर सोई थी।

रफ्ता-रफ्ता वीरान होती जिन्दगी मन्नालाल एंड सुरेका फर्म की।

ऑक्सीजन पर चल रही मन्नालाल एंड सुरेका फर्म कभी भी धराशायी होकर सुकीर्ति सहित कई स्टाफ को बेकार कर देगी, यह अन्देशा सुकीर्ति को हर पल रहता था, इसी कारण उसके भाग्यवादी संस्कारों में, उसकी सुबह की प्रार्थना और जुड़ गई, "नौकरी, स्वास्थ्य और उत्तम विचारों की रक्षा करना प्रभु !"

लेकिन यह प्रार्थना इतनी जल्दी ही निष्फल हो जाएगी और जिन्दगी फिर अपनी बेचारगी के साथ उसे अपने अस्तित्व के नए संकट के रूबरू खड़ा कर देगी, इसका उसे

भान न था।

वह शनिवार का दिन था। ऑफिस पहुँचने में उसे खासी देरी हो गई थी, इस कारण वह जाते ही अपने काम पर लग गई थी। उसे थोड़ा असामान्य सा लगा कि उस दिन पवन, मन्नालालजी, केशवजी कोई भी ऑफिस में नहीं थे। और तो और कैशियर तक नदारद था। वेतन नहीं मिलने के कारण जो उच्छृंखल स्टाफ गड़रियों की भेड़ों की भाँति इधर-उधर मँडरा रहा था।

ऑफिस से निकलते वक्त तक भी मालिकों में से कोई भी जब दिखलाई नहीं पड़ा तो हल्का सा खटका उसे हुआ पर सदैव की ही तरह उसने भी गर्दन को एक झटका दिया और स्टॉपेज की ओर बढ़ गई।

रात साढ़े ग्यारह बजे उसे किसी जान-पहचानवाले ने फोन पर ख़बर दी कि मन्नालाल पुलिस की हिरासत में है।

"क्या...क्यों ?" सुकीर्ति जैसे आसमान से गिर पड़ी थी।

"जाली शेयर बेचने के अपराध में..."

"लेकिन मन्नालालजी ऐसा हर्गिज नहीं कर सकते, मैं उन्हें खूब अच्छी तरह से जानती हूँ...।"

"यही तो सभी कह रहे हैं कि वे ऐसा नहीं कर सकते, इतना छोटा काम, लेकिन उनके अधीन जो सब ब्रोकर था उसने मास्टर प्लस के जो शेयर बेचे, वे सब जाली निकले। चूँकि उसने वे सारे शेयर मन्नालाल एंड सुरेका फर्म के नाम से बेचे इस कारण पुलिस ने मन्नालाल जी को ही पकड़ा," बोलते-बोलते एकाएक उस पर दर्शन हावी हो गया, सुकीर्ति को समझाता हुआ कहने लगा वह, "जीवन में खरगोश की रफ्तार से कमाई करने का नतीजा सामने है जी, लालच के चलते मन्नालालजी जिस-तिस को सब ब्रोकर बनाते गए, बिना छानबीन किए, अब भुगतो। घर का तो माल जाए और जग हँसाई ऊपर से। इससे तो लाख भली अपनी कछुए की चाल। पुलिस को तो जी बहाना चाहिए, एक-दो दिन तो अटका ही देगी, जानती है मोटी मुर्गी है।"

सुबह ही सुबह अखबार देखा सुकीर्ति ने—खबर सही थी।

और साथ ही एक निर्णय जन्म लेने लगा था उसके भीतर—अब जैसे भी हो, कोई पार्ट टाइम जॉब उसे कहीं न कहीं पकड़ ही लेना है। सिर्फ ट्यूशन और अधमरी पत्रकारिता के बल पर नहीं घिसटनेवाली है जिन्दगी।

और उसी दोपहर उसने अपने एक भरोसेमन्द पत्रकार दोस्त विजय से फोन पर सम्पर्क किया कि जिन्दगी की समस्या को हल करने में उससे कुछ मदद मिल सके।

सुकीर्ति के साथ दिक्कत यह थी कि वह अपने श्रम और सृजन दोनों को जिन्दा रखना चाहती थी। इसी कारण करीब पाँच वर्ष पूर्व उसे ब्रुकबांड एंड कम्पनी में कम्प्यूटर प्रोग्राम की खासी नौकरी मिल रही थी पर उसने उस नौकरी को ठुकराकर मन्नालाल

एंड संस की अपेक्षाकृत कम जिम्मेदारीवाली नौकरी पकड़ी तब भी विजय ने उलाहना देते हुए कहा था उससे, "तुम जैसा मूर्ख मिलना मुश्किल है जो कम्प्यूटर का राजमार्ग छोड़कर स्वतन्त्र पत्रकारिता की पगडंडी पर चलना पसन्द करे...देखना एक दिन तुम्हें पछताना पड़ेगा..."

"यह पगडंडी ही सही, पर यही मेरे जीवन की स्वाभाविक माँग है, जीविका के लिए मैं अपने जीवन को दाँव पर नहीं लगा सकती, अपने स्वप्न को नहीं खो सकती क्योंकि जो स्वप्न मेरी आँखों में फड़फड़ा रहा है वह मुझे इन्हीं पगडंडियों के सहारे ही मिल सकता है।"

अपनी बुद्धि और व्यवहार के बल पर उसने सुकीर्ति को समझाना चाहा था, "देखो, इस प्रकार तो तुम किधर की भी नहीं रहोगी। मेरी मानो तो लिखना-विखना छोड़ पहले अपने पाँवों के नीचे मजबूती को बनाए रखो। नौकरी ही वह धुरी है जिसके इर्द-गिर्द सब घूमते हैं, यदि धुरी ही नहीं रहेगी तो कुछ भी नहीं बचेगा।"

"पर इस प्रकार वर्क एलकोहॉलिक होकर भी तो मैं नहीं बच पाऊँगी। अपने 'स्व' के भाव को बचाए रखने के लिए इतना खतरा तो मुझे जीवन में उठाना ही पड़ेगा। लेनिन कहता था कि शिक्षा का मतलब चेतना और चेतना का मतलब मुक्ति तो यह क्या कि पढ़-लिखकर अपनी मुक्ति के द्वार मैं खुद ही बन्द कर दूँ...अब तुम्हीं बताओ, लोगों से मिलना, उन्हें जानना, उनके दुःखों की तह तक पहुँचना, जीवन का अन्वेषण करना...यही सब छोड़ दूँ तो फिर बचेगा कोई भी सौन्दर्य और अर्थ मेरे जीवन में... जीऊँगी मैं कैसे ? यह क्या बात हुई कि जीवन जैसी विराट चीज को सिर्फ पेट के बन्दोबस्त में बदल दूँ। अपना पेट तो जानवर भी भर लेते हैं।"

आज रह-रहकर एक-एक बातें याद आ रही हैं सुकीर्ति को। रविवार की उस कर्महीन दोपहर में।

अपनी आखिरी चेष्टा के रूप में विजय ने आखिरी बात तब यही कही थी, "जानती हो अकबर इलाहाबादी ने क्या कहा है, उसने कहा है कि तनख्वाह नहीं तो कुछ भी नहीं।"

विजय के आते ही उस उदास घर का कोना-कोना मुस्कुरा उठा था। आत्मीयता झिलमिलाने लगी थी। कुछ था विजय में ऐसा कि उसे देखते ही वह हिरनी बन जाती थी, जबकि मेघेन को देखते ही उस पर बुढ़ापा उतर आता था।

सुकीर्ति ने देखा था इन वर्षों में जीवन की रगड़ से और भी निखरा है विजय, आत्मविश्वास से भरपूर। पहले जहाँ वह हर वक्त नौकरी के तनाव से आतंकित रहता, अब वह छाया उस पर सिरे से ही गायब थी। सिर से पाँव तक एकटक देखती जा रही थी सुकीर्ति उसे कुछ इस तरह कि विजय कुछ-कुछ आत्मसजग हो उठा। अपनी राज आत्मसजगता से मुक्त होने के लिए वह कुछ-कुछ अटपटाए ढंग से बोल उठा, "सचमुच

तुम पार्टटाइम खोज रही हो। यार छोड़ो भी, कुछ न कुछ बन्दोबस्त तो हो ही जाएगा, पहले यह बताओ आजकल क्या कर रही हो ? कुछ नया पढ़ा ?"

जमी नौकरी कितना आत्मविश्वास और निश्चिन्तता ला देती है जिन्दगी में। सुकीर्ति का ध्यान अभी भी विजय की बातों में कम उसके व्यक्तित्व दर्शन पर अधिक था। बौद्धिक आँखें। हँसमुख। पहले से थोड़ा सँवलाया हुआ, थोड़ा गंजा—अड़तीस-चालीस वर्षीय विजय। जिन्दगी से भरपूर। जिन्दगी के हर गम को ठेंगा दिखानेवाला, यदि पर्सनैलिटी टेस्ट हो तो शर्तिया उसे सौ में अस्सी नम्बर मिले।

भौन-मुग्ध सुकीर्ति के मन के भावों का आभास पा गया था विजय, इसी कारण थोड़ा करीब सिमट आया था उसके।

उसके करीब आते ही थोड़ी आत्म सजग हुई सुकीर्ति—अपने को पीछे धकेलती हुई बोली, "जानना चाहते हो मैं इन दिनों क्या पढ़ रही हूँ ? मैं पढ़ रही हूँ, कलकत्ता के लालबत्ती इलाकों को।"

"क्या ?" एक फुट उछल पड़ा था विजय।

"हठात् यह विषय ? क्या देखा तुमने वहाँ ? कुछ नए मानवीय बोध तो जरूर हुए होंगे, पर क्या सचमुच तुम उनसे मिली हो ?"

उसके सवाल का कुछ जवाब न देकर उसी की ओर बिटुर-बिटुर ताकती रही सुकीर्ति। और उसी के सवाल पर अपना सवाल दागते हुए पूछने लगी, "पहले तुम बताओ, तुम क्या सोचते हो, उनके बारे में।"

विजय हल्के मूड में था, बात को हवा में उड़ाते हुए कहने लगा, "सोचना क्या है, कुछ पैसा कमाने के लिए जाती हैं और कुछ मौज-मस्ती के लिए।"

"क्या...क्या कह रहे हो तुम ?"

"मैं क्या कह रहा हूँ, खुद उन्होंने ही कहा है ऐसा। कुछ ही दिन हुए पुलिस ने पार्क स्ट्रीट के कुछ फ्लैटों में छापा मारा था। उन फ्लैटों में ब्यूटी पार्लर की आड़ में यही धन्धे चल रहे थे। उनमें कई युवा धनाढ्य हाउस वाइफ और कई कॉलेज की लड़कियाँ भी पकड़ी गई थीं। जानती हो, जब हाउस वाइफ से पूछा गया कि वे इस धन्धे में क्यों आईं तो एक ने जवाब दिया, जीवन की बोरियत को मिटाने के लिए। एक कॉलेज की छात्रा ने जवाब दिया—जस्ट फॉर फन। (मजे के लिए) किसी दूसरी ने जवाब दिया—फॉर सम एक्स्ट्रा मनी (अतिरिक्त आय के लिए)। तो तुम्हीं बताओ, थी उनमें से कोई भी गरीबी की मारी।"

जवाब सुनते ही सुकीर्ति की नजरों में सड़कों पर कतार में खड़ी रुग्ण, पीले चेहरों वाली बेरूह लड़कियाँ छा गईं। किसी प्रकार अपनी आवाज को संयत कर जवाब दिया उसने, "विजय मैं तुमसे धनी इलाकों में धनाढ्य और ऊबी हुई औरतों के काल-गर्ल्स के रूप में दिल बहलाने के लिए शौकिया अपनाई गई वेश्यावृत्ति की बात नहीं कर रही हूँ और न ही मैं उनको लेकर किंचित् भी चिन्तित ही हूँ। मैं तो उन व्यापक और कोढ़ की तरह फैले बेरूह और रुग्ण लालबत्ती इलाकों की बात कर रही हूँ जहाँ औरतें धोखे

से या बुरी तरह विवश करके वेश्या बनाई जाती हैं या अभावों के दलदल में फँसकर जीवन की चरम बेचारगी के क्षणों में परम विवशता में एक दुर्भाग्य की तरह इसे अपनाती हैं।"

सुकीर्ति के चेहरे की गम्भीरता और संजीदगी अब छूने लगी थी विजय को भी।

अपने प्रवाह में बहती जा रही थी सुकीर्ति, "जानते हो विजय, पहले मेरा विश्वास था कि जिन्दगी किसी से कुछ छीनती है या अन्याय करती है तो उसका मुआवजा भी किसी न किसी रूप में कर ही देती है, पर अब मेरा विश्वास हिल गया है, कई जिन्दगियाँ ऐसी होती हैं जिन्हें कभी कोई मुआवजा नहीं मिलता और जिनसे जिन्दगी सिर्फ छीनती है, इस धरती पर अपने किसी पूर्व ऋण के भुगतान की ही तरह।"

"विजय क्या तुम मिले हो कभी किसी वेश्या से ? क्या कोई बात की है तुमने उससे ?"

"अरे, क्या कह रही हो, मैं क्यों मिलने लगा ?"

"क्यों, स्थापित पत्र के प्रतिष्ठित पत्रकार हो, मिल ही सकते हो।"

"ऐसा है, मेरा एक दोस्त है, इन लालबत्ती इलाकों का लगभग नियमित विजिटर... नहीं, यहाँ नहीं रहता है, घाटशिला में रहता है वह। कलकत्ता प्रायः माल खरीदने आता है। बड़े मजे हैं उसके। वह तो ठहरता भी इनके यहाँ ही है। दिन-भर वहीं खाता-पीता है, रात को उसकी जरूरत भी पूरी हो जाती है। जरूरत हुई तो दूसरे दिन भी अपना सामान, नकद, सब कुछ वहीं रखकर दिन-भर अपना काम निपटाकर निकल पड़ता है। दो-सौ अढ़ाई सौ रुपये वेश्या को देता है। फिर भी फायदे में रहता है। कहता है...मेरे लिए होटल, बिस्तर, केयरटेकर और ट्रस्टी सभी कुछ बन जाती हैं वे दो दिनों के लिए। नहीं वह सोनागाछी की जिन वेश्याओं के यहाँ ठहरता है, वे थोड़ी धनी हैं। उनके कमरे इतने गन्दे नहीं होते जितने औरों के होते हैं। उनका रेट भी हाई होता है, अरे नहीं, कहता है बहुत ईमानदार होती है। कभी एक पैसा भी इधर से उधर नहीं होता, जबकि नोटों का बंडल और हजारों का माल तक वह उन्हीं के यहाँ रख देता है। बड़े जतन से सँभाल रखती हैं वे।"

सुकीर्ति को ध्यान आता है, एक वेश्या के कमरे में रेडीमेड गारमेंट्स के कुछ डिब्बे देखे थे। उसने यही सोचकर नहीं पूछा था कि वे शायद उसके 'बाबू' के होंगे।

बातों का प्रवाह कुछ देर के लिए अवरुद्ध हो जाता है। दरवाजे की कॉलबेल टनटना उठती है। विजय की बतरस में पूरी तरह पगी सुकीर्ति को बड़ा अखरता है—उठकर दरवाजा खोलना। अनमने मन से खोलती है—दूधवाला था।

चाय की चुस्कियों के बीच बात को नए सिरे से शुरू करती पूछ बैठती है सुकीर्ति, एक ऐसा प्रश्न जो उसके दिमाग में जाने कब से मक्खी की तरह भिनभिनाता रहा था कि आखिर आदमी वहाँ जाता ही क्यों है ? क्या मिल जाता है उसे वहाँ जाकर ? इस प्रकार स्वयं को एवं दूसरों को गिराकर। उसका वश चलता तो वह कुछ लमहों के लिए ईश्वर से पुरुषत्व माँग लेती और स्वयं जाकर अनुभव करती कि क्यों जाते हैं

लोग वहाँ। पुरुष होने के नाते विजय शायद कुछ बता सके, इस कारण बेबाकी से पूछ बैठती है वह, "बताओ विजय, क्यों जाते हैं लोग वहाँ ?"

कुछ पल ध्यान से देखता है विजय सुकीर्ति की ओर फिर जवाब देता है, "अब यदि तुमने पूछा होता कि मुझ जैसा कोई पुरुष किसी महिला के पास क्यों जाता है तो मैं निश्चिन्त रूप से कहता कि वह अपने आप की खोज में जाता है, रही बात वेश्या के यहाँ जाने की तो यह तुम निश्चित रूप से जान लो कि कोई महान् सुख नहीं मिल जाता है...बस समझ लो कि वही सुख मिलता है जो किसी दाद से ग्रस्त व्यक्ति को खुजलाने से मिल जाता है, पर असली बात यह है कि दाद हो ही क्यों ?"

"इसीलिए तो मैं जानना चाहती हूँ कि इस धरती पर पहली वेश्या कब बनाई गई, किसके शैतानी दिमाग की खुराफात थी यह ?"

कुछ देर पहले का चहकता-महकता विजय एकाएक गम्भीर हो गया। समुद्र-मुद्रा। खिड़की से बाहर दिखते पेड़ को निहारते हुए कुछ देर सोचता रहा फिर एकाएक बोलने लगा, "जहाँ तक मैं जानता हूँ, वेश्यावृत्ति हमारी संस्कृति के हर कालखंड में किसी न किसी रूप में जीवित रही, चाहे वह महाभारत काल रहा हो, मौर्यकाल या वैदिकी काल। बस यूँ समझ लो कि जगन्नाथपुरी के रथ की तरह वेश्यावृत्ति के रथ को खींचने के लिए हर युग में पुरुष आते रहे।"

"क्या कह रहे हो ?"

और तभी सुकीर्ति को ध्यान आता है कि विजय—इतिहास का छात्र रह चुका था। "हाँ-हाँ, इतिहासकारों के अनुसार वैदिक काल में गणिकावृत्ति अस्तित्व में थी। वेदों में प्रयुक्त पुनश्चली, महानग्नी और राम्भा जैसे शब्द निम्नकोटि की गणिकावृत्ति के ही सूचक हैं। जैन और बौद्ध धर्म की जातक कथाएँ गणिकाओं के उल्लेख से भरी पड़ी हैं। भारत में दरअसल धर्म एवं राज्य द्वारा गणिकावृत्ति को स्वीकृति इसी युग में मिली ! राज्य की देखरेख में ही वे पनपीं। उस युग की सुसंस्कृत एवं कला की आराधक गणिकाएँ यूनान की गणिकाओं की जोड़ी की थी। दरअसल भावना प्रधान हमारे देश में काम जीवन सदैव ही अमर्यादित रहा। विशृंखलित रहा। इसलिए यहाँ वेश्याएँ हर युग में रहीं, बस नाम बदलते रहे। कभी उन्हें देवदासी, सर्वभोग्या, रूपजीवा—तो कहीं उन्हें नृत्यांगना, गणिका, नगरवधू तो कभी तवायफ, वारांगना वेश्या—कालगर्ल, कसबिन एवं पतुरिया कहा जाता रहा। फर्क क्या पड़ा है।" उबासी लेते हुए कहने लगा वह, "हाँ, एक फर्क अवश्य पड़ा है, पहले जहाँ वे काम के अलावा रिझाने की भी दुकान लगती थीं, वहाँ अब सिर्फ 'काम' की ही दुकान लगती हैं। देववेश्या, तीर्थगा (तीर्थ वेश्या) जैसे शब्द क्या सूचित नहीं करते कि तीर्थस्थानों में भी वेश्यावृत्ति का निकट सम्बन्ध था। उसी प्रकार विष कन्या और विषांगना जैसे शब्दों से स्पष्ट संकेत मिलता है कि शत्रु-विनाश के लिए भी इनका प्रयोग होता था। यात्रा प्रस्थान के समय उनका सामने आना शुभ संकेत समझा जाता था। प्रातःकाल उनका मुख देखना शुभ समझा जाता था क्योंकि उन्हें सदा सुहागन माना जाता था। बोलते-बोलते आवाज एकाएक उत्तेजित हो गई

उसकी, गले की नसें फूलने लगीं, "अरे, जानती हो वात्स्यायन ने तो महापुरुषों की वासना तृप्ति करने को भी गणिकाओं का धर्म माना है। गणिकाएँ उस समय की नगर संस्कृति की एक स्वीकृत और आवश्यक माँग थीं। मौर्यकाल में तो गणिकाओं की देख-रेख के लिए सरकारी विभाग तक भी बना दिए गए थे। कौटिल्य के अर्थशास्त्र में सरकारी गणिकाध्यक्ष को यह आदेश था कि वह रूपवती, जवान और कला निपुण युवतियों को एक हजार पणम (तत्कालीन सिक्के) के वार्षिक वेतन पर गणिका की हैसियत से नियुक्त करे। लेकिन एक बात थी, उस समय इन वेश्याओं को सामाजिक सम्मान और हैसियत प्राप्त थी। सुसंस्कृत व्यक्ति तक में रस जगाती थी। नृत्य, वाद्य, गीत, संगीत, अभिनय जैसी कलाएँ शताब्दियों की उपेक्षा के बावजूद इन गणिकाओं द्वारा ही जीवित रखी गईं। सत्यों का सत्य तो यह है कि हमारे प्राचीन मनीषियों ने वेश्या उन्मूलन की कल्पना तक नहीं की वरन् वे तो इसका अधिकाधिक व्यावहारिक और शास्त्रीय पद्धति से पुनर्घटन करने की आवश्यकता ही महसूस करते रहे।

विजय अपनी बात को इस प्रकार स्पष्ट करते हुए, समझाते हुए सुकीर्ति के समक्ष रखने लगा जैसे साक्षात् श्रीकृष्ण ज्ञान दे रहे हों उद्धव को, "दरअसल जैसे-जैसे भगवान् रईस होते गए, उनके ठाट-बाट बढ़ते गए, देवदासियों, गणिकाओं और नर्तकियों की भरती भी बढ़ने लगी। समाज की विलासवृत्ति का सीधा सम्बन्ध वेश्यावृत्ति से है। दूसरे विश्वयुद्ध में फ्रांस के पतन पर वहाँ के एक चिन्तक ने कहा था कि इसके मूल में है विलास की अतिशयता। उन्हीं दिनों फ्रांस में वेश्यावृत्ति व्यापक पैमाने पर बढ़ी थी। दूसरे यह सिर्फ भारत ही नहीं मिस्र, बेबिलोन, सीरिया, यूनान और रोम की संस्कृतियों का भी लगभग यही इतिहास है।

दिमाग पर जोर डालते हुए, पानी की कुछ घूँटों से गला तर कर फिर अपनी बात को आगे बढ़ाया उसने, "देवदासी प्रथा का सबसे पुराना उल्लेख 1004 के लगभग तमिल भाषा में लिखे हुए एक शिलालेख में मिलता है। इस शिलालेख में उल्लेख है कि तंजावूर के मुख्य मन्दिर में चोल महाराज द्वारा चार सौ तालाचेटी पेंडुगत (देवदासियों) की नियुक्ति हुई थी जिनमें से प्रत्येक को उनकी प्रतिष्ठा और कला साधना के अनुपात में देवार्पित जमीन का हिस्सा मिलता था। धीरे-धीरे यह देवदासी प्रथा खुल्लम-खुल्ला गणिका संस्था बन गई थी—धर्म की आड़ में खुली वेश्यावृत्ति।

मजे की बात यह थी कि देवदासियों की लड़कियाँ पेशा करती थीं और उनके लड़कों की पत्नियाँ कुलवधुओं के समान ही गृहस्थी की सीमाओं में रहती थीं। जो लड़कियाँ सुन्दर और गुणवती होती थीं, उन्हें देवदासी बनने की शिक्षा दी जाती थी और जो कुरूप और बुद्धू होती थीं उन्हें अपनी ही बिरादरी के लड़कों से ब्याह दिया जाता था।

देवदासी बनाने के लिए लड़की को धूमधाम् से मन्दिर में ले जाया जाता था। तलवार अथवा देवमूर्ति के साथ उसका विवाह सम्पन्न होता था और इस विवाह के प्रमाण स्वरूप देवदासी की स्वजाति का कोई पुरुष देवपति की ओर से उसके गले में

'ताली' बाँधता था।

संगीत, नृत्य एवं कामकला की शिक्षा में अति प्रवीण ये देवदासियाँ पुरुषों को जीवन की थकान और ऊब से उबारकर एक ललित लोक में ले जाती थीं। काम-कला को ब्रह्मानन्द सहोदर बनाना ही इन देवदासियों का काम था।

बोलते-बोलते स्वर आरोह से एकदम अवरोह पर उतर आया था, "सोचने की बात यह है कि यहाँ सैद्धान्तिक तौर पर नारी पूजा की वस्तु रही है पर व्यवहार में सदैव ही काम की वस्तु रही। कुछ आस्थावान नारी पात्रों को छोड़कर यहाँ नारी मूर्तियाँ प्रायः नग्न ही रहीं। औरतों की नग्न तस्वीरें यहाँ कलात्मक सौन्दर्य का मापदंड रहीं, आज के परिप्रेक्ष्य में मकबुल फिदा हुसैन को ही देख लो तुम। जानती हो सुकीर्ति, देवदासी प्रथा का उल्लेख तो मध्य युग के प्रसिद्ध यात्री मार्कोपोले ने भी किया है। अरे और तो और धर्म प्रचारक डामिल्गोज पाएस पुर्तगाली ने भी इसका उल्लेख किया है। एक अन्य यात्री हेमिल्टन ने भी अपने संस्मरणों में लिखा है कि देवदासी यदि रूपवती होती तो कोई न कोई धार्मिक सेठ उसे मन्दिर से अपने भोग के लिए ले जाता—लेकिन वृद्ध देवदासियों को बिना सुरक्षा के ही मन्दिरों से निकाल दिया जाता था। इन देवदासियों के प्रथम सम्भोग का अधिकार कई जगह उस व्यक्ति को भी मिलता था जो मन्दिर को सर्वाधिक धन-राशि दान देता था—और कई जगह यह सौभाग्य ब्राह्मणों को मिलता था।

"यह सब तो हुई दक्षिण भारत की बात। टेवर्नियर नामक सुप्रसिद्ध फ्रांसीसी पर्यटक ने मध्य भारत के गोलकोंडा शहर का वर्णन इस प्रकार किया है—दरोगा के दफ्तर में बीस हजार गणिकाओं के नाम दर्ज हैं। प्रत्येक शुक्रवार को राजदरबार में इनका नृत्य होता है। शाम होते ही ये गणिकाएँ राह चलते पुरुषों को आकर्षित करने के लिए दरवाजों पर खड़ी हो जाती हैं। शाम होते ही सारे मदिरालय खुल जाते हैं। गणिकाओं पर किसी भी प्रकार का राज्य कर नहीं लगाया जाता। गणिकाओं के कारण शराब की खपत बहुत बढ़ जाती है। चूँकि शराब बेचने का ठेका सरकार के हाथ में होता है इसलिए इससे राज्य को बहुत आय होती है," बोलते-बोलते सहसा विजय की स्मृति में कुछ कौंधा कि वह उछलकर मध्यकाल से सीधे बीसवीं शताब्दी में आ गया, "अरे वे तो फिर भी प्राचीन युग की बातें थीं, आज जबकि सभ्यता और संस्कृति ने इतनी यात्रा तय कर ली है, आज के युग में भी जानती हो पाँच बार तलाक लेनेवाले अमरीका के एक अरबपति जे.पाल मेरी क्या कहते हैं ? वे कहते हैं कि आप किसी महिला के पास लम्बे समय तक तभी रह सकते हैं जब व्यवसाय में नाकाम—हो रहे हों। यानी—प्रतिबद्धता, सच्चरित्रता, सदाचार—सब निम्न-मध्यवर्गीय या कमजोर तबके की मजबूरी हैं। और यदि जीवन में आप भौतिक रूप से सफल हैं, व्यापार में कामयाब हैं तो दनादन—पत्नियाँ बदलते जाइए।"

आज के जितना विस्तृत, गम्भीर एवं ज्ञानवर्द्धक संवाद विजय ने सुकीर्ति से पहले कभी नहीं किया था। स्वयं सुकीर्ति ने विजय का आज यह नया स्वरूप ही देखा था। विजय पढ़ाकू है, उसमें गहराई भी है, पर चीजों को इस प्रकार रखकर, विश्लेषण करके

इतनी गहराई से सोच भी सकता है, यह आज उसने पहली बार जाना था।

सुकीर्ति अभिभूत थी। कभी मेघेन ने अपनी विद्वत्ता, चिन्तन एवं गहराई से उसे चमत्कृत किया था, आज विजय ने। मन ही मन पुलकित थी वह, चलो जिन्दगी का ढर्रा व्यवस्थित नहीं रहा, हाउस वाइफ के साँचे में नहीं रहा तो कम से कम यह तो फायदा उसे हुआ ही कि उसकी जिन्दगी के दरवाजे सदैव खुले रहे...जाने कितने सोचनेवाले, चिन्तनशील पुरुषों का प्रवेश होता रहा उसकी जिन्दगी में।

कभी अपने असफल एवं अति अल्प वैवाहिक जीवन के असमय अन्त पर उसने सोचा था कि अब वह अपनी जिन्दगी के दरवाजों को पुरुषों के लिए सदैव बन्द कर देगी...पर आज उसकी सोच बदल गई, नहीं सब पुरुष एक जैसे नहीं होते, जैसे कि सभी स्त्रियाँ...।

और विदा के क्षणों में पहली बार महसूसा उसने...कि कोई छवि धीरे-धीरे भीतर उतर रही थी उसके...उन क्षणों जाने क्यों हार्दिक इच्छा हुई कि वह विजय को अपने पहलुओं में भर ले...पर ऐसा नहीं कर सकी वह।

बाद में घंटों सोचती रही वह, ऐसी कोमल इच्छा आज अनायास क्यों उगी उसके मन में ? क्या यही है स्त्रीत्व का भेद ? जो भी हो, पर सुख इतना भी तो दुर्लभ नहीं ?

ये ही मुझे बताती है कि मैं कौन हूँ

कोई विशेष शाम नहीं थी वह, बस एक सामान्य शाम, पर वही शाम—एक संवेदनशील शाम बन गई थी सुकीर्ति के लिए। दरअसल जब से विजय ने उसे वेश्याओं के इतिहास में गहरे तक धँसाकर उसके मर्म को छू डाला था। हर शाम, हर सन्ध्या का समय जो कि अन्तरात्मा में झाँकने का समय भी होता है, उसे लगता कि उसकी चेतना विस्तृत होकर विश्वचेतना में समाहित होती जा रही है। रूप के बाजारों की गलियों में इतना घूम लेने के बाद उसे लगता कि उसका बाहरी चोला वही रह गया है, पर भीतर से सब कुछ बदल गया है। लाइन में खड़ी वे तवायफें जैसे उसे उसकी अपनी हैसियत बता देतीं वह कौन है ? उसी स्त्री जाति की ही न ! उसे लगता कि अभी भी वह अर्द्धसत्य तक ही पहुँच पाई है। वह इनकी जड़ों तक पहुँचना चाहती, क्योंकि इतिहास और परम्परा के आलोक में ही वह आज की वेश्याओं के वर्तमान को सम्पूर्णता के साथ समझ सकती थी, उससे कटकर नहीं।

इसलिए उन दिनों उसकी आत्मा पर इतिहासकार एवं पुरातत्त्ववेत्ता का दबाव बराबर बढ़ता जा रहा था।

उद्यान की किसी पत्थर की बेंच पर बैठी थी वह। विचारों का तूफान गुजर रहा था उसके भीतर। छः से साढ़े छः के बीच का गोधूलि का समय। कई रंगों की छटा बिखेरता

धीमा चलता आकाश। मन को सात्त्विकता में रँगता धीर समीर। एक कतार में लगे ऊँचे-ऊँचे दरख्त—देवदारु, चम्पा, नीलगिरि, कृष्णचुरी, राधाचुरी, कठ गुलाब। आसपास करीने से सजे चटक लाल माटी के ढेर सारे बड़े-बड़े गमले—गुलाब, मोगरा, टैगोर फूल—गेंदा आदि। सुन्दर-सुन्दर पत्तियाँ। ढलती शाम और आकाश का ढलता केसरियापन—पार्श्व में ही बने मन्दिर से आती घंटियों की आवाज, वातावरण की अद्भुत शान्ति प्राकृतिक सौन्दर्य के साथ मिलकर उसके अन्दर किसी विराट सौन्दर्य की रहस्यमय अनुभूतियाँ जगा रहे थे। इस कदर कि उसे लगा वह देहातीत होती जा रही है—अतीन्द्रिय, माइंड से नो माइंड की स्थिति। पहली बार अहसास हुआ, प्रकृति कितना पूर्णत्व देती है ! कृतज्ञता से उसकी आँखों में आँसू आ गए। उन सभी लोगों के प्रति जिन्होंने इस संसार की सौन्दर्य-वृद्धि में अपना योगदान दिया। ऐसे ही क्षणों इन्द्राणी दी में भी ऐसे ही कुछ भाव जागे होंगे। गुलाबी आकाश और फूलों-पत्तों से लदी खूबसूरती ने उनमें भी कुछ ऐसे ही विराट भाव जगाए होंगे। कृतज्ञता में माथा झुक गया सुकीर्ति का, होंठ बुदबुदाने लगे—एक प्रतीक्षा आकार लेने लगी, भीतर मैं सदैव सौन्दर्य की उपासना करूँगी, पूर्ण सत्य की खोज में रहूँगी, अन्याय के विरुद्ध लड़ूँगी...और तभी सोनागाछी की पिंकी, बहुबाजार की गायत्री और कालीघाट की माया देवनार अपनी पूरी कुरूपता एवं भद्देपन के साथ नजरों के समक्ष घूम गई और वह फिर अपने 'स्व' में लौट आई—मैं सुखी नहीं, जब तक धरती पर एक भी वेश्या है, मेरे स्वयं का सम्मान सुरक्षित नहीं।

उसकी आँखें फिर भर आईं—ओफ, जीवन इतना रुलाता क्यों है ? वह दुखी है, पर नहीं जानती क्यों ? क्या अनजाने ही कोई पाप हो गया है उससे ? या अवचेतन में जमी बैठी कोई पीड़ा रुलाती है उसे या जीवन का मतलब ही है, किसी संवेदनशील व्यक्ति के लिए दुःख।

भावावेग में आँखें मुँद गईं उसकी। भीतर उठता भावों और विचारों का झंझावात। उन क्षणों वह फिर समय और स्पेस की सभी सीमाओं का अतिक्रमण कर सर्वव्यापी हो गई थी—सामने से सदियाँ गुजरने लगीं अपने जलवों के साथ।

यह रामायण का काल रहा...

यह महाभारत का...

और यह रहा भारतीय इतिहास की सबसे उन्नत संस्कृति का काल... गुप्त काल।

इतिहास के फड़फड़ाते उड़ते पृष्ठों से निकलती है वेश्याओं की अटूट शृंखलाओं में मगध की विषकन्या—गणिका—मदनिका।

दृश्य एक

मगध नरेश चन्द्रगुप्त और चाणक्य का एक संवाद।

चाणक्य : राष्ट्रीय अखंडता के लिए सभी कुछ जायज है, मित्राघात भी। राष्ट्रीय अखंडता का यह अन्तिम कंटक—पर्वतक जिसकी लोलुप गिद्ध-दृष्टि

गड़ी हुई है मगध साम्राज्य के अर्द्धभाग पर। इस साम्राज्य को निष्कंटक बनाने के लिए पर्वतक को रास्ते से हटाना ही होगा चन्द्रगुप्त ! और उसके लिए उपयोग करना होगा विष कन्या—वेश्या—मदनिका का।

और अखंड जम्बूद्वीप का स्वप्न झिलमिलाने लगा प्रचंड राष्ट्रभक्त चाणक्य और चन्द्रगुप्त की आँखों में।

दृश्य दो

पर्वतक के सुसज्जित शयनकक्ष में मदनिका और पर्वतक।

आबद्ध। आलिंगनबद्ध।

स्त्रैण पर्वतक का अपने चढ़ते प्रेम के साथ मदनिका को परिणय सूत्र में आबद्ध करने का संकल्प।

मदनिका का जानलेवा, आत्मा में सूराख कर देनेवाला अन्तर्द्वन्द्व—एक तरफ पोर-पोर को डूबो देनेवाला, क्षण-क्षण की अनुभूति को गहराता परम तृप्तिदायक मदिर मधुर प्रणय पर्वतक का और एक तरफ साम्राज्य की अखंडता का गुरुतर दायित्व।

एक तरफ प्रेमातुर स्त्री हृदय और एक तरफ गणिका का भावनाहीन दायित्व !

किसे निभाए वह ?

नस-नस में वृश्चिक सा दंश मारते क्षण !

निर्णय-अनिर्णय के बीच पाँखुर-पाँखुरी बिखरा मन। अन्तर्द्वन्द्व।

प्रणय का आमन्त्रण देती...पीछे हटती मदनिका। मदनिका के रूप-रस-गन्ध और मोहक आँखों में भाव-विभोर उन्मत्त पर्वतक। सम्मोहित मदनिका। भीतर की प्रणयी नारी चाहती थी उसे बचा लेना। ऐसे व्याकुल प्रेम की अंकशायिनी बनना, जीवन का चरम सौभाग्य। पर कर्त्तव्य की भावना, प्रेम के चरम क्षणों की ओर अग्रसर होते एवं चरम को छूते पर्वतक को धकेल देना चाह रही थी। तृप्ति से पल-पल सराबोर होते बहकते पर्वतक को मृत्यु-मुख में सुला देना।

आह इतनी नृशंसता ! चाणक्य मुझे क्षमा करें...ईश्वर मुझे क्षमा करें...यह कुकृत्य मुझसे नहीं होगा। कर्त्तव्यनिष्ठ नारी पर भीतर की प्रेमाकुल नारी धीरे-धीरे हावी होने लगी थी। एक निश्चय आकार लेने लगा उसके भीतर...अपना भेद खोल देगी वह... पांचाल नरेश को कि वह चाणक्य द्वारा भेजी विषकन्या है और तुम्हारा काल बन आई है...कि यह असम्भव भी उसी के साथ होना था कि प्रेम का नाटक करते-करते वह सचमुच ही प्रेम के इन क्षणों में स्वयं को समर्पित करने की मनःस्थिति में आ गई है। अब चाहे तो पांचाल नरेश भले ही उसे मृत्यु दंड दे दें।

पर तभी उन सरकते बहकते कमजोर क्षणों में एकाएक फिर कर्त्तव्य-भावना जोर मारने लगी और उन्हीं क्षणों आकुल उन्मत्त पांचाल नरेश के आतुर ओठ उसके अधरों से जा लगे। लग दिए जाने दिया उसने भी। कर्तव्य भावना के ये क्षण निकल गए तो फिर शायद नहीं कर पाए वह कठोर कर्तव्य ? जन्म से ही थोड़ी-थोड़ी मात्रा में विष

पिलाकर बनाई गई विष-कन्या के विषैले होंठों का चुम्बन पर्वतक को प्राणान्तक पीड़ा एवं छटपटाहट भरी मृत्यु दे गया।

और उसके बाद पश्चात्ताप और आत्मग्लानि और अधूरे प्रेम की छटपटाहट में जीना दूभर हो गया मदनिका का। प्रवंचनापूर्ण जीवन से मृत्यु बेहतर। ओह, कैसा कलंकित जीवन एक गणिका का। स्त्री होकर भी स्त्री-सुलभ भावनाओं के विरुद्ध जाना। जिन क्षणों जिसके लिए दिल में हसरत पैदा हो, जान तक न्यौछावर करने की...उन्हीं क्षणों उसी के प्राणों को ले लेना पड़े राष्ट्रहित के नाम पर।

राष्ट्रहित की बलिवेदी पर तिल-तिल कर जलती मदनिका और जाने कितनी विषकन्याएँ चन्द्रगुप्त के राज्य में थीं और जिनका नारीत्व राज्यसत्ता के पास बन्धक था जिन्हें निर्मम राजनीति के आदेश पर यौवन और प्रणय की अकुलाहट को अनसुना करते हुए अपने 'स्व' के अंश-अंश को स्वाहा करना पड़ा था।

और अब तुम—आम्रपाली !

नगरवधू वैशाली की।

जन्म लेते ही जिसे माँ आम्रवृक्ष के नीचे छोड़ गई थी, और इसी कारण नाम पड़ा आम्रपाली। नगर के गणनायक के घर में हुआ उसका लालन-पालन। अद्वितीय सुन्दरी... साथ ही नृत्य, संगीत, साहित्य एवं वाक् चातुर्य में भी अतुलनीय। गणसंघ के नायक आशंकित हो उठे कि इस अनिन्द्य सुन्दरी के चलते लिच्छविगण के नौजवानों के बीच कहीं भयंकर संघर्ष न छिड़ जाए। बस...उसे उसकी इच्छा के विरुद्ध सार्वजनिक घोषित कर लिच्छवि युवकों के झगड़ों को मिटा दिया गया। तन्द्रिल सुकीर्ति ने जैसे अन्तरिक्ष की शिलालेख पर लिखे वैशाली गणतन्त्र के उस नारी विरोधी कानून को फिर से अपनी आँखों से पढ़ा—जिसके आधार पर राज्य की सर्वश्रेष्ठ सुन्दरी कन्या को विवाह करने की अनुमति नहीं होती थी। उसे सर्वभोग्या बना दिया जाता था। ऐसी नगरवधू जिसे सब लोगों के बीच बाँटा जा सके। जिससे कि वह पुरुषों की अनियन्त्रित, अमर्यादित एवं अस्वाभाविक विषयभोग एवं हवस की सामग्री बन सके।

आज तक चली आ रही है यह परम्परा...आज अपनी चरम विकृति में कुछ नए-नए विकार और जुड़ गए हैं इसमें। वाह, कितनी उन्नत, भव्य और समृद्ध हमारी संस्कृति कि वेश्या उन्मूलन की चेतना तो दूर इनका प्रतिष्ठापन एवं संरक्षण भी राज्य द्वारा होता है और यह परम्परा बिना किसी अड़चन के चलती रहे, इस कारण नगरवधू के साथ भव्य सामाजिक सम्मान भी जोड़ दिया जाता रहा जिससे इसके विरुद्ध इनमें विद्रोह न पनपे, उनकी स्वायत्त चेतना अंकुरित न हो सके।

मानव मुक्ति का स्वप्न देखनेवाले बुद्ध की ही समकालीन थी आम्रपाली और उन्हीं के समकालीन तीर्थंकर महावीर के समय की ही थी वेश्या कोशी। कोशी वेश्या के महावीर के साथ संवाद के प्रमाण मिलते हैं। पर इतिहास का निर्माण करती इन वारांगनाओं के उद्धार के लिए उस समय के प्रखर चिन्तक, मानव मुक्ति के स्वप्नद्रष्टा

एवं करुणा की मूर्ति बुद्ध और महावीर ने कुछ नहीं किया। बुद्ध ने आम्रपाली के यहाँ प्रीतिभोज स्वीकार कर उसे अपने भिक्खुणी संघ में शामिल जरूर किया पर उनके भिक्खुणी संघ का स्थान भी पुरुष भिक्खुओं से कुछ नीचा ही रखा गया। स्वयं बुद्ध के शब्दों में, "हे आनन्द, उचित तो यही था कि स्त्रियाँ घर में ही रहतीं। स्त्रियों को घर छोड़कर गृहहीन भिक्षुओं की श्रेणी में प्रवेश करने की अनुमति से धर्म की बड़ी हानि हुई है। हे आनन्द ! जिस पवित्र धर्मचक्र की स्थापना मैंने की थी वह पाँच सहस्र वर्ष तक चलनेवाला था, परन्तु भिक्खुणी संघों की स्थापना होने से वह अब केवल पाँच सौ वर्षों तक ही चलेगा।" स्वयं बुद्ध के परम मित्र बिम्बिसार की पाँच सौ से अधिक विवाहित पत्नियाँ थीं एवं विभिन्न प्रदेशों की विख्यात वारांगनाओं से भी अन्तःपुर भरा रहता था उसका। बारहवीं शताब्दी में रचा गया कुमारपाल प्रतिबोध ग्रन्थ, गणिका जीवन के उल्लेखों से भरा पड़ा है। स्थूलीमद नामक श्रेष्ठिपुत्र की कोशा नामक गणिका के साथ बारह वर्ष तक चलनेवाली प्रणय सम्बन्धी कथाओं से अटा पड़ा है जैन साहित्य।

कुछ देर पूर्व का सात्त्विक भाव बुझने लगा था सुकीर्ति का। चेहरे पर विद्रूप उभर आया, होंठ वक्र हो गए, 'यत्र नार्यस्तु पूज्यन्ते' का जाप जपनेवाली यह संस्कृति स्त्रियों से कभी तमीज और सभ्यता से पेश नहीं आई। उन्हें विवश किया कि वे अपने रूप और यौवन का जाम पिला-पिलाकर पुरुषों को प्राणवान, तृप्त और जीवन्त रखें जिससे वे स्वयं नित्यप्रति ऊर्जावान और गतिशील हो स्त्रियों को गतिहीन करते रहें। क्या यही है हमारी संस्कृति कि एक पूरी आधी आबादी को ही अपनी अमर्यादित विषय-वासना का शिकार बना लिया जाए। और कहीं-कहीं तो उन्हें सिर्फ विषय-वासना का ही शिकार नहीं वरन् प्रयोगशाला के गिनी पिग की तरह इस्तेमाल किया गया था। उसकी एक मौसेरी बहन थी, कुछ बड़ी उम्र में ही विवाह हुआ था उसका, लगभग बयालीस-तैंतालीस के आसपास। होनेवाले पति लगभग अड़तालीस वर्ष के। उनकी पहली पत्नी पन्द्रह वर्षों तक बिस्तर पर थी और छः महीने पूर्व ही मृत्यु हुई थी उसकी। ठीक विवाह के दो दिन पूर्व उन्होंने अपने होनेवाली पत्नी को कन्फेस किया था, "सुनो वीणा, एक दोस्त के कहने पर मैं कोठे पर चला गया था, सिर्फ चेक करने के लिए कि कहीं मैं समाप्त तो नहीं हो चुका। दुर्भाग्यवश मैं वहाँ कुछ भी कर नहीं पाया...शायद अब आदत नहीं रही...तुम फिर सोच लो...।"

शादी के कार्ड बँट चुके थे, मेहमान आ चुके थे। यूँ ही बड़ी उम्र में शादी की असहजता। लड़की कुछ सोच नहीं सकी, "आपको पहले बताना था, अब मैं अभी कैसे बताऊँ कि मैं उस अनुभव के बिना जी पाऊँगी या नहीं।" बाद में सचमुच ही जब वह लड़की को सन्तुष्ट नहीं कर पाया और उसी की कुंठा की वजह से उनका जीवन ही अशान्त रहने लगा तो एक बार उसने अपने घनिष्ठ मित्र की पत्नी को भेजा अपनी पत्नी के पास। उसकी पत्नी ने प्रस्ताव रखा, "सुनो वीणा मैं जानती हूँ जीवन में सेक्स की कितनी जरूरत होती है। जानवरों तक का उसके बिना नहीं चलता...शायद तुम्हारे

दाम्पत्य जीवन की अशान्ति की वजह भी यही है। मैं एक प्रस्ताव लेकर आई हूँ...चलो अपने गाड़ी की चाबियाँ बदल लेते हैं...किसी को कुछ भी पता नहीं चलेगा...न ही इसमें कोई बुराई है, शरीर की शुचिता चरित्र का मापदंड नहीं, तुम स्वयं इतनी उच्च शिक्षित हो...।"

वीणा को जैसे पक्षाघात होते-होते बचा। कहीं सुन रखा था उसने कि बहुत उच्च वर्ग में काफी अंतरंग मित्र एक खेल खेलते हैं, अँधेरे में सबकी चाबी को आपस में बदल लेते हैं...जिसकी गाड़ी की चाबी जिसके पास, उसी की पत्नी उस रात के लिए उसकी हमबिस्तर। लेकिन उसने इस खेल पर, व्यभिचार के इस रूप पर विश्वास नहीं किया था। अपने दहलीज से दूर घटनेवाली उसे इन घटनाओं की जानकारी सिर्फ ऐसी खबर-वैसी खबर तक ही लगी थी, वह इसे छू नहीं पाई थी। आज अपने ही पति की परिचिता से स्वयं अपने लिए यह प्रस्ताव सुन वह हतप्रभ, अवाक् एवं ठगी सी रह गई थी। दबंगता से जवाब दिया था उसने, "यदि यही रास्ता पकड़ना होता तो इस उम्र में विवाह ही क्यों रचाती, फिर यदि पति मुझे वह सुख देना ही चाहते हैं तो ठीक है, जिस प्रकार सबके सामने हाथ पकड़कर लाए थे, उसी प्रकार सबके बीच हाथ पकड़ा दें मेरा अपने दोस्त को, कह दें मैं तुम्हारे काबिल नहीं...पर यह कार्य चोरी-चोरी क्यों शायद इसलिए कि वे चाहते हैं कि उनकी प्रतिष्ठा भी बनी रहे, घर भी सँभला रहे और मेरे साथ यह 'उपकार' कर स्वयं को एक उदार पति बने रहने के आत्मसुख के जाम भी पीते रहें।"

मन एकदम कसैला हो गया था सुकीर्ति का। यह बेरूह दुनिया ह्यूमैन क्लोनिंग और इंटरनेट तक पहुँच जानेवाली...यह दुनिया क्या महिलाओं से एक इंसान की तरह पेश आना कभी सीख पाएगी ?

देवियों का शहर कलकत्ता

जिस समय चला विजय सुकीर्ति के घर से, उसके मन में भारी उथल-पुथल मची हुई थी। सुकीर्ति ने अनजाने ही उसके अतीत के एक दागी पृष्ठ को उसके सामने उजागर कर दिया था।

दृष्टि पीछे घूम गई थी उसकी। पीछे, खूब पीछे, करीब दस वर्ष पीछे। तब वह अपने गाँव से शहर दुर्गापुर में हाल ही में आया था। उस छोटे से शहर की आबोहवा को ही वह पूरी तरह सोख नहीं पाया था कि दुर्गापूजा का समय आ गया। यार, दोस्तों ने प्रस्ताव रखा, चलो कलकत्ते घूम आया जाए। प्रस्ताव उसे भी खूब भाया।

और अगले ही दिन वह महानगर में था। महानगर की खुली एवं रंगीन दुनिया के सामने। पिछली ही शाम वे पूजा के विभिन्न तरह के जगमगाते-झिलमिलाते इन्द्रप्रस्थ

से पंडालों को देख विस्मित-विमुग्ध होते जा रहे थे। कहीं अमरनाथ के मन्दिर के मॉडल पर कृत्रिम ऊँचाई पर बना पंडाल तो कहीं राजकपूर के मन्दिर की अनुकृति तो कहीं सर्व धर्म समभाव को दर्शाते चर्च की अनुकृति पर बने पंडाल। कहीं कर्नाटक विधानसभा की छटा बिखेरता मोहम्मद अली पार्क का पंडाल, तो कहीं राजभवन की याद दिलाता बालीगंज का पंडाल। कहीं खेतों में लहराते धान के दीवारों पर लगे बड़े-बड़े चलचित्र तो कहीं मानवीय संवेदना को विस्तार देते बाल मजदूरों के चित्र। कहीं-कहीं राजनीतिक छींटाकशी भी। बिजली के जगमगाते लट्टुओं से पूरी दुल्हन की तरह सजा, जगमग-जगमग जगमगाता कलकत्ता। जलती-बुझती रोशनियाँ। बहुत पहले एक फोटो पोस्टकार्ड में उसने रात के समय जगमगाती पेरिस की तस्वीर देखी थी। पूजा के दिनों में कलकत्ता को देख उसे अनायास ही उस पोस्टकार्ड की याद आ गई थी।

झूम झूम झूमती जिन्दगी !

देवियों का शहर कलकत्ता !

और ब्लैक कैट कमांडो की तरह मुस्तैद कलकत्ता पुलिस हर चौराहे पर। जनता की उमड़ती भीड़ को नियन्त्रित करती। बाँस की पट्टियाँ, डोरियाँ।

विजय पूरी-पूरी रात आवाजाही करते लोगों को देखकर अचम्भित था। अपार भीड़, पर फिर भी सब कुछ शान्त और लयबद्ध। सजी-सँवरी बंग ललनाएँ। अपनी संस्कृति और जातीय पर्व के प्रति ऐसा अटूट लगाव !

कलकत्ते में रहते जिन्होंने नवरात्रि में सजे-सँवरे जगमगाते कलकत्ता को नहीं देखा, समझो वह जन्मा ही नहीं, मन ही मन सोचा विजय ने।

कभी ऐलन गिंसबर्ग ने कहा था कि अगर नीत्शे पशु बल का संहार करनेवाली दुर्गा की कल्पना को कलकत्ते में देख सके होते तो पागल नहीं होते।

पंडाल से भी ज्यादा आकर्षित कर रही थी विजय को पंडाल तक ले जानेवाली सड़कों की सजावट। हर पेड़ बत्तियों की मोतियों से भरा। सड़क पर पड़ते मकानों पर करीने से लटकाई हुई जगमगाती लट्टुओं की लड़ियाँ। रोशनी ही रोशनी चहुँ ओर। दुःख, दारिद्र्य, बेकारी, भुखमरी, बीमारी, सबसे मुक्त, रोशनी में नहाया कलकत्ता। पहली बार देखी थी विजय ने सामूहिक मस्ती की ऐसी बहार। पहली बार चखा था विजय ने सामूहिकता के आनन्द का स्वाद। उसे लग रहा था जैसे वह अपने कस्बेनुमा शहर की छोटी रोशनी से निकलकर विराट फैलाव लिये खुले और उन्मुक्त शहर की बड़ी रोशनी में आ गया है। जिन्होंने दुर्गापूजा के समय कलकत्ता को उसकी सामूहिकता में, इस उमड़ते सैलाब के साथ देखा है वे यहाँ की जनता के अनुशासन, संयम और धैर्य की तारीफ किए बिना नहीं रह सकते। मन ही मन ऐसा ही कुछ सोच रहा था वह कि तभी उनमें से किसी एक दोस्त की तरफ से प्रस्ताव आया, "यार कलकत्ता की असली चीज तो अभी देखी ही नहीं, इस शहर का असली जादू !"

"वह क्या ?"

आँख मारते वह बोला—अरे सोनागाछी, सुना है यहाँ सड़कों पर ही खुलेआम खड़ी

रहती हैं। अरे ऐसी होती हैं कि खून में ज्वालामुखी सुलगा दें, ठंडे ठस्स को उबाल दें।

अविश्वास से पोर-पोर भर उठा उसका। हिश्, ऐसा भी कहीं होता है !

एक किस्म की स्कूली बच्चे सी जिज्ञासा, उत्कंठा, कौतूहल, अधैर्य, अविश्वास एवं सकपकाहट के साथ ही सोनागाछी के लालबत्ती इलाकों में पहुँचा था वह अपने हालियों-मवालियों के साथ जैसे गाँव के लोग गाँव में नए-नए आए बाइस्कोप को देखने पहुँचते हैं।

जीवन का पहला सांस्कृतिक झटका वहीं लगा था उसे।

जीवन का पहला कौतुक भी वही था।

जीवन ने उस शाम उसे नए सिरे से खोला था।

उसी शाम जीवन ने उसे नए सिरे से बन्द भी किया था। एक साथ कतार में खड़ी इतनी लड़कियाँ। चहुँ ओर लड़कियाँ। भड़कीले मेकअप में–'आओ, भोगो। रास्ता खुला...काम चालू' का अदृश्य बोर्ड लटकाए। बाप रे ! दूर से रंग-बिरंगी तितलियों सी दिखती ये लडकियाँ पास आते ही किस तरह छिपकलियों में रूपान्तरित हो गई थीं !

वह उन्हें देख भी न पाया।

सह भी नहीं पाया।

झेल भी नहीं पाया। पहली बार इशारा करती वेश्या को देख उसे जाने क्यों बचपन के कौतुक से भरी वह घटना याद हो आई जब उसने पहली बार नीलकंठ को देखा था।

पर कहाँ नीलकंठ और कहाँ ये नीली-लाल-पीली लड़कियाँ ! इन रुग्ण चेहरोंवाली लड़कियों को देखते-देखते कब उसके दिमाग का बचपनवाला चैनल खुल गया और कब वह अपने गाँव के पनघट पर पनिहारिनों के बीच पहुँच गया, उसे भान तक नहीं हुआ कि तभी एक दोस्त ने उसकी तन्द्रा भंग की, "कहाँ खो गया, देख तुझे देखकर कैसे आँख मार रही है। देख, कैसे मुस्कुरा रही है !" और सचमुच उसे लगा कि उनमें से एक ने उसे देखकर सस्ते किस्म की इशाराबाजी शुरू कर दी थी। उसी क्षण उसमें एक भयंकर वितृष्णा जागी और एकदम से उसका मन हुआ कि वह भाग खड़ा हो वहाँ से। उसने आगा-पीछा किया भी तो यार-दोस्तों ने कसकर पकड़ लिया उसे, "यहाँ आकर नामर्दगी न दिखा।"

"क्या ?"

जाने उस 'नामर्दगी' शब्द में ही कैसी शब्द शक्ति थी, कितने-कितने परमाणुओं की शक्ति और चुभन भरी थी कि उसका सर्वांग खौल उठा था। यह दूसरी बार हुआ था कि सीधे उसके पुरुषार्थ पर ही चोट पहुँची थी। दूर बचपन में भी एक बार यही हुआ था उसके साथ। तब वह सातवीं जमात में पढ़ता था। पढ़ने में जबर्दस्त मेधावी। वहीं पर एक शिक्षक थे, जिनका विशेष अनुराग था उस पर। अपना अतिरिक्त श्रम और समय खर्च कर पढ़ाते थे वे उसे। कई बार किताबें तक खरीदकर देते उसके लिए। एक दिन अकस्मात् सुना उसने कि उसके खिलाफ यह फैलाया जा रहा है कि वह उस मास्टर का लौंडा है।

आत्मग्लानिवश उस शिक्षक ने उस सरकारी स्कूल से ही अपना तबादला करवा लिया था।

आज लगभग तीस वर्षों बाद फिर वही दृश्य पूरी भयावहता के साथ कौंध गया था। शब्द अलग थे, पर निशाने पर फिर वही। इस बीच जहाँ लड़कियाँ दिखनी बन्द हुई थीं, ठीक उसी बिन्दु पर एक लबाड़िया विनम्रता का पुतला बना दृश्य में प्रविष्ट हुआ, "आइए सर, मैं दिखाता हूँ आपको जोरदार चीज, एक से बढ़कर एक, ऐसा माल कि देखते ही भूख जाग जाएगी।"

विजय की टीम के सबसे उम्रदराज चचा-ए-बुजुर्गवार मार्का मित्र ने आगे बढ़कर मोर्चे की कमान सँभाली, कुछ जानकारियाँ बटोरीं और गदगदाए से अपने बचे साथियों को 'आज दक्षिण का द्वार खुला है, हे वसन्त तुम आओ' के अन्दाज में आह्वान किया। सभी किलकारी मारते और कोणार्क-खजुराहो का ध्यान करते हुए आगे बढ़े और कुछ पल बाद ही वे एक फ्लैट में थे। सामने चार लड़कियाँ, जिनका वही उम्रदराज मित्र छू-छूकर टटोल-टटोलकर छोटा सा ट्रायल ले रहा था। होलसेल में बिजनेस मिलने की उम्मीद में उन लड़कियों ने न कोई प्रतिवाद किया था और न ही उनकी मालकिन ने। सब कस्बाई लड़के उन लड़कियों को घेरे अजूबा की तरह देख रहे थे...ठीक बौराए कुत्तों से घिरी कुतिया जैसा दृश्य। बहरहाल...रेट तय कर सब अपने-अपने कमरे में घुस गए थे।

महानगर की ऐसी उन्मुक्त जिन्दगी का जायका लेने विजय भी अपने लिए ठीक किए कमरे में घुस गया था। जाने क्यों उसके मन में यह बात घुस गई थी कि चूँकि वे ही वेश्या पालक हैं, इस कारण कमरे में घुसते ही उसे गार्ड ऑफ ऑनर मिलेगा। वेश्या 'त्वदीयं वस्तु गोविन्दम्' के अन्दाज में स्वयं को कलात्मकता के साथ पेश करेगी, पर वह उसके साथ ज्यादती नहीं करेगा, इस कारण चेहरे पर एक सहानुभूति मार्का मुस्कुराहट लिये वह अन्दर घुसा। पर भीतरवाली का भावहीन चेहरा। उसने कुछ संवाद करना चाहा, जिससे कि उसमें भी कुछ लहर उठे और आगे बननेवाला सम्बन्ध तन और मन के मणिकांचन संयोग से खिल उठे। पर यह क्या ? उस भीतरवाली ने ठेके पर काम करनेवालों की सी तत्परता के साथ फटाफट अपने को बेधड़क निर्वस्त्र किया और पलंग पर लेटकर उसकी प्रतीक्षा करने लगी। अपने धड़कते हृदय, पल-प्रतिपल गरमाती देह, उत्तेजित साँसों एवं पीछे धकेलते संस्कारों पर काबू पाने के लिए फिर उसने उससे कुछ संवाद करना चाहा और जैसे ही वह बोलने को हुआ कि वह इस नरक में कैसे फँस गई... कि उस भीतरवाली ने थोड़ी सख्ती, थोड़ी बेरुखी और थोड़े उतावलेपन के रसायन के साथ कहा, "क्या होगा, यह सब जानकर, जल्दी कीजिए।"

लाचार हो अपनी सद्भावनाओं पर काबू रखते हुए उसने फटाफट अपना 'काम' करना शुरू कर दिया था। पर जिस आनन्द लोक की उसने उम्मीद की थी उसका पाँच प्रतिशत भी उसे हासिल नहीं हो पाया था। हाँ, इस घटना से इतना अवश्य हुआ था कि उसने अनुभव कर लिया था कि कामाग्नि चाहे कितनी भी भीषण क्यों न हो,

रति-क्रिया सुख और तृप्ति तभी देती है जब तन और मन दोनों पंख साथ-साथ उड़ान भरे। इसी कारण कमरे से बाहर निकलते वक्त उसके मन में भयंकर सन्नाटा और छले जाने का भाव था। ओफ् ! दिमाग में इन दरवाजों से मिलनेवाले आनन्द की डिग्री कितनी हाई थी। और व्यवहार में क्या मिला उसे, घोड़े का डीम ! उसकी रही-सही हवा भी तब निकल गई जब दूसरे ही दिन से उसे यह आशंका पीड़ित करने लगी कि वह किसी भयंकर यौन रोग की चपेट में आ गया है। किसी प्रकार लुक-छिपकर उसे भी 'फिर इलाज कराने में शर्म कैसी' जैसे विज्ञापनोंवाली क्लीनिक में जाकर शरण लेनी पड़ी।

बोंसाई और वेश्या

संवाद के अंतरंग क्षणों में विजय ने अपने हृदय को, कोठे के प्रथम अनुभव सहित स्त्रियों से होनेवाले सम्पूर्ण अनुभवों को सुकीर्ति के समक्ष उसी प्रकार खोलकर रख दिया था, जिस प्रकार कभी आनन्द ने रखा था अपने हृदय को बुद्ध के समक्ष।

"तुमने अपने जीवन का इतना बड़ा रहस्य कैसे खोल दिया मेरे समक्ष...क्या तुम्हें ऐसा नहीं लगा कि इससे तुम्हारी छवि क्या रहेगी मेरे समक्ष।"

"हाँ, एक बार मन ने आनाकानी की थी--पर यह सोचकर कि तुम इस विषय पर इतनी गम्भीरता से अध्ययन कर रही हो...मुझे लगा, मुझे बता देना चाहिए तुम्हारी अनुभव समृद्धि के लिए...। एक बात मैं और स्पष्ट कर देना चाहता हूँ, तुम जो पूछ रही थी न कि क्या मुझे ऐसा नहीं लगा कि मैंने वहाँ जाकर किसी महिला का अपमान किया है तो स्पष्ट जान लें मैडम--जिस प्रकार जवाँदराज, आला दर्जे की बेशर्म एवं सारी मर्यादाओं की होली जला देनेवाली होती हैं ये रंडियाँ कि कभी ऐसा नहीं लगा कि मैंने इनका अपमान किया है, हाँ, यह मुझे जरूर हमेशा लगता रहा कि मैं गलत काम कर रहा हूँ कि मैं किसी रोग का शिकार हो सकता हूँ।"

"ऐसा हमेशा लगता रहा...तो क्या तुम फिर गए थे वहाँ....?"

सकपका गया विजय—सुकीर्ति ने फिर दबोच लिया था उसे।

कहे न कहे का अन्तर्द्वन्द्व !

"हाँ, पहली घटना के करीब पाँच साल बाद फिर एक बार गया था मैं वहाँ, कि शायद इस बार कुछ हासिल हो और दूसरी बार का अनुभव तो और भी प्राणलेवा हुआ, जिसने इन वेश्याओं के प्रति रही-सही संवेदना भी सोख ली मेरी।

"पर अबकी बार इलाका दूसरा था। इस बार नाम था श्यामबाजार। दोस्तों ने सब कुछ ठीक-ठाक कर मुझे उसके रूम में धकेल दिया। पर अन्दर घुसते ही जाने क्या हुआ कि मेरे भीतर का सारा काम बाबरी मस्जिद की तरह ढह गया। भीतर का शृंगार रस

एकदम उछलकर जुगुप्सा रस में आ गया। मैं पलंग के एक ओर सिकुड़कर बैठ गया। मैं जानता था कि वह तुरन्त ही अपने कपड़े उतार देगी, इस कारण जैसे ही उसने शुरू किया मेरे मुँह से हठात् निकल गया, 'कपड़े मत उतार' और बोलने के साथ ही मैं भाग खड़ा हुआ। मेरे इस प्रकार भाग खड़े होने को उसने अपनी आन-बान-शान के खिलाफ समझा और मेरे पीछे कुछ देर तक वह भी तेजी से आई और बड़बड़ाने लगी, 'कैसे-कैसे हिजड़े चले आते हैं यहाँ।'

"मैं सिर पर पैर रखकर उसी प्रकार भागा जैसे पुलिस को देखकर चोर-उचक्के भाग खड़े होते हैं। आज भी याद है उस रात चित्त को शान्त करने के लिए मैं शवासन की मुद्रा में बड़ी देर तक कम्बल पर चित्त लेटा रहा था। अब तुम्हीं बताओ, किसने किसका अपमान किया ?"

क्या जवाब देती सुकीर्ति ? किस प्रकार समझाए वह विजय को कि किन हालात और किस उम्र में ही ले आया जाता है उन्हें यहाँ और किस प्रकार बन्द रखा जाता है उन्हें कि उनका उस स्तर तक मानसिक विकास हो ही नहीं पाता है, कि पुलिस, ग्राहकों की अनियमितता, असुरक्षा, लोक-लाज, बुढ़ापे का खौफ और प्रतिदिन बढ़ती बीमारी की आशंका के बीच बनता इनका मानस किसी भी प्रकार की मानवीय अनुभूतियों से पूर्णतः रीता हो चुका रहता है।

सुकीर्ति के लिए मानसिक परेशानीवाले अकुलाहट-भरे क्षण थे वे। किस प्रकार अपनी बात को रखे वह कि सामने टेबल पर पड़े छोटे से नीबू ने ध्यान खींचा उसका।

और उस छोटे से नीबू के साथ ही उसकी चेतना में दो शब्द एक साथ लहराए—बोंसाई और वेश्या।

साल-दो साल पूर्व भोपाल में सुकीर्ति ने अपने किसी रिश्तेदार के ड्राइंग रूम में एक छोटे से गमले में नीबू का एवं पीपल का पेड़ देखा था। देखकर एक बार तो उसे लगा कि शायद ये पौधे नकली हैं। ड्राइंग रूम की कॉर्नर टेबल पर रखे इतने छोटे गमले में नीबू और पीपल के पौधे तो नकली ही हो सकते हैं। उत्सुकतावश वह पास गई तो देखकर भौंचक्क रह गई कि वे पौधे असली थे। वह हैरान रह गई थी कि इतने वृहत् दरख्त इस प्रकार छोटे से गमले में ? यह कैसे सम्भव है ? बाद में गर्वीली मेजबान ने बताया उसे कि बोंसाई पद्धति द्वारा वृहत् पौधों के विकास को अवरुद्ध कर इन्हें आकार एवं फैलाव में सीमित कर दिया जाता है। जापान एवं चीन से आई है यह पद्धति या कला। इसके द्वारा पेड़ की मुख्य जड़ को काटकर उसे धागे से बाँध दिया जाता है। इन्हें कम धूप, कम पानी देकर इनके पूर्ण विकास एवं विस्तार को अवरुद्ध कर दिया जाता है जिससे कि इनका फैलाव गमले की परिधि तक ही सीमित रहे।

इन वेश्याओं के अवरुद्ध मानसिक विकास को देखकर सुकीर्ति को उसी बोंसाई पद्धति की याद आ गई थी। इन वेश्याओं में से करीब नब्बे प्रतिशत वेश्याएँ बारह-तेरह वर्ष की उम्र में ही इस माहौल में आकर बन्द हो जाती हैं। किसी बाड़े में बन्द भेड़ों का सा जीवन उनका। चकले की मालकिन एवं दलाल इन्हें किसी से मिलने-जुलने तक

नहीं देते कि कहीं चिड़िया उड़ न जाए। मुश्किल से इनकी भाषा में सत्तर-अस्सी शब्द होते हैं—अँगिया, खटिया, अँगना, जोबना, तकिया, बतिया, कंगना, चूमा, चिपटा, लिपटा जैसी सिर्फ देह की भाषा तक ही सीमित। अधिकांश का मस्तिष्क एक बच्चे के मस्तिष्क से अधिक विकसित अवस्था में नहीं रहता है।

इनके जीवन के इसी दुर्भाग्यपूर्ण सत्य से विजय को अवगत करवाना चाहती है सुकीर्ति।

"तुमने देखा है, ये कितनी मूर्ख और कूप-मंडूक होती हैं। एक बच्चे की तरह भोला मन होता है इनका। सहज ही किसी की भी बात का विश्वास कर लेती हैं ये। पहले की वेश्याएँ तो फिर भी रिझाने, जलाने और तड़पाने के गुर जानती थीं पर आज की लाइनवालियाँ तो खुद ही इतनी जली-भुनी, चिड़चिड़ी एवं तपी रहती हैं कि ये यह भी नहीं समझ पाती हैं कि ग्राहक इनसे सिर्फ देह ही नहीं, इनके नारीत्व की गरिमा--को भी भोगने आता है। परिस्थितियों ने कोड़े मार-मारकर इनकी शर्म, इनका स्व और इनकी अन्तर्निहित गरिमा, सभी कुछ छीन लिया है। तुम अब इन सूखी ठठरियों से कैसे आत्मसम्मान की उम्मीद करते हो ? जानते हो, बैरकपुर की एक महिला को पहले तो पुलिस पकड़कर ले गई, राह चलते राहगीरों को परेशान करने के आरोप में। उसने आनाकानी की, विरोध जताया तो उसे घसीटा और फिर थाने में उसके साथ सामूहिक रूप से बलात्कार किया। फ्री-फंड में मिले आनन्द को जो छोड़ दे वह भारतीय पुलिस ही क्या...उस वेश्या ने जब हिम्मत करके धमकी दी कि मैं सीनियर पुलिस से इसकी शिकायत करूँगी, तो वहाँ खड़े सभी पुलिसवाले हँस पड़े...वेश्या के साथ बलात्कार ! संयोग से दूसरे ही दिन मैं वहाँ पहुँच गई थी। पहले तो उसने मुझसे बात तक करने से इनकार कर दिया, क्या करेंगी आप हमारे दुःख जानकर, कोई महँगाई तो घट नहीं जाएगी, चावल उतने ही रुपये किलो बिकेगा—पानी के लिए वैसी ही किल्लत मचेगी। पुलिस वैसे ही हमारा जीना हराम करेगी। मैं शान्त सुनती रही। बैठी रही। पर उसके कुछ वाक्यों ने मेरी चेतना में इतनी गाढ़ी लकीरें खींची हैं जो कभी मिट नहीं सकतीं। जिन्हें मैं कभी भुला नहीं सकती। उसने कहा, साले कुत्ते का भी एक मालिक होता है, एक ठौर ठिकाना होता है, हर कोई उसे हड़का नहीं सकता। पर हमारा क्या है, रास्ते में पड़ी कुतिया से भी बदतर जिन्दगी है हमारी। कोई भी मार दे ठोकर। जो भी डाल दे दो पैसे, बस उसी के आगे बिछ जाना पड़ता है। क्योंकि हम किसी की भी नहीं हैं, न माँ की, न बाप की। न भाई की, न बहन की। न हिन्द की और न ही हिन्दुस्तान की। किसी की भी नहीं।

"अब तुम्हीं बताओ विजय, इन अर्द्ध-विकसित, कुचली, लुटी-पिटी महिलाओं से तुम कैसे आत्मसम्मान की उम्मीद रख सकते हो। हाँ, तुम जैसों से यह उम्मीद की जा सकती है कि वह यह सोचें कि किसी भी वेश्या के पास जाकर आप न केवल इस अमानवीय, निष्ठुर एवं पाशविक व्यापार को बढ़ाने में अपना योगदान दे रहे हैं वरन् स्वयं को भी मनुष्य की गरिमा से नीचे गिरा रहे हैं क्योंकि सही माने में जो मनुष्य है

वह कभी भी भावनाहीन सेक्स नहीं कर सकता जानवरों की तरह।"

सुकीर्ति की बातों ने कहीं गहराई से छू दिया था विजय को। पहली बार उसे सफाई देने की इच्छा हुई, 'पर मैं अकेला तो नहीं वहाँ गया। यदि मैं नहीं भी जाऊँ तो भी क्या फर्क पड़नेवाला है, वेश्यावृत्ति तो कोई रुक नहीं जाएगी।'

"लेकिन इसका मतलब यह तो नहीं कि सबके कचरे में तुम भी अपना कचरा फेंक कर कचरे को और बढ़ा दो, और यह सोचकर स्वयं को किसी भी अपराध-बोध से मुक्त कर लो कि सभी तो कचरा फेंक रहे हैं। एक साधारण निष्ठावाला आदमी कम से कम इतना तो कर ही सकता है कि सब बुरा करें तो करें, कम से कम वह इस बुराई में अपना योगदान नहीं दे। हम संसार को और अधिक सुन्दर नहीं बना सके तो क्या कम से कम इसकी गन्दगी को तो और नहीं बढ़ाएँ।"

बोलते-बोलते आत्मवत् होती जा रही थी सुकीर्ति कि तभी विजय ने उसकी तन्द्रा भंग की, "तुमने सिर्फ मेरा अनुभव सुना है न इसलिए मुझे ऐसा-वैसा समझ रही हो, पर तुम नहीं जानतीं कि पुरुषों की दुनिया कितनी कमीनी है। मेरा एक दोस्त है, नहीं नाम नहीं बताऊँगा, पूरा हरामी है साला, खुलेआम कहता है कि अब तक अड़तालीस टेस्ट कर चुका हूँ। ईश्वर ने चाहा तो आधे शतक से ऊपर ही पहुँचूँगा। इससे उसे कुछ भी मतलब नहीं है कि लड़की के दिल और दिमाग में क्या है, उसे तो बस कोई साड़ी वाली दिखनी चाहिए। घर की नौकरानी तक को छोड़ा नहीं हरामी ने...।"

सुकीर्ति के गुस्से का वोल्टाज लगातार बढ़ता जा रहा था। विजय की बात सुनकर जैसे उसमें अकस्मात् कई मेगावाट उछाल आ गया था, "अरे जो पुरुष अड़तालीस स्त्रियों के समक्ष स्वयं को प्रस्तुत कर चुका वह पुरुष रहा ही कहाँ, वह तो खुद पुरुष वेश्या बन चुका....अड़तालीस स्त्रियों की जरूरतों को पूरा करनेवाला।"

इस सुदीर्घ वार्तालाप ने गम्भीरता एवं विषाद की जो मिली-जुली बर्फीली चादर तान दी थी विजय के चेहरे पर, वह अब रफ्ता-रफ्ता पिघलने लगी थी। और विजय अब वापस अपने स्वाभाविक व्यक्तित्व में लौट आया था। हास्य-विनोद की फुलझड़ियाँ छेड़ते हुए कहने लगा वह, "नया शब्द गढ़ो सुकीर्ति मैडम, वेश्या शब्द पुरुष के साथ ठीक से जुड़ नहीं पाता।"

"हाँ-हाँ, सिर्फ नए शब्द ही क्यों, नया इतिहास गढ़ना होगा, नया साहित्य...सभी कुछ नया गढ़ना होगा, तभी तुम जैसों को माकूल जवाब दिया जाएगा। जानते हो, मैंने बहुत सोचा है इस कोढ़ पर और अन्त में इसी निर्णय पर पहुँची हूँ कि वेश्यावृत्ति इस देश में जड़ जमा चुकी तो सिर्फ इसी कारण कि स्त्री सम्बन्धी सारे विधान ही यहाँ कपटतापूर्ण बनाए गए हैं, अधूरे और इकहरे। अब तुम यही देखो कि किस चतुराई से स्त्री का वस्तुकरण कर दिया गया है। स्त्री किसी की कामुकता का शिकार बन गई तो उसे 'झूठा' मान लिया जाता है। फिर उसके बाद उसके पास सिवाय वेश्यावृत्ति के कोई रास्ता भी नहीं बचता है। महाभारत के वनपर्व में रामोपख्यान की इस उक्ति पर जरा गौर फरमाओ, "जैसे कुत्ते द्वारा चाटे गये घी का यज्ञ में व्यवहार नहीं होता, उसी तरह

परहस्तगता नारी भी पति के भोग के लायक नहीं बचती। एक और सूक्ति है—'स्थानभृष्टा न शोभयन्ते दन्ताः केशाः, नख नरो' यानी दाँत, केश, नख और नारी अपनी जगह से गिरे कि फिर शोभित नहीं होते।

वाह क्या बात है !

नारी गिरे तो फिर शोभित नहीं होती।

और पुरुष गिरे तो ?

और बोलने के साथ ही व्यंग्य से हँस पड़ी थी वह।

विजय को लग रहा था जैसे सुकीर्ति एकाएक काल के सबसे ऊँचे शिखर पर खड़ी किसी अनादि नारी में रूपान्तरित हो गई है, गुजरी सहस्राब्दियों का हिसाब माँगती। इतिहास से टक्कर लेती कोई नारी। "वेश्यावृत्ति के मूल में एक यह भी कारण रहा विजय कि यहाँ नारी के सतीत्व पर ही इतना जोर लगा दिया गया है। जैसे कि किसी भी कारण से उसकी रक्षा नहीं हो पाई तो फिर मुक्ति का कोई रास्ता ही नहीं बचता उसके लिए। अब तुम्हीं देखो, पद्मिनी के जौहर को क्यों इतना महिमा-मंडित किया जाता है ? आज भी राजस्थान में हरबोले मिल जाएँगे। मैं तो सोच-सोच कर हैरान हूँ कि उस युग में क्या कोई एक भी ऐसा सही सोच का युगपुरुष पैदा नहीं हुआ जो उन्हें जौहर के लिए नहीं, वरन् इस बात के लिए प्रेरित करता कि वे लड़ते हुए मरें, मारकर मरें। अरे भई, शरीर को जब आपने नश्वर मान ही लिया है, तब उसी की शुचिता पर इतनी हाय-तौबा क्यों ? और यदि है तो फिर दोनों के ही शरीरों की शुचिता पर हो। पर दरअसल बात यह है कि हमारे यहाँ के सारे विधान, सारे वेद, सारे पुराण तो पुरुषों द्वारा ही रचे गए हैं न, इसलिए इनसे न्याय की आशा की ही नहीं जा सकती है। अब सोचो कि यदि स्त्रियाँ ये महाकाव्य रचतीं तो क्या 'पातिव्रत' का इतना महिमागान किया जाता ? और स्त्री-पुरुष सम्बन्धों में भी प्रेम-भाव को मान्यता न देकर स्वामी भाव को मुख्यता दी जाती ? वैधव्य को चरम दुर्भाग्य माना जाता ? जानते हो एक बार गाँव की किसी बूढ़ी को मैंने पूछा था, क्या तुम अपने पति को प्रेम करती हो। तो वह बुरी तरह झेंप गई और शर्माते हुए बोली—हम क्या अंग्रेज़ी मेम हैं।"

एकाएक चुहुलबाजी के मूड में आ गया विजय, "मान लो, तुम महाकाव्य लिखती तो फिर क्या होते वैधव्य के विधान।"

"जनाब तब पहले विधुरपन के लिए विधान तय किए जाते, फिर वैधव्य का नम्बर आता। पहले पुरुषों के विधुर हो जाने पर उनकी घड़ी और चश्मे तुड़वा दिए जाते, चमचमाती पतलून और टाई को धोती-कुर्ते की बाध्यता में बदला जाता तब विधवाओं की चूड़ियों और सिन्दूर का नम्बर आता, विजय तुम कल्पना में भी अपने पुरुषोचित अहम् को इस प्रकार आहत होते नहीं देख सकते जो हम पर सहस्राब्दियों से लादा गया है। बस एक मिनट में ही मुँह लटक गया तुम्हारा और सोचो हमने सदियों तक झेली है सती-प्रथा।"

बातें अब उतनी रास नहीं आ रही थीं विजय को। इसलिए संवाद की धारा को

मोड़ने के लिए संवाद का सूत्र बहुत देर बाद अपने हाथों में लिया उसने, "अच्छा मैडम, अब यह तो बताओ कि जिस प्रकार सौन्दर्यशास्त्रियों ने महिलाओं को विभिन्न कोटियों में रखा है—किसी को पद्‌मिनी, किसी को शंखिनी, किसी को सरस्वती तो किसी को हथिनी...अब इसका माकूल जवाब आप क्या देंगी, पुरुषों में तो होता ही नहीं वैसा सौन्दर्य।"

पूछने के चलताऊ ढंग से भड़क गई थी सुकीर्ति। (जिस प्रकार ठेंगा दिखाते हुए और भौंहें उठाते गिराते पूछा था विजय ने।)

"कौन कहता है कि पुरुषों में सौन्दर्य नहीं होता ? दरअसल यह सब प्रचारित कर-करके पुरुषों ने स्वयं को तो सौन्दर्य के ऊपर रखा है, जबकि स्त्रियों को सिर्फ रूप के घेरे में ही बाँधकर रख दिया है, जिससे उनका बौद्धिक एवं सृजनात्मक व्यक्तित्व कभी निखर ही न पाए। शरीरविज्ञान से सम्बन्धित किसी भी पुस्तक को उठाकर देख लो, तुम स्वयं ही समझ जाओगे कि विपरीत सेक्स के प्रति आकर्षण दोनों में ही समान रूप से होता है।" चेहरे पर फिर व्यंग्य की चादर फैलती गई, "अब यह तो हो नहीं सकता कि स्त्री का आकर्षण तो शरीर निरपेक्ष हो और पुरुष का सिर्फ शरीर सापेक्ष। वाह क्या बात ! क्या ज्ञान ! जनाब, स्त्रियाँ भी गुणवती, प्रतिभा सम्पन्न उद्यमी, साहसी एवं हौसलेवाली होती हैं। पर दुःखद यह है कि स्त्रियाँ स्वयं अपने इन गुणों पर विश्वास नहीं करतीं और उससे भी दुःखद यह है कि वे स्वयं भी अपनी सार्थकता पुरुषों में ही खोजती हैं। आधुनिक स्त्री तक, सेक्स से लेकर सेनसेक्स तक बात करनेवाली स्त्री तक अपने एक ही हथियार को धार देने में एवं उसे नुकीला करने में लगी रहती है और वह हथियार है रूप—लावण्य, रूप का जाल, जादू। अब तुम्हीं सोचो, अछूती, अनाघ्रत, बाँझ, गौरी, चरणदासी जैसे शब्द किस मानसिकता के परिचायक हैं। जरूरत है इन शब्दों को खारिज करने की। मेरा वश चले तो या तो इन शब्दों को ही उड़ा दूँ शब्दकोश से या इन्हीं के समानान्तर पुरुषों को भी शब्दों से गढ़ूँ—अछूता, अनुपजाऊ।"

सुकीर्ति की इतनी आक्रामक सोच पर खुलकर हो-हो कर हँस दिया था विजय। एकाएक बातों में वह आनन्द आ गया था उसे, जिसे कहा जा सकता है, बतरस का आनन्द। गम्भीरता की पश्मीना चादर को ओढ़ने का ढोंग करते हुए वह फिर उसे उत्तेजित करता रहा।

"तब तो तुम द्रौपदी चीर-हरण और सीता-अग्निपरीक्षा का भी हिसाब लोगी... लेकिन लोगी कैसे...क्या सम्भव है उनका प्रतिशोध ?"

सुकीर्ति उत्तेजित नहीं हुई थी, एकदम भी नहीं, समझ गई थी कि उसे बनाया जा रहा है फिर भी वह जवाब देने के लिए जवाब दे दिया उसने, "क्यों नहीं, जब ऐतिहासिक भूल मानकर राम जन्मभूमि का प्रतिशोध लिया जा सकता है तो द्रौपदी चीर-हरण का क्या किसी के पाजामा हरण से प्रतिशोध नहीं लिया जा सकता ??"

और बोलने के साथ ही दोनों आघात-प्रतिघात भूल भालकर हँस पड़े थे—एक उजली और हृदय के प्रवेश से निकली असली हँसी।

विजय के विचार-सिन्धु में सुकीर्ति ने जो कंकड़ फेंके थे वे अब वृत्त बनाने लगे थे। पहली बार महसूसा उसने कि सुकीर्ति ने गलत नहीं कहा था, कुछ भी नहीं और पहली मर्तबा यह अपराधबोध और पश्चात्ताप जागा उसमें उस दिन वेश्यालय में जाकर। सचमुच उसने न सिर्फ स्वयं को गिराया वरन् एक स्त्री को भी गिराने में अपनी तरफ से एक धक्का दिया। मन से एक आवाज उठी, सच हम स्त्रियों से इंसानों की तरह पेश नहीं आए। उस रात रोज की ही तरह वह न टी.वी. के शोर करते सीरियल देख पाया और न ही स्टार प्लस का 'कौन बनेगा करोड़पति' उसे उत्तेजित या मजा दे पाया और न ही कोई पुस्तक उसे शान्ति दे पाई। सुकीर्ति ने उसके व्यक्तित्व के किसी मरे हुए अंश को अनजाने ही जीवन के छींटे देकर पुनर्जीवित कर दिया था। व्यक्तित्व का वही हिस्सा किसी नवजात शिशु-सा किलकारी मार रहा था। पहली बार उसने तबीयत से अपने चारों ओर देखा, अपने आत्मकेन्द्रित जीवन के गहरे कुएँ में झाँका—बहते जल में एक छवि उभरी। गाँव में बाट जोहती गँवई पत्नी, जहाँ हर महीने उसका धनादेश (मनीआर्डर) पहुँचता रहा था, यदा-कदा धनादेश के साथ उसका मन भी, पर जहाँ उसका तन इन वर्षों में कभी भी नहीं पहुँचा था। न सही धन से मजबूर होकर, पर क्या गारंटी कि तन की पुकार पर ऐसी महिलाएँ इन्हीं रास्तों पर चोरी-चुपके नहीं चली आएँ।

क्या वह जिम्मेदार नहीं होगा इसके लिए ?

विचारों की लहरें उमड़ती-घुमड़ती रहीं उसके बौद्धिक मानस में। भिगोती रहीं उसकी चेतना को। आत्मग्लानि का करंट झटके देता रहा उसे इस कदर कि वह बेचैन हो एक जगह स्थिर बैठा नहीं रह सका। बेचैनी में ही वह उठ खड़ा हुआ और अपने आप से, इन सवालों से जो चढ़ते समुद्र की उठती लहरों की तरह दनादन उठते जा रहे थे उसके भीतर, इन सबसे बचने के लिए वह अपने कमरे में जोर-जोर से चक्कर काटने लगा, तब तक जब तक कि वह थककर एकदम बेदम न हो गया हो। तभी थकी और बोझिल आँखों से देखा उसने—सामने उसकी प्रतीक्षा में खाना लिये बैठी बूढ़ी झी (आया)। आज पिछले कई वर्षों में पहली बार शायद सुकीर्ति के प्रभाव में स्त्री जाति के प्रति करुणा का भाव हिलोरें लेने लगा—उसके मन में और उसने झी को तुरन्त घर भेज दिया, "तूमि आँर कोनो दिन आमार जनो अपेखा करबे ना, काज शेष करे बाड़ी चले जावे।' (तुम मेरे लिए और किसी भी दिन इन्तजार नहीं करोगी, काम शेष कर अपने घर चली जाओगी।)

उजबक की तरह उसे देखने लगी बूढ़ी। रात चाहे कितनी भी देरी से आए वह उसे खिलाकर ही जाती थी। बहुत डरती थी वह विजय से कि कहीं वह उसे छोड़ न दे, कहाँ जाएगी इस उम्र में ? इस कारण विजय के छुट्टी दे दिए जाने पर भी हड्डियों तक धँसे भीतर के डर ने साथ नहीं छोड़ा उसका, वहीं बैठी रही वह, जस की तस।

जहाँ हर घर कालाहाँडी है

कालीघाट की वेश्या माया देवनार से मिलने के बाद मन इस कदर मलबा हो गया था सुकीर्ति का कि फिर कई दिनों तक लालबत्ती इलाकों की ओर रुख करने की हिम्मत नहीं पड़ी थी उसकी।

रह-रहकर एक ही ख्याल उसको दंश मार रहा था कि जो अपराधी हाथ कली को पूर्णतः खिलने तक नहीं देते, कैसे दंड दिया जाए उन्हें ?

और कौन दंड दे समय के इन अपराजेय हैवानों को ? माया देवनार तो सिर्फ एक यन्त्र भर है। कौन पहुँचे जड़ों तक ? क्या करे वह ?

अपने जीवन की कुछेक घटनाओं ने उसे यह अनुभव दिया था कि ऐसा नहीं है कि इस देश में लोग अन्याय के विरुद्ध आवाज नहीं उठाना चाहते, पर अक्सर यह आवाज इस कदर दबा दी जाती है कि लोगों का फिर आवाज उठाने का माद्दा ही चुक जाता है। बेशर्म बनकर, स्वाभिमान खोकर या फिर अपनी जान का पूरी तरह मोह त्यागकर ही इस देश में अन्याय के खिलाफ कुछ किया जा सकता है।

दूर किशोरावस्था की एक घटना दिमाग के दरवाजे पर हल्की-हल्की थाप देने लगी।

घटना 1980 की।

तब वह एक इक्कीस वर्षीया युवती थी, उल्लास से भरपूर। नौकरी मिल जाने की खुशी में सुकीर्ति अपने माँ-बाप के साथ धनबाद स्थित पारसनाथ मन्दिर गई थी। वातावरण की रमणीयता, उच्च पर्वत श्रृंखलाएँ एवं नजरों की छोर तक बिखरी हरीतिमा ने सम्मोहित कर दिया था उसे। सफेद-सफेद पत्थरों से निर्मित मन्दिरों के शिखर, उसमें उच्च एवं अद्भुत मानवीय भाव भरने लगे थे। अतीत की गुफाओं से निकला वह वैसा ही विराट एवं पवित्र सौन्दर्य था जिसे देखकर कालिदास के दुष्यन्त की आँखें निर्वाण पा गई थीं—लब्धं नेत्र निर्वाणम्।

अपने नव-पल्लवित कोंपल से भावाकुल मन के साथ वह आगे-आगे बढ़ती गई और अनुभव करती गई जो कुछ घट रहा था उसके भीतर।

कुछ अपरिभाषित। अशाब्दिक लग रहा था जैसे प्रकाश का कोई गुच्छा उग आया है उसके भीतर। कृतज्ञता से फिर उसके होंठ बुदबुदाने लगे, "जाने क्यों ऐसा लग रहा है जैसे मैं धरती से कुछ ऊँचाई पर खड़ी हूँ, पर बेचैन और अशान्त...शायद इसीलिए कि इस धरती की सुन्दरता को बनाए रखने में मेरा कोई योगदान नहीं...हे ईश्वर, कैसे सार्थक करूँ मैं अपने जीवन को ?"

उसकी मनःस्थिति जैसे भाव-समाधि में पहुँच गई थी कि तभी उसे एक झटका सा लगा। विपरीत दिशा से आता झटका। कुछ ही कदम आगे उसने देखा, एक झुंड...फिर कई झुंड, झुंड ही झुंड, कीड़े-मकोड़े की तरह मिनमिनाते मैले-कुचैले भिखमंगों का झुंड, किसी खूबसूरत इमारत पर लगे बदसूरत धब्बों की तरह। यूँ कलकत्ता में भी उसने भिखारी देखे थे, पर पहली मर्तबा एक साथ इस कदर इकट्ठे भिखारियों का जुलूस...

कोई कोढ़ी, कोई अपाहिज, कोई सूखा नर कंकाल, किसी की आँखें उड़ी हुईं तो किसी का एक हाथ गायब, तो किसी के पंजे गायब। कोई पाँव से लाचार तो कोई अपनी देह को जबरन घसीटता हुआ—तो किसी की उम्र यौवन के हाइवे पर तो शरीर बुढ़ापे को भी मात करता। कहीं लटके सूखे स्तनों को चूसते बच्चों के साथ जवानी को ढोती माताएँ।

शव की तरह स्थिर एवं मौन खड़ी देखती रही वह इस दृश्य को। मन किसी विस्थापित सा उखड़ गया उसका। एक-एक घर, एक-एक कालाहाँडी। रोम-रोम से टपकता जिन्दगी का मातम। न ही मन्दिर की पूजा-अर्चना में भाग लिया उसने और न ही मूर्ति दर्शन में। मन्दिर परिसर में रहकर भी मन्दिरों में नहीं रम पाई वह, जहाँ इतनी पीड़ित मानवता वहाँ कैसी ईश भक्ति ? लेकिन उसने देखा कि प्रायः सभी तीर्थयात्री इन सबसे पूरी तरह निरपेक्ष दिन-रात भक्ति में डूबे आध्यात्मिक आह्लाद से चषक पीते रहे। ढेरों ढेर साधु-साध्वियों के सान्निध्य में और इन्हीं साधु-साध्वियों की प्रेरणा पर मन्दिरों के जीर्णोद्धार एवं नव-मन्दिरों के निर्माण के लिए यहाँ आए श्रद्धालु लाखों दान दे जाते। पर उनकी धार्मिक आत्माओं को इतनी पीड़ित मानवता छू नहीं पाती। हाँ, इन रास्तों से गुजरते भिखारियों की गन्दी फैली हथेलियों को देख इनके चेहरे के भाव अवश्य बिगड़ जाते थे। एकाध को इन पर तरस खाते भी देखा था सुकीर्ति ने, पर कुल मिलाकर यहाँ खूब पूजा-पाठ होता, अहोरात्रि।

विरक्त हो उसने रास्ता बदल लिया अपना और घने जंगल की ओर निकल गई। जंगलों की सैर करते उसने देखा कि कुछ औरतें पेड़ के नीचे कुछ बीन रही थीं। वह उनकी ओर बढ़ने लगी कि तभी एक औरत ने अपनी जीर्ण-शीर्ण साड़ी के पल्लू से माचिस निकाली और पेड़ के नीचे एकत्रित सूखे पत्तों को जलाने लगी। पहले तो उसने सोचा कि वह शायद कुछ ताप रही हो पर वह मार्च का महीना था, इस कारण बिना पूछे रह नहीं सकी वह। उस महिला ने बताया।

"मैं महुआ के फूलों को बीन रही हूँ, सुविधा के लिए आसपास के पत्तों को जला रही हूँ। बाद में इन्हें सुखाकर खाएँगे।"

इतने से फूलों से क्या निकलेगा, सोचा सुकीर्ति ने, पर प्रत्यक्ष में यही पूछा, "तुम लोग क्या चावल, रोटी नहीं खाती हो...?"

"नहीं मेम साहब, यह तो बड़े लोगों का धान है।"

सुकीर्ति ने देखा था, उस पूरे इलाके में महुआ के कुल पाँच-छः पेड़ थे जिसमें से करीब सौ सवा सौ गरीब मजदूर औरतें महुआ बीनती थीं। और इतने भर महुओं के लिए भी इनमें आपस में सिर फुटौवल हो जाती थी। उसी के सामने दो बच्चियाँ इसी को लेकर झगड़ रही थीं। एक का महुआ दूसरी ने छीन लिया था।

उसी स्त्री ने बताया था कि इस मुट्ठी-भर महुआ में से भी उसे आधा मन्दिरवालों को देना पड़ता है।

"मन्दिरवालों को...क्यों ? हे भगवान्, चिरैया के मूत बराबर महुआ नहीं और उस

पर भी इतनी सिर फुटौवल ?" सुकीर्ति हैरान थी।

"अरे वो जो मोहन दावड़ी है न, बहुत बदमाश है। कहता है कि चूँकि जमीन मन्दिरवालों की है, इस कारण इसमें उनका भी हिस्सा बनता है। हर सुबह उसका आदमी आकर धमकाकर ले जाता है। हम लोग ना-नुकर करते हैं तो कहता है कि तुम्हारे आदमी को मन्दिर में डोली ढोने का काम नहीं देंगे। तुम्हें मन्दिर में घुसने नहीं देंगे। अब हमारी रोजी-रोटी तो यात्रियों के काम, तेल-वेल लगाने से ही चलती है, बस इसी डर के मारे हमें देना पड़ता है। लोगन कहते हैं कि वही मनिजर है मन्दिर का।"

सुकीर्ति ने पता लगा लिया था कि मन्दिर के पास करोड़ों का फंड है और मोहन दावड़ी मन्दिर की कार्यकारिणी की तरफ से नियुक्त एक कर्मचारी भर है। जिसका काम है सिर्फ तीर्थयात्रियों के खाने-पीने का हिसाब-किताब भर रखना। यानी कि एक हल्की सी शिकायत भर से आदिवासियों पर होनेवाले इस अन्याय को दूर किया जा सकता है। यही सोचकर वह मन्दिर के कार्यालय में पहुँच गई और संयोग से उस समय मन्दिर के प्रबन्धक मंडल के दो-एक सदस्य बैठे हुए भी थे। जाते-जाते फिर मन में ऊहापोह होने लगी, आभिजात्य संस्कार जोर मारने लगे, ऐसी शिकायत को लेकर जाऊँ जिसका सरोकार कहीं भी उससे नहीं है, क्या सुनी जाएगी उसकी यह शिकायत ? मन में फिर अन्तर्प्रेरणा उठी, अभी कुछ ही देर पहलेवाले विराट भाव फिर दबाव डालने लगे। एक बार हिम्मत तो की जाए, कोई अनुचित कर्म तो कर नहीं रही है वह, कौन जाने मन्दिरवालों को मोहन बागड़ी के इस कारनामे की खबर तक न हो। एक अन्तर्प्रेरणा के वशीभूत हो वह धीरे-धीरे सकपकाती पहुँची और हिम्मत करके गले से बाहर कुछ शब्द निकाले, "मैं मोहन बागड़ी के विरुद्ध शिकायत दर्ज कराने आई हूँ।"

उन्होंने समझा कि शायद मन्दिर की तरफ से चलनेवाले भोजनालय में कुछ अनियमितता हो गई हो, लेकिन जैसे ही उसने कहना शुरू किया कि यहाँ के स्थानीय आदिवासियों ने उसके विरुद्ध शिकायत की है...वे सब आपे से बाहर हो गए। मुँह ऐसा बिगड़ा जैसे सौ-सौ बाट की कोई तगड़ी मिर्च दाँत के नीचे आ गई हो। आँखें ऐसी गोल हुईं जैसे सामने सुकीर्ति नहीं, कोई अजूबा हो। मन्दिर के इतिहास में यह शायद अपनी तरह की पहली घटना थी जबकि धर्म-कर्म के निमित्त आए भले घर की एक युवती ने धर्म-मनन-कीर्तन आदि में रुचि न लेकर इन मैले-कुचैले, आदिवासियों में रुचि दिखाई थी। उन तीनों के चेहरों पर अपने प्रति पल-पल घनीभूत होते हिकारत के भावों को देखकर सुकीर्ति के कुछ देर पहले किए गए संकल्प—"मैं अन्याय के विरुद्ध लड़ूँगी..." की हवा निकलने लगी थी। एक पल भी वहाँ खड़े रहना उसके लिए दुश्वार हो गया था।

कार्यकारिणी के एक व्यक्ति ने अजीब निगाहों से उसे घूरते हुए उसके प्रवास की क्षणभंगुरता को ध्यान में रखते हुए दार्शनिक अन्दाज में उसे माया-मोह से ऊपर उठ जाने की नेक सलाह फटकार दी थी। दो दिन के लिए आप यहाँ आई हैं और आते ही इन जंगलियों की पंचायत में लग गईं, आपको क्या लेना-देना है इनसे...जाइए अपना सिर मत खपाइए...और उसके साथ ही वे तीनों उसके शरीर का एकनिष्ठ ध्यान करते

हुए हँस पड़े। एक जायकेदार विलम्बित भद्दी हँसी। आनेवाले कई महीनों तक वह हँसी पीछा करती रही थी उसका। इतनी आत्मग्लानि हुई उसे कि फिर बाकी के दो दिन वह उस रास्ते से गुजरी भी नहीं।

बहुत पहले उसकी एक कम्युनिस्ट सहेली ने उससे कहा था, इस देश में लड़कियों का--किसी सर्वहारा वर्ग या किसी जन-आन्दोलन या कम्युनिस्ट आन्दोलन से जुड़ने का सीधा मतलब यही लगाया जाता है—चरित्र में गिरावट, शरणार्थी होना या जीवन में कोई भयंकर अभाव। यह पहला मौका था जब उसके विश्वास की पहली ईंट खिसकी थी और दुनिया के अनुभवों से अछूते उसके मन ने पहली बार उस दिन यह जाना था कि इस देश में बुरे काम के लिए चाहे नहीं हो पर अच्छे काम के लिए जिगरे की जरूरत होती है। जीवन की उस शुरुआती घटना...उस एक घटना ने उसके आत्मविश्वास की कुछ अच्छा कर गुजरने के हौसले की जो हवा निकाली थी कि आज तक वह अपने वास्तविक स्वरूप को नहीं पा सकी थी। आज भी पीछा करती हैं उसका—वे तीन भद्दी हँसी।

बाद के वर्षों में जिन्दगी के चढ़ते-उतरते ग्राफ ने इस कदर तपाया और सधाया था उसको कि जिन्दगी से कुछ हद तक डर निकल गया था उसका। जिन्दगी के तलहट को छू लेने के बाद फिर उभरे फूलते छोटे-मोटे दुःख उतना नहीं छूते हैं। मेघेन जब भी मिलता है उससे, अपनी असफल वैवाहिक जिन्दगी की आड़ में एक अदृश्य उलाहना फेंक देता है उसकी ओर, "न खुद जी सकी और न ही मुझे जीने दिया।" ऐसे में मन ही मन हँस देती है वह। तुम क्या जानो मेघेन कितनी भरी-पूरी जिन्दगी जी है मैंने। जिन्दगी के कितने रंग देखे हैं मैंने, मनुष्यों की खोज में कितनी तीर्थ यात्राएँ की हैं मैंने। क्या हाउस-वाइफ टाइप साँचे में रहकर सम्भव था मेरे लिए यह सब ? तब तो मैं न तो अपनी गृहस्थी के साथ न्याय कर पाती और न ही खुद के साथ। लोग जाने क्यों मुझे जबर्दस्ती दुखी होने का अहसास कराते हैं जैसे कि तुम...क्योंकि तुम जानते हो और न ही तुम्हारे जैसे लोग कि जीवन का असली सुख उसके परत-दर-परत अन्वेषण में है। मैंने देखी है पिसती मानवता, छोटे-छोटे सुखों के लिए बन्धक में रखी लोगों की जिन्दगी। लोगों के कुचलते सपने। एक खाट में, और चौपाल पर बैठकर सुनी हैं मैंने उनके सुख-दुःख की बातें, हिस्सेदार हूँ मैं उनके साझे सपनों की। क्या वह जिन्दगी की सार्थकता नहीं है—अधिक से अधिक आयामों पर जीते हुए एक व्यापक समुदाय से जुड़ते जाना। और अपने को बाँटते हुए, निरन्तर छोटी रोशनी से बड़ी रोशनी में आते जाना। मुझे महानता नहीं सार्थकता चाहिए। अच्छा ही हुआ कि मुझे गृहस्थी की तृप्त और सुरक्षित जिन्दगी नहीं मिली, लाल मिर्ची की छौंक और उफनती कढ़ी की सुगन्ध नहीं मिली क्योंकि तृप्ति आदमी की भीतरी चिनगारी को मशाल नहीं बनने देती, उसकी उड़ान और उठान को वापस लौटा देती है। तुम स्वयं देख लो, जिन-जिन लोगों ने भी इस संसार को कुछ दिया है उनके पीछे उनकी बेचैनी, छटपटाहट एक बड़ी रोशनी में आने की तड़प ही थी। कितने नाम गिनाऊँ तुम्हें—तुलसीदास, कालिदास, शरतचन्द्र,

राहुल सांकृत्यायन, महाप्राण निराला—गोर्की, टॉलस्टाय, साल्झेनित्सिन।"

जिन्दगी के अधिक से अधिक पहलुओं को, खैनी खानेवालों से लेकर पंचसितारा होटल में ठहरनेवालों तक को करीब से देखा है मैंने।"

उस रात स्टडी टेबल पर सिर रखे इसी प्रकार अपने अतीत को खँगालते-खँगालते, जीवन के हानि-लाभों, प्राप्ति-अप्राप्ति पर विचार करते-करते ही जाने कब नींद के आगोश में चली गई थी सुकीर्ति।

आजकल ज़रा-सा एकान्त का सामना होते ही सुकीर्ति के दिमाग में आड़ी-तिरछी रेखाएँ खिंच जाती है और देखते-देखते वे रेखाएँ उसकी काम करनेवाली बाई की लड़की सुनन्दा में रूपान्तरित हो जाती हैं। आज तक उसे खोज नहीं पाई थी वह। यह सही था कि सुनन्दा की खोज में ही वह इन लालबत्ती इलाकों में पहुँची थी पर बाद में वहीं उसे अपने कर्म का उद्‌देश्य भी मिल गया था। पर कई बार किसी कर्महीन एकाकी सन्ध्या में उसे यह अपराध-बोध बेचैन कर देता कि यदि वह वेश्या जीवन में इतना गहरे नहीं धँसती तो सम्भव था कि सुनन्दा की खोज में महत्त्वपूर्ण प्रगति कर पाती। और इस सोच के साथ ही दूसरे ही दिन वह सब कुछ छोड़कर कभी पुलिस थानों में डायरी लिखवाती तो कभी अखबार में इश्तहार देती, दूरदर्शन पर घोषणा करवाती तो कभी अस्पतालों में चक्कर काटती। अभी तक तो फिर भी जिन्दगी उसके नियन्त्रण में थी, पर आजकल इसके इन चक्करों में एक चक्कर और जुड़ गया था—एक कामचलाऊ पार्ट टाइम नौकरी की खोज। सुकीर्ति के जीवन का यह भी निर्मम इतिहास रहा कि जहाँ उसके पाँव थोड़ा जमने लगते, अपने काम से वह समरस होने लगती कि जिन्दगी फिर उसे उखाड़ने-पछाड़ने लग जाती। मन्नालाल एंड सुरेका फर्म कभी भी बन्द हो सकती थी और यही चिन्ता उसके चिन्तन में खलल डालती। वह कर्म, चिन्तन, विचारों भावों और यादों के आकाश में खुलकर उड़ना चाहती, पर जिन्दगी की अपर्याप्तताएँ हर तीसरे-चौथे साल उसके कैरियर की भूमि को हिला देती। वह फिर डगमगाने लगती और फिर शुरू हो जाता उसका दिन-रात कमरे में चक्कर लगाने का दौर, नई नौकरी की खोज, फुटकर ट्यूशनों की शुरुआत। खुद को दिलासा देने की पुनरावृत्ति, मन को भरोसा देने का क्रम—जिन्दगी की शक्ति में विश्वास करने का विश्वास। और ऐसे ही खुद को समझाने-बुझाने के क्षणों में शुरू हो जाता उसका आत्ममन्थन और एक द्रष्टा की तरह अपने ही अतीत से गुजरने की प्रक्रिया—कभी इतना आत्मविश्वास भी नहीं था उसमें कि हजार रुपये कमाने की कूबत भी पैदा कर सकेगी वह अपने भीतर पर देखते ही देखते उसने इतना आत्मविश्वास अर्जित कर लिया कि पन्द्रह हजार रुपये महीने की प्रोग्रामर की किसी प्राइवेट फर्म की नौकरी को ठुकराकर मन्नालाल एंड सुरेका फर्म की लगभग पार्ट टाइम नौकरी पकड़ी, सिर्फ इसलिए कि अपनी पत्रकारिता और उसी के बहाने अपने जीवन की खोज जारी रख सके। पर इन तमाम उपलब्धियों के

बावजूद कई बार मन के किन्हीं काले दुर्बल क्षणों में जाने कैसा डर हावी हो जाता उस पर और वह पसीना-पसीना हो जाती कि कहीं फिर भुखमरी की नौबत न आ जाए उसके जीवन में। और ऐसे में कई बार एकाकी रात पूरी भयावहता के साथ आ खड़ी होती उसके समक्ष, मन को स्थिर रखने के लिए वह स्वयं को अध्ययन में डुबो देती, पर कई बार अध्ययन से भी जी उचट जाता तो फिर बन्द कमरे में उद्भ्रान्त आत्मा सी चक्कर काटती...चक्कर काटते-काटते स्वयं को इतना थका डालती कि नींद स्वयं ही आगोश में ले लेती उसे कुछ लम्हों के लिए।

उस दिन भी ऑफिस से बेहद हताश हो वह अपने विगत जीवन के आलोक में अपने वर्तमान की सम्भावनाओं पर विचार कर रही थी तभी उसके फोन की घंटी टनटना उठी, "जी, मैं द्वारिका सिंह, जी, जी, इन्द्राणी दी ने ही—दिए हैं मुझे आपके नम्बर, आप—एट योर अरलिएस्ट कन्वीनिएंस, नौ-नम्बर क्रीड स्ट्रीट के फ्लैट नम्बर 27 में मुझे मिलें, जी अभी साढ़े तीन बज रहे हैं, बहुत हुआ तो भी आप साढ़े चार तक आराम से पहुँच जाएँगी, नहीं अभी रास्ता जाम नहीं मिलेगा, अभी नो एंट्री नहीं है, उस ओर। जी, इट्स वेरी लाइकली कि आपकी भतीजी सुनन्दा का कोई क्लू आपको मिल जाए..."

"भतीजी नहीं बरखुरदार...मेरी आया की लड़की," सुनन्दा ने ठीक करना चाहा पर उसके पहले ही लाइन काट दी उसने, "आई एम इन ए हरी, ओ.के.।"

एक बार तो सुकीर्ति को लगा कि कहीं धोखा न खा जाए वह, कई तो ऐसी वारदातें सुन रखी थीं उसने। फोन पर बुलाया और धोखे से लूट लिया। इन्द्राणी दी से फोन पर सम्पर्क करने की चेष्टा भी की तो सम्पर्क हो ही नहीं पाया। इन्हीं लम्हों अपना अकेलापन खूब सालता उसे। एकदम पुरुषविहीन जिन्दगी, मित्रविहीन। फिर खुद ही को हिम्मत बँधाई—यदि इस कदर लगी हिम्मत हारने तो हो गया बेड़ा पार।

सुकीर्ति जिस समय पहुँची, पूरा फ्लैट पुलिस की गिरफ्त में था। आसपास लोगों का हुजूम। फ्लैट के पिछवाड़े बने गोदाम मार्का कमरे से तीन लड़कियाँ बरामद की गई थीं। ग्यारह वर्ष से चौदह वर्ष की उम्र तक की। एकदम ताजी उखाड़ी फलियों की तरह। दो के हाथ पीछे बँधे हुए। दोनों के मुँह पर पट्टी। एक को ड्रग खिलाकर लाया गया था। वह अपने होंठों पर बार-बार अँगुली रखकर कुछ बोलना चाह रही थी। सभी का (तीनों का ही) शरीर ढीली पड़ती पोटली की तरह एकदम शिथिल। बहती नाक। आँसुओं से सूजी आँखें।

सुनते ही कुछ-कुछ मन्द बुद्धि और उतावले द्वारिका सिंह को लगा कि कहीं यही सुनन्दा न हो। वैसी ही साँवली, दुबली, तीखे नाक-नक्श। इस कारण एकदम आनन-फानन में ही उसने सुकीर्ति को फोन मिलाया था। लेकिन बाद में तीनों ही लड़कियों की

शिनाख्त हो गई थी। उनमें से एक नेपाल, एक बाँग्लादेश एवं एक मेदिनीपुर की थी। तीनों को बेचनेवाले दलाल अलग-अलग थे, पर खरीदनेवाली एक ही थी। भए प्रकट कृपाला की तरह एकाएक पुलिस के प्रकट होने, उसकी तत्परता एवं इन्द्राणी दी के प्रभाव (इन्द्राणी दी साथ में किसी समाज सेवी को भी लेती आई थी) के चलते फ्लैट की मालकिन को गिरफ्तार कर लिया गया था।

तीनों लड़कियों को महिला पुलिस ने अपनी कस्टडी में ले लिया था, कोर्ट में प्रस्तुत करने के लिए। सुकीर्ति ने अपनी आँखों से पहली बार इतनी बड़ी घटना देखी थी, वह अभी तक सामान्य नहीं हो पाई थी, वह बेहद उत्तेजित थी, लेकिन उसे आश्चर्य हुआ कि तीनों लड़कियों का उद्धार अपने हाथों करके भी इन्द्राणी दी खुश नहीं थी, बिल्कुल भी नहीं, वरन् वे बेहद चिन्तित थीं कि कहीं फ्लैट की मालकिन को जमानत न मिल जाए।

अपने में परेशान इन्द्राणी दी उद्विग्न-सी चलती जा रही थी। भीड़ तितर-बितर हो गई थी। इन सबसे असम्पृक्त द्वारिका सिंह लगातार बोले जा रहा था, "साले आधी रात में बन्द मैटाडोर में हाथ बाँध, मुँह में टेप लगाकर दस-बारह के लॉट में लड़कियाँ इकट्ठे लाते हैं, पर छापामारी के डर से सीधा रेड लाइट एरिया में नहीं लाते हैं, किसी पाश-ट्यूब लाइट एरिया में रखते हैं। फिर वहाँ से एक-एक करके रेड लाइट एरिया में बेचते हैं जिससे खतरा मिनिमम रहे। किसी को शक नहीं हो। यइ इत्तिफाक ही था कि पुलिस ने इस बार पॉश इलाके में ही छापा मार दिया।"

चलते-चलते टैक्सी स्टैंड आ गया था इन्द्राणी दी ने टैक्सी ली, द्वारिका सिंह दूसरी दिशा की ओर बढ़ने लगा। सुकीर्ति भी उसी ओर बढ़ रही थी कि इन्द्राणी दी ने रोक दिया था उसे, संग ही चलते हैं। उधर से घुमा लेंगे, खास फर्क नहीं पड़ेगा। आज अकेले रहने की मनःस्थिति नहीं है।

द्वारिका सिंह

चेतना खो चुके व्यक्ति की चेतना प्राप्ति की कहानी

एक समय के तुन्दियल और गठे शरीरवाले द्वारिका सिंह उन लोगों में थे जिनके जीवन में बाबा और वेश्या दोनों का सह-अस्तित्व था। सुबह के समय वे बिजनेस के झमेले, टैक्स से रार . एवं परलोक की खातिर बाबाओं से आशीर्वाद लेते रहते थे तो शाम बहुबाजार की प्रेमचन्द वोराल स्ट्रीट में बसे पिनाकी के चकले में। लगभग हर सप्ताह आना-जाना। चकले की हरेक लड़की के पास वे बारी-बारी से जाते। उनके लिए प्रसिद्ध था कि उन्हें किसी भी प्रकार की चल जाती है, नारी देह मात्र से उन्हें वही आसक्ति थी जो किसान को बरसात से। नारी देह के समुद्र में विधुर द्वारिका सिंह क्षण-भर के लिए ही सही अपने सारे चिड़चिड़ेपन, बढ़ती उम्र की उदासी, पुत्रों की स्वार्थपरता,

एकाकी जीवन की थकान एवं कामकाजी जिन्दगी के झमेले सभी को डुबो देते थे।

वे यहाँ प्रायः लाँग रेट पर आते थे और कामनाओं के विमान को सीधा टेकऑफ पर नहीं ले जाकर पहले कुछ भूमिका वगैरह बाँधते जिससे माहौल पूरी तरह जिस्मानी न रहे, भावनाओं का छौंक भी लगता रहे। इनका रेट भी बँधा रहता था। शान्त आदमी। चेहरे पर सदैव ओम शान्ति-ओम शान्ति। कभी किसी किस्म की कोई झिक-झिक नहीं। कमरे में घुसने पर प्रायः हरेक लाइनवाली से पहले खूब गप्पें मारते। शराब पीते-पिलाते। उसे सहलाते, पुचकारते, सभी लड़कियाँ मन से उन्हें दादू मानती थीं पर देह के स्तर पर वे वह सभी कुछ प्रस्तुत करतीं जिसकी माँग उनसे की जाती।

एक बार वे सप्ताह पूर्व ही चकले में आ धमके थे। वह होली के बाद का एक बेहद व्यस्त दिन था। कोई भी लड़की उस वक्त खाली नहीं थी। इस कारण पिनाकी ने उन्हें प्रतीक्षा करने को कहा। आधा घंटे प्रतीक्षा करने के बाद वे अधीर हो उठे, यह पहली बार उनके साथ हुआ था कि उन्हें इस कदर प्रतीक्षा करनी पड़ी थी क्योंकि वे किसी भी लड़की के लिए ना-नुच्च नहीं करते थे। इस बार उन्हें पिनाकी की हरकत अखर गई। साली, अपने बाप से इतरा रही है। उनकी चढ़ी भृकुटी की भाषा पढ़कर बड़ी अनिच्छापूर्वक पिनाकी ने उन्हें दो दिन पूर्व ही आई एकदम नई छोकरी के कमरे में भेज दिया। सामान्य स्थिति में वह द्वारिका सिंह जैसे फर्राटेदार मूँछोंवाले प्रौढ़ व्यक्ति को इस एकदम नई लड़की के पास हर्गिज नहीं भेजती। बहरहाल...जैसे ही अन्दर घुसे वे, लड़की ने मुस्कुराकर स्वागत करने के बजाय स्वयं को खुली सड़क पर पड़े पदाघात खाए कीड़े की तरह सिकोड़ लिया था। आँखों में हजार-हजार हिरणियों का आर्तनाद। चेहरे पर ब्रह्मांड की लज्जा, डर, दहशत। वे नियमित वेश्यागामी थे। जाने कितनी लड़कियाँ उनके नीचे से गुजर चुकी थीं। कभी किसी लड़की पर उनकी ममता नहीं उमड़ी थी, क्योंकि यहाँ सभी उन्हें किनारा तोड़कर बहनेवाली नदी लगती। पर इस लड़की की आँखों में जाने क्या था कि जिसे भेदकर वे काम के रास्ते आगे नहीं बढ़ सके। फिर भी दुविधा में रहते हुए ही उन्होंने लड़की से वही रटा-रटाया संवाद किया, "प्यारी मेरी मलका, मेरी चन्द्रमुखी, तुम यहाँ कैसे आ पहुँची, बड़ा दुःख होता है तुम्हें यहाँ देखकर।" उनकी सान्त्वना से बल पाकर लड़की के भीतर जमा आतंक का ग्लेशियर आँखों से झर-झर आँसू की धारा बनकर बहने लगा। वे पूरा बोल भी नहीं पाए कि बीच में ही वह उनके श्रीचरणों पर गिर पड़ी और 'त्राहिमाम्, त्राहिमाम्' की शास्त्रीय करुणा जगाती कटती गाय की तरह बिलबिलाने लगी, "आमाके छेड़े दाओ। आमि भालो मेय, एई गुलो नोगरा काज—आमाके एकदम भालो लागे ना।" (मुझे छोड़ दीजिए, ऐसा गन्दा काम मुझे एकदम अच्छा नहीं लगता।) और वह फिर एक पूरे वेग से, आत्मा के हाहाकार से रो पड़ी। छाती चीरकर फूटी उसकी रुलाई। अवाक् एवं भौचक्क द्वारिका सिंह देखते रह गए उसे। ताजा बनी वेश्या का इनकार। आँसुओं से तर-बतर चेहरा। लड़की अब भी पाँवों के पास सिकुड़ी बैठी थी, कँपकँपाती। यूँ लगा जैसे आसपास की पूरी धरती डोल रही है। किंकर्तव्यविमूढ़ से बैठे रहे। अडोल। आखिर पहली बात उस बालिका

वेश्या से यही कही, "एक गिलास पानी ला।" पानी पीकर कुछ चैतन्य हुए। आँसुओं से थरथराते लड़की के वजूद ने, उन आँखों ने उस एक क्षण में कितना कुछ जोड़ा-घटाया, उसका हिसाब तो शायद कोई चन्द्रगुप्त भी न लगा सके पर यह जरूर हुआ कि कमरे के भीतर घुसने का वह उद्दाम कामवासना का क्षण एक फ्लाप क्षण बन गया। क्षण की उस महाअनुभूति में काम के स्थान पर राम जाग गया। भीतर आत्मग्लानि, लज्जा और पाप-भावना की जो मरोड़ उठी कि जिसे भोगने आए थे उसी के माथे पर वत्सल हाथ फेरने लगे।

कहते हैं कि पाश्चात्य कवि दांते ने बिएट्रिस को एक बार देख लेने के बाद सम्पूर्ण जीवन उसकी स्मृति में अर्पित कर दिया था। पाँवों पर पड़ी बालिका का देखना द्वारिका सिंह का भी वैसा ही देखना था। भीतर का घटाटोप चेहरे पर भी उजागर होने लगा जिसे देख लड़की की बुझी आँखों में भी कुछ क्षणों के लिए जीवन की चमक लौट आई। भावावेग में उसने उनके पैरों को फिर छुआ। पानी-पानी द्वारिका सिंह। गहन पश्चात्ताप ने दुर्दान्त जीवनी शक्ति को प्रज्वलित किया। सामने टँगी हुई माँ दुर्गा की तस्वीर को दिमागी कैनवस पर फोकस कर जाने कितनी देर तक घूरते रहे, फिर उसके समक्ष माथा झुका दिया—'हिश ! जीवन जैसी अमूल्य चीज को कूड़ा बना डाला मैंने...औरतों को रंडी बनाने में खपा दी सारी जिन्दगी...हिश ! मुझ जैसे कामुकों ने ही शर्मिन्दा किया है औरतों के इतिहास को ! रानी भवानी, माँ दुर्गा, आज के बाद किसी भी वेश्या का भोग करूँ तो अंग-अंग में कोढ़ पड़े, बेटों का मरा हुआ मुँह देखूँ...' और नातिन की उम्र की उस किशोरी वेश्या की पीठ पर भरपूर आश्वासन का हाथ फेर उसी दिन से जुड़ गए, जीवन की सार्थकता की खोज में। फिर रास्ते अपने आप मिलते गए। इन्हीं बदले हुए रास्ते से चलते हुए इन्द्राणी दी से मिले...और बस मिलते ही—'पीर साईं हाजिर है' की मुद्रा में उसने कन्फेस किया और फिर जुड़ गए उनसे और उसी दिन से कमीज-पैंट-टाई को उतार फेंक कुर्ता-पाजामा पहन लिया।

अतीत की वादियों में खोई इन्द्राणी दी बताती जा रही थी सुकीर्ति को..."अब देखो, यही द्वारिका सिंह, ब्रह्ममुहूर्त से रात बारह बजे तक किसी फौजी की तरह काम करने को तत्पर। दरअसल आदमी में बुराई और अच्छाई दोनों ही भरी रहती है। इस कारण जरा-सा गिर जाने पर मैं किसी को भी छोटा करके नहीं देख पाती। अरे असली चीज होती है उसका अंतरंग—इन्हीं द्वारिका जैसे आदिम रंडीबाज को देखकर क्या कभी कोई सोच सकता था कि इनका जीवन इस प्रकार पलटा जाएगा...कामसूत्र से एकदम राम धुन। जब-जब मैं द्वारिका सिंह को देखती हूँ, एक बात की समझ को गाँठ बाँध लेती हूँ कि इस ब्रह्मांड में सिर्फ मनुष्य ही एक ऐसा प्राणी है जिसके बारे में कोई भी भविष्यवाणी अन्तिम रूप से नहीं की जा सकती है। लम्हा-लम्हा बदलता है वह। स्वामी विवेकानन्द शायद इसलिए कहा करते थे, 'एवरी सोल इज पोटेंशिएली डिवाइन।' हर आत्मा में दिव्यता की सम्भावना है।"

इन्द्राणीजी बोलती जा रही थीं और सुकीर्ति के मन के पिछवाड़े की चैनल पर घूम

रही थी एक ऐतिहासिक घटना—लेई नामक एक गणिका। बेहद रूपवती। इस कदर कि कुछ क्षणों के उसके देह भोग के लिए भी रसिकों को भारी-भरकम सम्पत्ति अर्पित करनी पड़ती थी। कई कुबेर उसके प्रेम में रंक बन गए। कई बार उसके चलते उसके प्रेमियों के बीच खून की नदियाँ बह गईं। एक बार सापनुकस नामक धर्मगुरु ने उसके घर पहुँचकर मुँह माँगा दाम देकर उससे समय लिया। और जब वह उस धर्मगुरु को अपने सुसज्जित शयनागार में ले गई तो उस धर्मगुरु ने पूछा, "क्या इससे अधिक एकान्त नहीं मिल सकता ?" वेश्या ने एक के बाद एक कई कमरे उसे दिखाए पर धर्मगुरु नाखुश। कहीं भी इच्छित एकान्त नहीं। आखिरकार वह उसे एक अत्यन्त गोपनीय कमरे में ले गई और व्यंग्यपूर्वक कहा, "यहाँ तो शायद ही कोई आता है...हाँ, यदि आपका सर्वव्यापी ईश्वर ही चला आए तो नहीं कह सकती।"

सन्त ने पूछा, "तो क्या तुम ईश्वर को मानती हो ?"

"हाँ, कभी-कभी ऐसा आभास तो होता है," उसने गम्भीर होते हुए कहा।

"यदि तुम ईश्वर को मानती हो तो इतनी भूली-भटकी आत्माओं को इस कुकर्म पर क्यों घसीटती हो ?"

सन्त ने जैसे ही यह प्रश्न किया, लेई के ज्ञान चक्षु खुल गए। उसने अपनी धन-सम्पत्ति, चलता चकला सब कुछ त्याग दिया। और जिस वक्त उसका आलीशान भवन जल रहा था, वह आनन्द के अतिरेक में चिल्ला रही थी, "देखो, देखो, मेरा पाप जल रहा है।" बाद में आजीवन उसने एक छोटी सी गुफा में रहकर तपस्या की।

ट्रैफिक जाम की वजह से कुछ देर के लिए रुक गई थी टैक्सी। सुकीर्ति के माथे पर बल पड़ गए थे। मौलाली से सियालदह तक का रास्ता इतना जाम रहता है कि इसको तय करने में जितना समय जाया होता है उतने में तो कोई विमान से कलकत्ता से दिल्ली पहुँच जाए। टैक्सी की खिड़की से बाहर का नजारा देखती—अनदेखती इन्द्राणी दी फिर अपने प्रवाह में बहने लगी थी, "आप देखेंगी कि ये वेश्याएँ भी पूरी बंडल ऑफ कांट्रेडिक्शंस हैं। पूरी तरह विरोधाभास से भरा है इनका चरित्र। सुबह उठते ही पूजा-पाठ करेंगी, इस विश्वास के साथ कि शायद यह पूजा-पाठ उनके आनेवाले जन्म को सफल बना दे कि अगले जन्म में उन्हें वेश्यावृत्ति न करनी पड़े। हर बात में, चरम असहायता के क्षणों से लेकर ग्राहक के टुच्चेपन तक, ये भगवान् को घसीटेंगी। ग्राहकों से पेश आते वक्त खाँटी बनिया बन जाएँगी। एक-एक पैसे के लिए जूतमपाक पर उतर आएँगी पर ये ही वेश्याएँ कई बार अपने उसी ग्राहक के जरा सा प्रेम प्रदर्शित करने पर अपना सर्वस्व लुटाने को तैयार हो जाएँगी। पूर्ण विश्वास के साथ उसे अपना लेंगी, उसके बच्चे जनेंगी। इनमें सहज विश्वास करने की क्षमता हमसें कहीं अधिक है। आपने देखा होगा कि उस दिन, अरे वही मीना के चकले में जब आपने कहा कि मुझे अपने बारे में सब कुछ निस्संकोच बताओ, मैं तुम लोगों का नाम नहीं छापूँगी और न ही फोटो

छापूँगी तो एक क्षण के लिए भी इन्होंने आपका अविश्वास नहीं किया। एकदम बच्चों का-सा भोला मन है इनका।"

बोलते-बोलते फिर प्रवाह रुक गया। सामने सी.पी.एम. की एक विशाल रैली आ रही थी।

"अच्छा हुआ कि आपको साथ ले लिया, नहीं तो समय काटना मुश्किल हो जाता," इन्द्राणी दी को सुकीर्ति जैसी सोचवाली महिला के साथ होने से ट्रैफिक जाम भी उतना नहीं अखर रहा था।

लेकिन सुकीर्ति का ध्यान दूसरी ही तरफ था। इन्द्राणी दी की बात का बिना कुछ जवाब दिए उसने दूसरी ही बात जाननी चाही, "मैंने कई जगह पढ़ा है, कइयों से सुना भी है कि बहुत सी वेश्याओं का प्रथम यौन शोषण अपने ही एकदम नजदीकी रिश्तेदारों, मसलन भाई या पिता द्वारा ही हुआ...उन्होंने ही पहुँचा दिया उन्हें इस रास्ते...अखबारों में भी ऐसी घटनाएँ कई बार पढ़ीं...लेकिन फिर भी गले नहीं उतरती...।

"हाँ, कई घटनाएँ ऐसी भी आई हैं, जहाँ पिता ने ही पुत्री के साथ...लेकिन सौभाग्य से ये घटनाएँ उतनी संख्या में नहीं और जो घटी भी हैं वे बेहद नीचे तबके के लोगों के बीच घटी हैं। अभी कुछ दिन पहले ही जो घटना प्रकाश में आई थी, उसमें पिता एक कारखाने में मजदूर था। एक छोटी सी खपरैल की झोंपड़ी में पिता अपनी दो युवा पुत्रियों के साथ रहता था। वहीं नहाना, वहीं कपड़े बदलना, वहीं सोना...अरे, इनके जैसा जीवन हम और आप एक दिन भी नहीं जी पाएँगी। अधिकांश परिवारों में खटिया के ऊपर माँ-बाप या भाई-भौजाई और खटिया के नीचे कुँवारी बहनें या बच्चे। ऊपर सब कुछ होता रहता है, प्रेम, रोमांस...नीचे युवा बहन, किशोर बच्चे समय पूर्व ही पकते रहते हैं। बस बत्ती बुझाकर अपनी आँखों की थोड़ी बहुत शर्म बचा ली जाती है। हाँ, तो जो वाकया मैं बता रही थी उसमें कारखाने में मजदूरी करते श्रमिक की पत्नी की भी बहुत पहले मृत्यु हो चुकी थी। एक ही कमरे में रहने की मजबूरी में पिता-पुत्रियों के बीच शर्म-हया यूँ भी बहुत हद तक निकल चुकी थी। दिन-भर की हाड़तोड़ मेहनत और कारखाने की उबाऊ, अँधेरे और हर पल अपमानित करते रहनेवाले माहौल में पिता के जीवन में ऐसा कुछ भी तो नहीं था जो उसके थके मन और बुझी आत्मा को जानवर होने से बचा सके। न कोई संगीत, न कविता, न साहित्य, न कोई मित्र, न ही मनोरंजन। जिन्दगी ने चूस-चूसकर हर प्रकार के नैतिक-बोध की हवा निकाल दी थी। घर अभावों का भयंकर जंगल। पिता-पुत्री में पैसों को लेकर अक्सर भयंकर झगड़े एवं मारपीट तक हो जाती। सम्बन्धों की भूमि पूरी तरह तड़की हुई। ऐसे में ही एक रात देशी दारू के नशे में उसने उसी झोंपड़ी में कपड़े बदलती पुत्री को देख लिया...और टूट पड़ा। तो सुकीर्ति जी, ऐसी घटनाओं के मूल में है जिन्दगी की भयंकर बेचारगी, दारुण अभाव एवं हर प्रकार की विकल्पहीनता। बहुत सम्भव है कि वही व्यक्ति यदि क़िसी समृद्ध एवं परिष्कृत परिवेश में रहता, जीवन इस कदर हड्डीतोड़ एवं अभावग्रस्त नहीं रहता, थोड़ी खुशहाली रहती जिन्दगी में तो उसके भीतर का इंसान यूँ पूरी तरह नहीं मरता,

वह दरिन्दा होने से बच जाता। पिता-पुत्री, भाई-बहन...इन सारे सम्बन्धों की खुशबू इंसानों के बीच बनती है, पर जिन्हें जिन्दगी ने जन्तु ही बना डाला हो...''

''लेकिन मैंने सुना है कि उच्चवर्गों के बीच भी...''

''हाँ, ऐसी भी कई घटनाएँ आई हैं, पर उनसे मेरी कोई सहानुभूति नहीं है। वहाँ व्यक्ति यदि दरिन्दगी पर उतरता भी है तो इसमें उसकी परिस्थितियों का कोई हाथ नहीं रहता, ऐसे व्यक्ति अपनी मूल चेतना से ही पशु होते हैं। बहुत पहले हमारी ही तीन पीढ़ी पूर्व की एक घटना है जहाँ एक परिवार था, पूरी तरह पाश्चात्य शैली में डूबा हुआ। सिर्फ चमड़ी को छोड़कर सिर से पैर तक पूरी तरह अंग्रेज। घर की हर चीजें, पोटेटो चिप्स से लेकर माइक्रो चिप्स तक सभी विदेशी। उसी परिवार के एक लड़के ने अपनी बहन से ही...हाँ, सौतेली पर पिता दोनों का एक था, विवाह करना चाहा था।''

''क्या...?....ऐसा भी होता है...?''

''होता नहीं...हुआ है। पिता ने सुना तो पैरों के नीचे से जमीन खिसक गई। माँ ने रो-रोकर अपनी आँखों की ज्योति खो दी। पिता ने बहुत समझाया पर दोनों टस से मस नहीं हुए। आखिरकार पिता ने दोनों के दो टिकट कटवाए और दोनों को इंग्लैंड भेज दिया। पिता के अन्तिम शब्द थे, 'तुम दोनों इस पुण्य भूमि पर रहने योग्य नहीं, जाओ ! अब इस देश में आकर अपना मुँह मुझे मत दिखाना।'

''उन्हें भेजकर पिता स्वयं रामकृष्ण मिशन में संन्यासी बन गया। तो सुकीर्तिजी मानव-मन इतना अद्भुत, पेचीदा, जटिल और रहस्यमय है कि इसके बारे में अन्तिम सत्य कुछ भी नहीं कहा जा सकता है। अब सोचो, जिसने अपनी पुत्री में पूरी सृष्टि की कल्पना कर उसे पहली बार माँ कहा (बंगाल में आज भी आम घरों में पुत्री को स्नेह और आदर के साथ माँ कहा जाता है।) वह भी एक पिता था, जिसने अपनी ही पुत्री के साथ मुँह काला किया, वह भी एक पिता था, जिन्होंने अपने ही हाथों अपने पुत्र-पुत्री को देशनिकाला दिया एवं भीषण आत्मग्लानि में एक ही झटके में सूट-पैंट-टाई को पास बहती गंगा में विसर्जित कर केश मुंडा, गेरुआ चोंगा धारण कर संन्यास ले लिया, वह भी एक पिता था।''

टैक्सी अब धीरे-धीरे खिसकने लगी थी। एक तरल-तरावट सुकीर्ति के चेहरे पर यूँ भी खिसकती रही—गाड़ी तो मंजिल तक तो पहुँचा ही देगी। एकदम से रुक जाए तो घुटन ही घुटन। संवाद कुछ लम्हों के लिए फिर स्थगित हो गया था। सुकीर्ति ने सड़क की ओर ताका, ठीक उसके सामने एक अधबूढ़ा फटेहाल हाथ रिक्शावाला अपने रिक्शे पर अपने से तिगुनी वजन की भारी-भरकम दो सेठानियों को खींच रहा था। उन्हें देखते ही सुकीर्ति के मन में फिर लाल झंडा उगने लगा। अभी थोड़ी देर पूर्व ही सी. पी.एम. की विशाल रैली ने ट्रैफिक जामकर उसके मन में इसी लाल झंडे के लिए थोड़ी देर के लिए वितृष्णा जगा दी थी। रिक्शेवाले के दाएँ ओर टाटा कम्पनी का एक ट्रक खड़ा था, जिसके पीछे लिखा था—''मरा भारत महान् है।'' सुकीर्ति ने चौंकते हुए फिर देखा म के ऊपर की ए की मात्रा—मिट गई थी, इस कारण मेरा भारत महान् है की

जगह मेरा भारत महान् है, दिपदिपा रहा था। सामने की चौड़ी दिवाल पर दुनिया जहाँ को बदल देने वाले जोशीले नारे लिखे थे, उसी के पासवाली दीवार पर गुप्त रोगों से बचने के लिए विलायत पलट डॉक्टर का विज्ञापन चिपका हुआ था। उसके नीचे एक और विज्ञापन था, "क्या आप बनेंगे करोड़पति ?" और साथ ही करोड़पति बनने की बचत योजना के तमाम सुझाव थे।

टैक्सी के दाईं ओर बने फुटपाथ पर एक कतार में फैली खुली गृहस्थियाँ थीं। गृहस्वामी और स्वामिनी की भूमिका में सड़क पर मैले-कुचैले स्त्री-पुरुष थे। प्रायः सभी के साथ ढेर सारे फूले हुए पेट और एकदम सींकिया हाथ-पैरवाले छोटे-छोटे रुग्ण बच्चे। वहीं फुटपाथ पर ही कहीं मसाला पीसा जा रहा था तो कहीं देगची पर उठता चावल पक रहा था। कहीं कोई बच्चा पास ही बनी खुली नाली में अपनी प्राकृतिक आह्वान का जवाब देकर पानी के अभाव में वहीं पड़े कागज के टुकड़े से अपने पृष्ठ भाग को परिष्कृत कर रहा था। वहीं एक कोने पर परिवार का मुखिया निद्रामग्न था, जिसकी अस्त-व्यस्त एवं बहुत ऊपर तक चढ़ी धोती से दिखे अंग-अनंग हो रहे थे।

सुकीर्ति इन्हीं पसरी-फैली गृहस्थियों का जायका लेती सहसा बोल उठी, "दरअसल यहाँ आम आदमियों के लिए जीवन की शर्तें दिन-पर-दिन इतनी कठिन होती जा रही हैं कि दैनिक जीवन भी साधनविहीन लोगों के लिए युद्ध जैसा मारक और संघर्षपूर्ण हो गया है। अब इन एकदम अशिक्षित वेश्याओं की बात छोड़ भी दें तो हालत यह है कि कॉलेज पढ़नेवाली शिक्षित लड़कियाँ तक पार्ट टाइम के हिसाब से इस पेशे को अपनाने को बाध्य हैं। आपने पढ़ा होगा 23 अगस्त, 2000 का टेलीग्राफ। कॉलेज में पढ़ रही लड़की अपनी ट्यूशन फीस, किताबें और कपड़ों के खर्च के लिए इस पेशे को अपनाने को बाध्य थी। वह दिन में जूनियर कॉलेज में पढ़ती और शाम को पाँच बजे से बारह बजे तक ग्राहकों को सलटाती। औसतन हर रात प्रायः पाँच ग्राहक। पिता गोलाबरी पुलिस थाने में ऑफिसर थे। उनकी सड़क दुर्घटना में मृत्यु हो गई थी। बड़ा भाई अमेरिका में उड़ गया था। माँ-बेटी एकदम अकेली। माँ को बाद में ल्यूकोमिया हुआ तो उसके घर के संचित जेवर तक बिक गए। बर्तन भाँडों तक बेचने की नौबत आ गई। माँ भी अब नहीं बची और लड़की के जीवन में भी अँधेरा बढ़ता गया। टेलीग्राफ में पूरी विस्तृत रिपोर्ट छपी है उसकी, फोटो सहित।

इन्द्राणी दी को हठात् याद आ गया, "अरे वही लड़की तो नहीं जिसके बारे में फिल्मी स्टार मिथुन चक्रवर्ती ने पढ़कर उसे तीन-हजार रुपयों तक का मासिक जॉब दिलाने का वादा किया है।"

"हाँ-हाँ वही," सुकीर्ति उत्साहित हो उठी। उसे अच्छा लगा यह जानकर कि इस जीवन की लगभग प्रत्येक मुख्य घटना से वाकिफ रहती है इन्द्राणी दी। सुकीर्ति की जानकारी को कुछ और बढ़ाती हुई बताने लगी इन्द्राणी दी, "हालात दिन-पर-दिन बिगड़ते जा रहे हैं। लालबत्ती इलाके बढ़ते जा रहे हैं। कई बस स्टैंड जैसे कि बीड़ी मार्केट क्वालिटी सीएपी कैम्प, वैशाखी और करुणामयी वेश्याओं और दलालों के खुले मिलन-

स्थल बने हुए हैं। ब्यूटीपार्लरों की आड़ में भी यह धन्धा पनप रहा है। शाम ढलते ही हावड़ा बस अड्डे से लेकर हावड़ा स्टेशन तक का सारा इलाका विक्टोरिया गार्डन का पिछवाड़ा और साल्ट लेक का अँधेरा सुनसान इलाका चलते-फिरते कोठों में बदल जाता है। बस अड्डे पर बस के इन्तजार की मुद्रा में ये फ्लाइंग वेश्याएँ खड़ी हो जाती हैं। हालत यह है कि कोई शरीफ औरत इनके बीच यदि सचमुच ही बस के इन्तजार में खड़ी हो जाए तो इसकी पूरी सम्भावना है कि ग्राहक कहीं उससे भी आकर यह न पूछ ले, "जाबी घरे ?" एक ईमानदार पुलिस अफसर ने मुझसे कहा था कि कई बार हमें पूरा पता होता है कि स्टापेज पर खड़ी वह औरत फ्लाइंग वेश्या है फिर भी कानून हमें इजाजत नहीं देता कि हम उसे बिना प्रमाण के पकड़ सकें। हावड़ा के ब्यूटीपार्लरों, होटलों, लॉज सब जगह धड़ल्ले से चल रहा है यह धन्धा। हावड़ा के पास के किसी भी होटल में ठहर जाइए, यदि कोई फेमिली नहीं है आपके साथ तो शाम ढलते ही कोई-न-कोई दलाल आपके रूम में आकर पूछ जाएगा, "लगेगी ?" अभी आठ मार्च को पुलिस ने छापा मारा था, साले मालिक, मैनेजर और कर्मचारी सब मिले हुए। हमाम में सभी नंगे। पैसे का स्वार्थ सभी को जोड़े हुए। अब देखो, वेश्या पैसा देती है, घंटों के हिसाब से, जबकि यात्री उतना ही पैसा देंगे एक दिन के हिसाब से। जितना पैसा उन्हें चौबीस घंटे बाद मिलता है उतना उनका तीन-चार घंटों में ही बन जाता है। और कई बार तो कमरे भी यूँ ही खाली ही पड़े रहते हैं, विशेषकर ऑफ सीजन में। तो यह ऊपर की खासी आमदनी हो जाती है होटल मालिकों की। अरे होटल, तो होटल हालत यह है कि पिछली दस जुलाई को पुलिस ने स्थानीय वार्ड कमिटी एवं नगर निगम के चेयरमैन की शिकायत पर साल्टलेक के कई मकानों एवं सन्देहास्पद फ्लैटों में छापा मारकर रात के अँधेरे में धड़ल्ले से चला रहे देह-व्यापार करनेवालों को पकड़ा। एक किराएदार ने तो बाहर में किसी पेस्टीसाइड कम्पनी का बोर्ड लगाया हुआ था। बहरहाल, पुलिस के ही अनुसार पकड़े हुओं में से अधिकांश छूट गए क्योंकि वे काफी प्रभावशाली व्यक्ति थे। पूरे कलकत्ते में तकरीबन छः हजार वेश्याएँ इस वक्त इस प्रकार की फ्लाइंग वेश्याएँ हैं, ये काशीपुर, खिदिरपुर, उत्तरपाड़ा और बर्द्धमान आदि इलाकों से रोज आती हैं और धन्धा कर चली जाती हैं। पुलिस धर-पकड़ का भी इन्हें इतना डर नहीं व्यापता। होटलों, सिनेमाघरों, थिएटरों, नृत्य-गृहों, स्टेशनों, मेलों, केश विन्यास गृहों के आसपास शाम गहराते ही लगुवे-भड़वे दलाल मँडराते नजर आ जाते हैं। राहगीर को अनुकूल पाते ही, "साहब कुछ तफरीह करेंगे ? दिखाऊँ कुछ बढ़िया माल ?...चलेंगे कहीं मन बहलाव को ?" घेरना शुरू कर देंगे। मुश्किल यह है कि कानून भी इस मामले में इतना कमजोर है कि इन्हें पकड़ा भी जाता है तो सेक्शन 290 के अन्तर्गत जिसमें अधिक से अधिक 70-80 रुपयों का जुर्माना भरते ही छूट जाती हैं वे और वे भी रुपये कई बार ये वेश्याएँ खुद नहीं भरतीं, इनके दलाल ही भरते हैं और छूट जाने पर इन्हें फिर अपने दलालों के लिए दोगुना काम करना पड़ता है। मुश्किल यह है कि इनके विरुद्ध पीटा ऐक्ट के अन्तर्गत कार्यवाही नहीं की जा सकती, जिसके अन्तर्गत पकड़े जाने पर कम से कम

सात दिनों की जेल हो सकती है।

"पीटा...पीटा एक्ट क्या ?"

"प्रिवेंशन ऑफ इम्मोरल ट्रैफिक्किंग ऐक्ट...हाँ तो मैं कह रही थी कि दूसरी सबसे बड़ी मुश्किल इनके साथ काम करने की है। इन्हें विश्वास में लेना बहुत ही मुश्किल है। गुजरे जमाने की वेश्याएँ जो अब विपन्नता में जीने को मजबूर हैं, महा खूँखार हो जाती हैं। जानती हो, सोनागाछी में संलाप के किसी भी स्टॉफ को ये घुसने नहीं देती हैं। उन्हें लगता है कि यदि हमने बाल वेश्यावृत्ति या जबरन लादी वेश्यावृत्ति को रोक दिया तो इनकी रोटी गई। क्योंकि ये खुद तो वेश्यावृत्ति कर नहीं सकती हैं, कुछ दूसरा विकल्प भी नहीं है इनके पास, सिवाय अपने चकले में किशोरियों या युवतियों से वेश्यावृत्ति कराने के। मैं उन वेश्याओं के लिए नहीं लड़ती जो वयस्क हैं एवं स्वेच्छा से इस रास्ते आई हैं क्योंकि मैंने बड़े घरों की विधवाओं, असन्तुष्ट पत्नियों, अविवाहित रह जानेवाली बड़ी उम्र की कुँवारियों एवं कामसुख की विविधता चाहनेवाली मनचलियों को भी कालगर्ल बनते देखा है। मेरी लड़ाई जबरन फँस जानेवालियों के लिए है। मेदिनीपुर, कालीघाट एवं रामबाग आदि में तो फिर भी आसानी से घुस सकती हूँ मैं, पर सोनागाछी...बाप रे...! मैं जानती हूँ, मुझ पर जानलेवा हमला कभी भी हो सकता है। एक वेश्या थी श्रावणी एकदम बुलडोजर वेश्या। स्वतन्त्र वेश्यावृत्ति में थी। हमसे जुड़ने पर उसका आत्मोत्कर्ष होने लगा। प्रेरित हुई बाल वेश्याओं के उद्धार के लिए। वेश्याओं के बच्चों के सुधार कार्यक्रम में भी दिलचस्पी लेनी शुरू की उसने। दरअसल हम तो रिमोट कंट्रोल हैं। हम तो लोकल लोगों के सहयोग एवं सूचना से ही आगे बढ़ पाते हैं। एक बार यदि ये विश्वास कर लें कि हम इनका बुरा नहीं वरन् इनके भले के लिए ही काम कर रहे हैं तो फिर इनसे कोई खतरा नहीं होता। जान पर खेलकर भी ये अपना वादा निभाती हैं। हाँ, तो श्रावणी हमसे जुड़ गई थी। बहुत बहादुर थी वह। एक बार एक दलाल किसी छुकरी को लेकर आया उसके पास। श्रावणी के मार्फत पहले भी वह एक छुकरी को बेच चुका था। इस बीच श्रावणी ने यह रास्ता छोड़ दिया है, यह बात पता नहीं थी उस दलाल को। श्रावणी ने छुकरी को खरीदने का नाटक किया। छुकरी को अच्छी तरह देखा-परखा, कुछ मोल-भाव किया और उस दलाल को अपने घर में बिठाकर प्रतीक्षा करने को कहा--तुम बैठो मैं आध घंटा में रुपयों का इन्तजाम करती हूँ। दलाल को कुछ भी शक नहीं हुआ। मजे में वह बैठा रहा। इस बीच श्रावणी ने पास के ही पब्लिक बूथ से मुझे फोन किया--आवाज एकदम घबराई हुई। मैंने कहा, तुम किसी प्रकार उसे घंटे भर अटकाए रखो। भाग्य उस दिन सचमुच बुलन्द था, आखिर पुलिस, महिला पुलिस को लेकर हम रात साढ़े ग्यारह बजे उसके डेरे में पहुँचे और रँगे हाथों उस दलाल को गिरफ्तार किया। बिना पढ़ाई-लिखाई के भी उसमें गजब का आत्मविश्वास था। एक बार एक वेश्या की मारपीट एक ग्राहक से हो गई। दोनों झगड़ते-झगड़ते सड़क पर आ गए थे। ग्राहक ने धमकाया, पुलिस को पकड़वा दूँगा। रास्ते चलते शरीफों को तंग करने के जुल्म में पकड़ी जाओगी। बस, श्रावणी का खून

खौल गया, बमक पड़ी, साले खुद तो आकर हमें रंडी बनाते हैं ऊपर से धौंस भी, ले चप्पल टूट पड़ी उस पर...। लेकिन इन्हीं सब झमेलों में फँस-फँसकर उसने अपने ढेर सारे दुश्मन भी बना लिये। बूढ़ी वेश्याएँ और दलाल यूँ भी उससे चिढ़े हुए थे ही। एक रात दोनों की मिली-भगत से उसकी दारू में जहर मिला दिया गया...तड़प-तड़पकर मर गई बेचारी। और बोलते-बोलते बुरा-सा मुँह बन गया था इन्द्राणी दी का जैसे अभी-अभी सामने ही प्राण छोड़े हों श्रावणी ने।

कुछ खामोश पल...फिर अपने ही भीतर बहने लगी थीं वे। रैली के कारण हुए जाम ने चौतरफा रास्ता अवरुद्ध कर दिया था। टैक्सी अब भी धीरे-धीरे बैलगाड़ी की स्पीड में ही रेंग रही थी। सुकीर्ति बार-बार झल्ला रही थी और चाह रही थी कि इन्द्राणी दी कुछ बोलें...आज की अब तक की वार्ता ने काफी समृद्ध किया था उसे। भीतर का घाघ कथाकार चुप नहीं बैठने दे रहा था सुकीर्ति को। आखिर जब रहा नहीं गया और यह लगा सुकीर्ति को कि इन्द्राणी दी अब अपनी तरफ से वार्ता की पहल नहीं करेंगी तो कुछ बोलने की गरज से ही बोल पड़ी वह, "क्या आपको ऐसा नहीं लगता कि हमारे यहाँ वेश्यावृत्ति जो इतनी फली-फूली उसके मूल में यहाँ की धार्मिक संस्कृति है, जिसके जड़ में ही यहाँ स्त्रियों के प्रति अवमानना और अवहेलना के बीच छिपे हैं। कई जनजातियाँ मसलन बेड़िया, नट और साँसी में स्त्रियों से देह व्यापार का परम्परागत रिवाज है। कई बार मैं सोचती हूँ कि 'यत्र नार्यस्तु पूज्यन्ते रमन्ते तत्र देवता' बोलने की भी यहाँ आवश्यकता क्यों पड़ी ? यह सोचने की और गौर करने की बात है कि इसकी आवश्यकता इसलिए पड़ी कि—यहाँ नारी सम्मान था ही नहीं इसलिए समाज को उद्धरणों के माध्यम से उपदेश देने की जरूरत पड़ी..।" सुकीर्ति के बोलते न बोलते अचानक कुछ याद आ जाने से बीच में ही तपाक से बोल पड़ी इन्द्राणी दी, "अरे वह तो फिर भी माना कि प्राचीन काल था, समाज ने इतनी तरक्की नहीं की थी, पर आज की तारीख में भी सुना है आपने, जाने-माने परम श्रद्धेय श्री रामसुखदासजी का प्रवचन। अरे उनका हर प्रवचन बीस-तीस हजार की भीड़ खींच लेता है, वे भी खुलेआम कहते हैं कि विधवा विवाह नहीं होना चाहिए...। सोचो, आज की तारीख में इतने स्त्री-पुरुषों के बीच समान रूप से पूजनीय और वन्दनीय हैं वे, पर किसी भी स्त्री ने उठकर पूछने की की हिम्मत ? कहा उनसे कि, महात्मन् यह कैसा विधान है, जो पुरुषों के लिए अलग और महिलाओं के लिए अलग है। और ये सामान्य औसत घरेलू विधवा गृहिणियाँ पुनर्विवाह नहीं करें तो क्या करें ? बन जाएँ वेश्याएँ। दरअसल, इन्हें स्वयं यदि होता जिन्दगी की भयानकता का अनुभव, खुद होते विधवा पुत्रियों के पिता तब समझ पाते कि क्या होती है विधवा जीवन की पुकार, यौवन की आकुलता। कलकत्ता के एस.के. एम. अस्पताल के स्वीपर क्वार्टर में हर दो-महीने के अन्तराल में कूड़े के ढेर के पास कोई नवजात शिशु फेंका हुआ मिलता है। निश्चय ही यह किसी कुँवारी या विधवा का होगा। यह सोचने की बात है कि मन में तरंगों या शरीर में ज्वार बनकर उठते कामदेव से इन अपढ़, चिन्तनहीन, उद्देश्यहीन किशोर बाल-विधवाओं से लड़ने की अपेक्षा की

जाती है, इसी का परिणाम है यह। कहीं पढ़ा था कि एक बंगाली कुलीन ब्राह्मण ने एक रूपवती जवान विधवा से खरीदे मकान की जब खुदाई करवाई तो उसमें कई नवजात बच्चों के कंकाल मिले। यह है हमारा समाज और उसका यथार्थ। यह सचमुच दुर्भाग्य है कि इस देश के धर्माचार्यों ने भी समाज के दोनों ही अंगों—स्त्री-पुरुष के प्रति स्वस्थ दृष्टिकोण नहीं अपनाया। जबकि जनमत बदल देने की ताकत रखते हैं ये, पर इनके अवचेतन में यही आशंका है कि स्त्री के पक्ष में बोले नहीं कि कहीं स्त्रैण समझ लिये जाएँ। क्योंकि ऋषियों-सन्तों का सबसे दुर्बल बिन्दु एक ही होता है सेक्स, जहाँ से सीधा आक्रमण इनके संन्यासीपन एवं ब्राह्मणत्व पर किया जा सकता है।

रैली निकल चुकी थी। धीरे-धीरे रेंगती गाड़ियों ने अब गति पकड़नी शुरू कर दी थी। और जब तक सुकीर्ति अपने गन्तव्य पर पहुँची पूरे अढ़ाई घंटे निकल चुके थे।

हाथ हिलाती इन्द्राणी दी को देखकर एक अजूबा-सा ख्याल आया सुकीर्ति को कि अच्छाई के इस बीज को धरती में कहीं बो पाती वह तो जाने कितने फूल खिलते अच्छाइयों के, जो दुर्गम एवं पथरीले रास्तों पर चलकर गढ़ते परिभाषा जीवन के शाश्वत सौन्दर्य की...।

कालीघाट में जिस समय सुकीर्ति वेश्या माया देवनार से मिली थी, क्या उसने कभी स्वप्न में भी सोचा था कि उसके जीवन की ढलान इतनी तेजी से शुरू होनेवाली है ? ग्यारह-बारह वर्ष की कच्चीं किसलय बालिकाओं को पानी के टब में बिठा-बिठाकर समय पूर्व ही अप्राकृतिक रूप से सम्भोग के लायक बनानेवाली माया का खून उस समय खौल गया था, भीतर आँधियाँ चलने लगी थीं जब उसने हठात् सुना कि उसकी अनुपस्थिति में किसी ने उसी की चौदह वर्षीया पुत्री को वेश्या बना डाला।

हुआ यह था कि कई दिनों से बीमार चल रही माया पर जब दवाइयों का कारगर असर नहीं हुआ तो डॉक्टर ने एच.आई.वी. वाइरस टेस्ट करवाया तो रिपोर्ट देख उसके पैरों से जमीन धसक गई थी, उसमें एच.आई.वी. पोजिटिव आया था जिसका सीधा मतलब था कि धीरे-धीरे वह सर्वनाशकारी बीमारी एड्स की गिरफ्त की ओर बढ़ रही थी।

सुकीर्ति ने अपने अध्ययन में पाया था कि जहाँ गिनोरिया, सिफलिस जैसे बाह्य रूप से प्रकट होनेवाले रोगों के प्रति वेश्याओं में फिर भी कुछ जागरूकता थी, अधिकांश वेश्याएँ एच.आई.वी. टेस्ट से अनभिज्ञ थीं। एक वेश्या भी उसे ऐसी नहीं मिली थी जिसने स्वयं जाकर अपना एच.आई.वी. टेस्ट करवाया हो। अधिकांश में यह जागरूकता ही नहीं थी। इन्द्राणी दी ने बताया था उसे कि इस मामले में स्वयंसेवी संस्थाएँ भी सिवाय कंडोम बाँटने के उनकी विशेष सहायता नहीं कर पाती थी क्योंकि नैको (नेशनल एंड कंट्रीस आर्गेनाइजेशन) अधिकांश एन.जी.ओ. को यह टेस्ट करवाने की परमिशन नहीं देता है, सिर्फ उन्हीं एन.जी.ओ. को देता है जिनके पास सुपर हैमियोटोलोजिस्ट होते हैं।

बहरहाल...माया ने एड्स के बारे में सुन रखा था, पर ये सब बातें इसकी उसकी बातों की ही तरह कभी उसमें वह खौफ नहीं पैदा कर पाई। पर जब यही बात स्वयं

अपनी जिन्दगी की हकीकत के रूप में उसके सामने आई तो सामने आती जीवन की भयावहता को देख उसकी रूह भी एकबारगी काँप उठी। उसने अपनी एक सहकर्मिणी को इसी संक्रमण के चलते साधारण से मियादी बुखार से भी तड़पते-तड़पते मरते देखा था। दरअसल एच.आई.वी. का संक्रमण शरीर के सभी प्रतिरोधी कीटाणुओं को नष्ट कर डालता है फिर इससे संक्रमित व्यक्ति का शरीर किसी साधारण रोग के आगे भी घुटने टेक देता है। यदि हल्का सा सर्दी-जुकाम भी हुआ तो वह बढ़ता ही जाता। और एक दिन उसके प्राण उससे भी चले जाते हैं क्योंकि शरीर को टिकाए रखने के आधार—प्रतिरोधी जीवाणु उसके शरीर से मर चुके रहते हैं।

बहरहाल, स्वयंसेवी संस्था, 'मेडिकल एड' के परामर्श पर वह अस्पताल में दाखिल हो गई थी। माया ने अपनी लड़की को अपने इस कलंकित जीवन की छाँव से भी दूर अपने गाँव में अपनी बहन के पास रख छोड़ा था। हर महीने वह उन्हें खर्च भेजती और अपने धन्धे के ऑफ सीजन में जाकर उससे मिल आती थी। पिछले कई सालों से यह क्रम मजे में चल रहा था, पर इस बार उसे अस्पताल में भर्ती हुए डेढ़-दो महीने हो चुके थे और इस बीच वह न तो अपनी चौदह वर्षीया बेटी से सम्पर्क कर पाई थी और न ही उसे किसी से लिखवाकर चिट्ठी ही भिजवा पाई थी। इसलिए सशंकित लड़की जिसे इतना भर पता था कि उसकी माँ कालीघाट में माँ काली के मन्दिर की पहलीवाली गली में किसी लघु उद्योग में काम करती है, पूछते-पूछते उस गली तक चली आई थी। गली के मुहाने पर ही खड़ा चाय वाला जो यहाँ की एक-एक वेश्या से वाकिफ था—उसे सीधा माया के घर के बाहर ही पहुँचा दिया था।

माया की पुत्री विशाखा—माँ के साम्राज्य में स्वयं को पूरी तरह निरापद समझकर आराम से लेटी थी और नहीं जानती थी कि कोई अमंगल भी उसके साथ ही साथ चला आ रहा है। ठीक उसी वक्त माया का बँधा ग्राहक माया की खोज में आया। पहले भी कई बार वह आया था और माया के शरीर का ध्यान भर कर सूखा ही लौट गया था। आमतौर पर साथी वेश्याएँ भी ऐसे ग्राहकों से निपट लेती थीं। पर जिस प्रकार माया ने कच्ची किसलय बच्चियों को वेश्यावृत्ति की ओर ढकेला था एवं वेश्याओं के बीच भी शालीनता और सहृदयता की जो अन्तिम सीमा रेखा होती है उसका भी अतिक्रमण कर डाला था कि उससे सब बेहद खार खाई हुई थीं। यूँ भी जिस प्रकार के फटीचर एवं टुच्चे जीवन को वे जी रही थीं, जिसमें सुख के सारे अन्तःस्रोत लगभग सूख चुके थे, उसके लिए उस घड़ी सुख का सबसे बड़ा स्रोत अन्तःकरण की वही नकारात्मक प्रवृत्ति थी जो दूसरों के सर्वनाश से उपजते पाशविक सुख में अपना सुख ढूँढ़ती है।

इस कारण दूसरी बार जैसे ही उस ग्राहक ने फिर माया के बारे में पूछा तो वहीं पर खड़ी दो-तीन कुटनी वेश्याओं ने उस ग्राहक को यह कहकर उसके कमरे की ओर अँगुली दिखा दी कि माँ का कारोबार अब बेटी सँभाल रही है। साथ ही उन्होंने उसे आगाह भी कर डाला, 'पर सँभल के, है बड़ी नखराली, जिस-तिस को घास नहीं डालती, खालिस लौटा भी देती है। अभी एकदम नई-नई है न, पर यदि तुम असल बाप का

होगा तो मर्दानगी दिखाकर ही लौटेगा।'

कमरे में घुसते ही माया की कमसिन नाजुक पुत्री को देखते ही उसे कोणार्क और खजुराहो याद आ गए थे। पर साथ ही वेश्याओं की राग-रग से वाकिफ उस ग्राहक ने अपनी पहली नजर में ही भाँप लिया था कि उसके साथ मजाक किया गया है।

दोपहर का समय। अधिकांश वेश्याएँ शराब पीकर नींद में धुत्त थीं। और आसपास जो थीं, वे भी पूरी तरह निरपेक्ष। वेश्याओं से घिरे माहौल एवं शराब से उपजे विवेक में ग्राहक को लगा कि कमरे से बिना कुछ हासिल किए निकलना न सिर्फ कायरों की तरह निकलना होगा, वरन् उसके पूरी तरह गर्म हो चुके शरीर के लिए भी नामुमकिन होगा। आसपास की वेश्याओं का भी भरोसा नहीं कि वे उसके काम आएँगी या नहीं। बस—देखते न देखते उस मरियल-सी किशोरी पर टूट पड़ा वह। सफर की थकावट से चूर-चूर एवं मर्द की कामुकता एवं हिंसा से पूरी तरह गाफिल उस किशोरी के साथ जोर-जबरन करने में उसे विशेष मशक्कत भी नहीं करनी पड़ी। और लगभग आधा घंटा में उस किशोरी पर शारीरिक फतह कर वीरतापूर्वक मूँछ ऐंठता एवं अपने को खाँटी मर्द एवं असल बाप का साबित करते हुए वीर-बाँकुरे की तरह जैसे ही वह उस खोल से बाहर निकला तो सामने साक्षात् रण-चंडिका-सी खड़ी माया। जैसे नया अवतार लेकर उतरी हो इस धरती पर। रोम-रोम सुलगता ज्वालामुखी। उसी दिन अस्पताल से छुट्टी मिली थी उसे। पुत्री की इज्जत लुटती देख, अपने जीवन की पूरी तपस्या ही भंग होती दिखी उसे। सपनों का साम्राज्य पूरी तरह धुआँ-धुआँ। स्वयं का वेश्या बन जाने का दृश्य पूरी आक्रामकता के साथ कौंध गया आँखों में। पूरी धरती कँपकँपाती और सर्वनाश की ओर लपकती दिखाई दी। भीतर जाने कैसा लावा उठा कि बढ़ते हाथों को अब और जब्त नहीं कर पाई। घर के बाहर रखी मांस काटने की बोटी (गँडासा) उठाई और उसे खोलकर दे मारी—अपने ही उस चहेते उस वीर बाँकुरे पर। और तब कहीं जाकर थमा उसके गुस्से का लावा। वार पूरे वेग से पड़ा और वहीं छटपटाते हुए उसने गर्दन लटका दी।

यह कहानी वहीं खत्म नहीं हुई थी। माया को गिरफ्तार कर पुलिस हिरासत में ले लिया गया था। कहते हैं कि अन्तिम समय में माया पूरी तरह शान्त एवं तत्त्वज्ञानी हो गई थी। और जब भी कोई मिलने जाता उससे, उन्हें वह एक ही जीवन सूत्र पकड़ाती, "जैसी करनी वैसी भरनी। इतनों को वेश्या बना डाला तो खुद की पुत्री को कैसे बचाती।"

कर्म का सिद्धान्त

बहुत पहले सुकीर्ति ने महाराष्ट्र के किसी भूतपूर्व न्यायाधीश के आत्म संस्मरण पढ़े थे

जिन्होंने उसके इस विश्वास को पुष्ट किया था कि प्रकृति देर-सबेर अपना हिसाब अवश्य ही पूरा करती है। माया की गिरफ्तारी ने आज अचानक उस संस्मरण की धूमिल पड़ती याद को ताजा कर दिया था।

घटना चालीस वर्ष पूर्व की।

एक बार भोर बेला में जंगल की ओर दिशा-मैदान के लिए निकले थे वे। मल विसर्जित करने के लिए बैठी हुई मुद्रा में ही—भोर के धुँधलाते उजास में उन्होंने देखा एक व्यक्ति दूसरे व्यक्ति की पीठ में छुरा भोंककर जा रहा है। भरपूर नहीं देख पाए थे वे, लेकिन फिर भी हत्यारे की आकृति, कद-काठी और उसकी घनी केशराशि पूरी तरह दिमाग में उतर गई थी उनके। जब तक वे निवृत्त हुए हत्यारा भाग खड़ा हुआ था। तीसरे दिन वही केस उनकी अदालत में आया और जिस व्यक्ति को हत्यारे के रूप में पेश किया गया था, उसकी कद-काठी, डील-डौल, सिर का गंजापन उस व्यक्ति से एकदम भिन्न था जिसे स्वयं उन्होंने अपनी आँखों से छुरा भोंकते हुए देखा था। वह मध्यम कद का, बेहद फुर्तीला था एवं दुबला-पतला था जबकि जिसे प्रस्तुत किया गया था वह भीमकाय डील-डौल का लगभग छः फुटिया था। हत्यारे के बाल घने थे, सुबह के उजास में उन्होंने उसके बालों को हवा के झोंकों के साथ उड़ते देखा था। जबकि यह पूरी तरह बेलमुंडी था। हे भगवान्, तथ्य कुछ और कथ्य कुछ और। उन्होंने साँस रोककर पूरी जिरह सुनी थी, पर सारे साक्ष्य, गवाह, प्रमाण, पुलिस के बयान घटनाओं के ब्यौरे सभी कुछ इस आदमी के खिलाफ। लाचार जज को उस बेगुनाह मुजरिम को भी फाँसी की सजा देनी पड़ी।

लेकिन उसके बाद से वह जज अशान्त रहने लगा। आखिर एक दिन वह उस फाँसीयाफ्ता मुजरिम से उसकी कोठरी में मिलने गया। उसने कहा, "हुजूर, यह सही है कि यह हत्या मैंने नहीं की पर मैं दो हत्याएँ और कर चुका हूँ, उस समय मेरे वकील ने मुझे बचा लिया था, पर इस समय मैं बिना अपराध ही फँस गया।"

कर्म के सिद्धान्त को सफल करने के लिए प्रकृति किस प्रकार अपना हिसाब बराबर करती है, उसी को विश्लेषित एवं पुष्ट करते हुए एक और जज ने अपने जीवन की एक अद्‌भुत एवं जबर्दस्त रोमांचकारी एवं अविश्वसनीय संस्मरण लिखा था जिसमें अदालत का फैसला खुद जज की नजरों में आई नंगी सच्चाई के विरुद्ध था पर वह लाचार था।

एक बार वह जज रेल में यात्रा कर रहा था। उसके साथ दो और व्यक्ति थे। करीब बारह घंटे की यात्रा में तीनों साथ-साथ थे। उसके तीन दिन बाद ही उसकी कचहरी में एक हत्या का केस आया और हत्यारे के रूप में जिस तथाकथित मुजरिम को पेश किया गया उसे देखकर वह जज और मुजरिम दोनों ही भौचक्क रह गए। ठीक जिस दिन और जिस वक्त हत्या की गई थी वह व्यक्ति जज के साथ रेल में बैठा उसके साथ जज की ओर से पेश की गई आलू की सब्जी, नीबू का आचार और पूरियाँ खा रहा था, गप्प मार रहा था। दिलचस्प बात इस केस में एक यह भी थी कि उसी डिब्बे में

पुलिस ऑफिसर भी था। लेकिन फिर भी कुछ नहीं किया जा सका। प्रमाण सापेक्षी कानून तथ्य निरपेक्ष ही रहता है। यहाँ हत्या करना जुर्म नहीं था, हत्या का प्रमाणित होना जुर्म था। गवाह, साक्ष्य, बयान—सब कुछ इस प्रकार कड़ी से कड़ी जुड़ते गए कि बेबस जज को उसी के विरुद्ध फाँसी की सजा सुनाकर अपनी कलम की नोंक तोड़नी पड़ी। बाद में जज ने उस मुजरिम को घर पर बुलाया था।

मुजरिम अपनी सजा से असन्तुष्ट नहीं था। एकदम निस्संग एवं बर्फ-सी उदासीनता में उसने जवाब दिया था, "हत्यारे कभी भी अपनी उम्र पूरी नहीं बिता पाते हुजूर, यह हत्या मैंने नहीं की तो क्या इससे पाँच वर्ष पूर्व एक हत्या मैं कर चुका हूँ...हत्यारा तो हूँ ही।"

राह चलते-चलते इन स्मृतियों से गुजरना बहुत सुखद लगता था सुकीर्ति को। जब-जब जीवन उसे उदास करता, इसी प्रकार की स्मृतियाँ एवं घटनाएँ उसे जीने की ताकत देतीं. क्योंकि अन्ततः ये घटनाएँ उसके इस विश्वास की पुष्टि करती कि बुरे का अन्त बुरा ही होता है। जैसा कि माया का हुआ।

मन्नालालजी को उनके तिकड़मी वकील ने पुलिस की हिरासत से बचाकर उन्हें उच्च रक्तचाप एवं हृदय का रोगी बताकर नर्सिंग होम में शिफ्ट करवा दिया था। बाद में उनकी जमानत भी हो गई थी और वे ऑफिस भी आने लगे थे पर इन सबमें ही इनकी एक पेटी (एक लाख) और स्वाहा हो गई थी, साथ ही इस प्रकार की दहशत भी जब-तब उन्हें घेर लेती। शाम बाद वे ऑफिस से अकेले नहीं निकल पाते कि कहीं कोई ऋणदाता किसी गुंडे को ही नहीं लगा दे उनके पीछे। इस आशय की जाने कितनी ही धमकियाँ भी मिल चुकी थीं उन्हें। ऑफिस तक में अकेले नहीं बैठते, अपने किसी न किसी भाई को बिठाए रखते और कोई नहीं होता तो पवन को ही रोककर रखते। फोन भूलकर भी खुद नहीं उठाते, तकादेवालों का फोन होता तो इशारे से ही मना कर देते। शुरू-शुरू में तो काफी दिनों तक स्टॉफ ने भी साथ निभाया, इन्क्रीमेंट और बोनस नहीं मिलने पर भी। पर अब जबकि स्टॉफ को वेतन तक मिले दो-दो अढ़ाई-अढ़ाई महीने गुजर जाते और उस पर भी मन्नालालजी अपने सट्टा खेलने की आदत से बाज नहीं आते और घाटे पर घाटा बढ़ाते जाते तो स्टॉफ भी कटखने कुत्ते की जैसे जब तक मौका मिलते ही काटने दौड़ता उन्हें।

दरअसल स्टॉफ की सच्ची सहानुभूति कभी भी मन्नालालजी को मिल नहीं पाई थी क्योंकि स्टॉफ वे दिन भुला नहीं पाए थे जो फर्म के गुलाबी दिन थे और अपने गुलाबीपन के मद में मन्नालालजी सारस की तरह तनी गर्दन और अरबी पट्ठे की-सी अकड़ती चाल चलते स्टॉफ के नामों को याद रखने की जहमत से बचते टाइपिस्ट को टाइपिस्ट, पिऊन को पिऊन, ऑपरेटर को ऑपरेटर और कैशियर को कैशियर कहकर अनजाने उनके स्वाभिमान की धज्जियाँ उड़ाते चलते। उन्हीं के पद-चिह्नों पर चलते उनके भाइयों

और पुत्र ने भी स्टॉफ को आदमी समझने की संवेदना से स्वयं को मुक्त रखा। कहने का लब्बो-लुआब यही कि यह एक ऐसी फर्म थी जहाँ स्टॉफ और प्रबन्धक एक ही फर्म की साझी कार्य संस्कृति के भागीदार न थे। मालिक वर्ग स्टॉफ के प्रति उदासीन थे तो स्टॉफ को भी जहाँ अपनी नौकरी के जाने का दुःख था वहीं इस दम्भित एवं अमानवीय साम्राज्य को अपनी आँखों ढहते देखने का ईर्ष्या-सुख भी था। प्रायः हर दिन हवा में जुमले उछाले जाते। कुछ ही देर पहले ऑपरेटर सहदेव सुकीर्ति को कह रहा था, "यही होता है जब आदमी धन को अपना गुलाम बनाने की बजाय खुद ही धन की रखैल बनकर रह जाए।"

इन्हीं सब 'प्रगतियों' एवं 'विकास' के चलते ऑफिस अब मन्नालालजी के लिए दूसरी घुटन-भरी जेल थी। मन्नालालजी को कोई भी काम समय पर नहीं मिलता। हर जगह अव्यवस्था। बैंक में भेजा गया क्लर्क घंटे-भर के काम में चार घंटे लगाकर आता। कस्टमर के पास शेयर की डिलीवरी लेकर गया पिऊन बिना चेक लिए ही चला आता।

बाजार के बढ़ते तकादे, फाटके में बढ़ता घाटा, फर्म की चौपट होती साख और अपने गिरते स्वास्थ्य से यूँ ही दिन-रात परेशान रहते मन्नालालजी पर अब स्टॉफ की अवमानना की मार बहुत जानलेवा साबित हो रही थी। जिन्दगी साक्षात् खून चूसनेवाली जोंक लगती। इसलिए इन दिनों मन की शान्ति और चित्त की स्थिरता के लिए घरवालों के सहयोग से कई यज्ञ और अनुष्ठान भी चला रखे थे उन्होंने। हाथ की सभी प्रमुख अँगुलियों पर ग्रहों की अँगूठियाँ चढ़ गई थीं। किसी पंडित के सुझाव पर अपने चैम्बर में बैठते ही अपनी रामनामी पुस्तिका में एक सौ आठ बार श्रीराम श्रीराम लिखना भी शुरू किया। और बिना लक्ष्मीजी को मत्था टेके इन दिनों भूलकर भी वे रायंस रेंज (कलकत्ता स्टॉक एक्सचेंज) के हॉल में नहीं घुसते थे।

पर फिर भी सब कुछ उलटा हो रहा था। मन में कहीं शान्ति नहीं थी और इस लगातार विरुद्ध जाते समय का सर्वनाशी काल उनके लिए उस समय उपस्थित हुआ जब उन्हीं के एक स्टॉफ सुरेन्द्र सिंह ने उन पर हाथ उठाकर उनके अस्तित्व और व्यक्तित्व के आसमान को और भी नीचा, बदरंग, कुरूप और धुआँ कर दिया था। इस घटना ने उनके मस्तिष्क के समूचे संवेदना तन्त्र को झकझोर कर रख दिया था और पहली बार उन पर एक्यूट डिप्रेशन का आक्रमण हुआ था। आत्मग्लानि, अवसाद एवं चित्त के सभी ऋणात्मक आवेग हिमांक से भी नीचे।

घटना यूँ थी।

पिछले पाँच-छः महीनों में जब भी सुरेन्द्र सिंह अपना वेतन माँगता, उसे केशवजी 'अभी की जरूरत भर ले लीजिए' कहकर कभी पाँच सौ तो कभी हजार-बारह सौ दे-दे करके टरका देते। पूरा बोनस और वेतन मिलाकर उसके करीब पन्द्रह हजार रुपये जमा हो गए थे। इत्तिफाक से उसे दूसरी अच्छी नौकरी दूसरे शहर में मिल गई थी। इस कारण वह अपना पूरा बकाया लेना चाह रहा था। उसे डर था कि एक बार यहाँ से बाबाजी बन निकल गए तो फिर खाते रहो चक्करघिन्नी। प्रथम तो पैसा मिलने का

ही नहीं है और यदि किसी प्रकार मिल भी गया तो इतनी परिक्रमाएँ करवाई जाएँगी उससे कि वह स्वयं ही इन बचे हुए रुपयों की मोह-माया से ऊपर उठ जाएगा—पिछले जितने भी स्टॉफ गए थे वे अपने इन अनुभवों की अनमोल धरोहर आनेवाले स्टॉफ को समर्पित कर गए थे। इसलिए अब इस फर्म के घड़े का पानी ही चतुर और सयाना हो गया था। सुरेन्द्र सिंह ने यह भी समझदारी बरती कि अपना राज अन्त तक नहीं खोला कि वह क्यों अपना पूरा का पूरा वेतन चाहता है, क्योंकि एक बार ऐसा भी हुआ कि भावुकतावश एक विदा लेते हुए स्टॉफ ने अपने फ्यूचर बॉस का नाम, पता अपने इन वर्तमान मालिक को अपनी निष्ठा और आजीवन सद्भावना के भाव बनाए रखने के महान् उद्देश्य के वशीभूत होकर बतला दिया था। बहुत शीघ्र ही नतीजा उसके सामने था। होनेवाले बॉस के पास इन वर्तमान बॉस का फोन टनटनाया...दोनों का जाति प्रेम, वर्ग प्रेम उमड़ आया और उस स्टॉफ को फिर कई सालों तक अपने इन वर्तमान बॉस का ही झाँइयों से भरा, सिकुड़ते मसूड़ोंवाला अकड़ा ऐंठा मुँह निहारते रहने को बाध्य होना पड़ा था।

सुरेन्द्र सिंह अड़ा हुआ था, "मेरा सारा हिसाब चुकता कर दीजिए।"

मन्नालालजी अपने उन्हीं पुराने औजारों को धार दे रहे थे, "आदमी अभी खाली नहीं है, हिसाब देखना पड़ेगा...दस-पन्द्रह दिनों बाद ले जाइएगा...।"

सुरेन्द्र सिंह प्रतीक्षा कर भी लेता...पर आवाज की घिघियाती ढलान स्पष्ट संकेत दे रही थी कि फ्लॉप होती फर्म के मालिक की यह अदा टरकानेवाली है। वह गरज पड़ा, "सारा हिसाब तो काँच की तरह साफ है, फिर क्या मिलाना और देखना, चार हजार बोनस का और पिछले चार महीने का बकाया ग्यारह हजार..."

"अच्छा कल आना..."

और मन्नालालजी बिना उसकी सुने अपने चैम्बर से बाहर निकल गए।

दूसरे दिन जिस समय सुरेन्द्र सिंह को आना था मन्नालालजी अपनी एक पार्टी के साथ चैम्बर में बैठे हुए थे। सुरेन्द्र सिंह ने दो-तीन बार चिट भिजवाई थी, उन्होंने जवाब तक नहीं दिया था।

तीसरा दिन आखिरी दिन था—उसके पास। उसकी टिकट बन चुकी थी। इस बार भी मन्नालालजी अपने चैम्बर में जमे रहे। कभी आनेवाली पार्टियों में उलझे रहे तो कभी केशवजी के साथ स्टॉक एक्सचेंज से आई बम्पर डिलीवरी की लिस्ट बनाते रहे। खुद के सिवाय किसी और के समय की भी कोई कीमत होती है—यह चेतना कभी जागी ही नहीं थी, इस कारण बिना परेशानी के फुरसती मुद्रा में दोनों काम सलटाते रहे।

घंटा-दो घंटा और उसके बाद सुरेन्द्र सिंह का राजपूती खून अपने असली रंग में आ गया। नथुने फड़कने लगे, आँखें मिचमिचाने लगीं, सीधी अँगुली घी नहीं निकलता और बिना बुलाए ही तूफान-सा घुस गया चैम्बर में। सीधा तू-तड़ाक पर आ गया, "तीन दिन से घुमा रहे हैं, रखिए अपनी चाकरी और कीजिए हिसाब बराबर, अभी का अभी नहीं तो जात का राजपूत नहीं..." आँखों में लहराते गुस्से का लाल डोरा—आवाज की

बेअदबी और हवा में लहराते हाथ को देख गश खा गए दोनों भाई। एयर इंडिया के महाराजा की तरह झुकी हुई गर्दन देखने के आदी दोनों भाई स्टॉफ की तनी हुई गर्दन देख दिमागी सन्तुलन खो बैठे...मालिकाना रोब गाँठने को उठे मन्नालालजी कि उनके गद्दीदार हाथों को सुरेन्द्र सिंह ने अपने खुरदुरे एवं सशक्त पंजों में जकड़कर इतनी जोर से दबाया कि मुँह से च्च-च्च और सिसकारी के अलावा कुछ भी नहीं बोल पाए वे। केशवजी समझदार थे थोड़े, समझ गए कि अपनी गोटी फिट कर पूरी तैयारी के साथ आया है। यह भी सुन रखा था उन्होंने कि इन सभी छोकरों का स्थानीय सी.पी.एम. वालों के साथ उठना-बैठना है। आज उसके इस दुस्साहस के पीछे बँधे खूँटे की डोर उन्हें उन्हीं छुटभैये नेताओं से बँधी महसूस हुई।

अतः शान्ति स्थापना की कोशिश करते हुए वे सुरेन्द्र सिंह को चैम्बर के बाहर ले गए और 'वक्त पड़े बाँका तो गधे को कहो काका' की सी समझदारी दिखाते आनन-फानन में हिसाब देखकर उसे चेक थमा दिया था।

"चेक यदि बाउंस हुआ तो मुझसे बुरा कोई न होगा..."

सुरेन्द्र सिंह चला गया था, लेकिन उस घटना के बाद मन्नालालजी वह नहीं रह पाए थे जो वे इस घटना के पूर्व थे। कभी विपरीत परिस्थितियों और जीवन संघर्ष के माधुर्य ने उनमें जो हौसला पैदा किया था, जीने का वह माद्दा इन लगातार विपरीत आती परिस्थितियों ने उनसे छीनकर उनमें एक प्रकार का डर पैदा कर दिया था, जिन्दगी का डर...जिसके चलते उनके जीने का माद्दा लगातार सिकुड़ता जा रहा था, पर सुरेन्द्र सिंह की घटना ने इसे बिलो जीरो डिग्री पहुँचा दिया था। केशवजी ने इस घटना को हल्का कर आई-गई करना चाहा था—मनुष्य बली नहीं होत है, समय होत बलवान। भीलन लूटी राधिका, वही अर्जुन वही बाण। पर मन्नालालजी की चेतना में रात-दिन सुरेन्द्र सिंह के फौलादी पंजों में कसमसाती अपनी हथेली घूमती...और देखते-देखते वह फौलादी पंजा तमाम तकाजेवालों के पंजे में रूपान्तरित हो जाता। घबड़ाहट और तनाव के उन क्षणों भी उन्हें अपनी सभी समस्याओं का समाधान नजर आता...शेयर बाजार की किसी ऐसी चमत्कारिक टिप में जो उन्हें एक साथ लाखों का फायदा करवा दे जिससे कि अपने सभी कर्जदारों को उनका प्राप्य लौटाकर वे फिर अपने पुराने रुतबे को हासिल कर सकें। पूरे-पूरे दिन वे शेयर बाजार के हॉल के बाहर के रास्तों में ऐसी चमत्कारिक टिप की खोज में उसी प्रकार भटकते जिस प्रकार नशेबाज नशे की खोज में, पियक्कड़ शराब की खोज में। रात-दिन उनकी चेतना में बाजार चलता रहता...कभी कल्पना में वे लाखों कमाने का आनन्द लूटते और स्वयं ही हँसने लगते। एक बार वे बाथरूम में खुद ही आत्मालाप करते चिल्ला पड़े। प्रायः रात स्वप्न में वे देखते कि सभी कर्जदार उन पर भारी-भारी पत्थर फेंक रहे हैं और वे चिल्ला पड़ते...दुःस्वप्न के डर के मारे वे बिस्तर पर लेटते तक नहीं, सारी-सारी रात बन्द कमरे में घूमते रहते।

पवन से उनकी हालत देखी नहीं जाती। एक बार काफी भर्राए गले से कहा उसने, "पापा, अब आप हॉल में जाना छोड़ दीजिए, शेयर मार्केट को अलविदा कहिए और

अपने उसी फाइल के काम में लौट आइए...देनदारी की चिन्ता मत कीजिए...धीरे-धीरे आप चुक जाएगी।"

"पर चुकेगी कैसे...देखते नहीं कभी आँख भी नहीं मिलाने की हिम्मत रखनेवाला स्टॉफ कैसे आँखें दिखाकर हथेली मरोड़कर चला गया...," मन्नालालजी का गला बोलते-बोलते भर आया था और पवन को लगा कि कहीं वे उसके सामने ही न रो पड़ें—तीर की तरह वह निकल गया था वहाँ से—ओफ, कितना भयंकर होता है पिता के रूप में हारे हुए जुआरी को रोते हुए देखना।

रात एक बेचैन-भरी रात थी पवन के लिए भी। सारी रात सोचता रहा था वह, कैसे बचाया जाए पापा को।

सुबह जाकर उसने अपनी माँ से बात की, "अम्मा अब तुम्हीं समझाओ पापा को...कहीं इन्हें कुछ हो न जाए। देखती नहीं कैसे जिन्दगी तबाह होती जा रही है। पहले कितने खुश रहते थे हम सभी...पढ़ाई चौपट हो रही है मेरी सो अलग। मैं इस बार बोर्ड की परीक्षा में भी नहीं बैठ पा रहा हूँ...क्या करूँ मन ही एकाग्र नहीं हो पाता।"

अम्मा की आँखें भर आईं। भविष्यहीनता की भयावहता सामने खड़ी दिखने लगी। जीवन डराने लगा, "मेरा खुद का दिल धड़कता रहता है, सारी रात नींद में बड़बड़ाते रहते हैं। कभी जोर-जोर से रोने लगते हैं। हिया फटता है मेरा। कभी मर्द को इस प्रकार रोते नहीं देखा...कुछ कहती हूँ तो कहते हैं कि अब गाढ़े समय में तू भी बदल गई ना। मैं कहती हूँ मुझे आपकी फिक्र है...तो फिर अजीब सी हँसी हँसने लगते हैं। कहते हैं अरे पगली, जैसे कमाया, गँवाया वैसे ही फिर कमाकर दिखा दूँगा...अरे मर्दों के कर्ज तो मसान में चुकते हैं...। पहले मेरी तबीयत खराब देखकर पूछते थे, देर तक रुक भी जाते थे, कई बार ऑफिस के लिए भी देरी से निकलते और राहुल पर तो जान छिड़कते थे। पर आजकल तो जैसे उनके अन्तर की करुणा, दया, प्रेम, जिम्मेदारी, सेवा, कोमलता सब कुछ चुक गई। चित्त पर जैसे शेयर बाजार ही बैठ गया....। कैसा सुहाना चेहरा था, हँसते तो जैसे पूरा घर झूम उठता...पर अब तो दाढ़ी बढ़ा चेहरा कितना सूना और डरावना लगता है, मुझसे तो देखा तक नहीं जाता।"

और बोलते-बोलते फिर फफक पड़ी थी वह।

रूस के किसी प्रसिद्ध साहित्यकार ने कहा है कि फाँसी के तख्ते पर प्रत्येक अपराधी हजरत ईसा के समान पवित्र हो जाता है।

जो वेश्याएँ कभी फूटी आँखों से भी माया को देख नहीं पाती थीं, वे ही अब दिन-रात सजायाफ्ता माया की बदली मनःस्थिति और दार्शनिकता के चलते उसकी सबसे बड़ी प्रशंसक बन गई थीं। सुकीर्ति चकित होती इन वेश्याओं के बच्चों-से भोले स्वभाव को देखकर...कितनी जल्दी खुश और कितनी जल्दी गुस्सा हो जाती हैं। "क्षणे रुष्टा क्षणे तुष्टा, रुष्टा तुष्टा क्षणे क्षणे।"

माया देवनार की एक सहकर्मिणी वेश्या बुलबुल ने वादा किया था कि अगली बार जब भी वह जाएगी माया से मिलने, सुकीर्ति को अवश्य ही अपने साथ ले चलेगी। उसी के साथ जाने के लिए सुकीर्ति जिस वक्त पहुँची कालीघाट, भारी उथल-पुथल मची हुई थी वहाँ।

फिज़ाँ में आक्रोश था।

बलबलाता उफान मारता गुस्सा था।

उठे हुए हाथ और भिंची हुई मुट्ठियाँ थीं।

सभी वेश्याएँ घेरा बनाकर समाज-सेवी संस्था महिला उद्धार समिति की अध्यक्षा निर्मला राय के घर की ओर बढ़ रही थी।

सुकीर्ति हैरान थी। उसने अभी तक यही देखा था, पुलिस, दलालों और चकला मालकिनों की शिकार वेश्याओं को चुपचाप जीवन का गरल पीते। पुलिस उन्हें पकड़ लेती तो उन्हें रुपया थमा वे वापस अपने धन्धे पर आ लग जातीं।

मौसम बदल रहा है। सुकीर्ति को अच्छा लग रहा था।

"बात है ही गुस्से की," बुलबुल तमतमाए स्वरों में बता रही थी, "पुलिस कहती है कि हम रास्ते में खड़ी नहीं रह सकती है, रास्ते में खड़े रहना गैर-कानूनी है। अब रास्तों पर नहीं तो क्या हम महलों में बैठी रहें...ग्राहक कैसे आए हमारे पास, खाएँ क्या हम ? फिर भी जाने दो, हम अपना काम करती हैं, पुलिस अपना, हमें जब तब पकड़ कर ले जाती है। पुलिस के आते ही हम खुद ही भागकर अन्दर घुस जाती हैं। कितनी बार लाठियाँ खाईं हमने...। पर यह तो घोर अन्याय हुआ—बर्दाश्त के बाहर कि बहरी-गूँगी पर भी पुलिस टूट पड़े।"

विकलांग वेश्या सोना मंडल पिछली रात आठ बजे कालीघाट ब्रिज पर खड़ी थी। वहीं पर थोड़ी दूरी पर कई और वेश्याएँ भी थीं। पुलिस को देखते ही सारी वेश्याएँ चावल के बिखरे दानों की तरह गली-कूचों में छितर गई थीं। सबको खदेड़ते हुए पुलिस ने सोना को भी फटकारते हुए रास्ता छोड़ देने को कहा। बहरी-गूँगी होने के कारण उसके पल्ले कुछ नहीं पड़ा और वह वहीं ढीठ बनी खड़ी रही। यह देख पुलिस का अहं फुँफकार उठा। वेश्या की यह मजाल ! जिन्हें जनगणना अधिकारियों ने भिखारियों की श्रेणी में रखा, जिनका आयकर तक राज्य को स्वीकार्य नहीं उसका यह दुस्साहस ! बस उसके होश को दुरुस्त करने के लिए दिखा दिया पुलिस ने अपना जौहर, चला दिया डंडे पर डंडा।

पुलिस के तेल पिरोए डंडे से लहूलुहान सोना जब अपने डेरे पहुँची तो बाकी सभी वेश्याओं का खून खौल उठा। निर्मला राय को साथ ले वे सभी थाने पहुँची और वहाँ जाकर उन्होंने पूरा लंका कांड किया। साइन-बोर्ड, टेबल-कुर्सी, फूलों के गमले आदि को तोड़ डाला।

बुद्ध और मार्क्स

किसी बेमुरौव्वत शाम को खुशनुमा बनाने की गरज से विजय जिस समय पहुँचा सुकीर्ति के यहाँ, वह जी-जान से दो दसवीं जमात के छात्रों की बुद्धि के कोठे में मैथमेटिक्स की पाइथागोरस थ्योरम ठूँसने की जी-तोड़ कोशिश कर रही थी और थ्योरम थी कि दोनों के क्रिकेट, फिल्मी दुनिया एवं मुहल्ले की खबरों के आँकड़ों से हाउसफुल हुई उनकी खोपड़ी में जा-जाकर लौट आती। परेशान सुकीर्ति विषय बदलकर भूगोल पर आ गई थी। पर यहाँ भी वही घोड़ा, वही मैदान !

भारी भरकम डिग्रियों और प्रतिभा के आलोक में परेशान और पीली पड़ती सुकीर्ति को देख सदैव का विनोदी विजय हँस पड़ा, "वाह ! कम्प्यूटर प्रोग्रामर और एम.एस-सी. फर्स्ट क्लास का यह हस्र !" जिस अन्दाज और भाव-भंगिमा से कहा था विजय ने—"एम. एस-सी. फर्स्ट क्लास का यह हस्र" कि सुकीर्ति को अखर गया। उसे लगा खुद स्थापित होकर विजय उसकी खिल्ली उड़ा रहा है।

और अधिक पढ़ाने में उसका मूड नहीं जमा। दोनों लड़कों को टरकाते हुए विजय से उलाहने के स्वर में कहा उसने, "अध्यापन के पेशे को तुम इतना छोटा समझते हो ? मुझे नहीं मालूम था...क्या यही है तुम्हारी तालीम ?"

और अनमने मन से विजय के पास बैठते हुए भी उसने कवच की तरह टेबल पर रखी पत्रिका को उठा लिया और पढ़ने की ओट में अपने उफान मारते मनोवेग को साधने की चेष्टा करने लगी।

विजय ताड़ गया था—स्वाभिमानी नारी मन, सोच-समझकर जिसने निश्चित रोशनी वाला राजमार्ग छोड़कर अनिश्चितताओं की पगडंडियों को पकड़ा, जिससे कि जीवन की खोज का मजा ले सके, ऐसी साहसी और जीवटवाली महिला का 'यह हस्र' कहकर उसने अपमान ही तो किया था।

मन में जोर से ख्वाहिश उठी कि आज की शाम को किसी भी प्रकार उदास होने से बचा ले। क्या कुछ ऐसा कहे कि सुकीर्ति फड़क उठे। दिमाग को तेज घोड़े-सा दौड़ाया कि तभी दिमाग की फुनगी पर कुछ फुदका—आवाज में सायास उल्लास भरकर कहा उसने, "जनाबे आली, अब तो नगर-वधुओं की आवाज संसद में भी गूँजा करेगी।"

"क्या ? क्या मतलब ?"

"मतलब यही कि वेश्या उद्धार से जुड़े कुछेक संगठन माँग कर रहे हैं कि वेश्यावृत्ति को उद्योग का दर्जा दिया जाए और वेश्याओं को यौनकर्मी कहा जाए...वाह, क्या बात है इन महिला संगठनों की भी ! हाँ, यदि वेश्या उन्मूलन की बात होती तो हमारे जैसे युवक आगे आते इनकी सहायता करने, पर वेश्या उन्मूलन तो दूर की बात वे तो उलटा इन्हें स्थापित करने के लिए आन्दोलन कर रही हैं। अरे, ये तो परिभाषा ही बदलने जा रही हैं श्रमिक की, कर्मी की, आदमी के पसीनों की ! अरे, उत्पादन प्रक्रिया में हिस्सा लिए बिना आप कैसी कर्मी ? कैसी श्रमिक ? अगले दिसम्बर में यहाँ कलकत्ता में विराट

अन्तर्राष्ट्रीय मेला लगने जा रहा है और रिपोर्ट है कि संसद के शीतकालीन सेशन में ये यौन-कर्म को श्रम का दर्जा देने की माँग करेंगी। वाह ! क्या बात, कर्म को ही धर्म माननेवालों के देश में अब यौन-कर्म भी धर्म कहलाएगा...बलिहारी इनकी बुद्धि की !"

सुकीर्ति सहसा कुछ भी जवाब नहीं दे पाई। इन डेढ़-दो सालों में इनके बीच रहकर इनके जीवन के रग-रग से परिचित होने के बाद वह इस समस्या को व्यावहारिक धरातल पर तौलने लगी थी। अकेले कलकत्ता शहर में तीस हजार नियमित वेश्याएँ और पूरे प. बंगाल को ले लिया जाए तो पचास हजार वेश्याएँ, और इसके अलावा हर साल पूर्वी बंगाल से शरणार्थी के रूप में आती हिन्दू युवतियाँ इसी व्यवसाय से जुड़ती जाती हैं। इसके अतिरिक्त विभिन्न होटलों, सैरगाहों एवं फ्लैटों में देह व्यापार से जुड़ी करीबन दस हजार वेश्याएँ और यदि मुख्य-मुख्य महानगरों को भी शामिल किया जाए तो राष्ट्रीय महिला आयोग 95-96 के अनुसार दस लाख से भी अधिक को छूती इस समस्या का समाधान क्या इतना आसान है ? पिछले साल से इस साल खतरनाक गति से बढ़ती वेश्याओं की संख्या में 20 प्रतिशत इजाफा हो गया है। सोच चालू हो जाता है सुकीर्ति का।

"देखो, यह समस्या आज इतनी व्यापक और इस कदर समाज के अन्दर तक जड़ जमा चुकी है कि मान लो आज एक रात में ही किसी चमत्कारिक ढंग से वेश्यावृत्ति को रोक भी दिया जाए, तो ये वेश्याएँ भूखी मर जाएँगी, न कोई शिक्षा इनके पास, न कोई विकल्प और न ही किसी का संरक्षण इनके पास। आज निन्यानवे प्रतिशत वेश्याएँ पेट की मारी हैं। शायद ही इनमें कोई ऐसी हो जो तबीयत की मारी हो। सिर्फ इतना भर कह देना कि इनका उन्मूलन होना चाहिए, समस्या की जड़ों को नहीं, वरन् सिर्फ उनके पत्तों और शाखाओं को देखना है। इसके अलावा इतना छल-कपट हुआ है इनके साथ कि वे अब इस दुनिया का विश्वास ही खो चुकी हैं। आज यदि कोई गंगा में गले तक डूबकर भी कहे इन्हें कि तुम चलो मेरे साथ, मैं तुम्हें इस नरक से छुटकारा दिलवाकर तुम्हारी जिन्दगी बदल दूँगा...कि तुम्हें महल में बिठा दूँगा तो भी ये नहीं जाएँगी--किसी के साथ। अनुभवों ने आँख में उँगली डालकर सयाना बनाया है इन्हें। कितनी ही वेश्याओं ने वैकल्पिक जिन्दगी की सम्भावनाओं पर छुटते ही कहा था, 'नहीं....ससुराल हमारे भाग्य में नहीं !' कई बार ऐसा भी हुआ कि नौकरी लगी भी पर जैसे ही लोगों को मालूम पड़ा...निकाल दिया गया। एक लाइनवाली ने बड़ी चेष्टा से अपने लड़के को किसी स्कूल में भर्ती तो करवा दिया पर जैसे-जैसे लोगों को पता चलता गया कि वह लालबत्ती की गलियों से आता है...उसका पढ़ना दुश्वार हो गया था...फिर अधबीच में ही उसे पढ़ाई छोड़नी पड़ी।'

इस बीच काम करनेवाली बाई चाय और भूना हुआ चिउड़ा रख गई। विजय टुँगने लगा उसे। कुछ दाने वहीं टेबल पर बिखर गए थे। उन्हें झाड़ते हुए फिर अपने प्रवाह में बहते होंठों पर जीभ फेरती कहने लगी सुकीर्ति, " एक वेश्या तो फिर भी अपनी देह बेचती है अपने पेट के लिए, भविष्य के लिए, पर ये उद्योगपति, व्यापारी, ब्यूरोक्रेट्स

मन्त्री तो अपना ईमान बेच देते हैं सिर्फ अपनी शान-शौकत और रुतबा बनाए रखने के लिए। अपनी अनदेखी आनेवाली सात पीढ़ियों के लिए। अब तुम्हीं बताओ वेश्या कौन है ? सच कहूँ तो कुछेक अपवादों को छोड़कर मुझे तो यह पूरा देश ही वेश्यालय लगता है और हर आदमी एक ग्राहक। फर्क इतना है कि यह खाँटी रेड लाइट एरिया है और वह ट्यूब लाइट एरिया की खोल में बसा रेड लाइट एरिया।

" मेरे पिता एक घटना सुनाया करते थे। एक बार पिताजी की दुकान में एक लाइफ इंश्योरेंस कम्पनी का कोई एजेंट आया। वह किसी रूपचन्द तिवारी नामक व्यक्ति को खोज रहा था। दरअसल उस व्यक्ति ने स्वयं को मृत दिखाकर जाने किस तिकड़म से एल.आई.सी. के लाखों रुपये हड़प लिए थे। बाद में किसी की शिकायत पर कम्पनी ने अपने ऑफिसर को तहकीकात के लिए भेजा था। वह ऑफिसर जब उसकी दुकान पर पहुँचा तो संयोग से रूपचन्द तिवारी ने ही दरवाजा खोला। जैसे ही उस एल.आई.सी. के ऑफिसर ने उसके बारे में पूछना शुरू किया, वह भाँप गया। उसने उसी क्षण अपने सारे कपड़े फाड़ डाले और नग्न--एकदम नग्न होकर नाचने लगा। उस ऑफिसर ने सोचा, कोई पागल है और बिना रिपोर्ट लिखे ही चला गया।

" क्या यह वेश्या चरित्र नहीं ?

" शून्य में से हजारों कमानेवाले सटोरिए क्या हैं ? बिना श्रम की अर्जित कोई भी कमाई क्या वेश्या की कमाई नहीं ? पर विडम्बना यह है कि राज्य को वेश्या की कमाई पर राजस्व स्वीकार नहीं क्योंकि यह अवैध एवं अनैतिक तरीके से की जाती है पर चोरी के माल खरीदने-बेचनेवाले, घूसखोर, भ्रष्ट मिलावट करनेवाले व्यापारी, सटोरिए, स्मगलर आदि सबकी कमाई पर गिद्ध दृष्टि है।

" मैं पहले जिस ऑफिस में काम करती थी, उसका बॉस अरबों रुपयों को सिर्फ विदेशी बैंक में जमा करवाता था। खुद का भंडारा पूरी तरह भरा होने पर भी यह चिन्तन नहीं कि कम-से-कम इस धन का उपयोग तो अपने देश में हो। पर आयकर बचाने के लिए वह इसे स्विस बैंक में जमा करवाता और बुद्धि में इतना माहिर कि अपने ऑफिसर को जब भी रुपये वहाँ जमा करवाने भेजता तो सीधा नहीं भेजता कि किसी को शक नहीं हो जाए, घूमा-फिराकर कई देशों से होता हुआ अन्त में वह स्विस बैंक भेजता उसे। साले ने अपने कुत्ते-बिल्ली के नाम तक की फाइलें बनवा रखी थी। कमीना तीन-तीन बैलेंस शीट बनवाता था, एक आयकर विभाग में दिखाने के लिए, एक भाई को दिखाने के लिए और एक खुद के लिए।

" क्या है यह चरित्र ?

" इन वेश्याओं को तो हम कुलटा कहते हैं। हिकारत से देखते हैं, पर मेरे पिछले बॉस का एक भाई था, साले ने दो-दो बीवियाँ रखी हुई थीं एक साथ और उस पर भी जब-तब खुद के यहाँ काम करनेवाली लेडी स्टॉफ पर भी हाथ-पैर मारा करता था। ऐसे ही लोग पुरजोर स्वरों में कहते हैं कि वेश्यावृत्ति अनादिकाल से इसीलिए चली आ रही है कि इसकी वृत्ति में लिपटे हैं जीवन-तन्तु--तूफानी वासनाओं का वेग इसलिए समाज

को एंटीसेप्टिक बनाए रखने के लिए वेश्याओं का होना जरूरी है। कोई पूछे इनसे ? भई, क्यों जरूरी है ? क्या इतिहास और सभ्यता की यात्रा से पाशविकता को खत्म करना जरूरी नहीं है ? कोई समझाए उन्हें कि अमर्यादित विषय-वासना वह भोग होती है जिसमें कि जितनी भी सामग्री डाली जाए, आग उतनी ही भड़कती है। इसे विवेक द्वारा ही नियन्त्रित किया जा सकता है। जनाब, ये सब नपुंसकों की नपुंसक बातें हैं क्योंकि इन्हें चिन्ता है कि यदि वेश्यावृत्ति बन्द हो गई तो फिर क्या होगा इनकी विषय-वासना का ? अरे ऐसे विकृत कामुकों का भी उपचार किया जा सकता है, पर इसके लिए चाहिए वह दृढ़ आत्मबल और अटल संकल्प। बदल डालो सालों के जींस, करवा डालो शल्य चिकित्सा।"

सुकीर्ति की अन्तिम बात सुन होंठों पर मन्द स्मित फैल गई विजय के। संवाद की धारा जिस प्रकार मौजूँ ढंग से बढ़ रही थी आगे। सुकीर्ति को अपने तर्क से पछाड़ते हुए कहने लगा, "मैडम, यदि आज बन्द भी कर दी जाए वेश्यावृत्ति तो सबसे अधिक इसका विरोध वेश्याएँ ही करेंगी। जानती हो, बांग्लादेश में वेश्यावृत्ति गैर-कानूनी है। वहाँ काँधोपट्टी एवं तानबाजार से वेश्याओं को खदेड़ दिया गया था। उसके विरोध में कुछ गैर-सरकारी संस्थाओं ने बांग्लादेश की अदालत में मुकदमा दर्ज कराया था। जानती हो, अदालत ने अपने फैसले में वेश्याओं के उजाड़ने को गैर-कानूनी करार दिया था। अदालत का तर्क था कि किसी को जबरन इस पेशे में नहीं लगाया जा सकता, पर जो स्वेच्छा से इस पेशे में आ गई हैं, उन्हें हटाया भी तो नहीं जा सकता है।"

"तुम्हारी बातों का एक-एक कर जवाब दूँगी। पहली बात जो तुमने कही न कि यदि आज वेश्यावृत्ति पर रोक लगा दी जाए तो वेश्याएँ ही इसका विरोध करेंगी, तो जनाब, जिस प्रकार बंद-बंद विकल्पहीन एवं अवरुद्ध जीवन है इन वेश्याओं का, किसी भी प्रकार की मृदुलता, कोमलता, श्रम एवं सौन्दर्य से वंचित खोखली लकड़ी सा, कि इनके जीवन में न जीवन है, न उत्साह, न धरती की हरीतिमा, और न ही आकाश की नीलिमा—ऐसी लुंज-पुंज, डरी एवं असुरक्षित मानसिकताओंवाली से तुम यह आशा नहीं कर सकते कि वे सही ढंग से अपने बारे में सोच सकें। इनके लिए तो हमें सोचना होगा। रही बात बांग्लादेश की तो वह घटना तो तुम रहने दो, रहने ही दो, वह किसी सामाजिक आन्दोलन या वेश्यावृत्ति उन्मूलन जैसे महान उद्देश्य से प्रेरित होकर नहीं की गई थी। वहाँ पर मकान-मालिकों ने पुलिस एवं मस्तान की सहायता से वेश्याओं को पीट-पीट कर वहाँ से खदेड़ दिया—जिससे उस जगह पर वे विशाल मार्केट कॉम्पलेक्स बना सकें। उन पाँच हजार वेश्याओं को जिस प्रकार पीट-पीटकर खदेड़ा गया, वह गैर-कानूनी था और हुआ भी क्या इससे, कुछ ने सड़क पर पनाह ली तो कुछ पूरी शहर में फैल गईं। जो चीज पहले एक जगह केन्द्रित थी, वह अब विकेन्द्रित हो गई।"

जिस सोफे पर बैठी थी सुकीर्ति उसके कवर में एक छेद हो गया था, अपनी उँगली उसी में बार-बार घुसाकर छिद्र को बड़ा करती कहने लगी वह, "हकीकत यह है जनाब कि वेश्यावृत्ति उन्मूलन को लेकर कोई भी आज तक गम्भीर हुआ ही नहीं है। और हो

भी कौन ? सभी तो अपने-अपने प्रभाव और गुरुत्वाकर्षण क्षेत्र और कार्यक्षेत्र की वेश्याएँ हैं। कोई राजनीति की वेश्या है तो कोई उद्योग क्षेत्र की। फर्क इतना ही है कि वे ऑन लाइन वेश्याएँ हैं और ये ऑफ लाइन। पर समाज इन बड़ी-बड़ी ऑफ लाइन वेश्याओं से तो भय खाता है, इस कारण उनकी इज्जत करता है। आज सरकार का चरित्र क्या है ? क्या किसी नेता ने कभी की वेश्या उन्मूलन या वेश्या कल्याण की बातें ? इन अवसरवादी, भ्रष्ट और ढुलमुल नेताओं से क्या आशा की जाए ? इनके लिए तो पृथ्वीराज चौहान भी ठीक है, बाबर भी ठीक है। ये गर्व से सीने को गज भर चौड़ा कर संसद में गुलाबी आँकड़ों का जाल बिछाएँगे, घोषित करेंगे कि देखो हमारे विकास की दर साढ़े छः प्रतिशत है कि हम खाद्यान्न के मामले में आत्मनिर्भर हो गए हैं, जबकि हकीकत यह है कि औरतों को अपने शरीर के अंग-अंग का सौदा करना पड़ रहा है। सुहागिनें और बच्चियाँ वेश्यावृत्ति के लिए अभिशप्त हैं और आप अपनी ग्रोथ रेट पर मुग्ध हो रहे हैं। पीने के पानी के लिए दंगे हो रहे हैं और आप आसमान की हाँक रहे हैं। देख लो, इसी का नतीजा है कि अब जनता भी इनसे बुरी तरह विरक्त हो गई है। देख लो, क्या हुआ गोरखपुर में ? जनता ने सभी सफेदपोश नेताओं की अपील को ठुकराते हुए, उन्हें धत्ता बताते हुए एक किन्नर (हिजड़े) को दो लाख में से एक लाख चौबीस हजार वोटों से जिताकर मेयर का पद दिलाया। क्या प्रमाणित करती है यह जन-भावना ? कि राजनेता हिजड़ों से भी गए बीते हैं। चुनाव के अन्तिम दिन जब यह स्पष्ट होने लगा था कि हिजड़ा आशा देवी उर्फ अमरनाथ यादव जीत जाएगा तो सभी राजनीतिक पार्टियाँ और अफसरशाही तक–लामबद्ध हो गई थीं कि किसी भी प्रकार एक हिजड़े को नहीं जीतने देना है। चुनाव के दिन आशा देवी का कोई बूथ तक नहीं था। पर जनता खुद उसके साथ थी, उसने खुद चौकसी की। बैंडवालों ने मुफ्त में उसके लिए बैंड बजाया। क्या यह चुनाव उस क्षेत्र के नेताओं के मुँह पर तमाचा नहीं था ? जनता क्यों नहीं चुने किन्नर को ? उनके साथ तो प्रकृति ने क्रूर मजाक किया पर आप तो एक जमाने से जनता के साथ क्रूर मजाक करते रहे हैं। मुझे तो पूरा सिस्टम ही करप्ट नजर आता है।"

विजय जो अभी तक धैर्यपूर्वक सुकीर्ति को सुन रहा था, अब और अधिक चुप नहीं रह सका क्योंकि संवाद अब एक ऐसे बिन्दु पर आकर ठहर गया था जहाँ उसे लगता था कि वह कुछ अच्छा बोल सकता है। उत्साहित हो वह कहने लगा, "खाली सिस्टम से भी क्या होता है, जहाँ लोगों ने इतना खून बहाया, लाल क्रान्ति लाए, उसका भी आखिर में क्या हश्र हुआ...सोवियत संघ का विघटन तुम्हारे समक्ष है...और अब तो चीन भी प्राइवेटाइजेशन की ओर बढ़ रहा है। वहाँ अब शेयर मार्केट तो खुल ही गया है...फिलहाल दबी-छुपी होटलों तक सीमित वेश्यावृत्ति है। देख लेना–एक दिन यह भी खुल्लमखुल्ला होने लगेगी।"

सुकीर्ति अपने चिन्तन में गहरे उतर गई थी। अपने कॉलेज और यूनिवर्सिटी के दिनों में उसने मार्क्स के अलावा बुद्ध और विवेकानन्द को भी भरपूर पढ़ा था और कई

बार उसे लगता था कि बुद्ध और मार्क्स एक-दूसरे के विरोधी न होकर पूरक हैं। विजय से ज्यादा स्वयं को समझाते हुए वह कहने लगी, "हमारे साथ दिक्कत यह है कि हमने मार्क्स को ज्यूँ का त्यूँ पकड़ लिया, जबकि जरूरत है कि मार्क्स से आगे जाकर सोचने की। बीज अपने आपको वृक्ष मानने लगे तो क्या होगा ? उसकी आगे की यात्रा रुक जाएगी। हमने मार्क्स के आगे सोचना ही बन्द कर दिया है। मार्क्स अपने आप में पूर्ण सत्य नहीं, जरूरत है मार्क्स के सत्य को बुद्ध के सत्य के साथ जोड़ने की। देखो, मार्क्स ने जहाँ सिस्टम की शुद्धता पर जोर दिया, बुद्ध ने व्यक्ति की शुद्धता पर। अब देखो, व्यवस्था का बाह्य ढाँचा ठीक से काम करे उसके लिए जरूरी है कि ढाँचे के अन्दर रहने वाले व्यक्तियों का भी व्यक्तिगत रूप से आत्मिक उत्कर्ष होता रहे। सोवियत संघ के विघटन के पीछे क्या यह कारण नहीं कि वहाँ व्यक्ति के आत्मिक उत्कर्ष पर बिल्कुल ध्यान नहीं दिया गया। सिर्फ व्यवस्था की कड़ाई और प्रशासनिक कठोरता से जीवन का हल नहीं ढूँढ़ा जा सकता है। दरअसल जब तक व्यक्ति का एक सीमा तक आत्मिक उत्कर्ष नहीं होता, उसके भीतर की शैतानी प्रवृत्तियों का शमन नहीं होता, कोई भी सिस्टम अकेला कुछ भी नहीं कर सकता है। इसलिए बुद्ध और मार्क्स दोनों के साथ चलना होगा। दरअसल बुद्ध ने सब कुछ सोचा पर वे राजतन्त्र को ही खात्मा करने की बात नहीं सोच पाए, जो मार्क्स के क्रान्तिकारी सोच में थी। इसलिए सिस्टम और व्यक्ति दोनों को साथ चलना होगा। आत्मिक उत्कर्ष का काम अध्यात्म कर सकता है पर हमारे साथ दिक्कत यह है कि सिद्धान्त में तो हमारी मनीषा और वाङ्मयता शिखर पर है पर व्यवहार के स्तर पर हमारे यहाँ धर्म को जीवन से और मनुष्य से जोड़ा ही नहीं गया है। डायरेक्ट ईश्वर से जोड़ दिया गया है...बस सारी गड़बड़ी की गंगोत्री यही है। लोग समझते ही नहीं कि जब तक आदमी का आदमी से सम्बन्ध ठीक नहीं बनता, आदमी का ईश्वर से सम्बन्ध जुड़ ही नहीं सकता। निर्वाण और मोक्ष भी वही है, जहाँ जीवन है। 'यत्र जीवनम् तत्र निर्वाणम्'।"

सुकीर्ति चुप। विजय उसे प्रशंसापूर्वक निहार रहा था। सुकीर्ति के चिन्तन की गहराई से वह प्रभावित था। मुग्ध भी। सुकीर्ति के सुर में सुर मिलाते हुए कहने लगा, " यह सही है कि बातें चाहे कितनी भी अनन्त सामाजिकता की, लोक-व्यवहार की करें हम पर वास्तविकता यह है कि इस सदी ने मनुष्य को सबसे अधिक आत्मकेन्द्रित, कर्तव्यहीन और स्वार्थ का पुतला बना डाला है। कई बार मैं सुबह आठ बजे के करीब पैदल निकल जाता हूँ तो देखता हूँ कि सारे रास्ते की बत्तियाँ जली हुई हैं जबकि देश भयंकर विद्युत संकट से गुजर रहा है। किसको पड़ी है यह सोचने की। सार्वजनिक सम्पत्ति के प्रति घोर लापरवाही हमारी हड्डियों में घुस गई है। मुफ्त का चन्दन, घिस मेरे नन्दन !

" द्वितीय विश्व युद्ध के बाद इंग्लैंड जब भयंकर मन्दी से गुजर रहा था, तब एक अंग्रेज लेखक ने लिखा था कि इंग्लैंड के बादशाह को सप्ताह में दो अंडे मिलते थे।"

" अरे यह तो छोड़ो, एक फ्रेंच लेखक डॉमिनिक लेपियर ने अपनी बहुप्रशंसित कृति

'कलकत्ता दि सिटी ऑफ ज्वाय' की भूमिका में लिखा है कि—कलकत्ता में आकर यहाँ लम्बी लोडशेडिंग एवं लालटेन की रोशनी में जीनेवालों को देखकर पहली बार उसने यह महसूसा कि बिना रोशनी के क्या होती है जिन्दगी ! उसने लिखा है कि यहाँ से फ्रांस लौटने के बाद वह जब भी घर से बाहर निकलता, बत्ती, पंखें बन्द करना नहीं भूलता। उससे पूर्व वह सब बत्ती, पंखें यूँ ही छोड़कर निकल जाता था। तो यह होती है विश्व स्तर की चेतना। अपने को विश्व चेतना के साथ समाहित करना। फ्रांस में जाकर भी वह यहाँ अभावों में रहनेवालों की जीवन शैली को नहीं भूल पाया। और यह सोचकर कि अन्ततः समस्त पृथ्वी के संसाधन का स्रोत तो एक ही है, उसने अपनी शक्तिभर विद्युत की बर्बादी पर रोक लगा दी। है उस स्तर की चेतना हममें ? हमारे यहाँ तो जितनी फटीचर है उतनी ही बर्बादी और नवाबी भी यहाँ हैं। एक शादी में मैं गश खा गया। एक-एक प्लेट की कीमत पाँच हजार रुपया। मेरे एक मित्र विदेश के जापान के किसी होटल में ठहरे थे। आदत वही स्वदेशी। कमरे में बत्ती-पंखें खोलकर सैर को निकल गए। लौटने पर उनसे बाकायदा जुर्माना लिया गया। पत्नी ने चेताते हुए कहा, 'यह भारत नहीं, जापान है।' तो हमारे यहाँ अनुशासन न व्यक्ति के स्तर पर है और न ही राष्ट्र के स्तर पर। मुक्तात्मा हम जो ठहरे !"

विजय की इस बात पर 'मुक्तात्मा हम जो ठहरे' दोनों खुलकर हँस पड़े थे। जाते-जाते एक गहरी प्रेम पगी दृष्टि फेंक गया था विजय सुकीर्ति की तरफ।

विजय चला गया था, पर सुकीर्ति का सोचना जारी था। जब भी वह इंसान को इंसान के दर्जे से गिरानेवाली बात सुन लेती, उसके भीतर इसी प्रकार बेचैनी-भरी खलबली मच जाती थी। एक और महिला संगठन ने भी पुरजोर शब्दों में वेश्यावृत्ति को उद्योग में बदल देने की माँग की थी। गहरे अवसाद में डूब गई थी उस दिन भी सुकीर्ति। विचित्र विडम्बना है, यदि पुरुष समाज कहता है कि अनादिकाल से चली आ रही वेश्यावृत्ति को बन्द नहीं किया जा सकता तो इससे निपटा जा सकता था, कहा जा सकता था कि जनाब कभी दास प्रथा को भी इसी प्रकार उचित ठहराया जाता था। पर आज तो स्वयं महिलाएँ ही अपने को बाजार का उत्पाद बनाने पर तुली हैं। अपने को श्रमिक कहलवाना चाहती हैं। कैसा श्रम, जिसमें ललाट का पसीना नहीं ? जो सिर्फ यौवन सुलभ हो। क्या अँधेरी सुरंग में नहीं भटका देगा उन्हें यह शब्द जो सिर्फ बाजार का दिया हुआ है। लगता है जैसे सब कुछ स्वाहा होता जा रहा है। आत्मा स्वाहा, विवेक स्वाहा, चिन्तन स्वाहा, सोच स्वाहा ! और सबके ऊपर बैठ गया है पेट और मुनाफा सबको संचालित करता हुआ।

कलकत्ता के सॉल्ट लेक स्टेडियम में कलकत्ता की महिला संगठन ने वेश्याओं का अन्तर्राष्ट्रीय मिलेनियम मेला आयोजित किया था। वहीं पर कितनी ही वेश्याओं से मिली थी वह और यह देखकर दंग रह गई थी कि किस प्रकार उन्हें भ्रमित किया जा रहा

था। सब बड़े गर्व के साथ स्वयं को वर्कर घोषित कर रही थीं। सभी ने अपनी साड़ी पर इस आशय के बैजेज 'वी आर वर्कर' भी लगाया हुआ था। सुकीर्ति मानती थी कि जो परिस्थितिवश इस पेशे में धँस गई हैं, उनकी भरसक पुलिस अन्यायों, दलालों एवं चकले की मालकिनों से रक्षा की जानी चाहिए। एक नागरिक की हैसियत से उन्हें सभी मानवाधिकार एवं सम्मान मिलना चाहिए। पर यह क्या कि इस कर्म को श्रम का ही पर्याय मान लिया जाए, और इससे ऊपर उठने की सभी कोशिशों को ही नकार दिया जाए, जीवन सत्य मान इसे ही पूरी निष्ठा के साथ स्वीकार कर लिया जाए ! कम से कम वैचारिक स्तर पर तो हमारा दीर्घगामी लक्ष्य हो—पूर्व वेश्या उन्मूलन और अभी हमारा अल्पकालीन लक्ष्य हो—सेकेंड जेनरेशन वेश्यावृत्ति पर रोक। जो स्वेच्छा से हैं वे रहें, पर बाल वेश्यावृत्ति एवं जो जबरन ढकेल दी गई हैं, उनकी रक्षा की व्यवस्था तो हो। पर क्या पश्चिम की नकल पर अपनाए गए इस प्रकार के मानक, कर्मी का दर्जा, ऐसी गरिमा लालबत्ती इलाकों में इजाफा नहीं करेगी ? किस भयंकर गति से लालबत्ती इलाके और वेश्याएँ बढ़ रही हैं, भारत, नेपाल और बांग्लादेश के सीमावर्ती इलाकों में लड़कियों की खरीद-फरोख्त बढ़ रही है। सिर के ऊपर ड्रैगन है। ज्वालामुखी के मुख पर बैठे हैं, पर लोग हैं कि सुख की नींद सो रहे हैं। सुकीर्ति के ही एक रिश्तेदार थे। करोड़ों में खेलनेवाले। अपनी हर चीज का बीमा करवा डाला था उन्होंने। स्वास्थ्य का, आँखों का, चश्मे का...और सोचते थे कि कैप्सूल घर में पूरी तरह हिफाजत से हैं वे। उन्हीं का इकलौता लड़का भरी जवानी में किसी वेश्या के चक्कर में पड़कर संक्रमित हो गया। क्या होगा शाखा को सुरक्षित और पल्लवित कर जब महावृक्ष की जड़ में ही घुन लग गए हों।

पर क्या करे सुकीर्ति, सिवाय एक प्रार्थना के कि हे ईश्वर, इन महिला संगठनों को सद्‌बुद्धि दे ! उसे सन्तोष था तो सिर्फ यही कि इन्द्राणी दी के विचारों में उसके विचारों के साथ समरूपता थी। पर क्या कर लेगी एक अकेली इन्द्राणी दी भी जबकि लोगों की सोच, स्वप्न दृष्टि और चेतनाओं का दायरा ही इतना संकुचित होता जा रहा है।—सिर्फ तत्काल। कौन आगे आए एक बेहतर दुनिया के निर्माण के स्वप्न के साथ !

सुकीर्ति को कभी गर्व था कि चार हजार साल पूर्व इसी धरती पर जन्मी सूर्या सावित्री ने ज्ञान, चेतना और चिन्तन के उच्चतम धरातल पर खड़े होकर कभी कहा था, 'सुबह की रोशनी जब सूर्य से मिले तो उनकी आँखों में ज्ञान का काजल हो, हाथों में अपने प्रिय को देने के लिए वेद मन्त्र हों। दुनिया के विद्वान् उसके पुरोहित हों और स्वतन्त्रता उनकी तेज हो....।'

और आज उसी मादरे-हिन्द की ये बेटियाँ क्या माँग रही हैं ? हमें सेक्सकर्मी का दर्जा मिले, जिससे हम बे रोक-टोक अपने को बाजार में उच्च मूल्य पर बेच सकें ?

संवाद आखिरी

और देखते ही देखते वह दिन भी आया जब मन्नालाल एंड सुरेका फर्म की ताबूत में आखिरी कील ठुकी। इस आखिरी कील की पहली शुरुआत तब हुई जब मन्नालाल एंड सुरेका फर्म को लम्बे समय के लिए सस्पेंड कर दिया गया। लम्बा मुनाफा कमाने के उद्देश्य से फिर एक बाद लक्ष्मी मैया का नाम लेकर शुभ मुहूर्त में लम्बा फाटका खेला था मन्नालालजी ने और उसी में फिर घाटा खा चुके थे। इस बार सबसे प्रतिकूल बात यह हुई कि संकटमोचन के रूप में कोई भी सामने नहीं आया। सेबी के बोर्ड के सभी मेम्बर बुरी तरह से चिढ़े हुए थे। किसी भी ब्रोकर ने अपनी तरफ से कोई भी गारंटी नहीं ली।

अपमान की ज्वाला में फुँके मन्नालालजी तीन दिन तक घर से बाहर नहीं निकल पाए थे। लेकिन पवन को अन्धकार के इस घटाटोप में भी आशा की किरण चमकती दिख रही थी। समय की विषमता और प्रतिकूलता ने बाप-बेटों के रिश्ते भी बदल दिए थे। पिता पुत्र की भूमिका में थे और पुत्र पिता की। पिता को फाटके का खून लग चुका था और पुत्र था जो वित्त संयम की बात कर रहा था।

"कौन जाने पापा, इस घाटे, इस अपमान में ही भविष्य की शान्ति के बीज छुपे हों...। चलिए अच्छा ही हुआ कि शेयर मार्केट से पीछा छूटा। यात्रा कितनी भी धीमी क्यों न हो, पर यदि दिशा सही हो तो मंजिल देर-सवेर मिल ही जाती है। आप अब किसी भी तरफ ध्यान न देकर सिर्फ इनकम टैक्स प्रैक्टिस की ओर ध्यान दीजिए। याद है पापा आपने शुरुआत सिर्फ पाँच फाइलों से की थी और फिर देखते देखते आप ढेरों फाइलों से घिर गए थे !"

शून्य हुए, शून्य से घिरे, शून्य में देखते मन्नालालजी ने पवन की बातों को कितना समझा, कितना ग्रहण किया...इसे कोई भी नहीं समझ सका...पर जाने क्यों पवन को लगा कि यही आखिरी धक्का है, जो इस घर और प्रतिष्ठान को लगना था। अपनी बची-खुची शक्ति और संसाधन को एकत्रित कर वह पूरे दमखम के साथ फिर जीवन जीने की तैयारी में जुटने लगा था कि एक दोपहर अचानक खबर आई कि मन्नालालजी किसी दूसरी ब्रोकरशिप फर्म के थ्रू सौदे कर रहे हैं।

हे भगवान् ! युधिष्ठिर को भी द्यूतक्रीड़ा का ऐसा नशा क्या चढ़ा होगा—जो मन्नालालजी को चढ़ा था। क्या इसी रूप में हर युग में युधिष्ठिर जन्म लेते हैं ? पवन अपना आपा खो बैठा था और पहली बार सारी मर्यादा और सहानुभूति को ताक पर रखकर उसने कड़ी बात कही थी, "पापा, आपने सारे घर को नरक की आग में झोंक दिया है... और फिर भी अपनी हरकतों से बाज नहीं आ रहे हैं...शुरुआती तीस लाख के नुकसान को अपनी हरकतों से आपने पचहत्तर लाख तक पहुँचा दिया है, इस पर भी आपको चैन नहीं...सब कुछ बिक गया, अब तो ले-देकर यह इकलौता ऑफिस बचा है, लगता है कि इसे भी आप फाटका की भेंट चढ़ाएँगे।"

निहायत विद्रूपता से जवाब दिया मन्नालालजी ने, "वाह, घर में नहीं चना का चूर, बेटा माँगे मोतीचूर। इनकम टैक्स प्रैक्टिस-प्रैक्टिस चिल्लाने से क्या होना है, महीने की मुश्किल से बीस-पच्चीस हजार की मजदूरी से क्या चुक जाएगी सत्तर-पचहत्तर लाख की देनदारी। इस मार्केट का पैसा तो इसी मार्केट से निकलेगा...। लोगों को यदि पता लग गया कि मैंने शेयर का काम छोड़ दिया है तो कहीं मुझे मरवा ही न डालें कि अब यह क्या चुकाएगा...तुम नहीं जानते मुझ पर क्या बीत रही है। कॉलिंग बेल बजती है तो दिल धड़कता है कि कहीं कोई महाजन गाली-गलौज या मारपीट पर न आ जाए। कई तो धमकी दे ही गए हैं। रास्ते में चलता हूँ तो जहाँ तक हो गलियों-गलियों से ही निकलता हूँ कि कहीं कोई महाजन न मिल जाए। उस दिन बैंक में चम्पालालजी दिख गए तो अधूरा ही काम छोड़कर दूसरे दरवाजे से निकल गया।"

और इसके साथ ही मन्नालालजी अपने शरण स्थल बाथरूम में घुस गए थे।

पवन समझाकर भी मन्नालाल को नहीं समझा पाया था क्योंकि अनुभव ने उसे समझा दिया था कि आदमी की बुरी से बुरी वृत्तियाँ भी अपने बचाव में तर्क ढूँढ़ ही लेती हैं।

बहरहाल, वही अन्तिम संवाद था जो पिता-पुत्र के बीच हुआ था।

रेडलाइट से रेडक्रॉस

मन एकबारगी गहरी वितृष्णा से भर गया था सुकीर्ति का। न केवल आसपास का माहौल वरन् जीवन और जगत् के प्रति भी एक गहरी विरक्ति एवं नैराश्य भर रहा था—उसमें। घर, ऑफिस, नदी, नाले, झरने, कविता, साहित्य, किताबें, लालबत्ती इलाकों की बेरूह गलियाँ—कुछ भी हिला नहीं पा रहे थे उसे। एक प्रकार की गहन निरर्थकता की अनुभूति व्यापती जा रही थी उस पर। आर्थिक संकट के इस दौर में यदि कुछ आमदनी हो भी जाती तो एक क्षणिक पतली खुशी मिलती उसे, पर दूसरे ही क्षण किसी तत्त्वदर्शी की तरह सोचने लगती वह, पर उससे क्या होने का है ? जिन्दगी तो कोई मालामाल हो नहीं जाएगी उसकी ? लाल बत्ती इलाकों का सत्य तो कोई बदल नहीं जाएगा ? गलियों में बढ़ते लालबत्तीवाले घरों का फैलाव तो रुक नहीं जाएगा ?

चित्त की ऐसी ही खंडित, ध्वस्त एवं जड़ अवस्था में बैठी वह आकाश में उड़ती मुक्त चिड़ियों और परिन्दों की चहचहाट से जीने की ताकत बटोर रही थी कि तभी उसके दरवाजे की कॉलबेल बज उठी।

अनमने से दरवाजा खोला तो सामने कोई अपरिचिता। अव्यवस्थित। अधेड़। थोड़ी उतावली।

"आपनी ही की सुकीर्ति दी ?" (क्या आप ही सुकीर्ति हैं ?)

"हाँ-हाँ....क्यों ?"

"पिंकी....हाँ वही--सोनागाछीवाली, लाइनवाली, वह बहुत बीमार है आपसे मिलना चाहती है...मैं आपको लेने आई हूँ..." खर्र-खर्र बाँह खुजलाने लगी वह।

"पिंकी ? बीमार ? यूँ एकाएक ? क्या हुआ उसे ??"

"आपनि निजेर ही गिये देखून ना ?" (आप खुद ही चलकर मिल लीजिए न !)

और वह शीघ्रता से ही चली गई थी।

तरह-तरह की आशंकाओं और प्रश्नों के मकड़जाल में घिरा मन सुकीर्ति का।

'जाऊँ न जाऊँ उन गलियों में ? पिंकी ने क्यों बुलाया ? पहले का जाना और था, तब वह इंटरव्यू लेनेवाली की हैसियत से गई थी उन गलियों में, पर इस बार का जाना तो सम्बन्धों पर स्टॉम्प लगाने जैसा ही होगा। ऊफ नाहक ही इतना बहनापा दिखलाया उसने उस दिन पिंकी को...क्या जरूरत थी अपना विजिटिंग कार्ड यूँ देने की--और कार्ड दिया सो दिया, क्या जरूरत थी इस प्रकार बोलने की कि कभी जरूरत पड़े तो याद करना...भुगतो अब। उस बदनाम दुनिया से सम्बन्ध की डोर जोड़ लेने पर क्या सम्भव है इस दुनिया में टिके रहना। इन्द्राणी दी की बात अलग है, वे प्रतिष्ठित समाजसेविका हैं, पूरे संगठन का जोर है उनके साथ...और फिर एक बार चली गई तो कहीं यह सिलसिला शुरू ही न हो जाए...और एकाएक वह थोड़ी भयभीत हो गई। कौन जाने कोई पहचान ही जाए...बार-बार उस महिला के यहाँ आने पर फिर...फिर क्या बची रह पाएगी उसकी प्रतिष्ठा ? लोग तो यही समझेंगे कि पुरुषविहीन अपनी जिन्दगी के खामियाजे का भुगतान इस कदर किया जा रहा है। मन में उफान मारता द्वन्द्व ! किन्तु परन्तु की बाढ़ !

थककर गुच्छा बन वहीं टेबल पर ही सिर रखकर आँखें मूँद लीं उसने। जाने कब आँख लग गई, बन्द आँखों के समुन्दर में तैर गईं कई आकृतियाँ--नूरी, रमा, जूली, गुलाबो, कमली, रेशमी, गायत्री....सभी के साथ खड़ी-खड़ी बतिया रही है वह कि तभी पुलिस आ धमकती है और व्यभिचार फैलाने के जुर्म में सबके साथ उसे भी धर पकड़ती है। बाद में उसके भाई उसकी जमानत देते वक्त जिस हिकारत और खुले तिरस्कार से झाँकते हैं उसकी ओर कि अन्दर तक सिहर जाती है वह और इसी सिहरन और कँपकँपी के बीच आँखें खुल जाती हैं उसकी--खुदाया यह क्या देखा मैंने ? फ्रायड के विश्लेषण के अनुसार क्या था वह ? अवचेतन का डर ?

और टेबल पर रखे पानी भरे गिलास को एक साँस में ही खाली कर दिया उसने।

सामने दीवार पर निगाह गई, बहुत पहले टेप से एक स्वर्णिम वाक्य को दीवार पर चिपकाया था उसने ? 'जिए जिन्दगी !'

अगला दिन।

रिमझिम बारिश। तेज हवा। सुकीर्ति ने सोचा कि आज अविनाश कविराज स्ट्रीट की गलियाँ एकदम सुनसान मिलेंगी पर वह यह देखकर हैरान रह गई थी कि बारिश में भी छतरी ताने गली के मोड़ पर कई वेश्याएँ ग्राहकों की बाट जोह रही थीं।

और जब तक वह पिंकी की ड्योढ़ी तक पहुँची, एक और आश्चर्य उसकी प्रतीक्षा में था।

यह तो उसने स्वप्न में भी नहीं सोचा था कि पिंकी उससे इस प्रकार का सहयोग चाहेगी। उसके विचारों में कहीं यह भी था कि बहुत सम्भव है उसे कुछ रुपयों की आवश्यकता हो, या किसी परामर्श की या कौन जाने सुनन्दा की ही कोई खबर या कोई सूत्र हाथ आ गया हो उसके।

पर जब पिंकी ने अपने पेट की ओर इशारा करके कहा, "तीन साढ़े तीन महीने का है, गिरवाना है--गरीबी में और गरीबी...खैर पैसों का तो इन्तजाम हो गया है। थोड़ा अभी थोड़ा बाद में भर दूँगी—अभी सीजन चल रहा है। किसी को साथ ले जाऊँ तो मना तो नहीं करेगी पर बेचारी का नुकसान तो हो जाएगा...यूँ ही आजकल जब-तब कई दिन फाके पड़े रहते हैं। एक दिन की बात है आप चले चलिए, अरे मैं तो थोड़ा पहले ही करवा लेती, पर अभी ग्राहक अच्छे मिल रहे हैं। पर अब नहीं होता--तकलीफ होने लगी है।" सुकीर्ति को लगा कि उसके दिमाग की नसें फूल गई हैं और कोई बहुत तेज हथियार से उसके स्नायु-तन्त्र के कोमल से कोमल अंगों पर घातक से घातक वार कर रहा है। अवचेतन में फिर दीवार पर चिपका पोस्टर कौंध गया- जीए जिन्दगी !

सिर झटका खा गया उसका, कहाँ तो वह स्वयं गर्भपात के सख्त खिलाफ और कहाँ स्वयं उसे ही गर्भपात करवाने के लिए कहा जा रहा है। और वो भी एक वेश्या का...हिश, जिन्दगी भी क्या-क्या दिखाती है ! कैसी विवशता ! कितनी लाचारी ! पंख बिंधे पक्षी सी छटपटाहट। अपनी ही सृजनात्मकता का गला घोंट देने को बाध्य औरत !

क्या करे वह ! अभावों और अपर्याप्तताओं के घनघोर जंगल में किसी प्रकार अपनी जिन्दगी के जुए को ठेलती पिंकी को उपदेश दे कि भ्रूण हत्या महापाप है, पर क्या जन्म देकर भी इस बच्चे को बना पाएगी वह इंसान ? किसका वध ज्यादा अनैतिक है--जन्मे का या अजन्मे का ?

अचानक बिना सोचे मुँह से निकल पड़ता है—

"पर ऐसा हुआ कैसे ? तुम तो बिना कंडोम के..."

चेहरा एकदम काला पड़ गया पिंकी का। क्या सफाई दे वह ? किसी गहरे कुएँ से आती सी आवाज, खाली, गमगीन, रक्तिम, अश्रुपूरित।

"...क्या उपाय, जब सारे-सारे दिन खड़े रहकर भी, कमर अकड़ जाती है, गूदा निकल जाता है तो अन्त में हम सब कुछ पर हाँ भर देती हैं। बस इसी का नतीजा है यह....।"

ठीक यही जवाब तो गायत्री, रमा और माया ने दिया था उसे।

ठंडे दिमाग से सोचना चाहती है सुकीर्ति। यहाँ के वातावरण में तो दिमाग काम ही नहीं करता है—लगता है जैसे कोई अपदेवता प्रविष्ट कर गए हैं उसके भीतर।

अगले दिन आने का वादा कर वह किसी प्रकार खुद को बाहर लाती है। उन दमघोंटू गलियों से।

रात !

फिर एक बेचैनी भरी रात। किसी प्रकार नींद को रिझा नहीं पाई वह। मन अनमना हो उठा—कुछ भी हो, ऐसा क्यों होता है कि पहला आक्रमण नींद पर ही हो...। एकदम शुरू में अकेलेपन के आतंक के चलते नींद गायब थी...बाहर परिन्दा भी फड़फड़ाता तो उसे लगता जैसे उसी का घर चोर-डाकुओं के निशाने पर है। टार्च, फोन—सब कुछ कलेजे से लगाकर रखती। बत्ती आँखों में चुभती पर उसे भी नहीं बुझाती, जाने क्यों अँधेरा बहुत डराता था उसे। उसकी अभ्यस्त हुई तो हर तीसरे-चौथे साल जीवन की गाड़ी गड़बड़ा जाती और इस बार दो-दो मुसीबतें। फिर दिमाग उलझ गया, क्या करे वह ? साथ दे पिंकी का या नहीं। बात सिर्फ वेश्या को साथ देने की नहीं थी, बात भ्रूण-हत्या की भी थी। पर क्या होगा, वह नहीं भी गई तो जिसे करवाना है गर्भपात वह क्या रुकेगी ?

मन को फिर टटोला उसने....अपनी कमजोरियों का किस प्रकार बचाव कर लेता है छलिया मन। वेश्याओं से बात करना एक बात है पर उनके काम आना, उनके साथ अपने सम्बन्धों को उजागर करने का खतरा उठाना—एक बात है। जिगर चाहिए। हिश् ! कितना अन्तर है उसके चिन्तन और व्यवहार के धरातल में !

पूरी रात मन को मजबूत किया सुकीर्ति ने—जिसे जो सोचना है सोचे, जब इतने विश्वास के साथ बुलाया गया है तो जाना ही है—अरे संगमरमर पर कितना भी कीचड़ उछालो, चिपकता नहीं।

दूसरे दिन ट्यूशन निपटाकर ज्योंही पहुँची वह पिंकी के डेरे पर, पिंकी कुछ घंटों पूर्व ही निकल चुकी थी वहाँ से।

पिंकी को वहाँ नहीं पाकर जो मन पिछले दिन अन्तर्द्वन्द्व में था, वह पूरी तरह दृढ़ हो गया था। मन ही मन दाद दी उसने पिंकी की हिम्मत की। और उसकी सहकर्मिणी से पता ठिकाना लेकर पूछते-पूछते जब वह पहुँची तो आँखों को एक जबर्दस्त दृश्यात्मक झटका लगा। वह एक सनसनाता सा क्षण था जिसमें उसका मन अविश्वास और आशंका से भर उठा था। क्या यही वह जगह है जिसके लिए बाहर टँगे छोटे से बोर्ड पर क्लिनिक लिखा गया था ? क्लिनिक शब्द से जो बिम्ब बनता था उसके परखच्चे उड़ाता वह सौ स्क्वायर फीट का एक बेड का एक गन्दा सा कमरा था, जिसके बीचोबीच एक मैला सा पर्दा टँगा हुआ था। पूरे कमरे को दो भागों में विभाजित करता। पर्दे के एक भाग में एक बेड था जिस पर फुलालेन की एक गन्दी सी चादर थी, चद्दर के ऊपर प्लास्टिक का मोमजामा। उसके पास ही एक सोखनेवाली मशीन और एक स्टायरप्स। ऊपर कुछ बल्ब, हाई वोल्टेज के। नल बिना पानी के। हाथ वगैरह धोने के लिए बर्तनों में भरा पानी। एक खुले कंटेनर में ऑपरेशन से सम्बन्धित कुछ उपकरण थे। यही था उस कमरे का ओ.टी.। पर्दे का दूसरा भाग आगन्तुकों के लिए। एक लकड़ी की बेंच।

यही था ऑपरेशन-कम विजिटिंग रूम-कम-रेस्ट रूम।

दूसरे शब्दों में, यहाँ गर्भवती स्त्रियों के मरने के लिए माकूल बन्दोबस्त था, जो

बच जाती थीं, वे इस बात का प्रमाण थीं कि ईश्वर है। यह क्लिनिक डॉक्टर द्वारा नहीं वरन् उसके सहायक द्वारा चलाया जाता था, जिसे सहायक डॉक्टर कहा जाता था। उसने इस गर्भपात के लिए कुल सात सौ पचास रुपए की माँग फीस के रूप में की थी। उसमें से चार सौ पचास रुपये पिंकी दे चुकी थी।

इस सहायक डॉक्टर यानी क्वैक से बहुत कुरेद-कुरेदकर जाना था सुकीर्ति ने कि यह क्लिनिक इस मामले में बेजोड़ था कि उसकी गोपनीयता असन्दिग्ध थी। दिन में औसतन दो से तीन गर्भपात केस मिल जाते थे उसे। धड़ल्ले से पिछले आठ-नौ सालों से गर्भपात कर रहा है वह पर मजाल हो जो कभी पड़ा हो पुलिस का छापा। बलिहारी मेडिकल टर्मिनल एक्ट ऑफ नाइनटीन सेवेन्टी फाइव ! उसी को कभी पानी पी-पीकर कोसा था सुकीर्ति ने कि फिर आया जले पर नमक छिड़कता उसका संशोधित संस्करण, जिसने इसे इतना उदार बना दिया था कि इस संशोधित गर्भपात कानून के अन्तर्गत गर्भपात करने के लिए किसी का पूर्ण डॉक्टर होना भी जरूरी नहीं था। कोई भी आर. एम.जी. या डी.जी.ओ. (डिप्लोमा इन गाइनोकॉलोजी एंड आवेट्रिक्स) जिसने गर्भपात के कम-से-कम बीस केस भी किसी डॉक्टर के अधीन ले लिए हों, कानूनन गर्भपात कर सकता था। इसके अतिरिक्त अब गर्भपात के लिए क्लिनिक का रजिस्टर्ड होना भी जरूरी नहीं था। वह किसी भी डॉक्टर के प्राइवेट नर्सिंग होम में भी किया जा सकता था। यही कारण था कि बड़े-बड़े शहरों में धड़ल्ले से चल रहे थे ऐसे एक कमरेनुमा—एबार्शन क्लिनिक। इस क्लिनिक की खासियत यह थी कि यह गली के काफी भीतर था, इसी कारण सम्भवतः पुलिस की नजरों से बचा हुआ था।

पूरे आत्मविश्वास के साथ वह क्वैक बता रहा था, "आप फिक्र न करें, अरे इतना केस लेता हूँ...कभी-कभार की बात छोड़ दें तो शायद ही बिगड़ता है कोई केस।"

और बोलने के साथ ही एक कपटी चुप्पी धर ली थी उस क्वैक ने। पर सुकीर्ति ने वहाँ काम करनेवाली आया-कम नर्स से चतुराई से जान लिया था कि हर डेढ़-दो महीने के भीतर एकाध मौत यहाँ अतिरिक्त रक्त-स्राव या संक्रमण के चलते हो ही जाती है।

सुनकर माथे की नसें तड़कने लगी थीं सुकीर्ति की। भीतर उठता अपराधबोध का झंझावात। काश, कुछ घंटे पूर्व ही आ जाती तो कम-से-कम इतना तो कर ही पाती सुकीर्ति कि किसी ढंग के साफ-सुथरे, आधुनिक उपकरणों से लैस नर्सिंग होम में भरती करवा देती। पर अब हो भी क्या सकता था ? पिंकी की 'सफाई' हो चुकी थी। अब कर भी क्या सकती थी वह। अब तो सिर्फ प्रार्थना कर सकती थी, एक कमजोर आदमी की तरह, और वही इस वक्त कर रही थी।

इस बीच पिंकी ने आँखें खोली थीं, हल्की-हल्की बेहोशी। एकदम निचुड़ा हुआ सा चेहरा। आया-कम नर्स को पास बुलाकर एकदम क्षीण आवाज में पूछा था—उसने, "की होले ? छेले या मेय ?" (क्या था, लड़की या लड़का ?) और उसकी आँखें एक ऐसी खाली आँखों में तब्दील हो चुकी थीं जो अपनी ही सृजनात्मकता के खून से रक्ताभ हों।

क्या होगा जानकर मन ही मन सोचा आया ने। पर प्रत्यक्षतः यही कहा, "बूझते पेलाम ना..." (समझ नहीं पाई)

"आमा के देखिए दाओ।" (मुझको दिखा दो।)

"एक्खुन तो फेले दिया होच्छे।" (अब तो फेंका जा चुका है।)

सुकीर्ति ने सुना..."फेले दिया होच्छे।" भीतर जाने कैसी तो हूक उठी—सृष्टि चक्र की रहस्यमयी शक्ति किस प्रकार नालों में बहा दी जा रही थी।

वह एक ऐसा क्लिनिक था जहाँ कोई स्वास्थ्य सम्बन्धी नियम या विधान की बाध्यता नहीं थी। सब कुछ राम भरोसे था। आमतौर पर एबार्शन के केस को कम-से-कम बारह से अठारह घंटों तक निरीक्षण में रखा जाता है। पर इस अजीबोगरीब क्लिनिक में जगह की कमी के चलते पिंकी को घंटे-भर बाद ही छोड़ दिया गया था, जबकि उसका रक्त-स्राव जारी था। "कोनो भय नहीं, काल के पर्यन्त थेमे जाबे।" (कोई डर नहीं है, कल तक रुक जाएगा।) कहकर उसे छुट्टी दे दी गई थी।

बाद में समझ आया सुकीर्ति को कि क्वैक ने ऐसा न सिर्फ जगह की कमी के चलते किया था। जैसा कि उसने बताया था पिंकी को। वरन् किसी भी प्रकार के पुलिस झमेले से बचने के लिए भी उसने ऐसा किया था जिससे कि कोई प्रमाण न बचे और यदि कुछ उलटा-सीधा टंटा हो भी तो क्लिनिक के बाहर हो। फिर आदतन विचारों की जुगाली करने लगी थी सुकीर्ति—कैसी बारूदी सुरंगों पर बिछी इनकी जिन्दगी ! काल के किस इतिहास में दर्ज होगा इन मामूली लोगों की जिन्दगियों का ब्यौरा ?

उस दिन उस क्लिनिक से लौटते हुए सुकीर्ति चाहकर भी घर नहीं लौट पाई थी। मन की उद्विग्नता और हृदय का सन्ताप हजारों मेगावाट का था। कितना असुरक्षित—वेश्या का जीवन !

एक बार मन किया कि विजय को बुलाकर उससे बात करे—बताए पिंकी के बारे में, क्वैक के गैर-जिम्मेदार रवैये के बारे में, पर तत्क्षण ही मन के भाव बदल गए, याद आ गया, विजय भी वेश्याओं की इस दुर्गति में बराबर का हिस्सेदार...कौन जाने जिस क्षण वह उस वेश्या के साथ...वही क्षण उसके जीवन से खेल गया हो...बीज डाल गया हो। आखिर पिंकी को इस दशा में पहुँचानेवाला भी तो उसके किसी ग्राहक का कोई अविवेकपूर्ण कामुकता भरा क्षण ही था।

एक पल के लिए उसने मिन्नत माँगी, काश उसका मस्तिष्क शून्य हो जाए, काम करना बन्द कर दे तो सम्भवतः वह इस स्थिति में जी सके...।

और यह भी कैसा दुर्भाग्य उसके साथ कि पहले मेघेन, पति और अब विजय को ही लो, पुरुषों से सम्बन्धित कोई भी भाव पूर्णता तक नहीं पहुँच पाते उसके ? उसने तो चाहा था मीरा की तरह कृष्ण में समा जाना, पर कोई भी ऐसा क्यों नहीं आया उसकी जिन्दगी में...क्या यह असम्भव की तलाश है ? शायद हाँ, क्योंकि सभी श्रेष्ठताएँ

एक ही व्यक्ति में नहीं मिल सकती हैं। और इसी चाहत के कारण द्रौपदी को पाँच-पाँच पतियों का अभिशाप भुगतना पड़ा था। तो क्या करे वह, स्वीकार कर ले विजय को उसकी खामियों के साथ या जीवन के दरवाजे ही बन्द कर दे। है कोई विकल्प ? लोग जब सोने की खान खोदते हैं तो बस खोदते ही जाते हैं, मार्ग में आई धूल को हटाते जाते हैं, उनकी दृष्टि सोने पर ही रहती है ? तो क्या वह भी अपनी दृष्टि सिर्फ विजय की खूबियों पर ही केन्द्रित करे। भूल जाए उसके अतीत को ?

उसे लगा उसे तुरन्त कोई शॉक एब्जार्बर चाहिए जो ब्लाटिंग पेपर सा सोख़ ले उसकी भीतरी तपिश, बेचैनी, हताशा एवं सन्ताप को।

बहरहाल, उसने इन्द्राणी दी के घर की राह पकड़ी। इन्द्राणी दी जो उसके लिए उस फूल की तरह थी जो भीतर के समस्त खोखल को सौन्दर्य चेतना से भर देती थी।

मन में कहीं यह भी था शायद इस प्रकार के दायित्वविहीन अनहाईजिनीक एवं धन्धेवाले क्लिनिकों के विरुद्ध कुछ कार्यवाही ही की जा सके।

पर सुकीर्ति का दुर्भाग्य कि जिससे मन की ताकत बटोरने गई थी वह स्वयं उस दिन खंडित, उदास एवं बुझती लौ के समान थी।

वह दिन एक ऐसा दिन था जिसने आम आदमी के इतिहास को शर्मिन्दा किया था। इस कारण जाने क्यों इन्द्राणी दी में यह भाव, यह संशय भरता जा रहा था कि आनेवाले समय पर इस पृथ्वी में अब केवल वे ही सम्मानपूर्वक जी पाएँगे जो धूर्त, मक्कार, आस्थाहीन, सम्पन्न एवं शक्तिशाली हैं। वह एक ऐसा दिन था जिसने आम आदमी के लिए चलाए गए एक जन-आन्दोलन को शर्मिन्दा किया था।

पन्द्रह साल से चल रहे मेधा पाटेकर के नर्मदा बचाओ आन्दोलन को उस दिन उच्चतम न्यायालय के एक निर्णय के चलते मुँह की खानी पड़ी थी। पन्द्रह साल से नर्मदा घाटी के लोगों के दुःख-सुख से जुड़ी उनके हितों की अहर्निश अनवरत अलख जगानेवाली मेधा पाटेकर इस निर्णय को सुन फूट-फूटकर रो पड़ी थीं। उनकी तस्वीर लगभग सभी अखबारों में छपी थी। एक स्वप्न के लिए जूझती मेधा पाटेकर की इन्हीं उदास तस्वीरों ने इन्द्राणी को गमगीन कर दिया था।

अपने लक्ष्य की अप्राप्यता कितना दुःख देती है ? मेधा पाटेकर के दुःख को वे अनुभव कर सकती थीं। ऐसा बहुधा उनके साथ भी होता कि वे किसी केस में अपना दिन-रात एक कर देतीं लेकिन फिर भी दलालों के जाल में फँसी लड़कियों का उद्धार नहीं कर पातीं, कहीं-न-कहीं, कहीं कोर्ट तो कहीं दलाल, कहीं अदना सी चकले की मैडम ही उन्हें गड्ढा खिला देतीं। तब कई-कई दिन वे एकदम निष्क्रिय एवं शून्य में तब्दील हो जातीं, स्वयं पर से भी आस्था जैसे छूटने लगती...इस विशाल ब्रह्मांड का एक उपग्रह मात्र यह पृथ्वी, जिस पर अदना सा देश भारत और उसकी एक नगण्य जीव इन्द्राणी दी...।

हा-हा-हा ! मैं क्या—मेरा काम क्या ?

पर मेधा पाटेकर जिसके साथ लाखों लोगों की आस्था जुड़ी थी और जो आन्दोलन

उनका सर्वकालिक जीवन सत्य बन चुका था अब किस प्रकार स्वयं को सान्त्वना देगी ?

जब जीवन का ध्येय ही चुक जाए तो कोई कैसे जिए ? पर कौन समझेगा इन आन्दोलनकारियों की तड़प को ? विस्थापितों के दर्द को ? इन्द्राणी दी और मेधा पाटेकर की पीड़ा को ? इस शताब्दी का उत्तरार्द्ध इसीलिए याद रखा जाएगा कि इसने क्रूरतापूर्वक आम आदमी के स्वप्न छीन लिये कि इसने विकास की यात्रा जरूर की पर इसकी कीमत उसी वर्ग से सबसे अधिक वसूली गई जो पहले से ही पिछड़े थे, जो जंगल और जमीन पर आश्रित थे। इन ऊँचे-ऊँचे बाँधों और भीमकाय कारखानों ने खेती और देहात को उजाड़कर क्या वनवासियों और आदिवासियों को शहर की नारकीय झुग्गी-झोंपड़ियों की ओर नहीं ढकेला और क्या आज दिन पर दिन बढ़ती वेश्यावृत्ति में इनका योगदान नहीं ? पंडित नेहरू ने पश्चिम के मॉडल पर बने इन कारखानों और बाँधों को नए भारत का मन्दिर कहा था, पर क्या यह विकास–स्वपोषित हो सका ? विकास ही यह यात्रा शताब्दी की अमंगल-अशुभ और जन-विरोधी यात्रा बनकर रह गई। इन्द्राणी दी की आत्मा में जैसे मेधा पाटेकर के प्राणों की तपिश घुल गई थी।

गुमसुम इन्द्राणी दी को देखकर सुकीर्ति सोच नहीं पा रही थी कि इन क्षणों को किस प्रकार समेटे ? किस प्रकार तोड़े नकारात्मक मानसिकता एवं उदासी के उस घटाटोप को जो पूरी तरह छाया हुआ था इन्द्राणी दी के ऊपर।

सालों पूर्व पढ़ी एक घटना–दिमाग के स्क्रीन पर दिपदिपाने लगी थी।

एक साधु था। भ्रमण करता हुआ किसी समुद्र के किनारे विश्रान्ति के लिए बैठ गया। थोड़ी देर में वहाँ एक तेज उत्ताल लहर आई और अपने साथ हजारों छोटी-छोटी मछलियों को तट पर बिखेर गई। साधु एक-एक कर उन मछलियों को वापस पानी में फेंकता गया। पूरे दो घंटे तक उसने सैकड़ों मछलियों को वापस समुद्र में छोड़ दिया कि तभी फिर एक बड़ी सी लहर आई, पूरे वेग से और लगभग उतनी ही मछलियों को फिर तीर पर छोड़ गई। साधु फिर आस्थापूर्वक–उन मछलियों को एक-एक कर समुद्र में छोड़ता गया। यही क्रम दोहराते-दोहराते शाम घिर आई, फिर भी उतनी की उतनी मछलियाँ समुद्र तट पर। एक पर्यटक यह सब देख रहा था, उससे नहीं रहा गया। उसने पूछा, "महाराज, आपका इतना श्रम तो व्यर्थ ही गया, मछलियाँ तो यूँ की यूँ ही रहीं तट पर।"

साधु ने शान्त चित्त से जवाब दिया, "हाँ, यह ठीक है कि लगभग उतनी ही मछलियाँ अभी भी समुद्र तट पर हैं, फिर भी लेकिन वे मछलियाँ तो नहीं ही हैं जिन्हें मैंने वापस समुद्र में फेंक दिया था....।"

सुकीर्ति इसी घटना को सुनाना चाह रही थी इन्द्राणी दी को कि व्यापक जन-चेतना से स्वयं को जोड़नेवाला व्यक्ति घोर अन्धकार में भी आस्था की किरण बटोर लेता है, पर इन्द्राणी दी ने इसका मौका ही नहीं दिया था। थोड़ी देर बाद ही बाहर से कई लोग मिलने आ गए थे उनसे और वह फिर लोगों से घिर गई थी।

"मेरा मन बहुत घबरा रिया है, एक दफे आप मुझसे मिलने आ जाओ...पवन को समझाने के लिए आ जाओ। वह नशा करने लगा है। जबसे ऑफिस के बिकने की भी बात उठने लगी है, वह धक्का खा गया है। स्कूल जाना तो पहले ही छोड़ दिया था, बारहवीं का बोर्ड भी आ रहा है। मैं तो माथा लगा-लगा के हार गी...अरे, भगवान् ने चिड़ियाँ जहाँ बनाई वहीं चुग्गा भी डाला है। भूख की समाई है पर लालच की कोनी—लालच ना करो तो जिन्दगी जैसी-तैसी गुजर जाएगी—पर कौन मेरी सुने है ? मुझे तो है ना पूरी बात भी नी पता, पर उड़ती सुनी कि खुद की फरम सस्पैंड होगी तो बाबू दूसरी फर्म के थ्रू फाटका खेलने लगे, बोला बतावे कि यह आखिरी फाटका हुआ, बचा तो ठीक, नहीं तो जहाँ सर्वनाश वहाँ सवा सर्वनाश तो सुनी कि अब क्या बताऊँ कि ऑफिस की भी बिकने की नौबत आ गी। मैं तो कहूँ कि मन को बस में कर लो, मार्केट की तरफ झाँको भी नी। यह शेयर मार्केट खा गया—सगला नै। पवन को आप समझाओ, कहीं गलत चक्करों में नहीं पड़ जावै। उसका दोस्त कह रिया था, नशे की सिगरेट पीने लग गया है। सिगरेट तो मैंने नहीं देखी, पर दिन-भर घर में अपने कमरे में बन्द पड़ा रहता है। आँखें लाल-लाल। भूख मरती जा री है। पूछती हूँ तो कहता है, अधिक सोने से आँखें लाल हैं।"

मन्नालालजी की पत्नी नीरू का फोन था। वह एक धर्मपरायण स्त्री थी। धार्मिक आस्थाओं एवं नियतिवादी होने के कारण कठिन से कठिन समय में भी उसका दिमागी सन्तुलन नहीं बिगड़ता था। उसकी दिनचर्या के सारे क्रिया-कलापों का आरम्भ किसी धार्मिक विश्वास से होता—मसलन रसोई बनाते वक्त भी पहली रोटी गाय और अन्तिम रोटी कुत्ते के लिए निकालना वह कभी नहीं भूलती थी पर आज टेलीफोन पर उसकी लड़खड़ाती आवाज ने सुकीर्ति को गहरे तक चिन्तित कर डाला था। दो दिन पहले ही देखा था सुकीर्ति ने, मन्नालालजी को—गन्दे कपड़ों में, स्वयं से ही बतियाते, स्वयं को श्रापते। आँखों के कोटर और चेहरे की भयावहता—बढ़ी हुई दाढ़ी के कारण और भी दंश मार रही थी। सुकीर्ति पास से निकल गई पर अपने ही तनावों, दुश्चिन्ताओं, भय और असुरक्षा के समुद्र में डूबे मन्नालालजी उसके आगे से भयभीत चूहे की तरह निकल गए थे। एक इतना प्रतिभाशाली, मेहनती और मजबूत इरादोंवाला व्यक्ति जिसने कभी सिर्फ अपनी मेहनत और हौसले के बल पर शून्य से साम्राज्य का निर्माण किया था और जिसे हर लिहाज से आसमान पर होना चाहिए था, आज धूल में लिपटा एक भयभीत चूहा भर रह गया था—सबसे मुँह चुराता, बिल खोजता।

क्या कारण था ? फिर सोचने लगी थी सुकीर्ति। शायद इसलिए कि जब तक सही विचारों ने साथ दिया...जिन्दगी सही थी...जैसे ही सोचने की दिशा उलटी हुई, बिना श्रम श्री की इच्छा अंकुरित हुई...वे श्रीहीन होते गए। कॉलेज के दिनों में उसके एक प्रोफेसर कहा करते थे, ईश्वर, सब कोई मेरा साथ छोड़ दे, पर सही विचार कभी साथ न छोड़ें।

पर सोचते-सोचते भी कहीं यह लग रहा था सुकीर्ति को कि शायद विचारों का वृत्त

पूर्ण नहीं हुआ...यह सही है कि आदमी के विचार सही होंगे तो आचरण भी सही रहेगा, क्योंकि पहले गिरावट आदमी के विचारों में आती है, फिर आचरण में—पर एक बार यदि विचार दिग्भ्रमित हो ही जाए और आदमी कोई बड़ी भूल कर बैठे तो ?

इस 'तो' का जवाब चाहिए सुकीर्ति को। क्योंकि मन्नालालजी की सारी बर्बादी का शुरुआती बिन्दु वही 'तो' था, जिसका खामियाजा भरते-भरते वे अपनी इसी मारक वर्तमान अवस्था को पहुँच गए थे...अपनी ऊँचाइयों से अपदस्थ, खंडित, ध्वस्त, कीलित एवं अपने ही भीतर के अंडर ग्राउंड अँधेरे में चक्कर काटते एक विक्षिप्त।

बहुत दिनों बाद इस 'तो' का जवाब मिला था सुकीर्ति को कि अनहोनी जब घट ही जाए तो उसे सहज रूप में स्वीकार कर आगे की सोचनी चाहिए। सुकरात को जिस समय विष का प्याला दिया जा रहा था, उस समय जेलर ने सद्भावनापूर्वक उनसे यही कहा था, इसे सहज भाव से स्वीकार कीजिए। अपने पहले बड़े आर्थिक घाटे को यदि मन्नालालजी उसी प्रकार सहज भाव से स्वीकार कर लेते, और अपने बचे-खुचे उस दम के साथ स्वयं को सँभाले रखते तो क्या आज वे इस प्रकार मानसिक रूप से विक्षिप्त और दिवालिया होते ?

सुकीर्ति ने सोच लिया था, वह पिंकी से मिलते हुए मन्नालालजी के यहाँ पहुँचेगी।

यह सलाम आखिरी है

हाथों काल के सभी हो चुके हैं चूर्ण। धरती पर रह गईं अब मात्र कहानियाँ !!

(द्वादश स्कन्ध)

पल-पल मौत की ओर बढ़ती और जिन्दगी से दूर जाती पिंकी की उन सफेद पड़ी आँखों में जैसे ब्रह्मांड की बेबसी और लाचारी मूर्तिमन्त हो उठी थी, जिस वक्त वह निरीह भाव से अपनी बारह वर्षीया पुत्री को अपने सिरहाने आँसू बहाते देख रही थी, मैं मरना नहीं चाहती, जीना चाहती हूँ। अपने कर्त्तव्यों और बच्चों के लिए। हर आती-जाती साँस जैसे हाहाकार करती चिल्ला रही थी। निरन्तर बहते रक्त स्राव ने उसकी शक्ति इस प्रकार चूस ली थी कि उसे पलकों को खुला रखने में भी कष्ट हो रहा था, एक बार उसने फिर जी भरकर अपनी मलिनमुख पुत्री की ओर देखा, सिर दबाते पुत्र को देखा और फिर आँखें मूँद लीं।

थोड़ी देर बाद उसे फिर घबराहट होने लगी। हाथ के इशारे से उसने पानी माँगा...। पानी पीते वक्त एकाएक नजर सुकीर्ति की ओर उठी। सुकीर्ति की हथेलियों को उसने अपनी अशक्त एवं पीली पड़ी हथेलियों में दबाया...और हाथ के इशारे से कुछ कहना चाहा...। सुकीर्ति समझ नहीं पाई...। कान को उसके मुँह के पास ले गई...पिंकी बुदबुदाई

...कहाँ खोजूँ इस समुन्दर में इन दोनों के बापों को ? आँखों की ओर से फिर कुछ बूँदें लुढ़कीं। पुत्री ने अन्तर्वस्त्रों को बदल देना चाहा, उसने मना कर दिया। ओठों पर जीभ फेरी। सिर के ऊपर की खिड़की पर मैले काले पर्दे को हटा देने को कहा, जिससे थोड़ी हवा मिले...।

कमरे में बेहद उमस। बिजली की लाइन अभी तक कटी हुई थी। उसकी पुत्री ताड़ के पंखे से उसे हवा करने लगी। सहकर्मिणी वेश्या—रेशमी ने एकदम उस पर झुकते हुए पूछा—कैसा लग रहा है ? जवाब में फिर आँखों से कुछ बूँदें लुढ़क पड़ीं उसकी। "मैं वेश्या, मेरी माँ वेश्या, बहन वेश्या, और अब यह पुत्री भी इसी दुनिया में...ईश्वर अगले जन्म में कुछ भी बना दे...चील, कौआ, साँप, गाय...पर वेश्या...नहीं। तकिया हटा दे, गर्दन दुखने लगी है। रेशमी ध्यान रखना मेरी बेटी का।" रेशमी ने तकिया हटा दिया, फिर धीरे-धीरे उसने आँखें मूँद लीं।

उन क्षणों सबकी चेतना में धीरे-धीरे रेंगता सरकता एक ही शब्द आकार ले रहा था—मृत्यु ! जीवन का अन्तिम वरण—मृत्यु !

पल-पल आती पगध्वनि अनिष्ट की।

पिंकी की घबराहट बढ़ती जा रही थी और उसकी असह्य छटपटाहट को देख कुछ सयानी महिलाओं ने उसे पलंग के नीचे उतार दिया था और इसके साथ ही अनन्त तक व्यापता एक महाशून्य धीरे-धीरे निगलता जा रहा था उस पूरे माहौल को जिसमें एक मृत्यु पथ-गामिनी वेश्या अपने ही खून को अपने ही हाथों, लास्ट लाइन ऑफ डिफेंस के रूप में उसी वेश्यालय को सौंप रही थी जिसमें आज से पैंतीस वर्ष पूर्व स्वयं उसने आँखें खोली थीं।

लालटेन की कँपकँपाती लौ के इर्द-गिर्द बैठी दो-तीन रूपजीवाएँ ईश्वरीय प्रार्थना के बीच—छलछलाते आँसुओं के साथ भयभीत बेबस सी पिंकी को देखती जा रही थी। बाहर का सर्वग्रासी अन्धकार आत्मा के भीतर भय बनकर धँसता जा रहा था। आवाजें मरती जा रही थीं। सन्नाटा युवा होता जा रहा था। सिर्फ कुछ श्वासें चल रही थीं वहाँ, जीवन की पहचान कराती। जिन्दगी की मनहूसियत और भयावहता को बढ़ाता एक बूढ़ा कुत्ता गली में रह-रहकर रो उठता था।

बीच के डेढ़-दो घंटे उसी प्रकार गुजर गए थे।

खामोश ! ठिठके ! साँस रोके ! गति, उत्कंठा सब थिर...बस एक प्रतीक्षा, दमघोंटू।

क्षण नहीं, सदियाँ बीत रही थीं।

सुकीर्ति ने घड़ी देखी—आठ बजकर तेरह मिनट। सुकीर्ति ने पिंकी की ओर देखा—अब वह खामोश थी। अब वह जीवन की समस्त औपचारिकताओं से दूर, ध्वनि, स्पर्श, माया, मोह, राग द्वेष, लालसा-कामना, शब्दों, आवाजों...सभी की ग्रहणशीलता से रफ्ता-रफ्ता दूर होती हुई अपनी आनेवाली मृत्यु के एकान्त में थी। हे ईश्वर तू जो प्राणियों में ऊर्जा, फलों में रस, जीवन में गति बनकर सर्वव्यापक है...तू ही रक्षा कर इसकी। भारी और बोझिल मन से वह बाहर निकली और दार्शनिक की तरह सोचती

रही कि आदमी कहाँ से आता है और कहाँ जाता है कि तभी उसने सुना सामने के घर की ड्योढ़ी पर दो रूपजीवाएँ ईश्वर और नियति के नाम पर पिंकी के भविष्य को स्वीकार करती कहती जा रही थीं, पूरे शरीर में जहर फैल गया है। खून बहना जारी है...उम्मीद नहीं लगती...डॉक्टर को दिखाया था, पर कोई डॉक्टर ऐसा केस लेने को तैयार नहीं।

दूसरे दिन सुबह आठ बजे के करीब जब सुकीर्ति पहुँची पिंकी के यहाँ...वह फूल वहीं गिर चुका था, जहाँ से उगा था। अपने वृत्त को पूरा करता। अधखुली आँखें, अधखुले होंठ जैसे कह रहे थे, "या खुदाया, इस दुनिया ने रंडी बनाया, शायद वह दुनिया इतनी बुरी न हो।"

जिस मौत ने सुकीर्ति की रीढ़ की हड्डी को कँपकँपा कर उसकी भीतरी चूलों को हिलाकर रख दिया था, उस मौत ने उस गली में जिसमें पिंकी ने इतने वर्ष गुजारे थे, कोई विशेष हलचल पैदा नहीं की थी, जीवन अपनी गति से चल रहा था। सिर्फ पिंकी की सहकर्मिणी रूपजीवा रेशमी पर इस ताजे शोक के चिह्न थे। वह उदास थी। चेहरे के भाव बर्फ की सिल की तरह एकदम सर्द। बीच-बीच में उड़ती बर्फीली भाप की तरह शब्दों की फाँक से ताजे घाव से रिसते लहू की तरह टप-टप टपकती वेदना, "यह कोई विशेष घटना नहीं यहाँ के जीवन की। आधी से ज्यादा गरीब वेश्याओं का भाग्य ऐसा ही होता है। चालीस-पैंतालीस तक कई मर-मुरा जाती हैं या अपंग या सड़-गल जाती हैं। यदि यह नहीं हुआ तो पागल या भिखारिन ही बन जाती है। पिंकी थोड़ा जल्दी मर गई। अरे, यदि सेप्टिक और रक्तस्राव से नहीं मरती तो कुछ सालों बाद एड्स या सिफलिस से संक्रमित होकर मर जाती। जानती है चालीस तक आते-आते बहुत सारी वेश्याएँ सड़-गल कर तीन-चौथाई मर चुकी रहती हैं, शरीर और मन दोनों से। हमारे भाग्य में न खुशनुमा बचपन है, न शान्त प्रौढ़ावस्था। हमारे भाग्य में सिर्फ सड़क और जाँघ होती हैं।"

एक दीर्घ उच्छ्वास और रक्तिम होती जाती आँखों से बोलती जा रही है रेशमा। "जानती हैं, मैं अभी सिर्फ चालीस वर्ष की हूँ, पर मेरा एच.आई.वी. पोजिटिव आया है। बस तीन-चार वर्ष की जिन्दगी और है मेरे पास....।"

"क्या...?" सुकीर्ति को लगा हवा फिर एक बार रुक गई है। एक जोरदार साँस लेकर उसने अपने भीतर ढेर सारी हवा भरने की चेष्टा की। कुछ देर तक उससे कुछ बोला ही नहीं गया। बस सोचती रही वह, जीवन इतना निरर्थक और बकवास क्यों लगता है ? सामने खड़ी रेशमी पर दृष्टि फिर केन्द्रित हो गई, जो उन क्षणों उसे भूख की तरह दयनीय, बेबस और भयावह नजर आ रही थी।

कोई अपनी ही जिन्दगी के बारे में इतनी निस्संगता एवं ठंडेपन के साथ कैसे चर्चा कर सकता है जैसे किसी सिनेमा की चर्चा कर रहा हो। सुकीर्ति को लगा, मनुष्य को

ईश्वर की अमूल्य भेंट—'आश्चर्य !' को भी इसी शताब्दी ने छीन लिया है उससे। जिन्दगी अब उसे कोई चकमा...कोई कौतूहल कोई आश्चर्य नहीं दे सकती।

एक तरफ मौत और एक निकट भविष्य में होनेवाली सामने दिखती मौत। यदि इसी प्रकार इन गलियों में घूमती रही वह तो क्या संवेदना, सोच और अहसास बचा रहेगा उसमें ?

संस्कारवश एक प्रार्थना सिर उठाने लगी थी उसके भीतर—हे ईश्वर, इसकी रक्षा करना। रेशमी की हथेलियों को अपनी हथेलियों में महसूस करते हुए कहा उसने, "अभी जबकि एकदम प्रारम्भिक अवस्था है तुम इसका इलाज करवाकर संक्रमणमुक्त भी तो हो सकती हो।"

पर उसके सुझाव के साथ ही रेशमी जैसे टाइम बम की तरह फूट पड़ी, "मुझे नहीं करवाना अपना इलाज-विलाज। विनाश की इस सौगात को मैं बल्कि सँभालकर रख रही हूँ उस व्यक्ति के लिए जिसने मुझे रंडी बनाया—जिसने मुझे एक ही रास्ता दिखाया, जाँघों का रास्ता, वह भी तेरह वर्ष की उम्र में। मैं दिन-रात उसे ढूँढ़ रही हूँ।" बोलते-बोलते उसकी बिल्लौरी आँखें हिंस्र चमक से चमकने लगी थीं। ओठ कँपकँपाने लगे थे। गले की नसें फूल गई थीं और नीली दिख रही थीं।

सुकीर्ति को लगा जैसे प्रकृति अपनी पूरी भयावहता और विनाश के साथ रेशमी के रूप में उसके सामने खड़ी है। आज सुबह ही उसने पढ़ा था, गुजरात में गुजरे सदी के सबसे विनाशकारी भूकम्प में 25 हजार लोग देखते-देखते मौत के मुँह में जा चुके थे। और चार सौ बच्चे सुबह प्रभात फेरी के समय—'सारे जहाँ से अच्छा हिन्दोस्ताँ हमारा' गाते-गाते मौत के मलबे में दफन हो चुके थे। वह 26 जनवरी, 2001 का दिन था और उसी रात दिल्ली के एक पाँचसितारा होटल में बड़ी-बड़ी हस्तियों ने शराब और नाच-गाने के साथ अपनी उपलब्धियों का जश्न मनाया था।

तो यह है इस देश के आम आदमी का जीवन ! और उसकी उपलब्धियाँ जिनका जश्न महान् हस्तियाँ हर साल मनाती हैं।

रेशमी क्या बुरा कर रही है, यदि इसी प्रकार की संवेदना शून्य दुनिया से वह अपना प्रतिशोध ले रही है। आखिर आदमी वही तो लौटाता है जो उसे मिलता है। गरल पाने वाले अमृत कैसे लौटाएँ ? विचारों की सुर सरिता में फिर डूबती-उतराती जा रही है सुकीर्ति।

"लेकिन इस बात की भी क्या गारंटी कि तुम्हें वह आदमी मिल ही जाएगा ?"

साड़ी के पल्लू को कमर में खोंसते, 'खून का बदला खून' के अन्दाज में बोलने लगी, "वह जब तक नहीं मिलता मैं सम्पूर्ण पुरुष जाति से बदला लूँगी, उन सब पुरुषों को यह बीमारी दूँगी जो यहाँ आते हैं। मुझे तुम कमजोर नहीं समझो, मेरे पिता एक कोयले की खदान में खनिक थे। एक बार खदान में पानी भर गया था। सभी खनिक मर गए थे। हमने भी पिता की आत्मा की शान्ति के लिए प्रार्थना कर डाली थी। लेकिन मेरे पिता खदान में एक जगह अटक गए थे। मृत्यु जबकि उनके एकदम करीब

थी, कि तभी किसी तगड़ी लहर ने उछालकर उन्हें किसी ऊँची जगह पर बैठा दिया। वहीं पर एक खाली कनस्तर उन्हें बहता दिखाई दिया। वे दो दिन और दो रात लगातार उस कनस्तर को पानी में बहती लकड़ी से बजाते रहे कि कोई बाहरवाला सुनकर उन्हें बचा ले। छठे दिन--चमत्कार की तरह मेरा बाबू जिन्दा निकला, बाहर किसी सुरक्षाकर्मी ने उसकी आवाज सुन ली थी। मैंने बापू से पूछा था, तुम जिन्दा कैसे रह गए। उसने कहा, 'तुम सबकी चिन्ता ने मुझे बचाए रखा।' तो सुकीर्तिजी, तुम चिन्ता मत करो, मैं भी इतनी जल्दी नहीं मरूँगी, मुझे भी मेरे अपमान की ज्वाला जिन्दा रखेगी। हम सड़-गल कर कीड़े-मकोड़े की तरह मरें और मर्द जो हमें वेश्या बनाते हैं, वे शान्ति की नींद सोएँ, यह नहीं हो सकता। जानती हैं जैसे ही मुझे पता लगा कि मुझे भी यह बीमारी हो चुकी है, पहली बात तो मन में यही आई कि मैं आत्महत्या कर लूँ पर फिर मैंने सोचा कि जिन्दगी आखिर जिन्दगी है, मैं अपनी बीमारी के हथियार से ही जमाने से बदला क्यों नहीं लूँ ? आखिर है भी क्या मेरे पास ? बस तभी से मुझमें ताकत आ गई। यह बदला उन सभी पुरुषों से है जो वेश्यालय को आबाद करते हैं।

सुकीर्ति की आँखों में फिर लहराया, दीवार पर चिपका पोस्टर--'जीएँ जिन्दगी' उसने कहना चाहा, जीवन जैसा भी हो, जिस रूप में भी है, उसकी सारी शक्ति, सारी आवाज मौत से हजारों हजार गुना भारी है। इसीलिए अपने इलाज की और जीने की बात करो मेरी दोस्त ! वेश्यावृत्ति उन्मूलन की बात करो, उस वेश्यावृत्ति के उन्मूलन की जो लोगों के भीतर जड़ जमाए बैठी हैं, जिससे उनके भीतर का सब कुछ सड़-गल कर बदबूदार हो चुका है। उस अर्थहीन प्रतिशोध की बात मत करो जो तुम्हारे ही विनाश बीज से अंकुरित होनेवाला है। और उससे वेश्या समाज का भी कुछ भला होनेवाला नहीं है, क्योंकि सौ कामुक मर भी गए तो हजार फिर पैदा हो जाएँगे। प्रतिशोध लेना ही है तो उस व्यवस्था से लो, उसे बदल देने की बात करो जो किसी को वेश्या और किसी को वेश्या का पालक बनाती है, जो एक विशाल जन-समुदाय को शक्तिविहीन बना उसके नख-दन्त तोड़ उसके अन्दर इस कदर पराजित भाव भर देती है कि सिवाय स्वीकार्य भाव के उसके अन्दर का सारा आक्रोश विरोध एवं प्रतिरोध सड़-गल जाता है। रेशमी ! यदि करना ही है तो इस तन्त्र को छिन्न-भिन्न करने का मन्त्र सिद्ध करो। तुम्हें एच.आई.वी. पॉजिटिव है पर मुझे तो लगता है कि यह विशाल वीर्यहीन, शक्तिहीन, जनसमुदाय ही संक्रमित है, अपने दासत्व और पराजित भाव से।

पर किससे कहे सुकीर्ति ? जो सामने थी वह तो एक अग्नि-कन्या में तब्दील हो चुकी थी, प्रतिशोध की अग्नि-कन्या। एक ऐसी ज्वालामुखी, जो अपनी समस्त स्वीकृतियों में खराब हो चुकी थी--सम्भावनाहीन एवं आशाविहीन। जिसके जीवन की अर्थवत्ता और उद्देश्य यदि था तो सिर्फ यही कि जो घुटन, दुर्गन्ध और धुआँ उसे जिस समाज ने दिया था, उसे वापस उसी को लौटा दे, क्योंकि उसके जीवन पर इस समाज ने होश सँभालते ही 'एक्सपायरी डेट' लिख दिया था, और अब कर्म और फल के सिद्धान्तों

और जिन्दगी पर से एतबार उठ चुका था उसका।

सुकीर्ति को याद आ रहा था, किसी रूसी लेखक की पुस्तक में उसने पढ़ा था कि एक बार जर्मनी द्वारा फ्रांस पर कब्जा कर लेने पर जर्मन सैनिक खुलकर शहरों पर अत्याचार करने लगे थे। खलिहान जलाना, खजानों को लूटते जाना के साथ-साथ वे वहाँ की स्त्रियों का भी बलात्कार करने लगे थे। इन्हीं बलात्कारों के चलते एक फ्रांसीसी नवयुवती को सिफलिस हो गई थी। बाद में जर्मन सैनिकों से प्रतिशोध लेने के लिए वह वेश्या बन गई थी और हजारों जर्मन सैनिकों को उसने इस रोग का रोगी बनाकर अपने ढंग से अपने साथ समस्त स्त्री जाति के अपमान का बदला लिया था।

सुकीर्ति को चुप देख रेशमी चलने लगी।

"अच्छा अब जाती हूँ।"

"तुम मेरी बात पर ध्यान से सोचना...."

"सोचना क्या है। आप मेरी भीतरी हालत नहीं समझ सकतीं। आपकी ही तरह एक पढ़ी-लिखी महिला ने कहा था मुझसे, वह भी आपके जैसे लिखती थी कि माना समाज तुम्हें घृणा से देखता है पर इसके बदले यौन सुख भी तो तुम्हें भरपूर मिल जाता है। हम इज्जतदार महिलाओं को तो वह भी कहाँ सुलभ है ? जबकि सच्चाई यह है सुकीर्तिजी कि हम वेश्याएँ तक अपनी देह भी कहाँ अपने ढंग से भोग पाती हैं। हर किसी के आगे बिछते-बिछते हमें अपनी देह से ही घृणा हो जाती है। भीतर का सौन्दर्य-बोध पूरी तरह मर चुका रहता है। सब पुरुष हमें एक जैसे लगते हैं।"

"मेरे अन्दर अब कोई दया-माया नहीं बची है। मैं क्यों किसी पर दया भाव दिखाऊँ जबकि लोगों ने मुझे या तो झाड़ समझा या सड़क पर पड़ी कुतिया। इसके अलावा अपने लिए मैंने कभी कोई भाव लोगों की आँखों में नहीं पाया। मुझे तो लगता है कि इस देश में सचमुच ढेर सारी झाड़ुओं की जरूरत है...हम तो सिर्फ नीचे स्तर की गन्दगी बुहारती हैं। ऊँचे स्तर की गन्दगी के लिए ऊँची झाड़ुएँ चाहिए। मेरी हालत तो यह है कि बिना बदला लिए मैं या तो पागल हो जाऊँगी या आत्महत्या कर बैठूँगी..." बोलते-बोलते जाने कैसा हिस्टीरिया के रोगी का सा उन्माद छा गया था उसके चेहरे पर। कुछ देर बाद अपने को सुस्थिर कर वह फिर आँखें निकालते हुए उच्चतम तापमान में कहने लगी, "अरे मेरी बात जाने भी दें...अभी मेदिनीपुर में मैं गई थी, महीने भर पहले वहाँ पर एक लड़की से मुलाकात हुई, मात्र चौदह वर्ष की, बाप रे पूरा शरीर उसका बुरी तरह घिनौना हो चुका है। एच.आई.वी. पॉजिटिव भीतर गहरे-गहरे घाव हैं, पूरी चमड़ी चर्म रोग से दागदार बनी हुई--बताइए किसने की उसकी यह हालत ? कहते हैं कि कलकत्ता से उड़ाया गया था उसे, तब से लगातार सामूहिक बलात्कार होते-होते अब वह मानसिक रूप से भी पगला गई है। अपने शरीर का भी होश नहीं रहा है उसे और तो और डॉक्टर को देखते ही स्वयं को उघाड़ दिया उसने। भीतर मन में पुरुष मात्र के लिए इतना डर बैठ गया है उसमें कि उसे सब बलात्कारी ही नजर आते हैं।

"कभी सड़ा हुआ केला देखा है आपने। ठीक वैसा ही है हम लोगों का शरीर। बस...सड़ान्ध—अभी एकदम ऊपर तक नहीं आई है। मुझे तो लगता है कि ईश्वर है ही नहीं, यदि ईश्वर होता तो क्या मैं चौंतीस वर्ष में ही ऐसी हो जाती और वह लड़की मात्र पन्द्रह वर्ष में ही पागल और एड्स पीड़ित हो जाती ? बताइए आप कहती हैं कि मैं प्रतिशोध की बात न करूँ, पर क्या है मेरी मुक्ति सम्भव ? मुझे तो लगता है कि यदि मैंने बदला नहीं लिया तो शायद अगले जन्म तक इस नाम की दुर्गन्ध मेरा पीछा न छोड़े ?" और बोलते-बोलते उसकी आँखें सन्ध्या के अँधियारे आकाश में स्थान्तरित हो गई थीं।

सुकीर्ति के दिमाग में विपरीत दिशाओं से आती दो आँधियाँ एकसाथ चली थीं। इस देश के इतिहासवेत्ता कहते हैं कि यह देश पहले मुक्त था, उन्नत था, इस संस्कृति के पतन का इतिहास बाबर के आक्रमण से शुरू होता है। पर कौन उसे बताएगा कि इस देश में वेश्या का इतिहास कब से शुरू हुआ? ब्रह्मांड के रहस्यों की ही तरह यह भी अज्ञात और अज्ञेय है। आदि अन्त से परे है। और सबसे लज्जाजनक प्रसंग यही कि सबके लिए इस महान् संस्कृति को कोई पछतावा भी नहीं। सुकीर्ति को लगा जैसे कोई पराशक्ति उस पर आविष्ट हो गई है और क्षितिज के ऊपर लिखे एक शिलालेख को उसकी नजरों से पढ़वा रही है कि जो संस्कृतियाँ पछतावा और पश्चात्ताप से ऊपर उठ जाती हैं, वे समय के साथ जीवन के सभी महत्तत्त्वों—कर्म, श्रम, सौन्दर्य और चेतना आदि के साथ-साथ अपना नामोनिशाँ भी खो बैठती हैं।

महाकाल के क्षुद्र काल खंड पर खड़ी सुकीर्ति सोच रही थी—क्या यह महाविनाश नहीं रोका जा सकता ? स्त्री के प्रतिशोध का भयंकर विनाश ! उसने कहीं पढ़ा था कि ड्राकुला जिन स्त्रियों का खून पीता था वे ही स्त्रियाँ जब स्वयं मादा ड्राकुला बनती थीं, तो उससे कहीं ज्यादा भयानक और खतरनाक होती थीं।

उसे भ्रम होता है, रेशमी ने मेदिनीपुर की जिस बालिका वेश्या का जिक्र किया था कहीं वही सुनन्दा तो नहीं ? पर बहुत-बहुत जिरह करने पर भी रेशमी किसी भी प्रकार उसकी पहचान नहीं करवा पाई, कहने लगी, "मैंने उसका परिचय जानना चाहा था पर वह बताना ही नहीं चाहती। शायद याद्‌दाश्त ने भी उसका साथ छोड़ दिया है। अपने माँ-बाप, भाई-बहन, अपना घर, मुहल्ला, संगी-साथी, जन्म की माटी, किसी की भी ललक नहीं बची उसमें। कुछ भी कहो तो यही कहती है...आमार माँ-बाबा संगे जदि देखा होए तो जानिए दिबने एई भावे आमि मरे छिलाम। (यदि मेरे माँ-बाप के साथ कभी मुलाकात हो तो कह देना, इस प्रकार मैं मरी थी।)

मेरे पिता अक्सर पूछा करते थे कि बोडो होए तू कि होबी (बड़ी होकर तुम क्या बनोगी।) उन्हें बता देना मैं क्या बना दी गई थी।

कुछ ढहते हुए मारक क्षण !

एकाएक उन क्षणों की महाचेतना से घबराकर सुकीर्ति ने रेशमी का हाथ थाम लिया। उसमें यह अनुभूति जगाने के लिए कि वह उसके साथ है। पर ये सब अनुभूतियाँ एवं सुन्दर मानवीय भावनाएँ रेशमी के अन्दर मर चुकी थीं। उसने अपना हाथ छुड़ाया लम्हे भर के लिए वह लड़खड़ाई और फिर चल दी। शायद उसने कुछ ज्यादा पी रखी थी।

उसे जाते हुए देखती रही सुकीर्ति तब तंक, जब तक कि दूर जाते-जाते वह एक धब्बे भर में नहीं परिणत हो गई। सुकीर्ति अभी भी उसकी नस तोड़ बेचैनी और जान-लेवा अवसाद के प्रभाव क्षेत्र में थी--क्या होगा इस दुनिया का ? सुकीर्ति को लगा, वह निराशा की एक गहरी अँधेरी सुरंग में उतरती चली जा रही है। मन किया बैठ जाए किसी छायादार वृक्ष के तले और महसूसती रहे हवाओं के स्पर्श और समय की निरन्तरता को, शायद सर्वनाश की इस राख से ही फूटें नए अंकुर, नई सम्भावनाएँ !

इवेन गाँधी एंड ईसा वर नॉट एक्सेप्टेड हंड्रेड परसेंट

बहुत दिनों बाद।

करीब साल-भर बाद दो खबरें एक साथ सुकीर्ति की श्रवणेन्द्रियों से टकराईं।

रेशमी के उसकी चकले की मालकिन ने अपने चकले से निकाल दिया था और उसकी जगह उसने पिंकी की लड़की मलका को ले लिया था।

जीवन-सन्ध्या में मिले इस निष्कासन से रेशमी का रहा-सहा सन्तुलन भी गड़बड़ा गया था। यह बेमुरौव्वती उसे उस कोने से मिली थी जिसे वह अपने लोग कहकर रेखांकित किया करती थी। अन्तर में पल-पल धधकता मर्दों के प्रति घृणा का जो पुंज उसे जिलाए रखता था, वह इस निष्कासन से फक् से बुझ गया था। जिसके चलते उसका जीवन जल सूखते-सूखते एकदम सूख गया था और अपने एकदम आखिरी दिनों में वह सड़क पर विक्षिप्तावस्था में ही भीख माँगते-माँगते एक दिन मृत पाई गई थी। हिन्दू सत्कार समिति की गाड़ी उसकी मृत देह को उठाकर ले गई थी।

साढ़े तेरह वर्षीया मलका अब फुल टाइम वेश्यावृत्ति में आ गई थी। उसी का ग्यारह वर्षीय भाई मुहल्ले के गन्दे बच्चों के साथ रह-रहकर कई कुटेवों का शिकार हो गया था। विजय से एक बार सुकीर्ति ने चर्चा की थी। पिंकी के लड़के राजा की कि किसी भी प्रकार उसका किसी स्कूल में दाखिला हो जाए तो उसका खर्चा मलका उठाने को तैयार थी। उसकी माँ ने मरते वक्त कहा था, वह अपने छोटे भाई का ख्याल रखे। यूँ भी भाई के प्रति मलका की ममता का पार नहीं था।

सुकीर्ति ने विजय से इस बाबत उड़ती हुई चर्चा की थी। उसे यकीन नहीं था कि

विजय इस बात को इतनी गम्भीरता से लेगा, जबकि वह स्वयं पिछले कई महीनों से जीवन के रोजमर्रा के प्रवाह, पार्ट टाइम नौकरी का जुगाड़ एवं ट्यूशनों की मारामारी में ही इस कदर डूब गई थी कि कई महीनों से उन गलियों की ओर झाँक भी नहीं पाई थी। पिंकी की मृत्यु के बाद विजय से भी इतना मेल-मिलाप नहीं बन पाया था। उसने महसूसा था कि कई बार भावनाओं का बहाव भी सीजनल होता है, एक व्यक्ति के लिए कई बार भावनाओं के समुद्र में ज्वार आने लगता है तो कई बार छोटी सी बात पर भी उसी के लिए महसूसा हुआ ज्वार भाटा में बदल जाता है। पिंकी की मृत्यु के लिए विजय कहीं से भी दोषी नहीं था पर सुकीर्ति का अव्यावहारिक एवं भावुक मन किसी कदर भी भूल नहीं पाता था कि कभी वह वेश्यागामी था।

बहरहाल...विजय ने बहुत ही विश्वास के साथ अपने एक पादरी मित्र से राजा के स्कूल में दाखिला के लिए सहायता माँगी थी। पादरी जॉन पाल कलकत्ते के एक प्रतिष्ठित स्कूल में असिस्टेंट प्रिंसिपल थे। पादरी ने विजय को कुछेक स्कूलों के नाम बता दिए थे कि विजय चाहे तो वहाँ चेष्टा कर सकता है। विजय अड़ा था कि पादरी ईसा के नाम पर अनाथ बच्चे को अपने स्कूल में ही पनाह दे। आखिर पादरी को नहीं लेने का कारण खोजना पड़ा था, ''जैसे ही लोगों को मालूम पड़ेगा कि यह बच्चा लालबत्ती इलाके से आता है, सारी अँगुलियाँ मेरी तरफ उठ जाएँगी कि पादरी अवश्य ही उन लालबत्ती इलाकों में जाता होगा। नो, आई कैन नॉट डू एनीथिंग दैट गोज अगेंस्ट माई इंटीग्रिटी। लुक, सिस्टम निर्भीक हो सकता है, व्यक्ति नहीं। मैं मानवता की बेहतर सेवा कर सकूँ इसके लिए भी यह जरूरी है कि मेरी इंटीग्रिटी बनी रहे।''

''तुम संन्यासी नहीं, हिपोक्रेट हो, सतही हो...सही माने में संन्यासी वे होते हैं जो लोक निन्दा से ऊपर उठ चुके होते हैं और वही करते हैं जो कर्त्तव्य बनकर उनके सामने आ खड़ा होता है।''

पादरी ने बिना उत्तेजित हुए ठंडे दिमाग से परमहंस की मुद्रा में जवाब दिया, ''तुम जो चाहे कह सकते हो, पर मैं अपनी इंटीग्रिटी पर आँच नहीं आने दे सकता, क्योंकि सेक्स ही वह सबसे कमजोर बिन्दु है जहाँ पर किसी भी पादरी के पादरीत्व को ललकारा जा सकता है, उसे लांछित कर मुँह दिखाने के काबिल भी नहीं रखा जा सकता है। मैं तुमसे इस बिन्दु पर कोई डिबेट नहीं करना चाहता क्योंकि मैं जानता हूँ कि मैं क्या इस दुनिया में गाँधी और ईसा भी हंड्रेड प्रतिशत स्वीकार नहीं किए गए थे।''

अपने बचाव के लिए आदमी कैसे-कैसे तर्क ढूँढ़ लेता है, विजय ने विद्रूपता से सोचा था और उस अनावश्यक विवाद पर विराम लगाकर वहाँ से चलता बना था। बाद में काफी हाथ-पैर मारने पर उसे एक सरकारी बंगाली मीडियम स्कूल में ही दाखिला दिलवा पाया था वह।

एक वर्णनातीत दोपहरी में ये सारी बातें सुकीर्ति ने धक्का खाए मन की चरम असहायावस्था में इन्द्राणी दी के मुँह से सुनी थीं। शान्त एवं सुस्थिर इन्द्राणी दी बोलती जा रही थी और सुकीर्ति उसे देखती जा रही थी, निर्विकल्प, निर्निमेष और सोचती जा

रही थी कि ऐसा प्रायः उसके साथ क्यों होता है कि खोते-खोते भी मनुष्य में उसकी आस्था बच ही जाती है, कभी इन्द्राणी दी के रूप में, कभी चन्द्रिका और गायत्री के रूप में तो कभी द्वारिका सिंह या विजय के ही रूप में।

और आस्थाओं के इन्हीं छोटे-छोटे टुकड़ों के सहारे सुकीर्ति किस प्रकार सुनन्दा तक पहुँची यह पत्रकार के अगले विस्तृत रिपोर्ताज में।

●●●